Prática Baseada em Evidências em **Psicologia Clínica**

Prática Baseada em Evidências em Psicologia Clínica

FUNDAMENTOS TEÓRICOS, QUESTÕES METODOLÓGICAS E DIRETRIZES PARA IMPLEMENTAÇÃO

ORGANIZADORES

Jan Luiz Leonardi

Ramiro Figueiredo Catelan

Dan Josua

Thiago Mácimo Pereira

manole

editora

Produção editorial: Rosana Arruda da Silva
Projeto gráfico: Departamento de arte da Editora Manole
Editoração eletrônica e ilustrações: Estúdio Castellani
Capa: Ricardo Yoshiaki Nitta Rodrigues
Imagem da capa: www.freepik.com

CIP-BRASIL. CATALOGAÇÃO NA PUBLICAÇÃO
SINDICATO NACIONAL DOS EDITORES DE LIVROS, RJ

P925

Prática baseada em evidências em psicologia clínica : fundamentos teóricos, questões metodológicas e diretrizes para implementação / organização Jan Luiz Leonardi ... [et al.]. - 1. ed. - Barueri [SP] : Manole, 2024.
432 p. ; 23 cm.

ISBN 9788520456712

1. Psicologia - Pesquisa - Metodologia. 2. Psicodiagnóstico. I. Leonardi, Jan Luiz.

24-93847 CDD: 150.72
CDU: 159.9.072

Gabriela Faray Ferreira Lopes - Bibliotecária - CRB-7/6643

Editora Manole Ltda.
Alameda Rio Negro, 967, cj. 717
06454-000 – Barueri – SP – Brasil
Tel.: (11) 4196-6000
www.manole.com.br
https://atendimento.manole.com.br

Impresso no Brasil
Printed in Brazil

Dedicatórias

Dedico este livro a todos os psicólogos e estudantes de Psicologia que enxergam na ciência a ferramenta mais poderosa para transformar vidas.

Jan Luiz Leonardi

Dedico este livro à vida; assim, abstrata, ampla e abruptamente, no que ela tem de mais intenso, múltiplo, doloroso e potente.

Ramiro Figueiredo Catelan

Dedico este livro às quatro meninas.

Dan Josua

Dedico este livro à Dudu e ao seu carinho que, durante anos, mostrou o caminho. Espero que esteja orgulhosa de mim.

Thiago Mácimo Pereira

Agradecimentos

Aos meus coorganizadores, Ramiro Figueiredo Catelan, Dan Josua e Thiago Mácimo Pereira. Este livro é resultado de um esforço colaborativo, e sem o conhecimento, a dedicação e a visão de vocês, ele não teria se concretizado da maneira brilhante como foi.

Aos autores que contribuíram com capítulos, meu reconhecimento e admiração. Vocês trouxeram a este trabalho o fruto de anos de estudo, pesquisa e prática. A qualidade deste livro reflete a seriedade e a paixão que cada um de vocês tem por sua área de *expertise*. Obrigado por compartilharem seu conhecimento e ajudarem a construir uma obra que será referência para muitos.

À minha esposa, que sempre esteve ao meu lado, me apoiando em cada projeto profissional e sendo a melhor companhia que eu poderia desejar. Seu incentivo constante me deu força para continuar em momentos desafiadores e, por isso, sou imensamente grato.

Aos meus filhos, por compreenderem que o pai muitas vezes está ocupado com o trabalho, mas sempre com o coração voltado para vocês. Vocês são minha maior motivação, e espero que saibam o quanto significam para mim, em cada etapa dessa jornada.

A todos os psicólogos e estudantes de Psicologia que sabem que o verdadeiro cuidado com a saúde mental se constrói com pesquisas rigorosas e evidências robustas.

Jan Luiz Leonardi

A Pedro Roberto Lemos, também conhecido como Mozão, meu namorado, amigo, parceiro e sócio, por todo o amor, cuidado e cumplicidade. Eu não teria chegado até aqui sem o seu apoio. Obrigado por me oferecer colo quando eu preciso, por agir como uma função executiva externa quando eu travo, por acreditar em mim quando eu mesmo duvido de tudo e mais um pouco e por me motivar quando o mundo parece cinza demais.

A meus colegas organizadores deste livro, em especial a Jan e Dan, por terem confiado no meu trabalho e me aberto as portas para o incrível universo da Prática Baseada em Evidências em Psicologia.

À Dora Catelan, minha irmã, pelo apoio diante dos percalços da vida, e à Nathália Klein, minha prima, pelos momentos de troca e cuidado.

A meus amigos, em especial à Eduarda Khoury e ao Bernardo Paim de Mattos, que acompanharam boa parte do processo de editoração deste livro e me ofereceram valiosos incentivos.

A meus pacientes, atuais e passados, por me permitirem experimentar a humildade do aprendizado, a potência da conexão, a força da vulnerabilidade e por confiarem a mim o que têm de mais doloroso e precioso.

À comunidade de alunos da minha empresa, Sínteses – Centro de Psicologia Baseada em Evidências, por quem tenho muito respeito e admiração.

A todos os profissionais da saúde mental que tiveram a coragem de assumir seus diagnósticos psiquiátricos em público e que entendem a importância disso para combater a estigmatização contra nós. Sou um psicólogo autista, com transtorno da personalidade *borderline* e altas habilidades/superdotação. Há muito deixei de ter vergonha disso. Ninguém é um diagnóstico, e ter um não anula ou diminui nosso valor pessoal e profissional.

A todas as pessoas que entendem o imenso impacto psicossocial da ciência, que encontram na Prática Baseada em Evidências em Psicologia um norte não somente técnico, mas ético, e que resistem ao obscurantismo, à desinformação, às mentiras e às más práticas que, infelizmente, ainda devastam o campo da saúde mental no Brasil e no mundo. Isso inclui você, que escolheu adquirir nossa obra. Obrigado pela confiança! Se este livro contribuir para deslocar um grãozinho de areia neste imenso deserto, saberei que cumpri meu propósito.

Ramiro Figueiredo Catelan

Aos meus pais pelo apoio e amor incondicional, e à minha esposa, por ser a melhor companhia do mundo. Amor, obrigado por ser a leitora incrível que você é: de textos quando eu preciso, e de pessoas o tempo inteiro. Obrigado.

Dan Josua

A Jan, Ramiro e Dan pela oportunidade de pertencer a um projeto no qual acredito e cuja natureza é melhorar uma pequena, mas importante parte do mundo.

Aos meus amigos e colegas, cuja paciência e colaboração me trouxeram até aqui. Ainda olharemos para estes anos saudosos e com enorme orgulho dos nossos esforços.

A cada um dos leitores desta obra, que escolheram a via desafiadora e menos cômoda em nome da ideia que me inspira desde o começo: a de que a ciência pode fazer mais para aliviar o sofrimento humano. Estamos chegando lá.

Thiago Mácimo Pereira

Organizadores

Jan Luiz Leonardi é psicólogo e doutor em Psicologia Clínica pela Universidade de São Paulo (USP). É diretor acadêmico e científico do Instituto de Psicologia Baseada em Evidências (InPBE), onde coordena cursos de pós-graduação e formação. É membro fundador da Associação Brasileira de Psicologia Baseada em Evidências (ABPBE). Além de psicoterapeuta, atua como supervisor e mentor de psicólogos.

Ramiro Figueiredo Catelan é psicólogo e doutor em Psicologia pela Pontifícia Universidade Católica do Rio Grande do Sul (PUC-RS). É especialista em Terapia Cognitivo-Comportamental pelo Centro de Estudos da Família e do Indivíduo (CEFI). Tem treinamento intensivo em Terapia Comportamental Dialética pelo Behavioral Tech (Estados Unidos) e formação em Psicoterapia Baseada em Evidências pelo Instituto de Psicologia Baseada em Evidências (InPBE). Atualmente, é pesquisador de pós-doutorado do Instituto de Psiquiatria da Universidade Federal do Rio de Janeiro (UFRJ) e diretor da Sínteses – Centro de Psicologia Baseada em Evidências.

Dan Josua é psicólogo e mestre em Psicologia Clínica pela Pontifícia Universidade Católica de São Paulo (PUC-SP). Possui pós-graduação em Terapia Comportamental e Cognitiva pelo Hospital das Clínicas da Faculdade de Medicina da Universidade de São Paulo (HC-FMUSP) e formação em Terapia Comportamental Dialética pelo Behavioral Tech (Estados Unidos). Atua como psicólogo clínico.

Thiago Mácimo Pereira é psicólogo e aluno da especialização em Prática Baseada em Evidências em Psicologia Clínica pelo Instituto de Psicologia Baseada em Evidências (InPBE). Atualmente, atua como pesquisador no Núcleo de Investigações em Psicologia Baseada em Evidências e é membro fundador e vice-presidente da Associação Brasileira de Psicologia Baseada em Evidências (ABPBE).

Autores

Alessandra Pereira Lopes é psicóloga, mestre em Saúde Mental pela Universidade Federal do Rio de Janeiro (UFRJ) e doutoranda na mesma instituição. É especialista em Neuropsicologia e Avaliação Psicológica pelo Conselho Federal de Psicologia (CFP) e Terapeuta Cognitivo-Comportamental certificada pela Federação Brasileira de Terapias Cognitivas (FBTC). Sócia-diretora do Centro de Avaliação, Atendimento e Educação em Saúde Mental (CAAESM).

Ana A. Baumann é psicóloga e doutora em Psicologia pela Utah State University. Também possui pós-doutorado em Ciências Humanas pela Washington University. Sua experiência acadêmica inclui ênfase em processos de aprendizagem, memória e motivação. Além disso, atua como revisora das revistas *The Psychological Record* e *Cultural Diversity and Ethnic Minority Psychology*.

Ana Claudia Morais Godoy Figueiredo é enfermeira, doutora em Ciências da Saúde com pós-doutorado em Saúde Coletiva e ênfase em Epidemiologia pela Universidade de Brasília (UnB). Atualmente, desenvolve pesquisa na área de Epidemiologia e Comunicação Científica, junto ao Núcleo de Epidemiologia e Saúde, e atua com revisão sistemática e metanálise para tomada de decisão na Vigilância Epidemiológica da Secretaria de Estado de Saúde do Distrito Federal.

Anna Carolina Ramos é psicóloga, doutora em Psicobiologia pela Universidade Federal de São Paulo (Unifesp) e especialista em Psicoterapia Analítica Funcional. É professora adjunta no Departamento de Psicologia da

Universidade Federal de Santa Catarina (UFSC), onde atua como docente, supervisora clínica e pesquisadora nas áreas de Terapias Comportamentais, Prática Baseada em Evidências e Intervenção sobre o Uso de Substâncias.

Bernardo Paim de Mattos é psicólogo e mestrando em Cognição Humana pela Pontifícia Universidade Católica do Rio Grande do Sul (PUC-RS). Atua como psicoterapeuta e é membro da Diretoria e da Comissão de Pesquisa da Associação Brasileira de Psicologia Baseada em Evidências (ABPBE).

Bruno Angelo Strapasson é doutor em Psicologia Experimental pela Universidade de São Paulo (USP). Atualmente, é professor adjunto na Universidade Federal do Paraná (UFPR) e pesquisador com ênfase nas áreas de História e Teoria do Behaviorismo, Análise Experimental do Comportamento e Metaciência.

Carlos Eduardo Norte é psicólogo, doutor em Psiquiatria e Saúde Mental pela Universidade Federal do Rio de Janeiro (UFRJ), além de ter especializações em Reabilitação Neuropsicológica pela Universidade de São Paulo (USP). É docente do Departamento de Cognição e Desenvolvimento do Instituto de Psicologia e do Programa de Pós-Graduação em Psicologia Social da Universidade do Estado do Rio de Janeiro (UERJ). Atualmente, é membro do Instituto Brasileiro de Neuropsicologia e Comportamento (IBNeC), da Sociedade Brasileira de Neuropsicologia (SBNp) e da Sociedade Brasileira de Neurociências e Comportamento (SBNeC).

Carmem Beatriz Neufeld é psicóloga, doutora em Psicologia pela Pontifícia Universidade Católica do Rio Grande do Sul (PUC-RS), com pós-doutorado em Psicologia pela Universidade Federal do Rio de Janeiro (UFRJ) e livre-docência em Terapia Cognitivo-Comportamental pela Faculdade de Filosofia, Ciências e Letras de Ribeirão Preto da Universidade de São Paulo (FFCLRP-USP), onde é professora associada do Departamento de Psicologia e integra os programas de Pós-Graduação em Psicologia e Psicobiologia da mesma instituição. Também é fundadora e coordenadora do Laboratório de Pesquisa e Intervenção Cognitivo-Comportamental da USP (LaPICC-USP). É professora convidada permanente na Universidad de La Laguna, na Espanha, e na Universidad Autonoma del Estado de Hidalgo, no México, além de ser a atual presidente da Federação Latino-Americana de Psicoterapias Cognitivas (ALAPCCO) e representante do Brasil na Sociedade Interamericana de Psicologia. É bolsista produtividade do Conselho Nacional de Desenvolvimento Científico e Tecnológico (CNPq).

Curt Hemanny Menezes Santos é psicólogo clínico, doutor em Processos Interativos dos Órgãos e Sistemas pelo Instituto de Ciências da Saúde da Universidade Federal da Bahia (UFBA). Atua como professor na Faculdade de Ciências Médicas Afya/FIP-Guanambi e é pesquisador na área de Psicopatologia e Psicoterapia.

Dan Josua é psicólogo e mestre em Psicologia Clínica pela Pontifícia Universidade Católica de São Paulo (PUC-SP). Possui pós-graduação em Terapia Comportamental e Cognitiva pelo Hospital das Clínicas da Faculdade de Medicina da Universidade de São Paulo (HC-FMUSP) e formação em Terapia Comportamental Dialética pelo Behavioral Tech (Estados Unidos). Atua como psicólogo clínico.

Daniel Foschetti Gontijo é psicólogo e doutor em Neurociências pela Universidade Federal de Minas Gerais (UFMG). É membro fundador da Associação Brasileira de Psicologia Baseada em Evidências (ABPBE) e fundador do Instituto Ponto Azul (IPA). Atua como psicólogo clínico, pesquisador, divulgador científico e professor no IPA.

Danila Cristina Paquier Sala é enfermeira e mestre em Ciências pela Universidade de São Paulo (USP), com especialização em Oncologia em Enfermagem pela Universidade Federal de São Paulo (Unifesp). Atualmente, é doutoranda na Unifesp, realizando programa sanduíche na Washington University in Saint Louis School of Medicine, na Linha de Cuidado em Enfermagem e Saúde na Dimensão Coletiva. Coordena o projeto de extensão Saber Cuidar, com ações de Educação Popular com populações vulnerabilizadas, e é preceptora da Liga de Educação em Diabetes.

Fernanda Castanho Calixto é psicóloga e doutora em Psicologia pela Universidade Federal de São Carlos (UFSCar), com pós-doutorado interinstitucional na UFSCar e Instituto Par. Atualmente, orienta pesquisas e atua como docente no programa de Mestrado em Análise do Comportamento Aplicada do Instituto Par, além de atender clinicamente e supervisionar atendimentos.

Fernanda de Oliveira Paveltchuk é psicóloga e doutora em Saúde Mental pela Universidade Federal do Rio de Janeiro (UFRJ). Atualmente, é pesquisadora colaboradora do Núcleo Integrado de Pesquisa em Psicoterapia nas Abordagens Cognitivo-Comportamentais do Instituto de Psiquiatria da UFRJ (IPUB-UFRJ). É membro da Interorganizational Task Force, da

ABCT e da American Psychological Association (APA), onde investiga os prejuízos decorrentes de tentativas de modificação de identidade sexual e de gênero.

Fernanda Montero Landeiro é psicóloga e doutora em Saúde pela Universidade Federal da Bahia (UFBA). Especialista em Transtornos Alimentares e Obesidade e em Psicopatologia pela Universidade de São Paulo (USP). Possui formação em Terapia Cognitiva pelo Beck Institute of Cognitive Therapy e pela University of Oxford e em Terapia Racional Emotiva Comportamental pelo Albert Ellis Institute. Além de atuar como psicóloga clínica, é professora de pós-graduação na Cognitivo Psi.

Gabriela dos Santos Buccini é fonoaudióloga e doutora em Ciências pela Universidade de São Paulo (USP), com período sanduíche na Yale University. Atualmente, é professora assistente na University of Nevada Las Vegas e realiza pós-doutorado em Ciências da Implementação de Políticas Públicas e Programas em Amamentação, Desenvolvimento Infantil e Saúde Materno-Infantil na Yale School of Public Health. É consultora internacional em amamentação certificada pelo International Board of Lactation Consultants Examiners.

Gibson Juliano Weydmann é psicólogo, doutor em Psicologia pela Universidade Federal do Rio Grande do Sul (UFRGS) e pós-doutorando na mesma instituição. Especialista em Terapias Comportamentais-Contextuais pelo Centro de Estudos da Família e do Indivíduo (CEFI). Atualmente, atua como psicólogo clínico e docente na Universidade La Salle/FACEFI.

Hélder Lima Gusso é doutor em Psicologia pela Universidade Federal de Santa Catarina (UFSC). Professor do programa de pós-graduação em Psicologia da UFSC e Head de Tecnologias Educacionais no PBS Together, na Austrália. Pesquisador nas áreas de Programação de Ensino, Tecnologias Educacionais, Ensino Superior e Gestão de Comportamentos.

Igor da Conceição Eckert é nutricionista com experiência como monitor em Epidemiologia e Bioestatística e membro da liga de Endocrinologia e Metabologia da Universidade Federal de Ciências da Saúde de Porto Alegre (UFCSPA) e colaborador do grupo de pesquisa Nutrição Baseada em Evidências (NCBE). Ao longo de sua graduação, dedicou-se a atendimentos ambulatoriais de pacientes com diabetes *mellitus* e ao atendimento de pacientes oncológicos hospitalizados. É sócio-fundador da empresa EVIDENS – Ensino e Consultoria Científica e atua como professor de Prática Baseada em Evidências.

Irismar Reis de Oliveira é médico, doutor e livre-docente em Medicina pela Universidade Federal da Bahia. Fez formação em Psiquiatria pela Université René Descartes, em Paris, e em terapia cognitiva pelo Beck Institute, nos EUA. É o criador da Terapia Cognitiva Processual.

Jan Luiz Leonardi é psicólogo e doutor em Psicologia Clínica pela Universidade de São Paulo (USP). É diretor acadêmico e científico do Instituto de Psicologia Baseada em Evidências (InPBE), onde coordena cursos de pós-graduação e formação. É membro fundador da Associação Brasileira de Psicologia Baseada em Evidências (ABPBE). Além de psicoterapeuta, atua como supervisor e mentor de psicólogos.

Janaína Bianca Barletta é psicóloga, doutora em Ciências da Saúde pela Universidade Federal de Sergipe (UFS), com pós-doutorado em Psicologia pela Universidade de São Paulo (USP). Especializou-se em Psicoterapia Cognitivo-comportamental pela Fundação Educacional Lucas Machado (Feluma) e em Psicologia Clínica da Saúde pela Universidade de Brasília (UnB). É psicóloga clínica e supervisora, pesquisadora colaboradora do Laboratório de Pesquisa e Intervenção Cognitivo-Comportamental da USP (LaPICC/USP) e membro fundadora do grupo de estudos e pesquisa TrimTabPsi. Presidente da Associação de Ensino e Supervisão Baseados em Evidências (AESBE).

Jane S. Hankins é médica, mestre pela University of Tennessee e membro do Departamento de Medicina Pediátrica Global no St. Jude Children's Research Hospital, além de diretora do Programa Global de Hematologia na mesma instituição. Seus interesses de pesquisa incluem a aplicação de métodos de ciência de implementação e disseminação para melhorar a transição do cuidado pediátrico para o adulto e o uso da terapia com hidroxiureia.

Josicélia Estrela Tuy Batista é enfermeira, doutora em Saúde Coletiva pela Universidade Estadual de Feira de Santana (UEFS). Atualmente, atua como consultora técnico-científica no Departamento de Ciência e Tecnologia do Ministério da Saúde (DECIT/MS) e desenvolve pesquisas na área de Epidemiologia junto ao Núcleo de Epidemiologia e Saúde da Universidade Federal do Recôncavo da Bahia (UFRB).

Julia de Oliveira Chotgues é psicóloga, mestre e doutoranda em Psicologia Clínica pela Pontifícia Universidade Católica do Rio Grande do Sul (PUC-RS), no Grupo de Pesquisa Violência, Vulnerabilidade e Intervenções Clínicas. É especialista em Terapia Sistêmica para Indivíduos, Casais e Família pelo Centro de Estudos da Família e do Indivíduo (CEFI).

Juliana Lopes Fernandes Massapust Pestana é psicóloga, doutora em Neurologia pela Universidade Federal Fluminense (UFF), além de ser doutoranda em Psicologia pela Universidade Federal do Rio de Janeiro (UFRJ). Possui certificação em Terapia Comportamental Dialética pela Behavioral Tech e em Terapia Comportamental Dialética Radicalmente Aberta (RO-DBT). É gestora da RO-DBT Brasil e atua como professora universitária e de pós-graduação.

Loren Beiram é psicóloga com pós-graduação em Neurociência e Comportamento pela Pontifícia Universidade Católica do Rio Grande do Sul (PUC-RS).

Luísa Fernanda Habigzang é psicóloga, doutora em Psicologia pela Universidade Federal do Rio Grande do Sul (UFRGS), com pós-doutorado na mesma instituição. É professora adjunta nos cursos de graduação e pós-graduação na Pontifícia Universidade Católica do Rio Grande do Sul (PUC-RS).

Marcele Regine de Carvalho é psicóloga, doutora em Saúde Mental pela Universidade Federal do Rio de Janeiro (UFRJ), com pós-doutorado na mesma instituição. Professora na UFRJ, também é supervisora clínica na Divisão de Psicologia Aplicada da UFRJ e Coordenadora do Núcleo Integrado de Pesquisa em Psicoterapia nas Abordagens Cognitivo-Comportamentais (NIPPACC) do Instituto de Psiquiatria da UFRJ (IPUB-UFRJ).

Marcos Spector Azoubel é psicólogo, doutor em Psicologia Experimental pela Pontifícia Universidade Católica de São Paulo (PUC-SP). Atua como coordenador do curso de extensão em Psicologia Experimental da PUC-SP e é editor associado da *Revista Brasileira de Análise do Comportamento* e da *Revista Psiporã*. Além de psicólogo, é membro do grupo de trabalho de Pesquisa Teórica em Análise do Comportamento da Associação Nacional de Pesquisa e Pós-graduação em Psicologia (ANPEPP) e Associação Brasileira de Psicoterapia e Medicina Comportamental (ABPMC).

Natacha Ágata de Queiroz Andrade Costa Gontijo é psicóloga, especialista em Terapias Cognitivo-Comportamentais pela Pontifícia Universidade Católica de Minas Gerais (PUC-Minas) e mestranda em Psicologia Social pela Universidade de São Paulo (USP). Atualmente, é docente e coordenadora de clubes de leitura no Instituto Ponto Azul (IPA), além de realizar pesquisas na área de psicologia da religião.

Pedro Paulo Pires dos Santos é psicólogo, doutor em Psicologia pela Universidade Federal do Rio de Janeiro (UFRJ), tendo realizado o Programa de Doutorado Sanduíche pela University of Maryland - School of Public Health. É professor do Departamento de Psicometria do Instituto de Psicologia da UFRJ. Atualmente, é membro do corpo docente da Associação de Terapias Cognitivas (ATC)-Rio, do Research Steering Committee de Terapia Comportamental Dialética Radicalmente Aberta e da Association for Contextual Behavioral Science. É responsável pela adaptação dos processos de certificação e procedimentos de intervenção para o Brasil da RO-DBT e da estrutura de trabalho da Avaliação Colaborativa e Manejo da Suicidalidade (CAMS).

Ramiro Figueiredo Catelan é psicólogo e doutor em Psicologia pela Pontifícia Universidade Católica do Rio Grande do Sul (PUC-RS). É especialista em Terapia Cognitivo-Comportamental pelo Centro de Estudos da Família e do Indivíduo (CEFI). Tem treinamento intensivo em Terapia Comportamental Dialética pelo Behavioral Tech (Estados Unidos) e formação em Psicoterapia Baseada em Evidências pelo Instituto de Psicologia Baseada em Evidências (InPBE). Atualmente, é pesquisador de pós-doutorado do Instituto de Psiquiatria da Universidade Federal do Rio de Janeiro (UFRJ) e diretor da Sínteses – Centro de Psicologia Baseada em Evidências.

Rita Garcia Rangel é psicóloga e mestranda em Psicologia na Pontifícia Universidade Católica do Rio Grande do Sul (PUC-RS), vinculada ao Grupo de Pesquisa Violência, Vulnerabilidade e Intervenções Clínicas. Investiga a violência nos contextos familiar e de relações íntimas contra a população LGBTIA+ brasileira.

Sândhya Siqueira Marques é psicóloga e mestre em Psicologia Clínica pela Pontifícia Universidade Católica do Rio Grande do Sul (PUC-RS), pesquisadora no Grupo de Pesquisa Violência, Vulnerabilidade e Intervenções Clínicas, onde investiga temas envolvendo violência contra grupos minorizados, trauma, raça e gênero.

Thiago Mácimo Pereira é psicólogo e aluno da especialização em Prática Baseada em Evidências em Psicologia Clínica pelo Instituto de Psicologia Baseada em Evidências (InPBE). Atualmente, atua como pesquisador no Núcleo de Investigações em Psicologia Baseada em Evidências e é membro fundador e vice-presidente da Associação Brasileira de Psicologia Baseada em Evidências (ABPBE).

Tobias de Medeiros Chaves Ferreira é psicólogo e mestrando em Psicologia: Cognição e Comportamento pela Universidade Federal de Minas Gerais (UFMG). Possui formação em Psicoterapia Baseada em Evidências pelo Instituto de Psicologia Baseada em Evidências (InPBE). É membro fundador e presidente da Associação Brasileira de Psicologia Baseada em Evidências (ABPBE). Além de atuar como psicólogo clínico e pesquisador, administra o projeto de divulgação científica *Psicolosofia*.

Vitor Douglas de Andrade é filósofo, mestrando na linha de Ética e Filosofia Política na Universidade Federal de Minas Gerais (UFMG) e graduando em Psicologia pelo Instituto de Educação Superior Latino-Americano. É membro fundador da Associação Brasileira de Psicologia Baseada em Evidências (ABPBE). Atua como professor em diversos cursos de psicologia científica, com foco em pesquisa sobre a fundamentação filosófica da Prática Baseada em Evidências.

Sumário

SEÇÃO 2
QUESTÕES METODOLÓGICAS

SEÇÃO 3
A IMPLEMENTAÇÃO DA PRÁTICA BASEADA EM EVIDÊNCIAS EM PSICOLOGIA CLÍNICA

Prefácio

A prática baseada em evidências (PBE) é um pilar fundamental para o desenvolvimento e a credibilidade da psicologia clínica. Nos últimos anos, essa prática tem ganhado relevância impulsionada pela necessidade de fundamentar as intervenções terapêuticas em dados científicos robustos. *Prática baseada em evidências em psicologia clínica: fundamentos teóricos, questões metodológicas e diretrizes para implementação*, livro organizado por Jan Luiz Leonardi, Ramiro Figueiredo Catelan, Dan Josua e Thiago Mácimo Pereira, representa uma contribuição significativa para a consolidação da abordagem da prática baseada em evidências no Brasil, representando um avanço na área e fortalecendo a prática clínica no país.

Esta obra é um guia essencial para aqueles que desejam se aprofundar no tema e aprimorar sua atuação profissional, oferecendo um recurso abrangente e acessível para estudantes, pesquisadores e profissionais da área, com grande importância tanto para o ensino da psicologia na graduação quanto nas pós-graduações. O livro abrange uma gama de tópicos desde os fundamentos teóricos e metodológicos da PBE até suas aplicações práticas na psicologia clínica. Assim, ela representa um esforço significativo para consolidar conhecimentos essenciais e atualizados sobre a abordagem da prática baseada em evidências, fornecendo um roteiro para a prática clínica e a pesquisa, e promovendo um diálogo crítico e reflexivo sobre o papel da ciência na psicologia.

O objetivo deste livro é fornecer uma visão detalhada sobre a prática baseada em evidências, abordando desde seus fundamentos teóricos e filosóficos até as questões metodológicas e práticas envolvidas na implementação da prática baseada em evidências na psicologia clínica. Para tanto, o livro está organizado em três seções dedicadas, respectivamente, aos fundamentos teóricos, às questões metodológicas e à implementação da prática baseada em evidências na psicologia clínica. Cada capítulo é escrito por especialistas experientes, garantindo que o conteúdo seja embasado em evidências científicas atualizadas e na experiência prática dos profissionais. Assim, ao longo dos textos, os autores também apresentam os fundamentos teóricos e também oferecem ferramentas concretas para a aplicação da prática baseada em evidências no contexto clínico.

O livro se encerra com o capítulo *Como implementar a prática baseada em evidências em psicologia clínica: um guia passo a passo*, escrito por Jan Luiz Leonardi. Ele oferece um guia prático para a implementação da prática baseada em evidências em psicologia clínica com orientações detalhadas sobre como formular perguntas clínicas, buscar e avaliar evidências, e aplicar os achados na prática cotidiana dos profissionais de saúde mental.

A publicação deste livro representa um marco importante para a disseminação da prática baseada em evidências em psicologia clínica no Brasil. Ao reunir contribuições de diversos autores e abordar uma ampla gama de tópicos relevantes, ele se torna uma leitura essencial para estudantes, pesquisadores e profissionais que buscam fundamentar sua prática em evidências científicas sólidas. Sua leitura mostra que a adoção dessa abordagem é essencial para garantir que a prática clínica esteja alinhada com os avanços científicos e com os melhores interesses dos clientes, elevando o padrão profissional e promovendo a transparência e a responsabilidade na prática clínica.

Estou convicto de que este livro inspirará e capacitará você a integrar a ciência à prática clínica, elevando os padrões da psicologia e proporcionando intervenções mais eficazes e baseadas em evidências. Vejo-o como um guia indispensável para quem busca aprimorar sua prática clínica e contribuir para o avanço da psicologia baseada em evidências no Brasil.

Irismar Reis de Oliveira

Apresentação

O campo de tratamentos psicológicos, historicamente, vem sendo dominado por uma profusão de intervenções duvidosas e inefetivas, baseadas em teorias obsoletas ou com baixo respaldo científico, e até propostas de caráter explicitamente pseudocientífico. A falta de respaldo científico de qualidade em intervenções clínicas pode colocar em risco a integridade da comunidade de usuários de serviços de saúde mental, sejam públicos ou privados.

Com base em princípios bioéticos, é óbvio que o bem-estar e a saúde dos pacientes devem prevalecer sobre as preferências pessoais e vínculos institucionais dos terapeutas. A crescente demanda comunitária e profissional por intervenções terapêuticas efetivas, aliada à busca por mais rigor metodológico nas condutas clínicas, impulsionou o desenvolvimento da Prática Baseada em Evidências em Psicologia (PBEP) como um paradigma central para a evolução da psicoterapia e como um modelo ético e técnico de atuação profissional. É nesse contexto que este livro, *Prática Baseada em Evidências em Psicologia Clínica: fundamentos teóricos, questões metodológicas e diretrizes para a sua implementação*, se apresenta como um guia abrangente para os profissionais que buscam integrar, de forma sistemática e rigorosa, a ciência à sua prática clínica cotidiana.

A PBEP não pode ser vista como uma simples tendência emergente; ela é uma exigência ética e profissional. A partir dela, o profissional pode alinhar seus comportamentos clínicos às melhores e mais recentes evidências científicas, promovendo intervenções que sejam simultaneamente efetivas, seguras e que incorporem, de forma invariável, o contexto, a cultura, as características e as escolhas dos pacientes. O conceito de PBEP vai além da mera utilização protocolar de resultados de pesquisas na prática; ele exige que o clínico integre e adapte essas evidências ao seu repertório clínico e experiência profissional no contexto dos valores, preferências e particularidades de cada paciente. Essa integração é, sem dúvida, complexa e desafiadora, e esta obra foi desenvolvida justamente para oferecer as ferramentas necessárias para esse processo.

Este livro foi estruturado em três grandes seções, organizadas de forma a permitir ao leitor uma imersão progressiva e aprofundada nos principais aspectos que compõem a PBEP no contexto clínico. A Seção 1 é dedicada aos *Fundamentos teóricos da Prática Baseada em Evidências em Psicologia Clínica*. Aqui, o leitor será apresentado aos princípios teóricos, filosóficos e conceituais elementares para distinguir a PBEP de outros modelos de atuação profissional. O Capítulo 1, *O que é (e o que não é) Prática Baseada em Evidências em Psicologia?*, faz um resgaste histórico da emergência desse paradigma e explora conceitos e elementos básicos da PBEP. O Capítulo 2, *Alternativas ao uso de manuais de intervenção na psicoterapia baseada em evidências*, discute como aplicar a PBEP na prática sem aderir irrestritamente a uma escola psicoterápica específica. Um debate sobre as características similares a todos os modelos de psicoterapia é apresentado no Capítulo 3, *Fatores comuns aos diferentes modelos de psicoterapia*. Definições específicas sobre o que é e o que não é ciência, fundamentais para uma prática clínica ética e efetiva, são apresentadas no Capítulo 4, *O que é ciência e pseudociência?*. O Capítulo 5, *O papel da teoria e a integração em psicoterapia na Prática Baseada em Evidências em Psicologia*, reflete sobre a importância da teoria para a PBEP e aponta os problemas do movimento contemporâneo de integração de diferentes modelos de psicoterapia, oferecendo alternativas à luz do modelo da PBEP. Já o Capítulo 6, *Pseudociências na Psicologia*, define pseudociências e descreve detalhadamente os possíveis efeitos nocivos de basear um processo de psicoterapia em um modelo pseudocientífico. Concluindo esta seção, o Capítulo 7, *Iatrogenia em psicoterapia*, explora um tema pouquíssimo discutido na comunidade profissional: os possíveis resultados negativos e maléficos de intervenções terapêuticas. Em conjunto, esses capítulos buscam oferecer ao leitor um panorama amplo, geral e aprofundado das bases teóricas e conceituais da PBEP.

A Seção 2, intitulada *Questões metodológicas*, aborda diversos aspectos de metodologia científica, fundamentais para nortear o processo de tomada de decisão profissional compartilhada entre terapeutas e pacientes. São discutidos os alcances e limites de diferentes delineamentos de pesquisa, desde o *estudo de caso* (Capítulo 8), passando pelo *delineamento experimental de caso-único* (Capítulo 9), até os *ensaios clínicos randomizados* (Capítulo 10). A compreensão desses delineamentos é vital para a PBEP, uma vez que eles fornecem o substrato metodológico para respaldar as escolhas profissionais. Elementos cruciais para a avaliação da eficácia de resultados clínicos são apresentados no Capítulo 11, *Revisão sistemática, metanálise e sistema GRADE*. O Capítulo 12, *Introdução à estatística para uma Prática Baseada em Evidências*, e o 13, *Estatística descomplicada para psicólogos*, concluem esta seção apresentando, de maneiras distintas, o essencial que psicólogos clínicos precisam saber sobre estatística e análise de dados quantitativos, para que desenvolvam autonomia analítica e não fiquem refém do recorrente mau uso da ciência e da extrapolação ou interpretação equivocada de resultados de pesquisa.

Por fim, a Seção 3, *A implementação da Prática Baseada em Evidências em Psicologia Clínica*, traz orientações práticas e diretrizes detalhadas para a aplicação desse paradigma no contexto clínico. O leitor aprenderá, no Capítulo 14, *A pirâmide de Haynes e a busca por evidências nas bases de dados*, a consultar, de forma prática e segura, as bases de dados científicas mais relevantes para a atuação clínica. O Capítulo 15, *Sensibilidade cultural na Prática Baseada em Evidências em Psicologia*, dedica-se a apresentar a influência da cultura no contexto da psicoterapia, destacando a importância de avaliar e incorporar ao processo psicoterapêutico os diversos marcadores e aspectos socioculturais de cada paciente, bem como oferecendo diretrizes práticas para avaliação e intervenção, fazendo uso de orientações clínicas, estudo de caso e ilustração de intervenções. Um panorama aprofundado sobre formas cientificamente respaldadas de supervisão clínica pode ser encontrado no Capítulo 16, *Supervisão clínica baseada em evidências*, pois não é somente a atuação enquanto psicoterapeuta que precisa ser apoiada por pesquisas científicas: há formas mais e menos efetivas de supervisionar, e o leitor descobrirá quais são no decorrer da leitura. O Capítulo 17, *Ciência da implementação e a prática clínica*, se concentra em apresentar, de forma minuciosa, a aplicação da pesquisa científica na prática clínica, salientando a necessidade de integração entre dados empíricos e a atuação profissional. O Capítulo 18, *Como implementar a Prática Baseada em Evidências em Psicologia Clínica: um guia passo a passo*, conclui o livro descrevendo diretrizes para que o profissional fundamente sua prática clínica nos melhores e mais atualizados resultados de estudos científicos, ressaltando a indissociabilidade entre evidência científica, perícia clínica e características contextuais de cada paciente. São apresentadas recomendações objetivas sobre como formular perguntas clínicas pertinentes, conduzir buscas eficazes de evidências em bases de dados científicas e, crucialmente, como avaliar e aplicar essas evidências no trabalho com pacientes reais.

É importante enfatizar que este livro não se destina exclusivamente a psicólogos clínicos experientes no campo da PBEP. Ele foi concebido para ser acessível, também, a públicos que têm desejado cada vez mais uma aproximação com esse paradigma, como estudantes de Psicologia e profissionais de início de carreira. A linguagem clara e objetiva utilizada pelos autores, aliada à profundidade teórica e ao embasamento em evidências científicas, torna este livro uma referência essencial para quem deseja se manter atualizado com os avanços da ciência psicológica.

Outro ponto de destaque desta obra é a sua capacidade de estimular o pensamento crítico. Os capítulos foram escritos por profissionais com vasta experiência em pesquisa, docência e prática clínica, garantindo que o conteúdo apresentado seja rigorosamente fundamentado e, ao mesmo tempo, relevante para a prática cotidiana. Ao longo dos capítulos, o leitor encontrará não apenas a descrição dos principais conceitos e teorias, mas também exemplos práticos, estudos de caso e sugestões de leituras adicionais, que facilitarão a aplicação dos princípios da PBEP em contextos clínicos variados.

Assim, nosso esforço de organização resultou não apenas em um livro teórico, mas em um manual prático para aqueles que se dedicam à Psicologia Clínica. Ele representa uma contribuição significativa para a consolidação da PBEP no Brasil, um país onde o campo da psicoterapia tem passado por profundas transformações nos últimos anos. Esperamos que esta obra inspire e capacite psicólogos e outros profissionais da saúde mental a adotarem uma prática clínica que seja, acima de tudo, ética, científica e centrada no bem-estar dos seus pacientes.

Ao adotarmos os princípios da PBEP, estamos cuidando da eficácia das nossas intervenções e também promovendo a transparência e a responsabilidade na prática clínica. Desejamos que este livro seja uma fonte contínua de aprendizado e reflexão para todos os que se dedicam à Psicologia Clínica e que ele contribua para o fortalecimento de uma prática profissional que valorize tanto a ciência quanto a individualidade de cada paciente. Agradecemos a confiança e tenha uma excelente leitura.

Jan Luiz Leonardi
Ramiro Figueiredo Catelan
Dan Josua
Thiago Mácimo Pereira

SEÇÃO 1

FUNDAMENTOS TEÓRICOS DA PRÁTICA BASEADA EM EVIDÊNCIAS EM PSICOLOGIA CLÍNICA

1

O que é (e o que não é) prática baseada em evidências em psicologia?

Jan Luiz Leonardi
Ramiro Figueiredo Catelan
Loren Beiram

POR QUE EVIDÊNCIA IMPORTA?

"Qual a sua abordagem teórica?" é uma pergunta que praticamente todo psicoterapeuta já escutou de outros colegas em variados contextos. Somos ensinados, desde a graduação, que devemos escolher entre diferentes modelos teóricos de psicoterapia, de acordo com nossas preferências pessoais e a visão de mundo subjacente a cada teoria.[1] Diversos argumentos são evocados para justificar essa postura. "Foi assim que eu aprendi", "é assim que se faz de acordo com a minha visão", "isso faz todo o sentido para mim" e "na minha prática, eu vejo os pacientes melhorarem" são alguns exemplos de afirmações recorrentes quando profissionais são indagados acerca dos motivos que os levam a escolher atuar com base em determinada abordagem psicoterápica.

Em um mundo ideal, toda conduta clínica é embasada em evidências científicas. Porém, nem todos os profissionais da saúde estão familiarizados com a prática baseada em evidências (PBE), e, entre os que a conhecem, muitos resistem a adotá-la. Há diversas razões para isso. Destacamos a seguir três delas:

1. **Falta de letramento científico:** falta formação na graduação e na pós-graduação sobre fundamentos do pensamento científico e metodologia de pesquisa. A esmagadora maioria das graduações em psicologia não aborda conceitos essenciais, como validade interna, validade externa, tipos de viés, confusão, causalidade, pergunta PICOT, amostragem, randomização, alocação oculta, cegamento, desfecho primário, desfecho secundário,

desfecho clínico, desfecho substituto, significância estatística, significância clínica etc. Isso implica que ser profissional da saúde – médico, psicólogo ou fisioterapeuta, por exemplo – não é sinônimo de entender de ciência, já que a formação básica desses profissionais não costuma abarcar elementos científicos essenciais.

2. **Excesso de confiança na própria experiência clínica:** alguns profissionais de saúde acreditam que a sua vivência clínica acumulada ao longo dos anos propicia informações mais precisas do que aquelas provenientes de pesquisas clínicas rigorosas. Tal confiança na experiência pessoal é atravessada por crenças, vieses cognitivos e resistência à mudança, a ponto de o terapeuta enxergar sucesso quando há indícios de fracasso.
3. **Viés do custo afundado:** imagine um psicanalista que investiu anos de estudo e uma quantia significativa de tempo e dinheiro em livros, formações e congressos. Ainda que as pesquisas mostrem que há métodos terapêuticos mais eficazes disponíveis, esse profissional pode se sentir compelido a continuar fazendo mais do mesmo, simplesmente porque já fez um investimento substancial naquilo. Este fenômeno é chamado de *viés do custo afundado* – ou viés do custo irrecuperável (do inglês *sunk cost effect*) –, que expressa a tendência de insistir em algo por conta do tempo, dinheiro ou esforço que já foi investido no passado.

Note, portanto, que decisões clínicas baseadas em crenças, preferências ou intuições dos terapeutas, e não evidências, não são condizentes com uma prática moderna e atualizada na psicologia clínica, minimizando o papel da ciência na atuação profissional de psicólogos e contribuindo para o descrédito da disciplina. Nesse contexto, uma questão que emerge é: o que são, afinal, evidências? Evidências científicas são obtidas por meio da observação sistemática e controlada, podendo incluir dados quantitativos e qualitativos. Elas são utilizadas para validar ou refutar hipóteses e são essenciais para a tomada de decisões na prática clínica. É importante lembrar que as evidências são oriundas de processos humanos de inquirição, análise e investigação, o que significa que são produto de um processo de interpretação que faz conexões com um conhecimento de fundo. Isso implica que as evidências a favor de uma conclusão podem ser revertidas em razão do surgimento de outras que apontam para outra direção. Assim, mais do que discutir o que é evidência, a proposta da PBE é a de questionar qual evidência permite qual conclusão.

Nesse sentido, a expressão *melhor evidência disponível* contida na definição de PBE sugere a existência de dados empíricos com diferentes níveis de credibilidade. Por quê? Porque evidências científicas podem ter maior ou menor grau de confiabilidade, a depender dos riscos de viés das diferentes pesquisas, a validade e confiabilidade das medidas escolhidas para avaliar o paciente, a precisão da descrição dos procedimentos, como as condições experimental e controle foram arranjadas para permitir comparações entre elas, o método de análise dos dados, a consistência dos resultados das diferentes pesquisas, a magnitude de benefício encontrado etc. Assim, é possível elaborar uma hierarquia de níveis de evidência, cujas força e relevância variam de fracas a fortes.

Ao adotar uma tomada de decisão baseada em evidências, os psicólogos clínicos fundamentam sua atuação em dados empíricos rigorosos, provenientes de pesquisas científicas, estudos clínicos e observações controladas. Esse comprometimento com a evidência não apenas fortalece a credibilidade da disciplina, mas também assegura que as abordagens terapêuticas sejam fundamentadas em princípios testados, oferecendo uma base robusta para a efetividade clínica. A utilização de evidências na psicologia clínica proporciona uma estrutura confiável para a avaliação e o tratamento de uma variedade de problemas clínicos. A partir de métodos científicos, os psicólogos podem, por exemplo, validar ou refutar teorias sobre a origem e o desenvolvimento de transtornos mentais, aprimorando assim a precisão diagnóstica e a compreensão profunda dos desafios enfrentados pelos clientes. Isso não apenas garante uma abordagem mais informada, mas também abre portas para intervenções personalizadas, adaptadas às necessidades individuais de cada cliente.

Uma prática clínica fundamentada em evidências também se conecta à necessidade de prestação de contas e transparência nas condutas terapêuticas. Ao basear as intervenções em dados científicos, os psicólogos podem se comunicar de maneira mais clara e objetiva tanto com os clientes quanto com outros profissionais de saúde. Isso fortalece a confiança do público na disciplina e contribui para a construção de uma base sólida para o desenvolvimento contínuo da psicologia clínica.

O embasamento em evidências científicas na psicologia clínica não só eleva o padrão profissional, mas também impulsiona a inovação e o progresso na área. O constante diálogo entre pesquisa e prática clínica permite a incorporação de novas descobertas e abordagens, mantendo a psicologia clínica dinâmica e responsiva às demandas em evolução da sociedade. Assim, a adesão a evidências valida as intervenções terapêuticas e propicia um ambiente de aprendizado contínuo, refinamento de técnicas e melhoria constante na qualidade dos cuidados proporcionados aos clientes.

Entretanto, cabe ressaltar que a adoção de uma tomada de decisão clínica baseada em evidências está longe de ser um ponto pacífico na área da saúde, de forma geral, e na psicologia, de forma mais específica. Existem inúmeras críticas a esse modelo de atuação profissional, que variam de considerá-lo desde algo ultrapassado até uma inovação perigosa.[2] A seguir, apresentaremos um apanhado histórico do paradigma da PBE na psicologia clínica, explicitando o contexto e fatores científicos, sociais, econômicos e políticos que possibilitaram sua emergência e disseminação.

O DESENVOLVIMENTO HISTÓRICO DA PRÁTICA BASEADA EM EVIDÊNCIAS EM PSICOLOGIA

O ponto de partida da história da PBE em psicologia remonta ao clássico artigo *The effects of psychotherapy: an evaluation*, publicado em 1952 pelo psicólogo alemão Hans Eysenck. O autor categorizou os resultados de terapia obtidos por pouco mais de 7 mil pacientes, cuja única medida de resultado disponível era o registro do terapeuta, em *cura ou muita melhora*, *melhora*, *pouca melhora* e *nenhuma melhora*. Ele concluiu, com base nessas medidas (hoje consideradas inaceitáveis em um estudo sério), que nenhuma modalidade de intervenção era mais efetiva do que a mera passagem do tempo.

O trabalho de Eysenck (1952)[3] estimulou a busca por evidências acerca dos resultados das psicoterapias.[4] Ao longo das décadas de 1950, 1960 e 1970, foram publicadas centenas de pesquisas clínicas comparando a eficácia entre diferentes psicoterapias entre si e entre diferentes psicoterapias *versus* outros tratamentos (e.g., psicofármacos, hospitalização etc.). Duas revisões de literatura[5,6] – um tanto rudimentares para os padrões metodológicos da atualidade – sugeriram que a psicoterapia era altamente efetiva e que não existiriam diferenças significativas entre as várias modalidades existentes. Em vista disso, Luborsky et al. (1975)[4] chegaram a afirmar que "de agora em diante nós deveríamos parar de dar atenção à forma do tratamento ao encaminhar pacientes para a psicoterapia" (p. 1005), uma afirmação bastante audaciosa que certamente requer dados robustos que a justifiquem.

A ideia de que todas as formas de terapia funcionariam igualmente bem ficou conhecida na literatura como o "veredito do pássaro Dodô", em alusão a uma passagem de *Alice no País das Maravilhas*: "ao final, o Dodô disse: todos venceram e todos merecem prêmios". Ora, se todas as terapias funcionam, provavelmente é porque elas têm algo em comum. Assim, a eficácia das psicoterapias foi atribuída às características que estão presentes em todas elas, os chamados *fatores comuns*, que incluem qualidades do terapeuta (e.g., empatia e aceitação), características do cliente (e.g., expectativa de melhorar com a terapia) e relação terapêutica, esta considerada a principal variável causal do sucesso da intervenção.[7] Em suma, de acordo com os defensores dos fatores comuns, as especificidades de cada tratamento seriam relativamente pouco importantes para o resultado do processo terapêutico, sendo mais relevantes os elementos recorrentemente encontrados em praticamente todos os modelos terapêuticos.[8]

Em contraposição, diversos autores (e.g., Beutler, 2002; Chambless, 2002; DeRubeis et al., 2005; Kazdin, 2005; Rounsaville & Carroll, 2002)[7,9-12] questionaram as conclusões dos defensores dos fatores comuns, tanto por razões metodológicas quanto empíricas. Do ponto de vista metodológico, as revisões de literatura de Luborsky et al. (1975)[5] e de Smith et al. (1980)[6] estão repletas de problemas. Primeiro, é um erro reunir indivíduos com diferentes características diagnósticas e/ou queixas clínicas em um mesmo grupo, na medida em que as diversas idiossincrasias dos participantes poderiam afetar diferencialmente suas respostas aos tratamentos. Agrupar mais de 100 tipos diferentes de clientes em um único grupo, como fizeram Luborsky et al. (1975),[5] pode mascarar os efeitos dos fatores específicos ao forçar uma homogeneidade inexistente entre os participantes.[9] Além disso, conforme apontam DeRubeis et al. (2005),[7] perguntar se determinada abordagem terapêutica é, na média, superior a alguma outra para todas as queixas clínicas "é o mesmo que perguntar se insulina ou antibiótico é melhor, sem saber a condição na qual esses tratamentos serão administrados" (p. 175), o que induz à conclusão equivocada de que o veredito do pássaro Dodô está correto.

Outro erro metodológico cometido nas revisões de literatura dos defensores dos fatores comuns foi agrupar centenas de psicoterapias em alguns poucos rótulos.[9] Por exemplo, em um trabalho mais recente de Luborsky et al. (2002),[13] diferentes escolas teóricas foram tratadas como funcionalmente equivalentes: abordagens distintas como sistêmica, transpessoal, existencial e centrada na pessoa foram agrupadas sob a rubrica de "dinâmicas". Um erro semelhante cometido pelos autores foi colocar os diversos tratamentos farmacológicos envolvidos nas pesquisas revisadas em um só grupo. Segundo Beutler (2002),[9] a decisão de ignorar o tipo de medicação utilizada e a diversidade de efeitos desses medicamentos para diferentes sintomas demonstra uma enorme depreciação da farmacologia. Tendo em vista a heterogeneidade de diagnósticos da amostra, é muito provável que o grupo nomeado de *tratamento medicamentoso* tenha abarcado inibidores seletivos da recaptação de serotonina, antidepressivos tricíclicos, benzodiazepínicos, anticonvulsivantes, estimulantes e antipsicóticos, cujos efeitos variam enormemente, a depender dos problemas clínicos em investigação.

Outra limitação diz respeito à impossibilidade de estabelecer o papel causal da relação terapêutica na melhora observada no processo de psicoterapia, visto que os mais de 2 mil estudos sobre o tema mostram apenas correlação entre a qualidade da relação e a intensidade da melhora.[11] Uma implicação disso é que a equivalência entre diversas modalidades de psicoterapia revelada nas revisões de literatura (e.g. Luborsky et al., 1975; 2002; Smith et al., 1980)[5,6,13] não precisaria ser, necessariamente, explicada por meio dos fatores comuns. Para DeRubeis et al. (2005),[7] é possível que intervenções diferentes produzam resultados semelhantes por meio de fatores específicos distintos. Um exemplo provém das pesquisas que comparam tratamentos psicológicos com tratamentos farmacológicos. Em muitos casos, psicoterapia e medicamento promovem mudanças similares no sistema nervoso do indivíduo (cf. Cozolino, 2010),[14] supostamente por meio de mecanismos de ação distintos. Em suma, "a literatura de aliança [terapêutica], pelo menos em seu estado atual, assim como acontece com a literatura de comparação de resultados, não favorece os fatores comuns como uma explicação para a mudança terapêutica" (Kazdin, 2005, p. 186).[11] Isso não significa sugerir que os fatores comuns, especialmente a aliança ou relação terapêutica não tenham papel relevante num processo de psicoterapia, mas que atribuir resultados terapêuticos somente ou principalmente a eles é, no mínimo, precipitado.

Além dos limites metodológicos presentes nas revisões de literatura, que sugerem que todas as terapias são igualmente eficazes, há um vasto conjunto de evidências empíricas que demonstram a superioridade de certos tratamentos psicológicos para determinados problemas clínicos. Em 1993, a Divisão 12 da APA (Psicologia Clínica) instaurou uma força-tarefa com o objetivo de identificar *tratamentos empiricamente sustentados* (TESs), ou seja, intervenções, métodos, abordagens e/ou protocolos específicos de tratamento possivelmente capazes de provocar modificações em desfechos e problemas clínicos particulares. A partir dessa iniciativa, buscou-se propor diretrizes de formação para futuros terapeutas e de treinamento contínuo para os profissionais em exercício, disseminar os TESs para os planos de saúde e informar a população sobre a eficácia da psicoterapia.[15] Com o intuito de dar continuidade a esse trabalho, a Divisão 12 formou um comitê permanente que publica atualizações constantes, de modo que novas intervenções poderiam ser adicionadas ou removidas da lista de TES, a depender do que novas evidências demonstrassem. Atualmente, o catálogo de TESs pode ser encontrado em www.div12.org/psychological-treatments/treatments. É importante ressaltar que esse catálogo não costuma ser atualizado com a frequência necessária e não representa um "atestado de precisão" sobre o que de fato é mais eficaz para cada queixa clínica.

A força-tarefa da Divisão 12 adotou três critérios para identificar os TESs: (1) a intervenção deveria dispor de manual (um livro que descreve suas características conceituais, estruturais e técnicas a fim de garantir replicabilidade); (2) a intervenção deveria estar voltada para problemas clínicos específicos – na esmagadora maioria dos casos, transtornos definidos pelo *Manual Diagnóstico e Estatístico dos Transtornos Mentais* (DSM; *American Psychiatric Association*, 2013), de modo que ela não seria simplesmente classificada como um TES, mas sim, por exemplo, como um TES para transtorno depressivo maior ou um TES para transtorno de personalidade *borderline*; e (3) ter sua eficácia demonstrada por diferentes pesquisadores em dois ou mais ensaios clínicos randomizados (ECR) ou em nove ou mais experimentos de sujeito único (ESU). Em 2015, a Divisão 12 modificou o último critério: em vez de exemplares de ensaios clínicos ou ESU, a revisão sistemática, que sumariza as evidências de eficácia de determinada intervenção para determinado quadro clínico, passou a ser considerada o tipo de estudo mais robusto para documentar se uma intervenção é de fato eficaz para aquilo que se propõe (Tolin et al., 2015).[16]

O produto da força-tarefa da Divisão 12 – uma listagem de TESs – foi contestado por diversos pesquisadores e terapeutas, por diversas razões. A primeira delas diz respeito à inclusão somente de pesquisas cujos participantes preenchiam critérios diagnósticos para alguma psicopatologia descrita no DSM. Para os críticos, os diagnósticos não são adequados por não capturar as idiossincrasias dos pacientes e por não abarcar os que estão abaixo do limiar para fechar um diagnóstico ou aqueles que buscam a terapia por motivos que não constam no DSM, como insatisfação com o emprego, dúvida sobre a permanência ou não em um casamento, dificuldade em se envolver em relacionamentos afetivos, autoconhecimento etc.[17-21]

Outra razão de insatisfação por parte de clínicos e pesquisadores foi a inclusão somente de tratamentos manualizados. Apesar da imprescindibilidade de uma descrição replicável para que uma terapia possa ser pesquisada e praticada, a preocupação era a de que seguir o manual ignoraria as particularidades de cada paciente, atrapalharia o desenvolvimento de uma boa relação terapêutica, ameaçaria a independência do clínico, retardaria o desenvolvimento de novas intervenções, entre outros argumentos.[22]

Por fim, outro alvo de crítica foi a ênfase dada pela Divisão 12 aos métodos experimentais de pesquisa clínica, em especial o ECR. Os argumentos contrários eram os seguintes: (1) os estudos de grupo, essencialmente quantitativos, seriam pobres para o campo da psicoterapia, sendo a pesquisa qualitativa a mais apropriada; (2) a terapia cognitivo-comportamental (TCC) teria levado vantagem na avaliação porque foi muito mais pesquisada com esse tipo de método do que todas as outras abordagens e, assim, teria sido injustamente considerada mais eficaz; (3) o fato de um tratamento demonstrar eficácia (i.e., demonstrar resultados satisfatórios em condições controladas de pesquisa – validade interna) não garantiria sua efetividade (i.e., apresentar resultados satisfatórios no contexto da oferta real de serviços de psicoterapia – validade externa), sobretudo porque os critérios de seleção dos participantes das pesquisas anulariam a compatibilidade entre estes e os clientes que procuram pela prestação de serviços no consultório particular e outros cenários "da vida real" (cf. Westen et al., 2006).[23]

As críticas direcionadas ao trabalho da Divisão 12 foram o ponto de partida para o surgimento de forças-tarefas de outras divisões da APA. Em 1999, a Divisão 29, composta por defensores do paradigma dos fatores comuns, se dedicou a identificar, operacionalizar e disseminar informações sobre *relações terapêuticas empiricamente sustentadas*, o que culminou na publicação do livro *Psychotherapy Relationships That Work: Therapist Contributions and Responsiveness to Patient Needs.*[24] Em 2002, uma força-tarefa constituída pela Society for Psychotherapy Research, em conjunto com a Divisão 12 deu origem ao livro *Principles of Therapeutic Change That Work*,[25] que apresenta um compilado de *princípios de mudança terapêutica*, que são "mais gerais do que uma descrição de técnicas e mais específicos do que formulações teóricas"[25] e poderiam ser aplicados em qualquer modalidade de psicoterapia.[26]

Em meio à contenda sobre o que constituem evidências de boa qualidade, quais métodos deveriam ser empregados para produzi-las e a maneira como elas deveriam ser aplicadas na prática do psicólogo clínico, a presidência da APA instaurou, em 2005, uma força-tarefa composta por psicólogos de diferentes abordagens com o objetivo de delinear um paradigma que fosse representativo de diversas perspectivas teóricas, metodológicas, conceituais e práticas, o que levou à adoção do conceito de PBE em psicologia.[27]

O PARADIGMA DA PRÁTICA BASEADA EM EVIDÊNCIAS EM PSICOLOGIA

O paradigma da PBE foi desenvolvido originalmente no começo da década de 1990 na medicina[28] e, gradualmente, passou a ser incorporado por outras ciências da saúde, como enfermagem,[29] fisioterapia[30] e odontologia.[31] Um dos motivos que levaram ao seu surgimento foi a necessidade de contrapor um longo histórico de prática clínica baseada nas experiências e preferências pessoais do clínico, em detrimento do que apontavam os dados oriundos de pesquisa. Após o longo embate entre diversas perspectivas teóricas, conceituais, metodológicas e práticas, descrito anteriormente, a American Psychological Association (2006) definiu o conceito de PBE em psicologia (PBEP) como "o processo individualizado de tomada de decisão clínica que ocorre por meio da integração da melhor evidência disponível com a perícia clínica no contexto das características, cultura e preferências do paciente"[27] (p. 273), ilustrado na Figura 1. Doravante, este capítulo alternará o uso das abreviaturas PBE e PBEP, conforme o contexto.

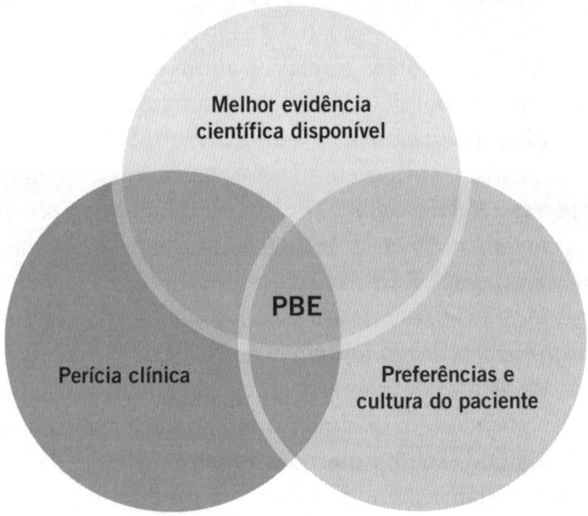

FIGURA 1 Representação gráfica da prática baseada em evidências.
Fonte: adaptada de Leonardi et al., 2023.[32]

O primeiro componente da definição de PBEP diz respeito à necessidade de terapeutas selecionarem a **melhor evidência científica disponível** a fim de maximizarem a probabilidade de benefício e de minimizarem prejuízos ao cliente. A expressão *melhor evidência disponível* contida na definição de PBEP sugere a existência de dados empíricos com diferentes níveis de credibilidade. Há uma hierarquia de níveis de evidências, cujas força e relevância variam de fraca a forte. Os níveis mais fracos de evidência são aqueles oriundos de experiência clínica ou opinião de especialistas, enquanto evidências mais fortes provêm de revisões sistemáticas de pesquisas clínicas, como o ECR e o SEU.[19,33] Um documento publicado pela Canadian Psychological Association traz um direcionamento bastante claro nessa direção.

> Embora todas as metodologias de pesquisa tenham algum potencial para fornecer evidências relevantes, os psicólogos devem primeiro considerar os resultados que são replicados em estudos e que usaram metodologias que abordam ameaças à validade dos resultados (por exemplo, validade interna, validade externa, capacidade de generalização, transferibilidade). Assim, os psicólogos devem considerar a melhor evidência disponível no topo da hierarquia de evidências de pesquisa. Evidências inferiores na hierarquia devem ser consideradas apenas quando não existem melhores evidências de pesquisa ou se houver fatores claros que atenuam o uso das melhores evidências (Dozois et al., 2014, p. 156).[33]

É fato que os dados de pesquisa podem ser conflitantes ou incompletos. Cabe ao terapeuta desenvolver as habilidades necessárias para o consumo crítico das evidências, analisando sua relevância, validade, importância e aplicabilidade. Deve-se buscar o uso da melhor evidência disponível sob a premissa de que pouca evidência, se bem utilizada, é melhor do que nenhuma evidência.[34]

A **perícia, repertório ou *expertise* clínica** contida na definição de PBEP diz respeito ao repertório especializado do terapeuta, construído em sua formação acadêmica, supervisão, experiência clínica e estudo da literatura teórica e empírica. Inclui competências como formulação de caso, mensuração de resultados e monitoramento do progresso, planejamento e implementação de intervenções, habilidades interpessoais, desenvolvimento de uma boa relação terapêutica, análise das diferenças individuais e culturais e comunicação com outros profissionais envolvidos no caso.[19,27,34,35] É importante observar que um componente fundamental da perícia clínica diz respeito à capacidade de encontrar e de avaliar criticamente as evidências existentes na literatura e sua pertinência para o paciente em questão. A Canadian Psychological Association,[36] por exemplo, aponta que é necessário que o profissional

> esforce-se para fornecer e/ou obter o melhor serviço razoavelmente acessível para aqueles que procuram serviços psicológicos. Isso pode incluir, e não é limitado a selecionar ferramentas de avaliação, métodos, intervenções e modalidades de comunicação que são: (a) relevantes e adaptadas para necessidades, características e contextos do cliente; e (b) baseadas na melhor evidência disponível à luz dessas necessidades, características e contextos (*Canadian Psychological Association*, 2017, p. 21).[36]

Spring (2007)[37] alerta para o fato de que a perícia clínica costuma ser erroneamente concebida como um conjunto de intuições particularizadas sobre quais ações do terapeuta produziriam ou não bons resultados. Alguns terapeutas defendem que dados de pesquisa não podem guiar a prática e que a escolha dos procedimentos terapêuticos deveria se basear fundamentalmente na intuição oriunda da experiência profissional, mas há um considerável corpo de evidências sugerindo que a intuição não é um bom guia; pelo contrário, ela costuma estar repleta de vieses.[38,39] Em contraponto à ideia de um julgamento clínico escorado apenas na opinião do terapeuta, a perícia clínica em PBEP é concebida como um conjunto rigoroso de competências que complementa (e não rivaliza com) a melhor evidência disponível.[34,35] Logo, ela não deve ser tomada como sinônimo de *experiência* clínica – esta é apenas um dos elementos englobados na perícia.

O **contexto das características, cultura e preferências do cliente** na definição de PBE refere-se às particularidades do indivíduo, como seus objetivos, valores, crenças, preferências, contexto sociocultural e estado clínico,[27] fomentando, assim, a participação do cliente na tomada de decisão clínica sobre sua própria saúde e bem-estar. Isso não significa que o terapeuta deva acatar incondicionalmente os desejos do cliente, o que poderia acarretar resultados insatisfatórios e até mesmo culminar em processos por erros e contravenções éticas, mas sim respeitar o direito dele em recusar sua proposta de intervenção e de participar ativa e colaborativamente no processo de tomada de decisão clínica. Conduzir um processo psicoterápico pautado exclusivamente nas preferências do cliente retira a autonomia do profissional e não configura PBE. Cabe ao terapeuta, fundamentado nas evidências, descrever os procedimentos a serem empregados, listar seus potenciais benefícios e riscos e informar sobre intervenções alternativas. A escolha final em realizar ou não aquela terapia é do cliente e deve ser respeitada.[34,37]

Além disso, esse terceiro pilar da PBE faz alusão ao contexto e a características socioculturais específicas do cliente. Podemos entender a atuação em PBE não somente como um processo de tomada de decisão personalizada, mas sim como uma *individualização contextualizada*, à medida que fatores como gênero, raça/etnia, classe social, localização geográfica, pertencimento religioso e crenças culturais são incorporados à formulação do caso como um elemento crucial na compreensão das necessidades únicas do cliente.

Conforme descrito anteriormente, a PBE é caracterizada como um processo individualizado de tomada de decisão clínica que ocorre por meio da integração da melhor evidência científica com a perícia clínica e no contexto das idiossincrasias do cliente. Ela deve ser considerada sempre no singular: existe somente *uma* PBE, referenciada no singular, entendida como o processo de tomada de decisão clínica anteriormente mencionado, válido para todas as áreas da saúde, incluindo a psicologia. Logo, é um erro conceitual afirmar que existem *práticas* baseadas em evidências, no plural, como se fossem sinônimos de intervenções específicas. Logo, PBE trata mais de verbo do que do substantivo.[40] Esse modelo de atuação profissional costuma ser operacionalizado em cinco passos práticos, a saber:

1. Levantamento de questões clínicas corretas. Quem é o paciente (idade, gênero, cultura etc.)? Qual é sua demanda e estado clínico? Quais intervenções estão sendo consideradas? Quais alternativas existem? Quais resultados o terapeuta pretende obter?
2. Busca pelas melhores evidências, como diretrizes ou *guidelines*, que são recomendações desenvolvidas por especialistas de determinada área da saúde que visam auxiliar o profissional a oferecer a melhor intervenção disponível com base nas evidências de pesquisa.
3. Análise crítica da qualidade das evidências encontradas, que deve abarcar, por exemplo, os riscos de viés das pesquisas, se o procedimento é replicável, se os desfechos são relevantes, se a análise dos dados empregou testes estatísticos apropriados, se os resultados têm significância clínica etc.
4. Implementação da intervenção, cujo passo a passo precisa ser dominado pelo terapeuta para que possa adaptá-la às particularidades do paciente, garantindo que a intervenção esteja a mais próxima daquela descrita na literatura ao mesmo tempo que se proporcionam flexibilidade e adequação.
5. Avaliação do estado do cliente antes, durante e depois do processo terapêutico, em vistas a mensurar os resultados da intervenção, o que pode ser feito por meio de instrumentos padronizados de autorrelato, instrumentos individualizados de autorrelato, medidas comportamentais, entre outros.

A seguir, apresentaremos alguns dos mitos, desinformações e equívocos acerca da PBEP que temos encontrado em publicações e redes sociais de profissionais da psicologia.

MITOS, DESINFORMAÇÕES E EQUÍVOCOS ASSOCIADOS À PRÁTICA BASEADA EM EVIDÊNCIAS EM PSICOLOGIA

"A PBEP endossa o 'modelo médico'"

Uma crítica frequente, pela qual iniciaremos nossa exposição sobre mitos comumente difundidos, é a de que a PBEP endossa o "modelo médico", ou seja, a utilização de categorias diagnósticas nosológicas presentes nos principais manuais diagnósticos e estatísticos, como o DSM-5-TR e a CID-11. Para esclarecer esse ponto, é importante retomar a diferença conceitual entre PBEP e TESs, previamente abordada.

Os TESs são protocolos de intervenção, descritos em manuais, que se mostram eficazes para determinados transtornos ou problemas clínicos, como é o caso da terapia comportamental dialética (DBT) para o transtorno da personalidade *borderline*. Já a PBEP é o processo de tomada de decisão clínica que envolve a integração da melhor evidência científica disponível à perícia clínica do terapeuta no contexto das características, cultura e preferências do cliente. Logo, PBEP não deve ser tomada como sinônimo de uma abordagem específica de tratamento, nem de o uso a *priori* de um manual diagnóstico.

Ao escolher nortear sua atuação na psicologia a partir da PBE, um profissional pode ou não se valer dos TESs para seu cliente. Para elencar alguns exemplos, em casos em que (1) há múltiplas comorbidades; (2) ainda não há pesquisas suficientes para avaliarmos a melhor intervenção para o transtorno ou queixa apresentado pelo cliente; (3) a queixa clínica não se enquadra em nenhum diagnóstico e subjaz questões cotidianas mediante as quais o sujeito sentiu necessidade de busca de ajuda especializada; ou, também, (4) quando o cliente não se adapta a uma intervenção descrita em um TES, o terapeuta poderá se valer de uma intervenção modular, norteada por princípios, práticas e procedimentos previamente descritos na literatura e derivados de diferentes TESs, sem necessariamente seguir o passo a passo de um protocolo. Exemplos disso incluem técnicas como, reestruturação cognitiva, ativação comportamental, regulação emocional, *mindfulness* e autogerenciamento, a depender dos processos relevantes identificados pelo terapeuta na formulação do caso.

Diversos pesquisadores têm debatido e proposto modelos alternativos à identificação e mensuração do sofrimento humano a partir das categorias diagnósticas nosológicas presentes em manuais como o DSM. O livro *Para além do DSM*, de Hayes e Hofmann (2020),[41] é um exemplo de literatura recomendada para o aprofundamento das alternativas propostas em relação aos diagnósticos sindrômicos (ou seja, baseados em conjuntos de sinais e sintomas) e os TESs derivados dessa visão. Logo, é incorreto afirmar que a PBE endossa necessariamente o modelo correspondente aos diagnósticos sindrômicos, sendo que há um movimento importante de contestação dessa lógica dentro do próprio campo da PBE. Além disso, muitas pessoas que não fecham critérios para nenhum diagnóstico, ou que apresentam um número expressivo de comorbidades que torna os diagnósticos quase indistinguíveis, recorrem a tratamento psicológico. A proposta de trabalho da PBE é poder atender a diferentes demandas, que envolvam ou não categorias nosológicas.

Consideramos que "modelo médico" é um termo bastante vago e impreciso que não informa muita coisa e pode induzir a confusão. Ademais, considerar uma leitura sindrômica e nosológica na atuação em PBEP não é necessariamente um problema, especialmente considerando o acúmulo e solidez das evidências científicas acumuladas até o momento nesse campo. Essa perspectiva destaca a importância dos fundamentos biológicos e neuroquímicos dos transtornos mentais, além dos fatores ambientais. As pesquisas científicas em neurociência, farmacologia, psicofisiologia e psiquiatria biológica têm fornecido dados robustos que buscam tanto explorar e documentar fatores etiológicos ligados ao desenvolvimento de transtornos mentais quanto desenvolver ferramentas eficazes de tratamento.[42] Embora entendamos que há diversas limitações nesse modelo de compreensão, é o que a ciência apresentou de mais consistente até o momento. A genética, o funcionamento do cérebro e os desequilíbrios químicos desempenham papéis importantes em muitos transtornos mentais e comportamentos clinicamente significativos. Um terapeuta que adota a PBEP, ao incorporar essa compreensão, reconhece a complexidade das interações entre fatores biológicos e psicossociais, proporcionando uma compreensão mais completa e integrada para o tratamento do seu cliente.

"A PBEP aplica receitas de bolo a pacientes e ignora a subjetividade"

Além disso, o paradigma da PBEP ressalta que a essência da atuação profissional é a individualização contextualizada. As evidências de pesquisa, a perícia clínica do terapeuta e as idiossincrasias do cliente apresentam o mesmo grau de importância na tomada de decisão clínica, de modo que não pode ser vista como PBEP uma prática profissional que não considere a interrelação e integração entre esses três componentes. Logo, cai por terra outro mito comumente difundido, o de que "a PBEP aplica receitas de bolo a pacientes", como se trabalhar com PBEP se resumisse a aplicar de forma indiscriminada protocolos, "encaixando" o cliente neles. Quem faz isso certamente não está aderindo às proposições da PBEP. A PBEP não só reconhece, mas valoriza a subjetividade do cliente como um componente fundamental na compreensão, prevenção e tratamento de questões de saúde mental. Experiências individuais, valores pessoais, crenças e contexto sociocultural desempenham papéis cruciais na expressão do sofrimento psicológico e nas respostas às intervenções terapêuticas. Terapeutas que atuam com PBEP adotam uma postura reflexiva e sensível ao contexto, reconhecendo que a subjetividade do cliente informa a natureza única de seus objetivos terapêuticos. Logo, os terapeutas necessariamente personalizam as intervenções, adaptando-as às necessidades e aos desafios únicos de cada um de seus clientes, promovendo uma aliança terapêutica mais forte e aumentando a eficácia das intervenções. A compreensão da subjetividade não apenas enriquece a relação terapêutica, mas também contribui para a elaboração de estratégias terapêuticas sob medida, o que está completamente alinhado aos princípios da PBEP.

"A PBEP é reducionista"

Outra ideia equivocada que precisa ser corrigida é a de que "a PBEP é reducionista, porque a prática clínica é muito mais complexa do que estudos científicos". Não são raras as vezes em que alguns profissionais buscam reconhecer a relevância da PBEP, talvez justamente por compreenderem as implicações desse paradigma, mas acabam reproduzindo afirmações como: "estudos e métodos são fundamentais para o avanço do conhecimento, mas eles não alcançam a complexidade humana". Esse tipo de alegação explicita, mais uma vez, uma confusão entre PBEP e TESs. Certamente, como já ressaltamos ao longo do capítulo, trabalhar com PBEP é muito mais complexo do que simplesmente aplicar protocolos. Adotar a PBEP como modelo de atuação também não é a pura implementação do que foi depreendido a partir da leitura de artigos científicos e escrutínio de seu método, mas também fazê-lo com base na *expertise* clínica e no contexto das características, cultura e preferências do cliente. Considerando os três elementos basilares da PBEP e sua irredutível integração, não há como sustentar a ideia de que a PBEP é reducionista. Afinal, desenvolver competências para ser um terapeuta alinhado aos princípios da PBEP é um processo dinâmico e contínuo que requer uma profunda capacidade de pensamento crítico.[2]

"A PBEP é arrogante e quer acabar com outras formas de trabalho clínico"

Alguns críticos ao modelo de atuação da PBE afirmam, de forma categórica, que a PBEP pretende se impor aos demais métodos de trabalho clínico (geralmente baseados nas preferências e expectativas pessoais do terapeuta, ou seja, a abordagem teórica que "faz mais sentido" para o terapeuta) e suprimir quaisquer outras perspectivas, cerceando a liberdade tanto de pesquisa quanto clínica do psicólogo, difundindo a ideia de que "a PBEP é arrogante". Parece-nos pouco produtivo para o desenvolvimento da psicologia científica brasileira atribuir a um modelo de atuação características psicológicas individuais, como arrogância. De todo modo, por uma aproximação semântica da função do termo "PBEP" nessa frase, parece estar implícita aqui a ideia de que quem se pauta por esse modelo na sua atuação profissional é arrogante. Supomos que os críticos atribuam a arrogância ao fato de que os praticantes de PBEP teriam o suposto interesse em impor esse paradigma diante dos demais, entendendo "a abordagem da PBEP" como um projeto de poder de psicólogos que trabalham com a TCC, por exemplo.

Faz-se necessário, portanto, esclarecer novamente que PBEP não é uma abordagem da psicologia. A PBEP não estabelece qualquer predileção ou orientação de que sejam realizadas intervenções com base nos princípios epistemológicos e teóricos de qualquer escola de pensamento. Sim, é verdade que a TCC se consolidou como um dos principais TESs para muitos problemas clínicos.[43] Isso não foi resultado de qualquer princípio teórico subjacente à TCC, e sim do acúmulo de diversas testagens empíricas. Submeter abordagens teóricas à pesquisa clínica de qualidade é um passo salutar para superar a ideia temerária de que "o que importa é que o psicólogo siga a abordagem com que mais se identifica", quando, na verdade, a escolha de uma certa linha de tratamento deveria se pautar na maior probabilidade de contribuir para a qualidade de vida dos pacientes. E isso só pode ser atestado de forma mais robusta com o acúmulo de pesquisas científicas. Além disso, tanto o contato constante com a literatura científica quanto o incentivo ao aprimoramento do clínico, que deve manter-se em constante desenvolvimento para melhor escrutinar a literatura científica, são convites para a revisitação de ideias preconcebidas acerca da efetividade, eficiência e eficácia das intervenções praticadas, demandando humildade intelectual da parte dos praticantes de PBEP. Quem trabalha com evidências científicas na clínica deve estar aberto ao reconhecimento de erros e a repensar suas posições e condutas.

"A PBEP é elitista"

O suposto caráter elitista da PBEP também costuma fazer parte do rol de críticas a esse paradigma. Não observamos qualquer resquício elitista em buscar oferecer serviços fundamentados em pesquisa científica aos nossos clientes. Na verdade, agir com respaldo em dados empíricos pode favorecer que tratamentos não se prolonguem por tempo indeterminado e que os desfechos clínicos esperados ocorram com uma velocidade um pouco maior, economizando recursos econômicos. Isso certamente não é uma postura elitista. Será que isso se aplicaria a profissionais que, deliberadamente, estendem processos de psicoterapia por anos, com frequência de comparecimento do cliente de duas a quatro vezes por semana, sem que haja qualquer preocupação na mensuração da melhora na resposta clínica?

Há um aspecto dessa crítica sobre o alegado "elitismo" da PBEP que diz respeito a ela se manter circunscrita a um pequeno grupo de pessoas no Brasil. Parte desse fenômeno tem relação com o fato de que grande parte da literatura científica de qualidade está em inglês, em basicamente qualquer área do conhecimento, e essa barreira idiomática pode representar um desafio para que psicólogos que não dominam o idioma consigam acessar as informações necessárias para o trabalho com PBEP, especialmente no que diz respeito à psicologia clínica. Outra razão é histórica: a PBEP passou a ser conhecida no Brasil há poucos anos, e ainda não deu tempo de profissionais e estudantes saberem de sua existência ou de se aprofundarem nela. Reconhecer tais limitações certamente é algo válido. Entretanto, não é correto atribuir à PBEP a responsabilidade da falta de acesso à instrução formal na língua universal da ciência, por exemplo. Essa é uma mazela estrutural que precisa ser corrigida a partir de políticas públicas de educação (inclusive uma pauta cada vez mais emergente entre quem defende o paradigma da PBE é a implementação de políticas públicas – de qualquer natureza – baseadas em evidências). Os articuladores estatais e institucionais precisam pensar soluções para: 1) disponibilizar recursos relevantes em formato traduzido, facilitando o acesso aos materiais; 2) propor amplo acesso a cursos, formações e capacitações para a língua inglesa. Isso certamente seria um incentivo para que profissionais que vieram de formações diferentes consigam se aproximar do paradigma da PBE.

"A PBEP defende a neutralidade"

Em um raciocínio semelhante, alguns alegam que defensores da PBEP preconizam uma suposta neutralidade, tanto científica quanto social. A PBEP derivou de um contexto histórico específico, que já foi comentado ao longo deste capítulo. Diversas demandas sociais confluíram para seu surgimento, como a demanda de clientes e psicólogos por intervenções cientificamente fundamentadas, os embates internos e externos das associações profissionais, a influência do National Institute of Mental Health (Instituto Nacional de Saúde Mental) dos Estados Unidos etc. Não é razoável fazer qualquer esforço para dissociar a disseminação da PBEP desse contexto; não há nenhuma neutralidade nisso, de fato.

A discussão sobre a possibilidade de uma ciência neutra é profícua na literatura da filosofia da ciência[44] e traz algumas conexões com a discussão sobre objetividade científica.[45] Não pretendemos detalhar esses pontos aqui. Entretanto, cabe apresentar uma ilustração desse tipo de crítica, presente no excerto a seguir:[46]

> Lógicas cada vez mais medicalizantes de reduzir toda a cognição humana a alterações cognitivo-comportamentais e alterações neuroquímicas no cérebro em busca de uma "Psicologia Baseada em Evidências", colocam a Psicologia como ciência biológica. [...] Um processo em que se extingue o sujeito no estudo psicológico. O que "existem" são categorias, nomeações arbitrárias tomadas como fatos concretos, em busca de uma suposta neutralidade científica (Aragão & Mesquita, 2021).[46]

Em primeiro lugar, o argumento de Aragão e Mesquita (2021)[46] de que a PBE reduz a psicologia a alterações neuroquímicas no cérebro é falso. Essa separação entre o que é orgânico e psicológico é anacrônica e errada. Nós, seres humanos, somos um grande conjunto de células, órgãos e sistemas que operam juntos. Tudo o que fazemos, pensamos e sentimos tem uma base orgânica. Quando falamos sobre comportamentos, pensamentos e emoções, ou a respeito de sinais e sintomas de uma psicopatologia, estamos sempre considerando o organismo como uma entidade biológica, incluindo sua genética e fisiologia, bem como os ambientes que afetam aquele organismo – história de vida, experiências traumáticas, dinâmica familiar, contexto sociocultural, condição socioeconômica etc. Nesse sentido, é importante lembrar que alterações no organismo podem modificar sinais e sintomas, bem como experiências de vida podem produzir mudanças nesse organismo. Por exemplo, um paciente com hipertireoidismo grave pode apresentar sintomas semelhantes aos de uma síndrome maníaca, sendo difícil distingui-la de um paciente bipolar em estado maníaco. Por outro lado, é sabido que certos traumas podem modificar o organismo, como alterar fatores neurotróficos que controlam o crescimento e diferenciação neuronal. Enfim, nada é apenas de "dentro pra fora" e nem apenas de "fora pra dentro".

Em segundo lugar, os praticantes de PBEP, diferentemente do que especulam autores como Aragão e Mesquita (2021),[46] não perseguem a neutralidade científica. Não são, portanto, neutros no que diz respeito à escolha dos seus valores enquanto profissionais – eles têm um objetivo valorativo, que poderia, grosso modo, ser descrito como uma busca por teorias que melhor explicam e as intervenções que, probabilisticamente, possuem maiores chances de ajudar os clientes para a melhora de sua saúde mental. Tampouco praticantes da PBEP se posicionam de forma neutra diante do contexto sociocultural que envolve a vida do cliente, porque essa compreensão precisa ser abarcada na formulação do tratamento. Cabe ressaltar, entretanto, que o papel dos terapeutas não é promover seus posicionamentos políticos e ideológicos para seus clientes. Se "neutralidade" significar isso, então talvez terapeutas que trabalham com PBEP devam, de fato, ser "neutros".

Por fim, é importante observar que a investigação científica envolve tomar decisões sob incerteza e estas são, inegavelmente, influenciadas por valores e fatores sociais.[47] O autor argumenta que os cientistas não podem simplesmente confiar apenas em evidências empíricas, mas também devem considerar as possíveis consequências de suas ações e os valores que fundamentam sua tomada de decisão. Esse conceito é especialmente relevante para praticantes da PBEP, já que esse paradigma envolve o constante uso de evidências empíricas para informar a prática clínica. Apesar da ênfase em considerar as evidências empíricas, a PBEP não é, nem pretende ser, um paradigma neutro, já que seus adeptos são motivados pelo desejo de melhorar os resultados do paciente e podem, portanto, ser influenciados por seus próprios valores e vieses. Sugere-se que seja importante examinar criticamente os valores e pressupostos que fundamentam a investigação científica constantemente, a fim de garantir que a tomada de decisão seja rigorosa e ética.

"A PBEP é neoliberal"

A PBEP e o "neoliberalismo" são conceitos que se referem a áreas distintas, refletindo valores e objetivos diferentes. Enquanto a PBEP busca informar as intervenções clínicas por meio de pesquisas científicas sólidas, representando um processo individualizado de tomada de decisão clínica ocorrido na relação entre terapeuta e cliente, o "neoliberalismo" é um conceito controverso, que sequer tem uma definição consensual no campo da economia. Grosso modo, "neoliberalismo" se refere a uma abordagem econômica e política que destaca a defesa da liberdade de mercado, abrangência da livre competição, redução da intervenção estatal e ênfase no individualismo. Aqui usamos "neoliberalismo" entre aspas porque, geralmente, críticos que associam PBEP a esse modelo econômico estão fazendo alusão a um espantalho. Em outras palavras, parecem não saber a que estão se referindo, esvaziando o sentido do termo.

Esses dois conceitos têm naturezas bastante divergentes. Na psicologia clínica, a PBE serve como um paradigma de atuação profissional no campo da saúde mental, orientando profissionais a oferecerem tratamentos eficazes com base em evidências científicas, articulando-as à perícia clínica no contexto de cada cliente. Em contraste, o "neoliberalismo" é uma proposta de estruturação de políticas econômicas e sociais calcadas nas premissas mencionadas no parágrafo anterior. Esse tipo de política tem impactos na saúde mental? Não há uma resposta precisa a respeito disso nos diferentes campos do conhecimento envolvidos nessa pergunta, ao contrário do que alguns defendem com vigor. O que a literatura é clara em destacar é o impacto que a desigualdade social e econômica tem sobre os desfechos psicológicos. Pessoas em situação de pobreza tendem a apresentar agravos de saúde mental, por exemplo.[48,49]

Terapeutas que baseiam suas condutas em evidências científicas precisam considerar determinantes sociais da saúde e fatores socioculturais relevantes no momento de planejamento e implementação de um tratamento. Entretanto, foge – ou deveria fugir – ao escopo de um terapeuta fazer especulações ou associações entre um método de trabalho e determinada visão econômica/política na sua atuação clínica. Esse tipo de conduta fere o código de ética profissional da psicologia brasileira, que veta explicitamente a indução de convicções políticas no exercício profissional. Não é uma proposição central da PBEP "salvar o mundo", promover qualquer espécie de revolução macrossocial ou fornecer explicações para fenômenos complexos que transcendem os limites da atuação de um terapeuta. Logo, não é possível utilizar "ferramentas conceituais" da PBEP para fazer desde atendimento clínico a análise literária e cinematográfica, passando por crítica social e cultural, como alguns modelos teóricos bastante intrépidos se propõem. Lembremos, mais uma vez, que PBEP é um modelo de atuação profissional, e não um modelo teórico explicativo de fenômenos psicossociais.

Parece haver certo ranço ideológico por trás da insistência da associação entre a PBEP e "neoliberalismo", como se aquela incorporasse, em sua essência, qualquer aspecto intrínseco desta, o que é bastante equivocado. A propagação desse tipo de desinformação escancara um desconhecimento da natureza valorativa da PBEP e sugere uma miscelânea conceitual entre psicologia e política (campos bastante distintos, embora tenham interfaces, como podemos observar nos estudos sobre psicologia política e psicologia do comportamento político; veja, por exemplo, Garzia & Silva, 2022).[50] O paradigma da PBEP valoriza a ciência e a pesquisa para informar práticas terapêuticas e não guarda qualquer relação direta com alguma teoria econômica ou política. A mesma "acusação" poderia ser feita à psicanálise, atividade majoritariamente exercida por profissionais liberais? Será que existe alguma conexão entre essa alegação sobre o caráter "neoliberal" da PBEP e a dificuldade de muitos desses críticos em encarar seu trabalho como aquilo que de fato é, ou seja, uma prestação de serviços liberal/autônoma dentro de um sistema econômico capitalista?

Geralmente questionamentos sobre a prerrogativa "neoliberal" da PBEP são acompanhados por outras pérolas, como "a PBEP serve para atender aos interesses dos clínicos", "a quem interessa a PBEP?" ou "a PBEP serve ao sistema capitalista". A PBE não está direcionada a atender aos interesses comerciais de pessoas, associações ou instituições: esse paradigma defende a busca contínua pela melhora na qualidade e eficácia dos serviços psicológicos em níveis individual e coletivo, promovendo intervenções terapêuticas fundamentadas em evidências científicas robustas. O principal objetivo da PBEP é otimizar o bem-estar dos clientes e alcançar resultados positivos em suas experiências pessoais. Ao contrário de agir conforme interesses corporativos, a PBEP destaca a importância da ética, transparência e trabalho centrado no cliente. Em relação a "quem interessa ou serve a PBEP", a resposta possivelmente é intuitiva para quem acompanhou a argumentação do capítulo até aqui: aos interesses do cliente. Não do terapeuta. Não da abordagem de estimação do terapeuta. Tampouco das instituições às quais o terapeuta possa estar vinculado. E muito menos a uma abstrata "manutenção do capitalismo", já que a visão econômica de um terapeuta não guarda – ou não deveria guardar – nenhuma relação intrínseca com sua tomada de decisão clínica. Por mais que nos esforcemos, não conseguimos vislumbrar como terapeutas que oferecem intervenções norteadas pela ciência estariam contribuindo, individualmente, para "favorecer" um sistema econômico ao qual, de maneira inequívoca, todos nós estamos submetidos, concordemos ou não com ele.

Certamente compartilhamos com alguns críticos da PBEP preocupações de ordem econômica, pois más práticas profissionais na área da saúde, com alguma recorrência, são guiadas por um foco indevido no lucro em detrimento tanto da evidência científica quanto do bem-estar do cliente. Não é possível dissociar a PBEP do combate a esse tipo de conduta, já que esse foi um dos motivos que levaram à emergência desse paradigma. Alguns comportamentos clínicos questionáveis encontram-se descritos em um clássico artigo anedótico escrito por Isaacs e Fitzgerald (1999).[51] Entram nesse grande "balaio" de comportamentos inadequados as práticas baseadas na:

1. eminência, orientada pela palavra das grandes autoridades (o que inclui os "cultos" de Skinner, Beck, Freud, Linehan, Neff e qualquer outra aglomeração de pessoas dedicadas fervorosamente a pregar a palavra de seus guias teóricos) e pelo excesso de confiança na "vasta experiência clínica".
2. eloquência, ou seja, a capacidade de convencimento de que algo que não funciona seria muito razoável, bonito e eficaz de ser aplicado.
3. veemência, que envolve o nível de insistência e estridência que terapeutas podem empregar para defender suas paixões pessoais.
4. providência, maculada por crenças e vieses religiosos de terapeutas, comportamento que deveria ser inadmissível, mas é mais comum do que se imagina.
5. difidência, arvorada na arrogância terapêutica que desconfia de evidências que contrariam seus amores teóricos, ainda que o profissional não saiba distinguir uma variável dependente de uma independente.

6. previdência ou nervosismo, que ocorre quando profissionais agem de forma defensiva e excessiva no planejamento e registro das intervenções, de modo a não se responsabilizar por eventuais falhas (também conhecida como medo do "processinho").
7. e confiança, quando terapeutas se supõem acima do que a evidência científica demonstra, podendo também ser chamada prática baseada na arrogância.

Nos permitimos, aqui, adicionar um oitavo elemento à crítica satírica original, que eufemisticamente nomeamos como "prática baseada no livro-caixa", que se refere tanto à mensuração do faturamento pessoal de cada terapeuta quanto às generosas contas bancárias de algumas instituições de ensino, que lucram quantias consideráveis vendendo treinamentos de intervenções com baixo ou nenhum respaldo empírico (sem que isso seja pautado ou explicitado). Será que há uma conexão entre a prática baseada no livro-caixa e o curioso comportamento adotado por uma parcela significativa da comunidade de psicoterapeutas ao negligenciar as evidências científicas e oferecer a seus clientes intervenções com baixa sustentação científica para um determinado problema clínico?

Ainda na esteira do tópico economia, acrescentamos que é preciso que terapeutas, de uma forma geral, tomem ciência do já mencionado viés de custo afundado – ou viés do custo irrecuperável (do inglês *sunk cost effect*), que representa uma tendência natural de as pessoas insistirem na defesa de determinados comportamentos, práticas e ideias por conta do tempo, dinheiro e outros recursos que investiram nelas. No caso da psicologia clínica, isso pode ser ilustrado a partir das somas vultosas que clínicos costumam despender para se capacitarem em suas abordagens teóricas, geralmente pautados por preferências e inclinações pessoais, e não pelo escrutínio da literatura científica (conforme propõe o paradigma da PBEP). Agir conforme esse viés, portanto, desconsidera uma visão mais ampla e ética do cenário de tomada de decisão, em que se devem pesar não apenas as preferências individuais do profissional em questão ou seus ganhos financeiros, mas, em primeiro lugar, os potenciais ganhos para os clientes.

"A PBEP ignora o contexto social do cliente"

Um terapeuta que ignora o contexto social de seu cliente está fazendo tudo, menos PBEP. Reconhecemos que existe, sim, uma falta do que chamamos aqui *letramento sociocultural* entre terapeutas, ou seja, habilidades para compreensão e intervenção de aspectos ligados a gênero, raça/etnia, sexualidade, entre outros marcadores sociais da diferença. Se não fosse assim, não viveríamos num cenário em que 29,48% entre 692 psicólogos brasileiros afirmaram aplicar, sob solicitação do cliente, atitudes corretivas em psicoterapia, ou seja, intervenções que buscam questionar e modificar a orientação sexual de alguém, algo vedado por nossa legislação profissional. Essas atitudes corretivas foram realizadas mesmo sem solicitação direta do cliente por 12,43% dos entrevistados, o que é extremamente preocupante.[52]

É importante reconhecer que há lacunas na literatura científica em psicologia, com ênfase em PBEP, no que diz respeito às intervenções que enfatizem um nível de análise que abranja a cultura. Praticantes de PBEP não estão isentos de vieses e interpretações errôneas, fruto da desconsideração de confundidores, por exemplo, o que inclui variáveis socioculturais. Entretanto, não acreditamos ser justo atribuir especificamente ao paradigma da PBEP uma falha que, na verdade, diz respeito a uma ferida profunda e estrutural da formação em psicologia, de maneira geral, atravessando da graduação à pós-graduação. Psicólogos, independentemente da área de atuação, não costumam receber treinamento sociocultural adequado. Terapeutas, a despeito de seus modelos de atuação profissional, podem apresentar falhas para compreender e manejar clientes que pertencem a minorias sociais. Adeptos da PBEP devem se esforçar para permanecerem sensíveis ao contexto histórico, social, político e cultural em que o cliente está inserido. Existem iniciativas vinculadas à PBEP, tanto no contexto nacional[53,54] quanto internacional[55,56] que buscam trazer o debate e a instrumentalização terapêutica para questões ligadas a gênero, sexualidade e raça/etnia, por exemplo. Uma discussão mais detalhada sobre o papel das competências multiculturais na PBEP é apresentada no Capítulo 15 – Sensibilidade cultural na prática baseada em evidências em psicologia.

CONSIDERAÇÕES FINAIS

Este capítulo teve como objetivo apresentar uma perspectiva conceitual introdutória sobre o que é – e o que não é – a PBE em psicologia clínica. Ao confrontar esse paradigma com uma prática clínica fundamentada em autoridades, preferências pessoais, excesso de confiança na própria experiência, ressaltou-se a necessidade de uma fundamentação científica robusta para a oferta de tratamentos psicológicos. Esse enfoque não apenas aumenta a eficácia das intervenções, mas também fortalece a credibilidade da psicologia como ciência e profissão.

Em seguida, foi discutido o que é evidência científica e qual é a relevância dela para a prática da psicologia. A seguir, apresentou-se uma síntese do contexto que deu emergência ao paradigma da PBE, bem como foram discutidos seus pilares e pressupostos. A última parte do capítulo foi dedicada à exposição, contra-argumentação e dissecação de mitos, desinformações e equívocos a respeito da PBE em psicologia clínica. Ao longo deste livro, diversos aspectos aqui abordados serão aprofundados, enquanto outros que não foram citados serão igualmente detalhados.

A adoção de uma atuação profissional pautada em evidências científicas emerge como alternativa para a promoção de intervenções terapêuticas eficazes e centradas no cliente. Isso é especialmente crucial no contexto brasileiro, em que segue hegemônico certo desprezo com os dados empíricos provenientes de pesquisas científicas e a excessiva valorização das preferências, escolhas e expectativas pessoais do terapeuta, mesmo que estas estejam em desacordo com a ciência.

A PBEP propõe o alinhamento das condutas clínicas com o conhecimento científico mais atualizado, proporcionando aos profissionais ferramentas bem fundamentadas para enfrentar os desafios complexos da saúde mental de seus clientes. Contudo, os desafios não podem ser subestimados, pois a implementação plena da PBEP exige uma mudança cultural, a superação de barreiras institucionais e o comprometimento contínuo com a formação profissional continuada. Em meio a esses desafios, é impreterível reconhecer que a busca pela excelência clínica é essencial para atender às necessidades dinâmicas dos clientes e avançar no campo da psicologia clínica, de modo a garantir a credibilidade e relevância social da área. Nesse contexto, a PBEP não só representa um paradigma e modelo de atuação profissional para psicólogos clínicos, mas uma postura filosófica comprometida com a qualidade de vida da população atendida e com o bem-estar social geral.

A pergunta essencial que todo profissional de saúde deve se fazer é: "Estou oferecendo o melhor cuidado possível para o meu paciente?" Caso a resposta seja negativa, torna-se fundamental repensar o seu trabalho clínico. É imprescindível que a prestação de serviços em saúde esteja ancorada na melhor evidência científica disponível, guiada pela perícia clínica e alinhada às necessidades contextuais e específicas de cada paciente.

REFERÊNCIAS

1. Roy ML, Fortin-Guichard D, Tétreault É, Laflamme V, Grondin S. Temporal personality of psychology students according to their preference for a theoretical orientation. Timing & Time Perception. 2020;8(1):5-24.
2. Sackett DL, Rosenberg WM, Gray JA, Haynes RB, Richardson WS. Evidence based medicine: What it is and what it isn't. BMJ. 1996;312(7023):71-2.
3. Eysenck, H. J. (1992). The effects of psychotherapy: An evaluation. Journal of Consulting and Clinical Psychology, 60(5), 659-663.

4. Barlow DH, Boswell JF, Thompson-Hollands J. Eysenck, Strupp, and 50 years of psychotherapy research: a personal perspective. Psychotherapy. 2013;50(1):77-87.
5. Luborsky L, Singer BH, Luborsky L. Comparative studies of psychotherapies: is it true that "everyone has won and all must have prizes"? Arch Gen Psychiatry. 1975;32(8):995-1008.
6. Smith ML, Glass GV, Miller TI. The benefits of psychotherapy. Baltimore, MD: John Hopkins University Press; 1980.
7. DeRubeis RJ, Brotman MA, Gibbons CJ. A conceptual and methodological analysis of the nonspecifics argument. Clin Psychol Sci Pract. 2005;12(2):174-183.
8. Wampold BE. The research evidence for the common factors models: A historically situated perspective. In: Duncan LB, Miller SD, Wampold BE, Hubble MA, editors. The heart and soul of change: delivering what works in therapy. 2nd ed. Washington, DC: American Psychological Association; 2010. p. 49-81.
9. Beutler L.E. The Dodo bird is extinct. Clin Psychol Sci Pract. 2002;9(1):30-34.
10. Chambless DL. Beware the Dodo bird: The dangers of overgeneralization. Clin Psychol Sci Pract. 2002;9(1),13-16.
11. Kazdin AE. Treatment outcomes, common factors, and continued neglect of mechanisms of change. Clin Psychol Sci Pract. 2005;12(2):184-188.
12. Rounsaville BJ, Carroll KM. Commentary on dodo bird revisited: Why aren't we dodos yet? Clin Psychol Sci Pract. 2002;9(1):17-20.
13. Luborsky L, Rosenthal R, Diguer L, Andrusyna TP, Berman JS, Levitt JT, et al. The Dodo bird verdict is alive and well—mostly. Clin Psychol Sci Pract. 2002;9(1):3-12.
14. Cozolino L. The neuroscience of psychotherapy: Healing the social brain. 2nd ed. New York, NY: W. W. Norton; 2010.
15. Chambless DL. Task force on promotion and dissemination of psychological procedures: a report adopted by the Division 12 Board. Washington, DC: American Psychological Association; 1993. Disponível em: https://www.div12.org/sites/default/files/InitialReportOfTheChamblessTaskForce.pdf.
16. Tolin DF, McKay D, Forman EM, Klonsky ED & Thombs BD. Empirically supported treatment: Recommendations for a new model. Clin Psychol Sci Pract. 2015;22(4), 1-22.
17. Bohart A, O'Hara M, Leitner L. Empirically Violated Treatments: Disenfranchisement of Humanistic and Other Psychotherapies. Psychother Res. 1998;8(2):141-157.
18. Fava GA, Mangelli L. Assessment of subclinical symptoms and psychological well-being in depression. Eur Arch Psychiatry Clin Neurosci. 2001;251 Suppl 2:II47-52.
19. Reed GM, Kihlstrom JF, Messer SB. What qualifies as evidence of effective practice? In: Norcross JC, Beutler LE, Levant RF, editors. Evidence-based practices in mental health: Debate and dialogue on the fundamental questions. Washington, DC: American Psychological Association; 2006. p. 13-55.
20. Stirman SW, DeRubeis RJ, Crits-Christoph P, Brody PE. Are samples in randomized controlled trials of psychotherapy representative of community outpatients? A new methodology and initial findings. J Consult Clin Psychol. 2003;71(6):963-972.
21. Westen D, Arkowitz-Westen L. Limitations of Axis II in diagnosing personality pathology in clinical practice. Am J Psychiatry. 1998;155(12):1767-1771.

22. Addis ME, Wade WA, Hatgis C. Barriers to dissemination of evidence-based practices: Addressing practitioners' concerns about manual-based treatments. Clin Psychol Sci Pract. 1999;6(4):430-441.
23. Westen DI, Stirman SW, DeRubeis RJ. Are research patients and clinical trials representative of clinical practice? In: Norcross JC, Beutler LE, Levant RF, editors. Evidence-based practices in mental health: Debate and dialogue on the fundamental questions. Washington, DC: American Psychological Association; 2006. p. 161-189.
24. Norcross JC, editor. Psychotherapy Relationships That Work: Therapist Contributions and Responsiveness to Patients. New York: Oxford University Press; 2002.
25. Castonguay LG, Beutler LE, editors. Principles of Therapeutic Change That Work. New York: Oxford University Press; 2006.
26. Castonguay LG, Beutler LE, editors. Principles of therapeutic change that work. New York, NY: Oxford University Press; 2006b.
27. APA Presidential Task Force on Evidence-Based Practice. Evidence-based practice in psychology. Am Psychol. 2006;(4)61:271-85.
28. Guyatt G, Cairns J, Churchill D, Cook D, Haynes B, Hirsh J, et al. Evidence-based medicine: a new approach to teaching the practice of medicine. JAMA. 1992;268(17):2420-2425.
29. Craig JV, Smyth RL. R. L. Evidence-Based Practice Manual for Nurses-E-Book: Evidence-Based Practice Manual for Nurses-E-Book. 3rd ed. Philadelphia: Elsevier; 2012.
30. Herbert R, Jamtvedt G, Mead J, Hagen KB. Practical evidence-based physiotherapy. 2nd ed. Oxford: Elsevier; 2011.
31. Hackshaw A, Paul E, Davenport E. Evidence-based dentistry: an introduction. John Wiley & Sons; 2006.
32. Leonardi JL, Mácimo T, Bacchi AD, Josua D. Ciência, Análise do Comportamento e a Prática Baseada em Evidências em Psicologia. Perspectivas em Análise do Comportamento. 2023;14(1):97-119.
33. Dozois DJA, Mikail SF, Streiner DL, editores. The Canadian Guide to Clinical Preventive Health Care. Ottawa: Canadian Task Force on Preventive Health Care; 2014.
34. Spencer TD, Detrich R, Slocum TA. Evidence-based practice: A framework for making effective decisions. Educ Treat Child. 2012;35(2):127-151.
35. Wampold BE, Goodheart CD, Levant RF. Clarification and elaboration on evidence-based practice in psychology. Am Psychol. 2007;62(6):616-618.
36. Canadian Psychological Association. Canadian Code of Ethics for Psychologists. 4a ed. Ottawa: Canadian Psychological Association; 2017. https://cpa.ca/docs/File/Ethics/CPA_Code_2017_4thEd.pdf.
37. Spring B. Evidence-based practice in clinical psychology: what it is, why it matters; what you need to know. J Clin Psychol. 2007;63(7):611-631.
38. Bowes SM, Ammirati RJ, Costello TH, Basterfield C & Lilienfeld SO. Cognitive biases, heuristics, and logical fallacies in clinical practice: A brief field guide for practicing clinicians and supervisors. Professional Psychology: Research and Practice. 2020; 51(5),435.

39. Pohl RF, editor. Cognitive illusions: Intriguing phenomena in thinking, judgment and memory. 2nd ed.. Routledge/Taylor & Francis Group; 2017. p.3-21.
40. Thyer BA, Myers LL. The quest for evidence-based practice: A view from the United States. J Soc Work. 2011;11(1):8-25.
41. Hayes SC & Hofmann SG. Beyond the DSM: toward a process-based alternative for diagnosis and mental health treatment. Context Press, an imprint of New Harbinger Publications, Inc. 2020.
42. Chen J, Patil KR, Yeo BT, Eickhoff SB. Leveraging machine learning for gaining neurobiological and nosological insights in psychiatric research. Biol Psychiatry. 2023;93(1):18-28.
43. David D, Cristea I, Hofmann SG. Why cognitive behavioral therapy is the current gold standard of psychotherapy. Front Psychiatry. 2018;9:4.
44. Rose S, Rose H. The myth of the neutrality of science. In: Watson F. The social impact of modern biology. Routledge; 2014. p. 215-24.
45. Agazzi E. Scientific objectivity and its contexts. Cham: Springer; 2014.
46. Aragão IRR, Mesquita IM. Aspectos coloniais da formação em psicologia no Brasil. In: Encontro Internacional de Formação de Professores e Fórum Permanente de Inovação Educacional, 2021.
47. Douglas H. Inductive Risk and Values in Science. Philos Sci. 2000;67(4):559-79.
48. Singh A, Daniel L, Baker E, Bentley R. Housing disadvantage and poor mental health: a systematic review. American journal of preventive medicine. Am J Prev Med. 2019;57(2):262-72.
49. Wahlbeck K, Cresswell-Smith J, Haaramo P, Parkkonen J. Interventions to mitigate the effects of poverty and inequality on mental health. Soc Psychiatry Psychiatr Epidemiol. 2017;52(5):505-14.
50. Garzia D, Ferreira da Silva F. Negativity and political behavior: a theoretical framework for the analysis of negative voting in contemporary democracies. Pol Stud Rev. 2022;20(2):282-91.
51. Isaacs D, Fitzgerald D. Seven alternatives to evidence based medicine. BMJ. 1999;319(7225):1618.
52. Vezzosi JIP, Ramos MM, Almeida Segundo DS, Costa AB. Crenças e atitudes corretivas de profissionais de psicologia sobre a homossexualidade. Psicol Cienc Prof. 2019;39(spe3):e228539.
53. Catelan RF, Sardinha A, organizadores. Manual de gênero e sexualidade em psicoterapia: fundamentos teóricos e aplicações clínicas. Sinopsys; 2022.
54. Mizael TM, Ridi CCF. Análise do comportamento aplicada ao autismo e atuação socialmente responsável no Brasil: Questões de gênero, idade, ética e protagonismo autista. Perspectivas em Análise do Comportamento. 2022;13(1):054-068.
55. Pachankis JE, Safren SA Adapting evidence-based practice for sexual and gender minorities: The current state and future promise of scientific and affirmative treatment approaches. In: Pachankis JE, Safren SA, editores. Handbook of evidence-based mental health practice with sexual and gender minorities. Nova Iorque: Oxford University Press; 2019.
56. Steele JM. A CBT approach to internalized racism among African Americans. Int J Adv Couns. 2020;42(3):217-33.

2

Alternativas ao uso de manuais de intervenção na psicoterapia baseada em evidências

Jan Luiz Leonardi
Fernanda Castanho Calixto

Em 1993, a Divisão 12 da APA (Psicologia Clínica) instaurou uma força-tarefa com o objetivo de identificar tratamentos empiricamente sustentados (TESs) e, a partir disso, propor diretrizes de formação para futuros terapeutas e de treinamento contínuo para os profissionais em exercício, disseminar os TESs para os planos de saúde e informar a população sobre a eficácia da psicoterapia.[1] Com o intuito de dar continuidade a esse trabalho, a Divisão 12 formou um comitê permanente que publica atualizações constantes, de modo que novas intervenções poderiam ser adicionadas ou removidas da lista de TESs, a depender do que novas evidências demonstrassem. Atualmente, o catálogo de TESs pode ser encontrado em: www.div12.org/psychological-treatments/treatments.

A força-tarefa da Divisão 12 adotou três critérios para identificar os TESs: (1) a intervenção deveria dispor de um livro que descreve suas características conceituais, estruturais e técnicas; (2) a intervenção deveria estar voltada para problemas clínicos específicos, na esmagadora maioria dos casos, transtornos definidos pelo *Manual Diagnóstico e Estatístico dos Transtornos Mentais*[2] (DSM, 2013), de modo que ela não seria simplesmente classificada como um TES, mas sim, por exemplo, como um TES para transtorno depressivo maior ou um TES para transtorno de personalidade *borderline*; (3) ter sua eficácia demonstrada por diferentes pesquisadores em dois ou mais ensaios clínicos randomizados ou em nove ou mais experimentos de sujeito único. Em 2015, a Divisão 12 modificou o último critério, e as revisões sistemáticas que sumarizam as evidências substituíram os ensaios clínicos e experimentos de sujeito único como indicadores de eficácia de uma intervenção para determinado quadro clínico.[3]

As intervenções manualizadas e a identificação dos TESs caracterizaram uma verdadeira revolução e, por décadas, foram o padrão-ouro da prática clínica em saúde mental. Os manuais são, até hoje, recursos valiosos na implementação de psicoterapias efetivas e eficientes. Todavia, embora terapeutas e pacientes tenham se beneficiado muito desse avanço científico, os manuais têm, de fato, algumas limitações importantes. Em vista disso, o presente capítulo tem por objetivo responder a duas perguntas: (1) por que um manual de terapia é necessário?; (2) quais são as alternativas ao uso de manuais na psicoterapia baseada em evidências?

POR QUE UM MANUAL?

Em ciência, é fundamental que haja uma descrição precisa, detalhada e replicável dos procedimentos realizados. É somente dessa forma que um cientista ou profissional de saúde consegue saber o que determinada intervenção incluiu, quais são seus ingredientes ativos, o que se faz, como se faz, quando se faz. Sem tal descrição, é impossível replicar a intervenção. Sem replicabilidade, é impossível construir uma ciência aplicada. Portanto, a finalidade do manual é garantir que terapeutas repliquem a intervenção nos contextos de pesquisa, ensino e prática clínica.[4-6] Em suma, como explicam Horner e Kratochwill (2012):[7]

> O ponto principal é que qualquer esforço para definir uma prática como "baseada em evidências" deve começar com uma definição rigorosa da prática. Práticas que são definidas de forma ambígua não podem ser documentadas como baseadas em evidências. Esses critérios operacionais deveriam, então, ser aplicados à pesquisa sendo conduzida (e.g., ensaios clínicos randomizados e/ou investigações com delineamento de caso único), assim como a prática na qual a pesquisa está sendo generalizada para o problema ou questão em consideração (p. 268).

Os manuais apresentam várias vantagens para a atuação clínica. Os manuais (adequados) apresentam os princípios fundamentais por trás das técnicas utilizadas; descrevem a etiologia e/ou os métodos de avaliação necessários para compreender o transtorno em questão; explicam a estrutura das sessões; fornecem exemplos concretos de como cada técnica é utilizada; abordam as adaptações culturais necessárias etc. Assim, os manuais parecem ser parte imprescindível para a realização de uma psicoterapia baseada em evidências. Sem dúvida, os manuais garantem a precisão e a replicabilidade de uma determinada intervenção e são, de fato, ferramentas extraordinárias para o terapeuta.

Apesar da imprescindibilidade de uma descrição adequada para que uma terapia seja pesquisada e praticada, a decisão da força-tarefa da Divisão 12 de incluir somente tratamentos manualizados foi contestada por diversos pesquisadores e terapeutas. A preocupação destes é que seguir um manual levaria a intervenções robotizadas e inflexíveis, atrapalharia o desenvolvimento da relação terapêutica, ignoraria as diferenças individuais, ameaçaria a independência do terapeuta e retardaria o desenvolvimento de novas estratégias clínicas.[8] Entretanto, é importante observar que defensores da manualização propõem que os terapeutas devem ser flexíveis e criativos ao implementar protocolos de intervenção, a fim de adaptá-los para as necessidades e características de cada cliente – é o que Kendall e Beidas (2007)[9] denominaram "flexibilidade dentro da fidelidade".

> Vários manuais de tratamento modernos permitem que o terapeuta atenda às circunstâncias específicas de cada paciente, necessidades clínicas, preocupações e diagnósticos comórbidos sem desviar das estratégias essenciais do tratamento detalhadas no manual. O objetivo é incluir provisões para a implementação padronizada da terapia ao usar uma formulação de caso personalizada [...]. É importante ressaltar que o uso de manuais de tratamento não elimina os potenciais efeitos diferenciais do terapeuta. Os pesquisadores examinam as variáveis do terapeuta no contexto de tratamentos manualizados (por exemplo, comportamentos de construção de relação terapêutica, flexibilidade, acolhimento) que podem estar relacionados ao resultado do tratamento[10] (p. 47).

Nesse sentido, em uma revisão de mais de uma centena de pesquisas, Stirman et al. (2017)[11] analisaram os vários tipos de modificações e adaptações que foram feitas a TESs, incluindo adaptações de formato, modificações de conteúdo e incorporação de fatores culturais específicos. Os autores identificaram que é comum implementar um TES removendo um ou mais elementos do protocolo original, incluindo um ou mais componentes de outras intervenções, além de encurtar ou alongar o tempo de duração do tratamento, a depender das necessidades do paciente. Outras mudanças constatadas foram repetir mais vezes algum componente do manual e executar a intervenção em uma ordem diferente da original. Em suma, o artigo explicita que, na prática clínica cotidiana, os TESs são personalizados a fim de torná-los mais profícuos a pacientes com diferentes necessidades terapêuticas.

LIMITES DA PRÁTICA CLÍNICA FUNDAMENTADA EM MANUAIS

Apesar de os manuais trazerem muitas vantagens, uma vez que oferecem todos os elementos necessários para a implementação de um determinado TES, a prática psicoterápica fundamentada nos manuais não é isenta de problemas. Em primeiro lugar, a quantidade de manuais disponíveis é avassaladora. Atualmente, existem centenas de manuais, manuais mais antigos são atualizados com frequência e novos manuais são criados em ritmo razoavelmente acelerado. Por exemplo, na segunda edição do *Psychologist's Desk Reference*, publicado em 2005, Lambert et al. (2005)[12] listaram pouco mais de 100 manuais para diferentes condições clínicas. Na terceira edição do mesmo livro, publicado em 2013, Lambert (2013)[13] afirma que "eu e meus colegas fornecemos uma lista de manuais úteis na segunda edição deste *Psychologist's Desk Reference*. No entanto, não é mais possível ou desejável fazê-lo. Existe agora um número demasiado de manuais disponíveis e abordagens alternativas eficazes para listar todas as possibilidades" (p. 158). Não bastasse a dificuldade em dominar tantos manuais, os terapeutas têm pouca ou nenhuma orientação sobre integrá-los ao trabalhar com cada um dos seus pacientes.

Em segundo lugar, diversos TESs possuem procedimentos em comum. Por exemplo, praticamente todos os protocolos incluem psicoeducação e automonitoramento. Protocolos para pânico, ansiedade generalizada, ansiedade social, estresse pós-traumático, fobias específicas e transtorno obsessivo-compulsivo fazem uso da técnica de exposição. Diversos TESs contêm reestruturação cognitiva.[14] Portanto, como pode ser observado, os manuais com frequência se sobrepõem. Além disso, há bastante similaridade entre modelos de intervenção supostamente distintos. Por exemplo, no manual de terapia comportamental dialética (DBT), Linehan (1993)[15] afirma que a psicoterapia analítica funcional (FAP) "influenciou o desenvolvimento da DBT" (p. 21). A mesma autora, no manual que sistematiza o treino de habilidades da DBT, explica:

> Eu desenvolvi muitas das habilidades lendo manuais de tratamento e a literatura de intervenções comportamentais baseadas em evidências. Em seguida, procurei ver o que os terapeutas diziam aos pacientes o que fazer para cada problema, reembalei essas instruções em folhetos e fichas de trabalho, e escrevi notas de ensino para os terapeutas. Por exemplo, para a habilidade "ação oposta" para medo, eu reembalei os tratamentos baseados em exposição para transtornos de ansiedade em uma linguagem mais simples. Também apliquei os mesmos princípios de mudança em outras

> emoções desordenadas. "Checar os fatos" é uma estratégia central nas intervenções de terapia cognitiva. As habilidades da DBT são aquilo que os terapeutas comportamentais dizem aos clientes para fazer em muitos tratamentos eficazes[16] (p. viii).

Há mais exemplos de similaridades como essas entre diferentes intervenções. O manual de ativação comportamental (BA) explicita que a técnica de validação exerce um papel importante no tratamento, citando como referência o manual de DBT[17] (p. 51). Além disso, o manual faz alusão à terapia de aceitação e compromisso (ACT) ao explicar que a técnica de clarificação de valores é central na BA: "recomendamos que os terapeutas aprendam sobre o trabalho com valores que normalmente faz parte do ACT, pois ele pode ser facilmente integrado à BA"[17] (p. 63). Por sua vez, o primeiro livro da ACT, ao abordar a temática da esquiva experiencial, menciona a DBT como uma das terapias que enfatizam tal processo[18] (p. 58).

Em terceiro lugar, uma limitação importante dos TESs manualizados é que a maioria deles é voltada para alguma psicopatologia descrita no DSM. Alguns autores[19] argumentam que os diagnósticos não capturam as particularidades que os clientes levam para o consultório nem os contextos em que os problemas surgiram e se mantêm. Outros[20] defendem que os diagnósticos não são necessários para descrever os clientes e que rotular um grupo de indivíduos apenas por compartilharem algumas características não os torna semelhantes; ao contrário, cada cliente deveria ser visto como único e, portanto, receber um tratamento totalmente individualizado. Outros autores explicam que boa parte dos clientes costuma apresentar sintomas de ansiedade, depressão, uso de drogas, alterações de personalidade etc., que estão abaixo do limiar para fechar um diagnóstico completo e que muitos outros buscam a terapia para resolver questões sequer descritas no DSM, como insatisfação com o emprego, dúvida sobre a permanência ou não em um casamento, dificuldade em se envolver em relacionamentos afetivos, entre outros.[21,22] Ademais, a comorbidade psiquiátrica é a regra, e não a exceção, e muitos sintomas entre os diferentes transtornos geralmente não são mutuamente exclusivos.[23] Uma vez que a esmagadora maioria dos protocolos serve para um único diagnóstico, os manuais não atenderiam às necessidades de clientes com comorbidades.

É importante observar, finalmente, que os manuais não requerem, necessariamente, uma psicopatologia descrita no DSM. O que é, de fato, imprescindível é a descrição precisa, detalhada e replicável das características conceituais, estruturais e técnicas de determinada intervenção. Um exemplo disso é o *Problem-Solving Therapy: A Treatment Manual*,[24] que descreve passo a passo estratégias de resolução de problemas para inúmeras situações, incluindo exemplos de diálogos entre cliente e terapeuta, tarefas de casa, fichas preenchíveis etc.

ALTERNATIVAS AOS MANUAIS

Na defesa de uma psicoterapia baseada em evidências que contemple as mais diversas queixas dos clientes, presentes (ou não) nos inúmeros quadros psiquiátricos, modelos terapêuticos têm sido desenvolvidos como alternativa às abordagens manualizadas de tratamento. A abordagem transdiagnóstica do sofrimento clínico e a terapia baseada em processos são exemplos proeminentes de formas de atuar em psicoterapia, nas quais a identificação de mecanismos e processos que predispõem, desencadeiam e mantêm os problemas clínicos é conduzida com o objetivo de apontar quais intervenções deveriam ser empregadas em cada caso. A seguir será apresentado o modelo transdiagnóstico de formulação de caso (MTFC) proposto por Frank e Davidson (2014)[25] e, posteriormente, a terapia baseada em processos, conforme desenvolvida por Hofmann e Hayes (2019)[26] e Hofmann *et al.* (2021).[27]

O Modelo Transdiagnóstico de Formulação de Caso

A perspectiva transdiagnóstica de avaliação e intervenção nasceu diretamente de uma crítica ao sistema de classificação diagnóstica vigente e do uso rígido de protocolos. De acordo com Frank e Davidson (2014),[25] proponentes do MTFC, os transtornos psicológicos não são completamente distintos uns dos outros, mas compartilham muitos sintomas e características subjacentes, de modo que são mais bem compreendidos como expressões diferentes de processos transdiagnósticos.

Os processos transdiagnósticos se referem a elementos presentes em determinado quadro clínico que podem ou não se relacionar com um diagnóstico formal (e.g., controle inibitório, regulação emocional, crenças metacognitivas, sensibilidade à ansiedade, esquiva experiencial, ruminação etc.). A perspectiva transdiagnóstica, desse modo, tem o objetivo de identificar pormenorizadamente os diversos mecanismos relacionados ao sofrimento do paciente, que podem, então, apontar com mais precisão para o uso das melhores intervenções. Assim, em vez de se basear em um protocolo estanque, a terapia deve implementar procedimentos de intervenção conforme a necessidade de abordar os mecanismos responsáveis pela queixa clínica. Vale observar que tais técnicas (e.g., psicoeducação, clarificação de valores, *mindfulness*, desfusão cognitiva, reestruturação cognitiva, experimento comportamental, exposição etc.) estão descritas nos diversos manuais de intervenção existentes. Nesse sentido, Frank e Davidson (2014)[25] defendem que a avaliação transdiagnóstica pode ser uma estratégia mais simples e mais eficaz do que a avaliação diagnóstica tradicional, uma vez que permite acomodar a heterogeneidade de diagnósticos e fornecer informações sobre os fatores da história de vida do cliente que se relacionam com os mecanismos identificados.

O MTFC inclui mecanismos inseridos em dois grupos (de vulnerabilidade e de resposta), além de um passo a passo para guiar os terapeutas ao longo do processo terapêutico. Os mecanismos de vulnerabilidades se referem a déficits ou aprendizagens disfuncionais que trazem prejuízos para a vida do cliente. Por exemplo, déficits na regulação da excitação e no sistema inibitório são mecanismos de vulnerabilidade que se relacionam com dificuldades no autogerenciamento, o que pode afetar negativamente o estabelecimento de rotinas de produtividade (e.g., trabalho), de autocuidado (e.g., tomar medicações) e o contato excessivo com reforçadores imediatos (e.g., abuso de substâncias psicoativas, consumo de alimentos ricos em gordura, excesso de compras). Tal déficit no sistema inibitório está presente em diversos quadros clínicos e se relaciona com padrões de impulsividade em múltiplas esferas, o que o torna um elemento fundamental na avaliação e intervenção, a despeito de o cliente preencher ou não critérios específicos para um diagnóstico do DSM.

Entre os demais mecanismos de vulnerabilidade apresentados por Frank e Davidson (2014)[25] estão os déficits no funcionamento executivo e no processamento, armazenamento e recuperação de informações, além de dificuldades com regulação emocional e regulação do sono. Há também fatores relacionados às aprendizagens respondente e operante, como um histórico de exposição a controle aversivo e/ou reforçamento de padrões comportamentais problemáticos. Outros mecanismos de vulnerabilidade incluem o funcionamento cognitivo do indivíduo, como a percepção de si mesmo como incapaz, o medo constante de avaliação e intolerância à incerteza. Vale mencionar que os diversos mecanismos são interligados e se influenciam mutuamente. Por exemplo, aspectos cognitivos ligados ao sofrimento clínico podem se potenciar no contexto de controle aversivo e vice-versa: é possível que um longo histórico de *bullying* adicionado a um contexto de pais agressivos e autoritários na infância construam uma percepção de si mesmo como incapaz e dúvidas constantes acerca de ter cometido um erro no trabalho, o que por sua vez pode aumentar o grau de aversividade na relação com os colegas de empresa.

Quanto aos mecanismos de resposta, encontramos os comportamentos de esquiva e as distorções cognitivas, ativados pelos mecanismos de vulnerabilidade como uma tentativa do indivíduo de lidar com estados emocionais desconfortáveis, o que pode atuar na manutenção do quadro clínico. Dentre os padrões de esquiva, temos como elemento protagonista atuante na manutenção do sofrimento a esquiva experiencial, fenômeno que ocorre quando uma pessoa não deseja permanecer em contato com experiências privadas particulares (por exemplo, sensações corporais, emoções, pensamentos, memórias, predisposições comportamentais) e age de diversas formas que possam ser danosas para diminuir tal contato. Em relação às distorções cognitivas, há a dificuldades de checar fatos, vieses de atribuição, ruminação etc.

Em síntese, o MTFC visa: (a) elencar os mecanismos de vulnerabilidade e os mecanismos de resposta que se relacionam ao sofrimento clínico; (b) levantar as informações relevantes ao caso com pessoas próximas (amigos e familiares); (c) conduzir um processo de mensuração constante (que pode ser composto por instrumentos padronizados de autorrelato, instrumentos individualizados de autorrelato, observação direta de comportamentos-alvo etc.); (d) identificar exemplos de situações relacionadas ao sofrimento do cliente. Posteriormente, é necessário explicar como o quadro clínico se relaciona funcionalmente aos mecanismos elencados e quais fatores podem estar atuando na manutenção do problema e que requerem intervenção. Adicionalmente, é fundamental identificar os fatores presentes em seu contexto e em seu próprio repertório (e.g., engajamento no tratamento, rede social de apoio) que podem atuar como recursos disponíveis para seu plano de intervenção. No processo de intervenção, a identificação dos objetivos de mudança está associada aos mecanismos de vulnerabilidade e de resposta, o que aponta para os marcadores de melhora e para a seleção das intervenções a serem utilizadas (e.g., para o déficit de controle inibitório, intervenções com o foco em autogerenciamento são fundamentais). É importante observar que não há uma relação simples um para um entre mecanismos e intervenções e que diferentes intervenções podem ser eficazes para alterar um único mecanismo.

Por fim, vale observar que o MTFC ainda é uma abordagem relativamente nova e pode ser desafiador para alguns terapeutas adotá-la em sua prática clínica. A despeito disso, é perfeitamente possível integrar os processos transdiagnósticos em uma intervenção baseada na classificação diagnóstica tradicional e em outros modelos de formulação de caso.

A TERAPIA BASEADA EM PROCESSOS (TBP)

A terapia baseada em processos (TBP) foi definida como "o uso contextualmente específico de processos baseados em evidências ligados a procedimentos baseados em evidências para ajudar a resolver os problemas e promover a prosperidade de pessoas particulares"[28] (p. 78). Nessa perspectiva, procedimentos terapêuticos são as técnicas que um terapeuta utiliza para alcançar os objetivos do cliente, enquanto os processos terapêuticos dizem respeito aos mecanismos de mudança. Tais processos ocorrem em seis diferentes dimensões, a saber: comportamento observável, emoção, cognição, atenção, motivação e *self*.

Segundo Hofmann et al. (2021),[27] os processos devem ser: (a) baseados em teoria, (b) dinâmicos, (c) progressivos, (d) contextualmente vinculados, (e) multiníveis que ocorram em (f) sequências previsíveis e empiricamente estabelecidas. Os processos são baseados em teoria, pois estão associados a uma declaração clara de relações entre eventos que levam a previsões testáveis. O processo, desse modo, não é um evento único, mas uma relação conceitualmente prevista entre eventos (e.g., pensar "as pessoas vão rir de mim", sentir ansiedade e ser menos ativo socialmente). Os processos são dinâmicos, no sentido em que envolvem ciclos de *feedback* e mudanças não lineares. O pensamento "eu sou inútil" pode levar um indivíduo a renunciar rotinas de higiene, por exemplo. Acreditar no pensamento de inutilidade somada à falta de higiene e a uma desaprovação social de outrem agora se relacionam funcionalmente. Além disso, diz-se que os processos são contextualmente vinculados por indicarem núcleos de intervenção. Um exemplo dado por Hofmann et al. (2021)[27] se refere ao sofrimento por histórico de abuso sexual em que claramente nenhuma quantidade de terapia seria capaz de desfazer o que a pessoa experienciou. No entanto, a história de abuso sexual pode afetar diversos aspectos atuais da vida, como o isolamento e a desconfiança excessiva de parceiros íntimos, fatores que podem ser alvo de intervenção. Adicionalmente, os processos são multiníveis no sentido em que um processo pode estar contido ou vir a substituir outros, e as mudanças que enfrentam são empiricamente previsíveis, pois devem se alterar gradualmente em sequência de acordo com as intervenções realizadas.

Hofmann et al. (2021)[27] apontam ainda que os processos precisam apresentar três qualidades fundamentais: (a) precisão, (b) escopo e (c) profundidade. Precisão, pois deve ser descrito de modo a ser o menos genérico possível. "Evitar" é menos preciso do que "evitar sentimentos intensos". O escopo se refere à qualidade de ser aplicável a uma série de fenômenos. Por exemplo, um processo que se concentra em "brigas verbais com amigos íntimos" tem menos escopo do que um processo como "promover a distância emocional por meio de brigas, recusas e retraimento". Um processo precisa de profundidade para ser consistente com as evidências científicas bem estabelecidas na pesquisa em psicologia e em outras disciplinas pertinentes, como neurociências, genética, sociologia etc.

É central na proposta da TBP a compreensão evolucionista do funcionamento humano. Seis conceitos são apontados por Hofmann et al. (2021)[27] como necessários em uma abordagem evolucionista: (a) variação, (b) seleção, (c) retenção, (d) contexto, (e) dimensão e (f) nível. Em termos gerais, a variação se refere à propriedade de uma ação sempre apresentar alterações, mesmo que sutis, em relação às ações anteriores. Ao longo das variações, caso a consequência seja reforçadora, a ação tenderá a ocorrer novamente e, desse modo, certas variantes são escolhidas em detrimento de outras em um processo de seleção.[29] Na retenção, um indivíduo, grupo ou cultura repete e fortalece variações selecionadas ao longo do tempo, de modo que se fortaleçam e se tornem hábitos. O contexto especifica as circunstâncias situacionais e históricas que afetam as ações de um indivíduo. A dimensão refere-se a quais vertentes particulares de eventos os indivíduos estão selecionando e retendo – as do domínio psicológico, por exemplo, incluem afeto, cognição, atenção, *self*, motivação e comportamento manifesto. O nível se refere ao grau de organização e complexidade dos processos, considerando os fatores biopsicossociais e as variáveis culturais.

Com base nessa noção de processos, e de modo similar ao MTFC, a TBP considera que os diversos quadros clínicos são compostos de uma combinação de processos (autocrítica, humor deprimido, solidão, histórico de *bullying*, ruminação, baixa autoestima etc.) que estão conectados entre si em um sistema de rede. Assim, em vez de implementar um pacote de tratamento guiado por um diagnóstico, o terapeuta deve identificar quais processos biopsicossociais estão participando da problemática do paciente e, então, utilizar os procedimentos para ativar os processos que melhor o move em direção a seus objetivos.[26,30] Por exemplo, em vez de realizar o protocolo de ativação comportamental como tratamento para o transtorno depressivo maior, a TBP visa encontrar a melhor forma de melhorar o humor deprimido, reduzir a solidão e promover relacionamentos mais significativos em um cliente que desenvolveu comportamentos de evitação experiencial após o término de um relacionamento amoroso.

Para isso, o terapeuta formula o caso do cliente por meio de redes, compostas de processos únicos que se conectam e se influenciam mutuamente.

Após a identificação das relações, é necessário identificar os processos de mudança que possam enfraquecer as redes ou criar ou fortalecer redes mais favoráveis ao funcionamento do paciente. Uma vez que a rede está construída, o próximo passo é elencar os procedimentos de intervenção necessários para a ativação dos processos que levam à resolução dos problemas e à diminuição do sofrimento do cliente. Entre eles, estão manejo de contingências, controle de estímulo, modelagem, autogerenciamento, redução da excitação, regulação emocional, resolução de problemas etc. – procedimentos estes que estão descritos de forma replicável em manuais de intervenção. Assim como no MTFC e em toda a PBE, é característica fundamental da TBP fazer o monitoramento constante dos avanços clínicos por meio de uma coleta contínua de dados, idealmente toda sessão, com o objetivo de informar ao terapeuta a efetividade do seu trabalho, o que permite aprimorar tanto o tratamento quanto suas próprias habilidades terapêuticas.

Com o objetivo de exemplificar o raciocínio clínico envolvido na TBP, Hofmann et al. (2021)[27] descrevem o caso de Maya, uma cliente com dor crônica com origem em um acidente laboral. Após sofrer uma queda no local de trabalho, Maya passou a sofrer dores constantes nas costas, fato que restringiria suas atividades no campo profissional e na rotina diária (ir ao mercado, se sentir segura para realizar exercícios fisioterápicos etc.) e a faz experienciar raiva de maneira intensa. Na TBP, o trabalho do terapeuta é focado inicialmente em detalhar a rede que representa o sofrimento de Maya, especificando em quais dimensões se situam os processos relacionados a seu estado clínico atual.

Em relação à dimensão cognitiva, a TBP considera que a maneira como os clientes pensam e dão significado aos eventos em suas vidas molda fundamentalmente sua capacidade de lidar com suas dificuldades. O terapeuta de Maya identifica que o contexto de ter se lesionado no trabalho, após ela ter avisado inúmeras vezes aos responsáveis os riscos envolvidos em sua função, acarretou pensamentos constantes de "isso não deveria ter acontecido, é injusto", que se relacionam funcionalmente com ruminações de preocupação com sua condição física e a constância das dores. Claramente, o modo de pensar de Maya não causa sua dor e o afastamento de suas atividades por si; no entanto, ao longo da sessão, é possível perceber que seu modo de pensar fortalece o medo de se machucar novamente e seu padrão de evitar atividades, inclusive as que deveria desempenhar para seu processo de recuperação física (atividades de fisioterapia). Além disso, alimentar o pensamento constante e repetitivo de que a lesão foi "injusta" e que "seus chefes são culpados" dificulta assumir a responsabilidade pelos passos difíceis que ela precisa dar para seguir em frente. Dentre as possibilidades de intervenções focadas em abordar cognições mal adaptativas, há a desfusão cognitiva (comumente encontrada nos manuais sobre ACT) e a reavaliação cognitiva (comumente encontrada nos manuais sobre terapia cognitivo-comportamental (TCC).

Em relação à dimensão afetiva, a TBP compreende que a forma como os clientes lidam com as suas emoções moldam a capacidade de manejar seus problemas. No caso de Maya, duas emoções experienciadas com intensidade podem ser destacadas – a raiva e o medo. Como pontuado anteriormente, a raiva por ter sofrido o acidente e o medo de se machucar novamente se relacionam funcionalmente com a sua restrição de atividades, fato que aumenta ainda mais suas dores. Hofmann et al. (2021)[27] pontuam o quanto a restrição de atividades se deve a uma esquiva experiencial de sensações desagradáveis e, desse modo, formas mais saudáveis de lidar com elas envolveriam procedimentos que focassem na aceitação como propulsora para a mudança de comportamento.

Na dimensão atencional, a TBP avalia a forma de os clientes direcionarem o seu foco em relação às suas experiências externas e internas. Hofmann et al. (2021)[27] apontam vários fatores que direcionam a atenção de Maya. Por exemplo, ela muitas vezes rumina e se preocupa com sua dor crônica e tende a ficar presa em um sentimento de injustiça sobre sua lesão (já que ela atribui o acidente a seus chefes). Esses fatores, embora sejam pertencentes à dimensão da cognição, também nos permitem saber para onde Maya direciona e concentra sua atenção. Em outras palavras, Maya se concentra muito em sua dor, que, por sua vez, fortalece outras partes da rede, como a ruminação e a raiva intensa, o que potencializa seu sofrimento. Nota-se em Maya uma atenção rígida, que se refere a um estilo de atenção pelo qual fica presa em um determinado pensamento, emoção, sensação física ou outra experiência interna. Nesse caso, os autores sugerem o *mindfulness* (atenção plena, em português) como uma forma de Maya se atentar de forma mais ampla às suas experiências. Em vez de se concentrar em sua dor de maneira crítica e rígida, por exemplo, Maya pode aprender a orientar sua atenção de uma maneira consciente e compassiva, o que lhe permitiria reconhecer sua dor sem se envolver tanto nela.

Na dimensão do *self*, a TBP avalia como o cliente percebe a si mesmo. *Self*, aqui, é compreendido como a narrativa que criamos sobre nós, sobre quem somos como pessoa e o que somos ou não capazes de fazer. Um exemplo de *self* relacionado com o sofrimento clínico é o *self como conteúdo*, que se refere à narrativa que usamos para nos definir, limitar e comparar (e.g., "eu sou egoísta"). Infelizmente, à medida que usamos esse senso de identidade inflexível, tendemos a nos limitar pelo conteúdo de nossa própria narrativa. No caso de Maya, ver a si mesma como alguém incapaz de lidar com a própria dor a leva a ter medo de nunca melhorar, diminui sua motivação para o engajamento no tratamento, o que, por sua vez, fortalece ainda mais seu senso de si mesma como alguém incapaz. Os autores relatam a necessidade de clientes como Maya serem terapeuticamente estimulados a verem a si mesmos e aos fatores que se relacionam ao seu sofrimento como o são: contextualmente determinados. Em termos gerais, Maya obviamente não pode ser definida como alguém incapaz, no entanto, o contexto específico de ter sofrido um acidente e todas as consequências ocasionadas trouxeram, nesse seu momento de vida, essa noção de si mesma.

A dimensão da motivação se relaciona diretamente com os valores. Maya relata o quanto se percebe como incapaz de lidar com sua dor, se sente desmotivada para aderir ao seu tratamento e evita retornar ao trabalho. Ao fazer com que Maya acredite em sua capacidade de produzir mudanças significativas em sua vida, algo crucial poderia acontecer: Maya se tornaria um agente ativo de sua própria vida, diminuindo assim a intensidade de sua raiva (que se originou parcialmente de seu sentimento de impotência). Hofmann et al. (2021)[27] mencionam mudanças na vida de Maya que a auxiliariam a entrar em contato com seus valores (e, assim, aumentar seu senso de ser uma pessoa capaz de alterar as situações que a fazem sofrer). Uma delas é fazer parte de sindicatos que visam à segurança do trabalho para conscientizar outros empregadores sobre os danos de acidentes laborais e auxiliar trabalhadores que sofreram lesões. No caso de Maya, ser atuante e compartilhar sua experiência seria fundamental para compreender a si mesma como alguém que "pode fazer a diferença".

Na dimensão do comportamento observável estão os padrões de enfrentamento e esquiva das situações relacionadas funcionalmente a sofrimento. No caso de Maya, um exemplo de esquiva é o rebaixamento das atividades fisioterápicas que deveriam ser realizadas diariamente. Maya relata que deixava de fazer os exercícios recomendados por um medo grande de voltar a se machucar, além de relatar uma desmotivação de os realizar sozinha em sua casa. O terapeuta pode avaliar com Maya as mudanças ambientais que poderiam ser realizadas para aumentar a probabilidade de engajamento nos exercícios. Dentre as opções estão realizar os exercícios em companhia de seu vizinho no mesmo horário em que ele também se exercita. Maya argumenta que se sentiria mais segura caso tivesse alguém para pedir auxílio caso se machuque, além de gostar de estar na companhia do seu vizinho, o que poderia ser uma motivação adicional.

O caso de Maya exemplifica como seu quadro clínico pode ser organizado nos processos pertencentes às seis dimensões psicológicas e como tais processos se relacionam e se fortalecem em uma rede complexa. As intervenções sugeridas, brevemente mencionadas, são baseadas em procedimentos terapêuticos estabelecidos nas terapias comportamentais, cognitivas e contextuais, que compartilham entre si as possibilidades de mensuração e acompanhamento constante de sua efetividade.

A TBP chamou bastante a atenção da comunidade de terapeutas e de pesquisadores por ser abertamente apresentada pelos seus proponentes como formas de atuação alternativas às abordagens terapêuticas rigidamente manualizadas, e é provável que, em breve, seja amplamente estudada e refinada – antes disso, só é possível afirmar que ela é um modelo promissor, mas não empiricamente sustentada.

CONSIDERAÇÕES FINAIS

O presente capítulo explicou a necessidade da descrição precisa das intervenções de forma replicável e, por conseguinte, a relevância dos manuais de tratamento na psicoterapia baseada em evidências. Além disso, discutiu algumas limitações no trabalho pautado em manuais, como a enorme quantidade de opções existentes, a sobreposição entre seus componentes, o enfoque em diagnósticos categóricos etc. Sob essa ótica, foram apresentados o MTFC e a TBP, que são propostas terapêuticas que buscam intervir nos processos subjacentes ao sofrimento humano em vez de se concentrar em uma psicopatologia específica. É importante ressaltar que ambas as propostas apresentam descrições pormenorizadas em seus livros-bases anteriormente citados[25,27] e possibilitam uma descrição precisa da formulação de caso e do caminho terapêutico a ser seguido, além de uma potencial replicação de seus achados.

A título de conclusão, um alerta: embora o MTFC e a TBP sejam propostas inovadoras e pareçam promissoras, é importante destacar que ainda não existem evidências científicas de alta qualidade que comprovem sua eficácia e segurança, seja por meio de delineamentos experimentais de caso único ou de ensaios clínicos randomizados Além disso, até o momento da finalização da redação deste capítulo, nenhum estudo comparando o MTFC ou a TBP com a forma mais tradicional de empregar os TESs foi realizado, o que nos impede de saber se tais abordagens são superiores, equivalentes ou piores a outras terapias já bem estabelecidas. Portanto, recomenda-se ao terapeuta que, antes de cair na tentação de trabalhar com o que há de mais novo, baseie sua decisão clínica na melhor evidência disponível.

REFERÊNCIAS

1. Chambless DL. Task force on promotion and dissemination of psychological procedures: A report adopted by the Division 12 Board. Washington: American Psychological Association; 1993.
2. American Psychiatric Association. Diagnostic and statistical manual of mental disorders: DSM-5. Arlington: American Psychiatric Publishing; 2013.
3. Tolin DF, McKay D, Forman EM, Klonsky ED, Thombs BD. Empirically supported treatment: Recommendations for a new model. Clin Psychol: Sci Pr. 2015;22(4): 317-338.
4. Areán PA, Kraemer HC. High quality psychotherapy research: From conception to piloting to national trials. Oxford University Press; 2013.
5. Newland MC, Pennypacker HS, Anger WK, Mele P. Transferring behavioral technology across applications. Neurotoxicol Teratol. 2003;25(5):529-42.
6. Sanderson WC, Woody SR. Manuals for empirically validated treatments: A project of the Task Force on Psychological Interventions. Clin Psychol. 1995;48(4):7-11.
7. Horner RH, Kratochwill TR. Synthesizing single-case research to identify evidence-based practices: Some brief reflections. J Behav Educ. 2012;21:266-72.
8. Addis ME, Wade WA, Hatgis C. Barriers to dissemination of evidence-based practices: Addressing practitioners' concerns about manual-based psychotherapies. Clin Psychol: Sci Pr. 1999;6(4):430-41.
9. Kendall PC, Beidas RS. Smoothing the trail for dissemination of evidence-based practices for youth: flexibility within fidelity. Prof Psychol: Res Pract. 2007;38(1):13.
10. Kendall PC, Comer JS, Chow C. The randomized controlled trial: Basics and beyond. In: Comer JS, Kendall PC, organizadores. The Oxford handbook of research strategies for clinical psychology. Oxford University Press; 2013. p. 40-61.
11. Stirman SW, Gamarra JM, Bartlett BA, Calloway A, Gutner CA. Empirical examinations of modifications and adaptations to evidence-based psychotherapies: Methodologies, impact, and future directions. Clin Psychol: Sci Pr. 2017;24(4):396-420.
12. Lambert MJ, Bybee T, Houston R, Bishop M, Sanders D, Wilkinson R. Compendium of psychotherapy treatment manuals. In: Koocher GP, Norcross JC, Greene BA, editores. Psychologists' desk reference. 2. ed. Oxford University Press; 2005. p. 192-202.
13. Lambert MJ. Compendium of psychotherapy treatment manuals. In: Koocher GP, Norcross JC, Greene BA, editores. Psychologists' desk reference. 3. ed. Oxford University Press; 2013. p. 157-9.
14. Chambless DL, Klonsky ED. Compendium of empirically supported treatments. In: Koocher GP, Norcross JC, Greene BA, editores. Psychologists' desk reference. 3. ed. Oxford University Press; 2013. p. 159-66.
15. Linehan MM. Cognitive-behavioral treatment of borderline personality disorder. Guilford Press; 1993.
16. Linehan MM. DBT skills training manual. Guilford Press; 2015.
17. Martell CR, Dimidjian S, Herman-Dunn R. Behavioral activation for depression: A clinician's guide. Guilford Press; 2010.

18. Hayes SC. Strosahl KD, Wilson KG. Acceptance and commitment therapy: An experiential approach to behavior change. Guilford Press; 1999.
19. Reed GM, Kihlstrom JF, Messer SB. What qualifies as evidence of effective practice? In: Norcross JC, Beutler LE, Levant RF, organizadores. Evidence-based practices in mental health: Debate and dialogue on the fundamental questions. American Psychological Association; 2006. p. 13-55.
20. Bohart AD, O'Hara M, Leitner LM. Empirically violated treatments: disenfranchisement of humanistic and other psychotherapies. Psychother Res. 1998;8(2):141-57.
21. Fava GA, Mangelli L. Assessment of subclinical symptoms and psychological well-being in depression. Eur Arch Psychiatry Clin Neurosci. 2001:251 Suppl 2:II47-52.
22. Westen D, Arkowitz-Westen L. Limitations of Axis II in diagnosing personality pathology in clinical practice. Am J Psychiatry. 1998;155(12):1767-71.
23. Kessler RC, Chiu WT, Demler O, Merikangas KR, Walters EE. Prevalence, severity, and comorbidity of 12-month DSM-IV disorders in the National Comorbidity Survey Replication. Arch Gen Psychiatry. 2005;62(6):617-27.
24. Nezu AM, Nezu CM, D'Zurilla T. Problem-solving therapy: A treatment manual. Cham: Springer; 2012.
25. Frank RI, Davidson J. The transdiagnostic road map to case formulation and treatment planning: Practical guidance for clinical decision making. New Harbinger Publications; 2014.
26. Hofmann SG, Hayes SC. The future of intervention science: Process-based therapy. Clin Psychol Sci. 2019;7(1):37-50.
27. Hofmann SG, Hayes SC, Lorscheid DN. Learning process-based therapy: A skills training manual for targeting the core processes of psychological change in clinical practice. New Harbinger Publications; 2021.
28. Hofmann SG, Hayes SC. TCC Moderna: Movendo-se em direção a terapias baseadas em processos. Revista Brasileira de Terapias Cognitivas. 2018;14(2):77-84.
29. Skinner B. Selection by consequences. Science. 1981;213(4507), 501-504.
30. Hayes SC, Hofmann SG, organizadores. Process-based CBT: The science and core clinical competencies of cognitive behavioral therapy. New Harbinger Publications; 2018.

3

Fatores comuns aos diferentes modelos de psicoterapia

Dan Josua
Gibson Juliano Weydmann

Há uma realidade desconfortável que, frequentemente, pesquisadores e psicoterapeutas relutam em reconhecer: embora seja consenso que a psicoterapia é eficaz, ainda compreendemos pouco os mecanismos ou mediadores que promovem mudanças nesse contexto.[1,2] Essa lacuna no conhecimento abrange todos os modelos de psicoterapia, inclusive os mecanismos sugeridos pelos chamados fatores comuns.[1] A ativação comportamental, terapia bem estabelecida em seus resultados de eficácia para depressão e sintomas correlatos, ilustra bem a dificuldade em validar os mecanismos de mudança, mesmo em uma abordagem com propostas relativamente diretas. Veja a conclusão a que Janssen et al. (2021)[3] chegaram em uma revisão sistemática sobre mediadores em ativação comportamental:

> A evidência tanto para ativação quanto para recompensa ambiental como mediadores foi fraca. Conclusões: resultados não-significantes, baixa qualidade metodológica de alguns estudos e diferenças nos questionários utilizados impossibilitou qualquer conclusão firme sobre a significância de qualquer dos mediadores (p. 85, tradução nossa).

Isso significa que, embora as hipóteses tenham uma sólida base científica e estejam associadas a intervenções que geram resultados positivos para os pacientes, ainda não temos evidências suficientes para explicar por que essa terapia é eficaz. Em outras palavras, mesmo que haja uma melhoria nos índices de depressão após a intervenção, possivelmente atribuída ao contato com recompensas ambientais, o mecanismo real pode ser diferente, tal como o estabelecimento de uma aliança terapêutica eficaz.

Os exemplos do contato com recompensas ambientais e da aliança terapêutica exemplificam os dois principais conjuntos de hipóteses para explicar os efeitos da psicoterapia: os fatores específicos, como o aumento de reforçadores, e os fatores comuns, como a própria aliança terapêutica. Os fatores específicos referem-se às intervenções distintas de cada abordagem terapêutica, abrangendo as técnicas, procedimentos e intervenções que se originam das concepções teóricas que fundamentam essas abordagens.[4,5]

Os fatores comuns, por outro lado, representam os elementos universais presentes em todas as tradições psicoterapêuticas.[1] Eles compreendem um conjunto de características intrínsecas a todas as terapias reconhecidas e legítimas, variando em intensidade e presença. A exploração dessas características, os debates que suscitam e a relevância de seus efeitos na prática clínica constituem o foco central deste capítulo.

OS FATORES COMUNS

As primeiras menções à ideia de que todas as terapias operam por mecanismos semelhantes datam de 1936.[6] No artigo pioneiro, Rosenzweig comparou a equivalência de resultados em diferentes psicoterapias a uma passagem de *Alice no País das Maravilhas*, em que, após uma corrida interrompida, o pássaro Dodô declara que todos venceram e todos devem receber prêmios. Essa metáfora ainda ressoa nos debates sobre os fatores comuns e a eficácia comparativa entre as modalidades terapêuticas, quase um século depois. No mesmo artigo, Rosenzweig cogita alguns dos elementos responsáveis pela mudança clínica nos tratamentos psicológicos da época, tais como a personalidade do terapeuta, a presença de um modelo teórico de adoecimento e a produção de algum tipo de "autoconhecimento" do paciente durante o processo.

Jerome Frank foi um dos primeiros a categorizar esses fatores comuns de forma sistemática, no início dos anos 1960. Na terceira edição de seu livro de 1961, reeditado em parceria com sua filha, Julia, eles identificam quatro elementos centrais em terapias eficazes. São eles, segundo Frank e Frank (1991):[7]

1. "Uma relação de confiança emocionalmente significativa com um ajudante" (p. 50; tradução nossa).
2. "Um ambiente propício à cura" (p. 51; tradução nossa).
3. "Um racional ou esquema que forneça uma explicação convincente para os sintomas do paciente e um método para sua resolução" (p. 52; tradução nossa).

4. "Um procedimento que envolva a participação ativa de paciente e terapeuta, ambos crentes em sua eficácia para a recuperação" (p. 54; tradução nossa).

A proposta de Frank e Frank (1991)[7] capturava não só algumas das ideias iniciais de Rosenzweig (1936),[6] mas também a ideia de que a mudança ocorria por meio da relação terapeuta-paciente, algo defendido também pelo humanista Carl Rogers (1957).[8] Com o tempo, as ideias desses autores foram expandidas e refinadas por vários autores, culminando no modelo contextual, descrito em detalhes por Wampold & Imel (2015).[9]

O MODELO CONTEXTUAL

O modelo contextual foi proposto por Wampold e Imel (2015)[9] como uma alternativa ao que eles chamam de modelo médico em saúde mental. Historicamente, a psicoterapia se desenvolveu entrelaçada com a medicina. Esse entrelaçamento fez com que algumas concepções próprias da medicina acabassem transbordando para a psicoterapia. Contudo, Wampold e Imel (2015)[9] argumentam que a psicoterapia deve ser reconhecida e explorada como uma disciplina distinta, com suas próprias bases teóricas e metodológicas.

O modelo médico pressupõe que as terapias sejam desenvolvidas com o objetivo de tratar transtornos ou problemas específicos por meio de ingredientes teoricamente fundamentados, destinados a corrigi-los por meio de intervenções que visem eliminar certos sintomas ou melhorar déficits comportamentais. Por exemplo, uma terapia psicodinâmica propõe que a interpretação de conflitos inconscientes (intervenção específica) libera uma determinada força inconsciente que corrige o problema de melancolia ou depressão do paciente (problema ou transtorno). Note que a interpretação de conflitos inconscientes, no exemplo dado anteriormente, é o ingrediente específico dessa psicoterapia, mas que a presença desse ingrediente não impossibilita, na prática, a presença de outros ingredientes não essenciais ou acidentais à teoria, como a criação de um vínculo terapêutico. Os fatores comuns são, justamente, essa série de ingredientes acidentais que são comuns a todas as formas válidas de psicoterapia. Para Wampold e Imel (2015),[9] inclusive, o termo "fatores acidentais" poderia ser o termo utilizado para se falar do fenômeno, no lugar de "fatores comuns".

Diferentemente do modelo médico, que enfatiza a necessidade de intervenções específicas para corrigir um déficit particular, o modelo contextual valoriza a formação de um vínculo terapêutico como etapa primordial antes de qualquer intervenção.[1] Baseando-se na noção de que a relação social é um componente essencial da natureza humana,[10] o modelo contextual considera a construção de uma relação genuína como o alicerce do processo terapêutico. Conforme Wampold e Imel (2015)[9] articulam, a psicoterapia "utiliza propensões humanas evoluídas para auxiliar os clientes na mudança" (p. 94, tradução nossa). Após a formação desse vínculo, o tratamento avança em três direções principais: o laço concreto entre terapeuta e paciente, as expectativas ou esperanças do paciente e, finalmente, as transformações diretamente decorrentes da intervenção terapêutica.

Mas como esses elementos se manifestam na prática? De que modo um vínculo empático com o terapeuta pode ser terapeuticamente curativo? O modelo contextual enfatiza que a relação genuína não é apenas um aspecto fortuito da terapia, mas um componente ativo e central na melhoria da qualidade de vida do paciente. Segundo Wampold e Imel (2015),[9] evidências variadas destacam a importância das relações sociais para o bem-estar humano. A solidão, por exemplo, está correlacionada com maiores índices de depressão[11] e um aumento no risco de mortalidade em um período de seis anos.[12] Essa perspectiva reforça a noção de que os seres humanos são intrinsecamente sociais e que mecanismos de cura evoluíram centrados nessas relações, como evidenciado pelos rituais de cura em diversas culturas. No contexto específico da psicoterapia, pode-se citar como a *empatia do terapeuta* parece ser um dos mais consistentes preditores de sucesso terapêutico.[13] A melhoria proporcionada por essa relação não deve visar diretamente aos sintomas psicopatológicos, mas à qualidade de vida do paciente. Assim, a existência de uma relação terapêutica genuína e empática é tão fundamental para o ser humano que, por si só, pode promover melhorias nos aspectos positivos da vida de uma pessoa, impactando indiretamente sintomas ou distúrbios psiquiátricos, ainda que não se deva esperar que esse seja o seu efeito principal ou direto.

A *expectativa* de melhora tem um papel importante, influenciando não apenas o problema ou queixa inicial do paciente, mas também a sua qualidade de vida. Sabemos que a modulação de expectativas não somente altera a experiência subjetiva, mas também afeta as respostas neurofisiológicas a estímulos. Um estudo de Koyama *et al.*, (2005)[14] ilustra como o cérebro responde de maneira diferente a um estímulo doloroso quando as expectativas sobre a intensidade da dor são reduzidas, resultando em diminuição tanto da resposta fisiológica quanto da percepção de dor.

Se esse fenômeno parece ser consistente para dor física, é possível supor que, em psicoterapia, a mera criação de uma expectativa positiva de cura pode melhorar significativamente a experiência subjetiva do paciente. De fato, o que estudos empíricos sugerem é que a expectativa é um dos fatores que pode aumentar as chances de um bom resultado.[15] Adicionalmente, muitos pacientes chegam à terapia com crenças que podem perpetuar um ciclo de desesperança, indicando que a reestruturação dessas expectativas pode ser crucial para quebrar padrões negativos e promover a mudança.

Considere o caso de um paciente deprimido que acredita que só poderá interagir com as pessoas que ama quando estiver melhor e mais motivado. Essa crença contribui para manter o paciente isolado, distanciando-o de experiências significativas e motivadoras, o que pode agravar sua condição. Na psicoterapia, substituir essa "psicologia popular" por uma abordagem baseada em teorias psicológicas pode oferecer soluções mais plausíveis e pragmáticas. Ao compreender na terapia que seu sofrimento é parte de uma experiência humana comum e que é possível criar conexões significativas mesmo antes de se sentir plenamente recuperado, o paciente pode iniciar um processo de melhora que antes parecia impossível. É crucial, contudo, que o terapeuta seja capaz de comunicar suas hipóteses sobre o funcionamento humano de maneira convincente, garantindo que sejam compreensíveis e aceitáveis para o paciente, e integradas a um ritual terapêutico com procedimentos específicos.[7]

Por fim, os ingredientes específicos de cada psicoterapia devem produzir efeitos principalmente no problema, transtorno ou queixa trazida pelo cliente. Diferentemente do modelo médico, que pressupõe uma correlação direta entre ingredientes específicos e a melhora de condições particulares (e, portanto, uma relação direta entre dose e efeito), o modelo contextual não atribui a eficácia terapêutica à presença de um ingrediente específico para um problema específico. Em vez disso, o modelo valoriza a inclusão de qualquer ingrediente particular, reconhecendo que todas as formas legítimas de psicoterapia contêm elementos benéficos.

Proponentes de modelos de psicoterapia enfrentam um desafio: diversas intervenções influenciam um mesmo sistema, e alterações em um sistema específico geram efeitos cascata em outros. É difícil conceber uma psicoterapia que não modifique a autoimagem do paciente ou sua percepção do mundo, por exemplo. Embora terapias tão distintas quanto a psicodinâmica e a cognitiva tenham abordagens distintas em relação a pensamentos e técnicas, ambas induzem uma nova forma de o paciente perceber a si mesmo e ao mundo. Isto é, ambas atuam sobre o mesmo sistema, o cognitivo. Da mesma forma, é improvável que uma terapia focada em dependência química não repercuta na vida social do paciente; alterações no uso de substâncias tendem a resultar em mudanças nos relacionamentos sociais, que, por sua vez, afetam a autoimagem do indivíduo. Esse efeito dominó ilustra a interconexão dos sistemas afetados pela psicoterapia.

Ao induzir mudanças em um sistema, como o comportamento aditivo, observamos repercussões em outros, como a vida social do indivíduo. Wampold e Imel (2015)[9] argumentam que não é essencial determinar a validade científica de como uma teoria psicoterapêutica explica as mudanças nos pensamentos dos indivíduos. O importante é reconhecer que todas as abordagens psicológicas promovem, de alguma forma, alterações no pensamento. Similarmente, todas as modalidades terapêuticas envolvem certo grau de confrontação com questões desafiadoras. Mesmo que não seja o foco principal de todas as terapias, é improvável que alguma delas desencoraje a discussão de temas difíceis em um espaço acolhedor e não punitivo, um aspecto que Skinner, em 1967,[16] já destacou como benefício de psicoterapias, independentemente de orientação teórica.

Além disso, é raro encontrar uma abordagem terapêutica que não estimule o autocuidado, o contato com pessoas significativas ou a adoção de hábitos saudáveis. Portanto, a noção de ingredientes específicos nos fatores comuns sugere que, embora cada psicoterapia possua seu caminho distinto, todos eles buscam conduzir ao mesmo destino. A maneira como o modelo contextual entende os fatores específicos em psicoterapia segue o antigo adágio de que "todos os caminhos levam a Roma".

RELAÇÕES TERAPÊUTICAS

O modelo contextual destaca que, embora as expectativas e os ingredientes específicos desempenhem seus papéis, o elemento central em psicoterapia, especialmente quando vista sob a ótica de fatores comuns, é a relação terapêutica. Essa relação é definida como "os sentimentos e atitudes que terapeuta e paciente mutuamente detêm, e a maneira pela qual estes são manifestados" (p. 159, tradução nossa).[17] Tal definição, apesar de sua abrangência, é considerada suficientemente precisa e não teórica para fundamentar programas de pesquisa em psicoterapia.[13,18]

Vale destacar que não é necessário aceitar incondicionalmente as hipóteses do modelo contextual para reconhecer a importância da relação terapêutica. Primeiramente, mesmo sem certeza absoluta de que a relação terapêutica seja um mecanismo direto de mudança na terapia,[1] é amplamente reconhecido que a melhora do paciente frequentemente se correlaciona com uma relação terapêutica positiva. Em segundo lugar, independentemente do potencial curativo da intervenção específica, o contexto no qual é aplicada – essencialmente a relação terapêutica – é crucial. Norcross e Lambert (2019)[13] exemplificam bem essa noção ao discutir intervenções para pais ajudarem seus filhos adolescentes a manterem seus quartos arrumados. Embora a literatura sugira que acordos claros sobre a arrumação e consequências consistentes sejam eficazes, o sucesso dessas intervenções também depende da qualidade da relação entre pais e filhos. Ou seja, o efeito da frase "arruma seu quarto" vai variar de maneira relevante a depender da relação entre os envolvidos. Em suma, uma relação positiva pode ser um fator determinante para a eficácia de qualquer intervenção.

Compreender e identificar os elementos-chave da relação terapêutica que contribuem para resultados clínicos favoráveis é fundamental.[19] A seguir, discutiremos os dois principais aspectos identificados na revisão de diversas metanálises feita por Norcross e Lambert (2019).[13] Dada a amplitude do tema, uma análise exaustiva de todos os elementos ultrapassa o limite deste trabalho. Portanto, encorajamos os leitores interessados em um estudo mais profundo sobre a relação terapêutica a consultar diretamente a obra de Norcross e Lambert (2019)[13] para uma exploração detalhada.

ALIANÇA TERAPÊUTICA*

O conceito de *aliança terapêutica* possui uma trajetória significativa nos estudos de psicoterapia. Inicialmente ancoradas em terminologias e conceitos da psicanálise, as definições de aliança evoluíram em direção a abordagens mais empíricas, utilizando questionários para sua mensuração.[20] Apesar dessa evolução, consideramos a definição proposta pelo psicanalista Bordin (1979)[19] e adaptada por Ardito e Rabellino (2011)[21] como particularmente abrangente e esclarecedora. Segundo essas autoras, a aliança terapêutica engloba três elementos essenciais: "o consenso sobre os objetivos da terapia, a concordância em relação às tarefas terapêuticas e o estabelecimento de um vínculo pessoal marcado por sentimentos positivos mútuos" (p. 272; tradução nossa).[21]

Os três elementos fundamentais da aliança terapêutica – concordância sobre os objetivos, concordância sobre as tarefas e o desenvolvimento de um vínculo emocional positivo – são refletidos nas questões padrão dos

*Vamos considerar nessa recomposição apenas dados de terapias com adultos verbalmente competentes. Referências para o trabalho com crianças e adolescentes podem ser encontradas em Norcross & Lambert (2019).[13]

questionários de aliança, que frequentemente exploram a percepção do cliente sobre ser entendido, cuidado e respeitado pelo terapeuta. Exemplos de tais perguntas incluem: "Sinto que meu terapeuta me entende", "Me senti cuidado e respeitado" e "Às vezes, senti que o tom usado pelo meu terapeuta foi crítico".* Apesar da presença desses temas centrais, nota-se uma certa heterogeneidade nas questões, refletindo a complexidade e a multifacetada natureza da aliança terapêutica. Adicionalmente, o conceito de *aliança* frequentemente se sobrepõe a outros importantes conceitos na terapia, como consenso e colaboração em relação aos objetivos, destacando sua natureza interconectada e multidimensional.

A variabilidade nas definições e medidas da aliança terapêutica pode comprometer a precisão dos dados em pesquisas e potencialmente gerar resultados enganosos em metanálises. Contudo, a pesquisa abrangente realizada por Flückiger *et al.*, (2019),[20] que analisou dados de mais de 30 mil participantes, fornece *insights* valiosos sobre esse tópico. Essa revisão e metanálise concluíram que existe uma correlação positiva entre a aliança terapêutica e os resultados do tratamento, com um tamanho de efeito moderado (d de Cohen = 0,579). A análise de r^2 conduzida pelos pesquisadores sugere que aproximadamente 8% da melhora observada em terapia pode ser atribuída à aliança terapêutica. Esses achados reforçam a ideia de que, apesar das dificuldades em definir e medir a aliança, é essencial que os terapeutas priorizem e cultivem uma relação sólida com seus clientes, reconhecendo-a como um componente crítico para o sucesso terapêutico. Ainda que o campo esteja em desenvolvimento, já existem estratégias propostas para aprimorar a aliança terapêutica. Flückiger et al. (2019)[20] oferecem várias recomendações práticas, enfatizando a importância de estabelecer e manter uma forte aliança com o cliente desde o início até o término da terapia. Uma das sugestões inclui o uso de questionários para monitorar e fortalecer esse vínculo. Outra recomendação é desenvolver, já no início do tratamento, um consenso claro sobre os objetivos da terapia e sobre os papéis que clientes e terapeutas desempenharão. Além disso, enfatiza-se a necessidade de adaptar a linguagem terapêutica ao contexto cultural do paciente, o que significa empregar abordagens comunicativas distintas dependendo das particularidades do cliente. Isto é, cabe ao terapeuta reconhecer que gírias provavelmente comunicarão coisas diferentes em um diálogo com um advogado idoso ou com um músico adolescente.

---

*Questões retiradas do instrumento OQASC,™ tradução nossa.

CONSENSO EM OBJETIVOS

Consenso em objetivos pode ser definido como "(a) um acordo e um compromisso paciente-psicoterapeuta em relação aos objetivos e os meios para alcançá-los, (b) um acordo paciente-psicoterapeuta sobre o problema do paciente, e (c) a medida em que os objetivos são discutidos e claramente especificados" (p. 169, tradução nossa).[22] Assim entendido, o consenso em relação a objetivos é parte de um contrato entre cliente e profissional que delimita, em parte, o espaço de seus trabalhos em conjunto. Além disso, a definição já salienta a importância de entender o consenso como um projeto colaborativo e mostra a interseção desse constructo com o de aliança terapêutica, já discutido anteriormente.

Diferentemente das pesquisas focadas em aliança terapêutica, a maioria dos estudos empíricos sobre consenso em relação a objetivos na terapia utiliza principalmente dois instrumentos: o Inventário de Aliança de Trabalho (*Working Alliance Inventory*, WAI)[23] e a Escala Californiana de Aliança Psicoterápica (*California Psychotherapy Alliance Scale*, CALPAS).[24] Esses estudos, especialmente os que exploram a relação entre colaboração e resultados terapêuticos, frequentemente medem a colaboração por meio da adesão às tarefas de casa ou usando itens específicos do CALPAS que abordam a adequação.

Resultados de metanálises realizadas por Tryon *et al.*, (2019)[22] revelam efeitos significativos, variando de leves a moderados, na correlação entre consenso em objetivos e resultados terapêuticos. Especificamente, eles encontraram um tamanho de efeito de d de Cohen = 0,49 para estudos que investigam o consenso em objetivos de maneira ampla e um efeito moderado de d de Cohen = 0,61 para avaliações de colaboração geral. Esses dados sublinham a importância do consenso e da colaboração em relação aos objetivos na eficácia de terapias em diferentes psicoterapias.

Um ensaio clínico, conduzido por Bachelor (2013),[25] revela uma discordância notável entre pacientes e terapeutas sobre aspectos cruciais de sua colaboração. Enquanto terapeutas e pacientes tendem a concordar quanto à percepção de colaboração e compromisso, ou participação, eles frequentemente divergem em suas avaliações do vínculo terapêutico. De forma específica, os pacientes tendem a valorizar mais a ajuda recebida, a participação conjunta no processo terapêutico e a identificação de sinais negativos na aliança terapêutica.[25] Além disso, as percepções dos pacientes sobre a colaboração mostraram-se preditores mais eficazes dos resultados positivos em psicoterapia do que as avaliações dos terapeutas. Esses achados sugerem que os terapeutas devem estar cientes de que suas percepções sobre a aliança de trabalho, a relação terapêutica e os objetivos da terapia podem nem sempre estar alinhadas com as dos seus clientes. Dado que as percepções dos clientes têm um maior poder preditivo sobre os resultados da terapia, recomenda-se que os terapeutas empreendam esforços ativos para compreender e integrar a perspectiva de seus pacientes em seus atendimentos.

Tyron *et al.* (2019)[22] oferecem várias estratégias para clínicos potencializarem a eficácia terapêutica aproveitando a correlação positiva entre o consenso de objetivos e os resultados em psicoterapia. Uma recomendação fundamental é adiar o início do trabalho em direção aos objetivos clínicos até que haja um acordo claro com o paciente sobre esses objetivos. Além disso, a comunicação transparente sobre informações cruciais, como o diagnóstico e o progresso esperado do tratamento, é essencial. Outro ponto destacado é a importância de motivar o paciente a completar as tarefas de casa, assegurando que estas sejam não apenas relevantes para ele, mas também claramente vinculadas aos objetivos terapêuticos e significativos para o processo terapêutico.

RELAÇÕES TERAPÊUTICAS QUE FUNCIONAM

Relações terapêuticas de alta qualidade são essenciais para alcançar resultados positivos em psicoterapia. Clínicos comprometidos com práticas baseadas em evidências devem estar atentos às várias facetas dessas relações na prática clínica. Embora uma análise detalhada de cada elemento exceda o escopo deste texto, é valioso mencionar os fatores identificados pela força-tarefa da Divisão 29 da APA[13] que são prováveis de influenciar positivamente o tratamento. Estes incluem:

- **Aliança terapêutica:** o vínculo colaborativo e o acordo sobre objetivos e tarefas entre terapeuta e paciente.
- **Colaboração:** o esforço conjunto do terapeuta e do paciente para trabalhar em direção aos objetivos terapêuticos.
- **Consenso em relação a objetivos:** a concordância mútua sobre os alvos a serem alcançados com a terapia.
- **Empatia:** a habilidade do terapeuta de compreender e se sintonizar com as experiências e emoções do paciente.
- **Avaliação positiva e afirmações:** o fornecimento de *feedback* positivo e apoio ao paciente.
- **Coletar e entregar *feedback* de clientes:** a prática de obter e discutir *feedback* dos pacientes sobre o progresso e o processo terapêutico.

Entender e integrar essas dimensões pode aprimorar significativamente a eficácia da psicoterapia, alinhando as práticas clínicas com os padrões mais altos de cuidado baseado em evidências.

DIFICULDADES NA PESQUISA COM FATORES COMUNS

Nos livros da série *Psychotherapy Relationships that Works* (já comentados), pesquisadores interessados no estudo dos fatores comuns de psicoterapia discutem, utilizando dados de metanálise, de que forma fatores comuns do terapeuta, do paciente e da díade explicam o processo de tratamento.[13,26] No geral, os pesquisadores alegam que entre 5% e 9% da variância dos resultados em psicoterapia pode ser atribuído a características do terapeuta (e.g., personalidade, manejo clínico) e que cerca de 8% da mudança em tratamento pode ser atribuída à aliança terapêutica. Os valores podem parecer baixos, no entanto, se considerarmos que eles são estáveis mesmo quando diferentes abordagens e diagnósticos são incluídos como moderadores em estudos de metanálise, podemos inferir que grande parte do tratamento depende da influência dos fatores comuns (entre 13% e 17%).[1,13,26] Mais importante, eles parecem ter um impacto maior do que quaisquer dos fatores específicos estudados pelos autores.

Ainda que dados de diversas metanálises indiquem que há um efeito dos fatores comuns sobre o desfecho clínico na psicoterapia, o estudo da causalidade de tais fatores ainda está em andamento.[1,15] Dentro da pesquisa em psicoterapia, o trabalho com análises de correlação, moderação e mediação auxilia na identificação de variáveis que variam em conjunto com o desfecho clínico,[27] no entanto não é possível atestar causalidade em todos os casos em que essas análises são aplicadas. A Figura 1 foi elaborada a partir da referência de Norcross e Lambert (2019)[13] para explicar como a causalidade pode ser avaliada em estudos sobre fatores comuns. Na Figura 1A temos um modelo para estudar a correlação entre fatores comuns e desfecho clínico em psicoterapia. Metanálises sobre a aliança terapêutica indicam, por exemplo, que a aliança está positivamente correlacionada com a melhora em sintomas psiquiátricos e com desfechos secundários do tratamento como qualidade de vida e funcionamento global.[13] Todavia, a maior parte dos estudos sobre aliança terapêutica é correlacional e segue o modelo apresentado na Figura 1A: o fator comum costuma ser medido com uma escala em um determinado momento do processo de psicoterapia, e os valores são então correlacionados com o desfecho. Essa evidência sugere que aliança e desfecho andam juntos, mas não permite afirmar com segurança a direção da causalidade (Figura 1A). Isto é, é tanto possível que uma boa aliança terapêutica vá produzir resultados positivos quanto o começo de efeitos terapêuticos vão melhorar a avaliação da aliança terapêutica. O modelo contextual de Wampold e Imel (2015),[9] apresentado anteriormente, explica como uma boa aliança pode produzir resultados positivos em psicoterapia. A causalidade inversa, isto é, do efeito terapêutico para a aliança, é explicada pela suposição de que a maneira como pacientes avaliam a relação terapêutica é fortemente influenciada pela sua melhora ou piora.

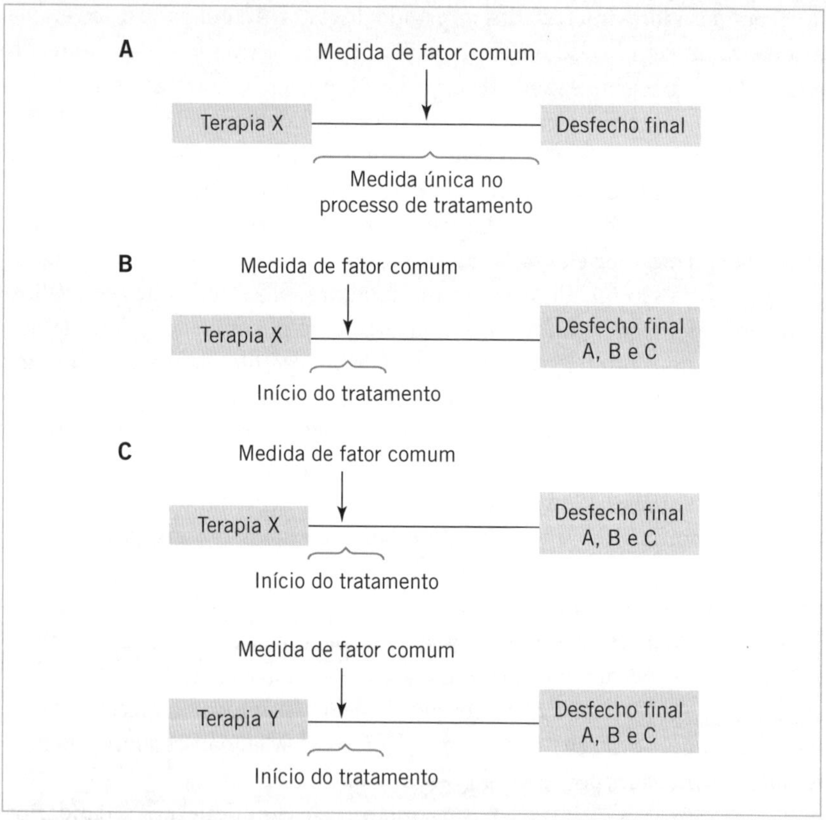

FIGURA 1 Exemplos de delineamentos para estudar a relação entre fator comum e desfecho clínico.
Fonte: elaborada pelos autores.

Uma forma de atestar a causalidade da aliança terapêutica sobre o desfecho clínico é medir o fator comum (e.g., aliança terapêutica) no início de um tratamento específico (e.g., terapia cognitivo-comportamental) e observar se variações na aliança predizem de maneira antecedente variações no desfecho clínico (Figura 1B). Essa relação temporal entre variáveis indica algum nível de causalidade; no entanto, quando ocorre em apenas um tratamento, a causalidade pode depender de características da amostra (e.g., a população era mais ou menos suscetível a formar aliança com a profissional), do tratamento (e.g., a abordagem X tende a aumentar a aliança mais do que a abordagem Y) ou da medida (e.g., a medida de aliança X tende a correlacionar mais fortemente com o desfecho psiquiátrico Y). Portanto, o modelo apresentado na Figura 1B também é insuficiente para atestar causalidade com segurança.

A opção mais utilizada para inferir a causalidade dos fatores comuns em tratamento é apresentada no modelo C. No modelo C, o fator comum é medido temporalmente em mais de um tratamento. Como exemplo, podemos pensar que, se variações nos níveis de aliança predizem a melhora clínica em dois ou mais tratamentos distintos, é mais provável que exista alguma relação causal entre mudanças em um fator comum e melhora clínica independente da abordagem de terapia.[13] Esse teste de hipóteses costuma ocorrer em ensaios clínicos randomizados, e para que a causalidade possa ser inferida, os dados sobre fatores comuns devem ser analisados considerando o tipo de tratamento, a duração, o número de medidas de desfecho empregado, entre outras variáveis. O modelo C também engloba delineamentos com medidas repetidas: casos em que o fator comum é medido diversas vezes ao longo de dois ou mais processos distintos, e variações no desfecho clínico são então analisadas como dependentes de mudanças temporais nos fatores comuns. Há também a possibilidade de inserir uma condição experimental no modelo C e comparar dois tratamentos similares com e sem o treinamento em algum fator comum; como exemplo, podemos considerar o estudo de Muran e colegas (2018).[28] Os autores testaram o efeito de um treinamento em reparação da aliança terapêutica em um tratamento de terapia cognitivo-comportamental (TCC) para transtornos de personalidade. Os terapeutas de TCC foram randomizados para receber supervisão em TCC ou uma supervisão direcionada para melhorar a aliança com os pacientes após 8 ou 16 semanas do início do tratamento. Com esse delineamento era possível avaliar se a inserção da supervisão mudaria o curso do tratamento e se tal mudança dependia do momento em que a supervisão iniciava. Os resultados do estudo indicaram que a condição experimental melhorou a aliança e os desfechos do tratamento com TCC,[28] o que indica que melhorar aliança terapêutica tem um efeito causal na melhora clínica em TCC.

Entender como os fatores comuns impactam a psicoterapia também é importante se quisermos compreender o que de fato gera mudança em psicoterapia.[1,5,28] Mecanismos de ação, ou componentes do tratamento, seriam as intervenções de psicoterapia que geram a mudança clínica (e.g., o questionamento socrático).[29-31] Já o mecanismo de mudança seria a via psicológica pela qual a mudança ocorre (e.g., aprendizagem, mudança na crença central).[27,32] Tal divisão é ainda pouco debatida na pesquisa em psicoterapia, mas parece ser relevante para propostas mais atuais de tratamento, como a psicoterapia baseada em processos.[33] Nessa proposta, os mecanismos de ação são referidos como componentes, enquanto os mecanismos de mudança como processos de mudança.

Atualmente, não há certeza sobre se os fatores comuns são mecanismos de ação que geram a mudança clínica ou se são mecanismos de mudança influenciados pelos chamados fatores específicos. Durante muitos anos, o debate sobre o que de fato gera mudança em psicoterapia produziu embates entre pesquisadores defensores dos fatores comuns e pesquisadores interessados nos fatores específicos. Mulder *et al.*, (2017)[5] realizaram uma revisão detalhada sobre os principais argumentos que sustentam a constante guerra entre fatores comuns e específicos. Como alguns modelos de tratamento são mais eficazes que outros para determinados quadros psiquiátricos (e.g., a DBT para os transtornos com desregulação emocional), pesquisadores que trabalham com abordagens baseadas em evidências defendiam fortemente os fatores específicos como mecanismos de ação da psicoterapia. Isso quer dizer que tais profissionais atribuíam boa parte da mudança clínica àquilo que os tratamentos tinham de diferente entre si e que os mecanismos de mudança seriam então aqueles teorizados para as técnicas específicas (e.g., aumento da atividade diária após ativação comportamental).[29] Já os pesquisadores que defendiam os fatores comuns alegavam que é impossível uma intervenção psicoterápica ser empregada sem a presença dos fatores comuns e que em ambiente natural os efeitos do tratamento são multifatoriais.[16] Tais pesquisadores alegavam também que o tamanho de efeito obtido ao comparar duas abordagens diferentes de psicoterapia era muito baixo para afirmar com certeza que um tratamento era melhor que o outro, um problema que permanece nos ensaios clínicos que compararam modelos distintos de psicoterapia.[1] Além disso, ao se controlar para viés de aliança* e para a comparação entre psicoterapias estabelecidas**, a superioridade entre tratamentos se dissipa para a maior parte dos quadros clínicos.[1,9]

---

*O efeito que a aliança teórica do pesquisador tem no resultado da pesquisa. Em geral, pesquisadores de DBT encontram resultados mais positivos para DBT, pesquisadores de psicodinâmicas para psicodinâmicas, e assim por diante.

**Alguns controles em ensaios clínicos randomizados (ECRs) de psicoterapia usam psicoterapias que não representam nenhuma intervenção psicológica estabelecida. Esses controles, às vezes chamados de *programados para falhar*, costumam inflacionar resultados de pesquisa em psicoterapia (c.f. Wampold & Imel, 2015).[9]

CONSIDERAÇÕES FINAIS

O debate fatores comuns *versus* específicos perdurou durante décadas,[5] mas é crucial evitar cair em um debate improdutivo que contrapõe fatores comuns a fatores específicos na psicoterapia. Pode parecer, à primeira vista, que valorizar os aspectos da relação terapêutica significa adotar uma postura onde "tudo vale" em psicoterapia, mas essa interpretação não captura a nuance do modelo contextual. Até porque, cientistas interessados nos fatores comuns esclarecem de maneira explícita que os fatores específicos são relevantes para a mudança clínica e atuam como potenciais mecanismos de ação, mas deixam claro que a mudança é influenciada por variáveis que independem do tipo de tratamento.[13]

Concordamos com Mulder *et al.*, (2017)[5] quando afirmam que a disputa entre fatores comuns e específicos acaba distraindo de questões mais críticas para o campo da psicoterapia. A prática baseada em evidências tem ganhado terreno em psicologia, de modo que mesmo proponentes de fatores comuns têm sido cada vez mais rigorosos em suas definições do que constitui uma terapia reconhecida.[5] O desafio persistente é determinar precisamente quais elementos da psicoterapia são eficazes, para quem, em quais circunstâncias e, especialmente, por quê.* Nessas circunstâncias, seria imprudente (e irrazoável) jogar fora os dados vindos de diversos ensaios clínicos randomizados (ECRs) que comprovam a eficácia da psicoterapia. Ao invés de encarar o debate sobre fatores comuns como um impasse, deveríamos reconhecer a importância de novos desenhos experimentais para melhorar nossa compreensão sobre psicoterapia e psicopatologia. Podemos citar pesquisas de processo-resultado e pesquisas de componentes como algumas estratégias relevantes nesse sentido.[5]

Em outras palavras, o estudo e uso de fatores comuns não exclui o estudo e conhecimento de tratamentos empiricamente sustentados. Fatores comuns não podem existir sem a presença de modelos específicos de psicoterapia que contenham hipóteses coerentes do que opera mudanças em psicoterapia.[35] Pelo contrário, é essencial que haja uma integração deliberada, na qual abordagens terapêuticas empiricamente validadas reconheçam e incorporem os benefícios dos fatores comuns. Essa sinergia pode enriquecer a prática clínica, otimizando os resultados do tratamento ao capitalizar tanto os avanços técnicos e específicos quanto as nuances das relações terapêuticas. Assim, a meta é criar um ambiente terapêutico no qual os tratamentos bem fundamentados e os efeitos benéficos dos fatores comuns coexistam e se complementem, potencializando o impacto positivo na recuperação dos pacientes.

---

*Levando a sério o desafio de pesquisa já levantado por Gordan Paul na década de 1960.[34]

REFERÊNCIAS

1. Cuijpers P, Reijnders M, Huibers MJ. The role of common factors in psychotherapy outcome. Annu Rev Clin Psychol. 2019;15:207-31.
2. Hayes AM, Andrews LA. A complex systems approach to the study of change in psychotherapy. BMC Medicine. 2020;18(1):197.
3. Janssen NP, Hendriksa G-J, Baranelli CT, Lucassen P, Voshaar RO, Spijker J, et al. How Does Behavioural Activation Work? A Systematic Review of the Evidence on Potential Mediators. Psychother Psychosom. 2021;90(2):85-93.
4. Leonardi JL, Meyer SB. Prática Baseada em Evidências em Psicologia e a História da Busca pelas Provas Empíricas da Eficácia das Psicoterapias. Psicologia: Ciência e Profissão. 2015;35(4):1139-56.
5. Mulder R, Murray G, Rucklidge J. Common versus specific factors in psychotherapy: opening the black box. Lancet Psychiatry. 2017;4(12):953-62.
6. Rosenzweig S. Some implicit common factors in diverse methods of psychotherapy. Am J Orthopsychiatry. 1936;6(3):412-5.
7. Frank JD, Frank JB. Persuasion and healing: A comparative study of psychotherapy. JHU Press; 1991.
8. Rogers CR. The necessary and sufficient conditions of therapeutic personality change. J Consult Psychol. 1957;21(2):95-103.
9. Wampold BE, Imel ZE. The great psychotherapy debate: The evidence for what makes psychotherapy work. Nova Iorque: Routledge; 2015.
10. Wilson EO. The social conquest of earth. Nova Iorque: Liveright; 2012.
11. Erzen E, Çikrikci Ö. The effect of loneliness on depression: A meta-analysis. Int J Soc Psychiatry. 2018;64(5):427-35.
12. Luo Y, Hawkley LC, Waite LJ, Cacioppo JT. Loneliness, health, and mortality in old age: A national longitudinal study. Soc Sci Med. 2012;74(6):907-14.
13. Norcross JC, Lambert MJ, editores. Psychotherapy relationships that work: Volume 1: Evidence-based therapist contributions. Oxford University Press; 2019.
14. Koyama T, McHaffie JG, Laurienti PJ, Coghill RC. The subjective experience of pain: where expectations become reality. Proc Natl Acad Sci U S A. 2005;102(36):12950-5.
15. Wampold BE. How important are the common factors in psychotherapy? An update. World Psychiatry. 2015;14(3):270-7.
16. Skinner BF. Ciência e Comportamento Humano. Brasília, DF: Editora da Universidade de Brasília; 1967.
17. Gelso CJ, Carter JA. The real relationship in counseling and psychotherapy: Components, consequences, and theoretical antecedents. Counsel Psychol. 1985;155-244.
18. Gelso C. A tripartite model of the therapeutic relationship: Theory, research, and practice. Psychother Res. 2014;24(2):117-31.
19. Bordin ES. The generalizability of the psychoanalytic concept of the working alliance. Psychol Psychother: Theory Res Pract. 1979;16(3):252-60.
20. Flückiger C, Re AC, Wampold BE, Horvath AO. Alliance in Adult Psychotherapy. In: Norcross JC, Lambert MJ, editores. Psychotherapy Relationships that Work: Volume 1:

Evidence-Based Therapist Contributions (English Edition). Oxford University Press; 2019. p. 24-79.

21. Ardito RB, Rabellino D. Therapeutic alliance and outcome of psychotherapy: historical excursus, measurements, and prospects for research. Front Psychol. 2011;2:270.
22. Tryon GS, Birch SE, Verkuilen J. Goal Consensus and Collaboration. In: Norcross JC, Lambert MJ, editores. Psychotherapy Relationships that Work: Volume 1: Evidence-Based Therapist Contributions (English Edition). Oxford University Press; 2019. p. 167-205.
23. Horvath AO, Greenberg LS. Development and validation of the Working Alliance Inventory. J Couns Psychol. 1989;36(2):223-33.
24. Gaston L. Reliability and criterion-related validity of the California Psychotherapy Alliance Scales—patient version. J Consult Clin Psychol. 1991;3(1):68-74.
25. Bachelor A. Clients' and therapists' views of the therapeutic alliance: similarities, differences and relationship to therapy outcome. Clin Psychol Psychother. 2013;20(2):118-35.
26. Norcross JC, Wampold BE, editores. Psychotherapy Relationships That Work Volume 2: Evidence-Based Therapist Responsiveness. Oxford University Press; 2019.
27. Kazdin AE. Understanding how and why psychotherapy leads to change. Psychother Res. 2009;19(4-5):418-28.
28. Muran JC, Safran JD, Eubanks CF, Gorman BS. The effect of alliance focused training on a cognitive- behavioral therapy for personality disorders. J Consult Clin Psychol. 2018;86(4):384-97.
29. Santos MM, Rae JR, Nagy GA, Manbeck KE, Hurtado GD, West P, et al. A client-level session-by-session evaluation of behavioral activation's mechanism of action. J Behav Ther Exp Psychiatry. 2017:54:93-100.
30. Jacobson NS, Dobson KS, Truax PA, Addis ME, Koerner K, Gollan JK, et al. A component analysis of cognitive-behavioral treatment for depression. J Consult Clin Psychol. 1996;64(2):295-304.
31. Blease CR. Psychotherapy and Placebos: Manifesto for Conceptual Clarity. Front Psychiatry. 2018;9:379.
32. Hayes SC, Villatte M, Levin M, Hildebrandt M. Open, aware, and active: contextual approaches as an emerging trend in the behavioral and cognitive therapies. Annu Rev Clin Psychol. 2011:7:141-68.
33. Hofmann SG, Hayes SC. The Future of Intervention Science: Process-Based Therapy. Clin Psychol Sci. 2019;7(1):37-50.
34. Paul G. Strategy of outcome research in psychotherapy. J Consult Psychol. 1967;31(2):109-18.
35. Laska KM, Wampold B. Ten Things to Remember About Common Factor Theory. Psychotherapy (Chic). 2014;51(4):519-24.

4

O que é ciência e pseudociência?

Tobias de Medeiros Chaves Ferreira
Vitor Douglas de Andrade

CIÊNCIA E FILOSOFIA

A ciência é um dos empreendimentos mais importantes para adquirirmos conhecimento sobre a realidade e como modificá-la. Foi por meio dela que percebemos que vivemos em um planeta geoide e não em uma superfície plana; que descobrimos que a nossa espécie tem um ancestral comum com os chimpanzés e, de fato, com todas as espécies no planeta Terra; que conseguimos descobrir os recursos mais seguros para o tratamento, e até a erradicação, de diversas doenças, como a varíola; que desenvolvemos a tecnologia para a construção de satélites e o uso da *internet*, conectando pessoas a milhares de quilômetros de distância; que ampliamos e tornamos mais efetiva a produção de alimentos, nutrindo uma população de bilhões. Além disso, se adotarmos uma definição ampliada de ciência,* é por meio dela que descobrimos maneiras mais rigorosas de fundamentar a ideia de que são imorais mazelas sociais, como o racismo, o machismo e a homofobia. Inclusive, é a ciência que nos possibilita contestar todas as afirmações científicas que acabamos de mencionar neste parágrafo e propor asserções melhores, fazendo com que a ciência se atualize constantemente.

No entanto, nem tudo o que foi feito utilizando conhecimento científico nos trouxe impactos positivos. Quando os alvos de investigação e usos do

---

*Explicaremos o que significa uma definição ampliada de ciência com mais detalhes ao longo do capítulo. Em resumo, uma perspectiva ampliada de ciência considera que outras disciplinas para além das ciências da natureza também podem produzir ciência, como as humanidades.

conhecimento não estão articulados com os princípios éticos adequados, incorremos no risco de fazer ciência de maneira a prejudicar as pessoas. Exemplos que representam essa situação vão desde casos icônicos como os ataques a bomba atômica em Hiroshima e Nagasaki até situações que podem passar despercebidas – como empresas explorando de forma abusiva as fraquezas cognitivas da população para vender seus produtos.

Seja para um uso positivo ou negativo, é fato que a ciência possui um grande prestígio. O termo 'científico'* é constantemente utilizado como forma de transmitir credibilidade para uma teoria ou prática. Nesse uso, se uma teoria é apontada como científica, então é sinal de que ela possui bom embasamento. Tal visão também colaborou para que houvesse abusos quanto à aplicação do termo, tentando transmitir credibilidade para teorias não adequadamente embasadas, levando ao uso do termo 'pseudocientífico'.

Esses apontamentos nos levam a diversas indagações: o que é ciência e pseudociência? A separação entre esses termos possui algum embasamento racional ou é meramente arbitrária? Definir ciência e pseudociência pode ser útil para o cientista? Todas elas fazem parte da filosofia da ciência e ficaram conhecidas como o problema da demarcação. Neste capítulo, apresentamos o problema da demarcação, adaptado para psicólogos e interessados em prática baseada em evidências. Nele, discutimos sobre as dificuldades em traçar uma demarcação e desafiamos caracterizações mais leigas de ciência. Além disso, abordamos as propostas clássicas de Karl Popper, Larry Laudan e seus críticos, e damos um enfoque especial numa perspectiva de ciência no sentido ampliado de Sven Ove Hansson.

DIFICULDADES EM DEMARCAR

O problema da demarcação consiste na tentativa de traçar fronteiras entre ciência, pseudociência, não ciência e, por vezes, outras categorias (alguns propõem a protociência ou uma distinção entre boa e má ciência, por exemplo).

Uma das maiores dificuldades em tentar definir o que é ciência consiste no fato de que a palavra 'ciência' é fundamentalmente polissêmica, ou seja, possui inúmeros usos comuns. Veja os seguintes exemplos:

- Fulano tomou *ciência* do que estava acontecendo (uso próximo ao termo 'conhecimento').

---

*Nesse capítulo, estamos usando aspas simples (') para nos referirmos a um termo e aspas duplas (") para realizarmos uma citação ou fazermos uma menção.

- As disciplinas física, biologia e química são *ciências* (uso próximo a uma divisão de disciplinas/áreas de estudo).
- Usar linguagem corporal para detectar mentiras é realmente *ciência*? (uso próximo ao de ser eficaz para um dado fim).
- Sua teoria foi validada pela *ciência*? (uso próximo de 'pesquisa científica').
- A *ciência* comprovou que há água em Marte (uso próximo de grupo de pesquisadores).

Além disso, há inúmeras coisas a que atribuímos a propriedade de serem "científicas", como:

- Teoria científica.
- Pesquisa científica.
- Metodologia científica.
- Hipótese científica.
- Raciocínio científico.
- Disciplina científica.
- Explicação científica.
- Doutrina científica.
- Evidência científica.
- Comunidade científica.

Aqui mesmo, neste capítulo, talvez o leitor não tenha percebido que usamos a palavra 'ciência' com diferentes sentidos. Quando falamos que "a ciência é um dos empreendimentos mais importantes para adquirirmos conhecimento sobre a realidade e como modificá-la", estávamos nos referindo à metodologia científica. Por outro lado, quando falamos "fazendo com que a ciência se atualize constantemente", o termo 'ciência' já passou a se referir a teorias científicas.

É quase inevitável não fazer uma mistura em nossas asserções no dia a dia sobre a ciência. É importante, contudo, notar que, apesar de estarmos usando o termo 'ciência' em diferentes contextos, o que cada um dos usos faz referência pode ser a coisas completamente diferentes. Por exemplo, se estou caracterizando a ciência como uma espécie de filtro para separar teorias adequadas e inadequadas, a caracterização em questão não é capaz de apontar teorias como a gravitação universal como 'ciência', pois a teoria da gravitação universal não é um filtro para as pesquisas científicas, mas sim um conjunto de asserções sobre a realidade. Tal teoria evidentemente surgiu por meio de pesquisas científicas, mas ela não é, em si, um filtro. O que seria 'científico', nessa aplicação, são as metodologias empregadas para pesquisar um determinado assunto.

Por outro lado, quando é dito que a psicanálise não é ciência, a alegação feita não é ao fato de ela não ser um filtro para separar teorias adequadas de inadequadas, o que seria óbvio que ela não é, tal como a teoria da gravitação também não é. No entanto, pode-se estar querendo afirmar que a teoria da psicanálise não cumpre os requisitos teóricos para ser considerada científica, coisa que a teoria da gravitação aparentemente cumpre.

Ainda, alguém pode acusar a psicologia de não ser uma ciência e fazer referência a outro uso. A psicologia não faz afirmações sobre a realidade, então não pode ser julgada enquanto teoria; além disso, também não é um filtro para a pesquisa, pois não é uma metodologia. A psicologia é um campo de estudos que reúne diferentes métodos e teorias sem ter de se comprometer com algum deles em particular. Quando uma pessoa acusa a psicologia de não ser ciência, provavelmente ela quer dizer que há poucas ou nenhuma teoria solidificada na psicologia, ou mesmo que os objetos de estudo da psicologia não são passíveis de estudos mais rigorosos, como ocorre na física e na química.

Veja que isso cria um caos para tentar caracterizar o que é ciência e traz enormes dificuldades ao estudarmos teorias da demarcação. Perante tantos usos de uma mesma palavra, as chances de cairmos em confusões de linguagem, levando a discussões improdutivas, é significativa. As discordâncias teóricas em teorias da demarcação, muitas vezes, não pairam exatamente sobre as virtudes da teoria proposta, mas sim sobre os usos de fundo que cada teórico tem em mente.

Ainda há outra complexidade. Boudry (2013)[1] chama a atenção para o fato de que o problema da demarcação tem, em geral, dois grandes alvos: um de cunho territorial e outro normativo. Quando falamos em demarcação territorial, temos como objetivo fazer uma divisão de disciplinas ou metodológica, e apontar qual é o domínio que concerne à ciência, bem como traçar suas bordas com outros domínios. Já quando falamos em demarcação normativa, temos como foco valores: ela busca avaliar diferenças epistêmicas entre aquilo que possui algum crédito em detrimento daquilo que não merece. Um bom exemplo desse contraste de projetos de demarcação é a trajetória filosófica de um dos grandes nomes nesta área de estudo: Karl Popper. A sua investigação se iniciou com um foco mais territorial: ele queria traçar as fronteiras entre a 'ciência' e outras empreitadas.[1] Posteriormente ele passou a propor uma demarcação normativa, que diferenciava a 'ciência' da 'pseudociência'.

Cada um desses usos pode ainda ter alvos diferentes. O caso mencionado sobre caracterizar a psicanálise como não ciência pode ter um alvo meramente territorial, visando alegar que seus objetos não compartilham dos domínios concernentes à ciência. Por outro lado, também pode ter um alvo normativo, visando alegar que a psicanálise possui diferenças epistêmicas que a faz ter menos crédito do que teorias científicas.

Todos esses diferentes usos e alvos mereceriam um livro inteiro ou talvez coletâneas dedicadas a eles. Em nosso capítulo, faremos um recorte sobre a discussão normativa do problema da demarcação. O objetivo aqui, quando falamos em definir 'ciência' e 'pseudociência', é separarmos teorias, hipóteses e afirmações que são dignas de crédito, e que assim merecem ser adotadas, daquelas que não o são, e que assim merecem nossa desconfiança. Acreditamos que esse alvo pode contemplar parte relevante das preocupações dos entusiastas do problema da demarcação. O engajamento nesse debate justifica-se no fato de que estamos o tempo todo precisando fazer escolhas sobre a que dedicar nosso tempo, dinheiro e esforço entre uma variedade de possibilidades teóricas e práticas concorrentes, enquanto sabemos que grande parte delas não é capaz de oferecer e explicar o que realmente deveriam oferecer e explicar. Em alguns casos de intervenções psicológicas e sociais, elas podem ser não apenas ineficazes no que propõem fazer, mas também danosas – ao indivíduo ou à sociedade. Isso marca esse problema como exemplo de problema filosófico que tem repercussões de grande relevância em níveis sociais e políticos.

NÃO CIÊNCIA E PSEUDOCIÊNCIA

Antes de entrarmos propriamente nas teorias sobre 'ciência' e 'pseudociência', vale explicar as diferenças entre 'pseudociência' e 'não ciência', coisa que nem sempre recebe a devida atenção dos autores. Tentaremos fazer essa diferenciação sugerindo algo que possa se encaixar em diferentes teorias da demarcação, mesmo que não seja assumido explicitamente por elas.

Certamente, tudo que é pseudocientífico é não científico, mas nem tudo que é não científico é pseudocientífico. Ficou confuso? Vamos com calma. Considere uma afirmação do tipo "sou uma pessoa carinhosa", justificada pela experiência pessoal de um sujeito. Apesar de não ser uma afirmação científica, é inadequado julgá-la como pseudocientífica. Ou ainda mais óbvio: quase tudo que fazemos na nossa vida é não científico, como respirar, conversar ou andar de bicicleta. Porém, apesar de não serem científicas, não se segue que sejam práticas pseudocientíficas. Além disso, nem tudo que é não científico é inadequadamente justificado. Há muitas afirmações baseadas em boas evidências, apesar de não serem propriamente afirmações científicas. Por exemplo, imagine a afirmação "as chaves da casa estão sobre a mesa", enunciada por um sujeito que está vendo tais chaves e, assim, justificando essa afirmação por meio da sua visão. Não se trata de uma afirmação científica, mas, ainda assim, é plenamente justificada por meio de evidência perpetual. Assim como você tem boas evidências de que está lendo um livro neste momento, mesmo que não sejam evidências científicas. Dessa forma, toda pseudociência não é baseada em boas evidências, mas há muita não ciência que é baseada em boas evidências.

Uma estratégia para lidar com a diferenciação entre a 'não ciência' e a 'pseudociência' se baseia no âmbito em que a afirmação é realizada. Afirmações pseudocientíficas são feitas acerca de um objeto de estudo e estão conectadas numa rede teórica. Elas são afirmações que tentam explicar a realidade, tal como ocorre com afirmações científicas, porém sua fundamentação é tão fraca que suas explicações não podem ser consideradas dignas de crédito. Isso as diferencia de meras afirmações do cotidiano, dado que tais afirmações não buscam teorizar sobre o mundo. Assim, mesmo que afirmações do cotidiano sejam injustificadas, ainda não seriam pseudocientíficas.*

A VISÃO COMUM DE CIÊNCIA E O MÉTODO CIENTÍFICO

Na maioria das vezes, o nosso entendimento de conceitos como 'ciência' e 'pseudociência' vem de intuições do senso comum. Entretanto, assim como com outros conceitos filosoficamente problemáticos, confiar apenas nessas percepções irrefletidas costuma levar a conclusões frágeis e possivelmente enganosas, apesar de ser importante para compreendermos parte do seu uso comum. Assim, será um bom começo explorar as implicações de definições mais comuns dos termos relevantes para a demarcação, a fim de discutir algumas de suas limitações.

É comum que pessoas, sobretudo em um contexto de divulgação científica e de ensino, se engajem em uma tentativa de apresentar o que é 'ciência' por meio de uma imagem que apelidaremos aqui de 'visão comum de ciência'.**

---

*Isso não significa que afirmações do cotidiano injustificadas não sejam problemáticas. Clifford (2010)[2] defende que toda crença injustificada é também imoral pelos danos que podem causar à sociedade. O termo 'pseudociência' é apenas um subconjunto de afirmações interconectadas e epistemicamente problemáticas, no caso, as que utilizamos para teorizar sobre o mundo.

**Com esse termo, não estamos defendendo que a maior parte dos cientistas empíricos compartilha essa concepção, o que dependeria de uma pesquisa empírica. Apenas estamos destacando ser uma concepção presente e notável na academia.

A visão comum de ciência concebe a ciência como um tipo de conhecimento sistemático e que só pode ser obtido experimentalmente, através do método científico.[3,4] Menezes apresenta um exemplo desse tipo de concepção:

> A ciência é um modo de conhecer fundamentado em um método, o método científico. O método é o modo de funcionamento das ciências, é fundamentado na observação, na experimentação e na produção de teorias e leis (Menezes, 2021, n.d.).[3]

A partir dessa visão, podemos também entender a ciência por meio do que são considerados exemplos paradigmáticos: teorias presentes e bem consolidadas nas ciências da natureza, como a física newtoniana, a teoria da evolução e o princípio da conservação das massas. A ideia pressuposta é que todas essas teorias seriam científicas porque teriam seguido um método em comum, que é o chamado 'método científico'. Assim, toda e qualquer teoria que busca o *status* de ser científica deveria seguir o mesmo método.

Existem diferentes explicações sobre qual seria o método científico, mas uma versão bastante usual é que ele consiste no seguinte processo: o cientista faz uma observação do mundo, o que lhe desperta a curiosidade, levando-o a formular questões sobre o fenômeno e daí desenvolver uma hipótese testável para explicar ou fazer predições com base em suas observações e suposições iniciais. Posteriormente ele realiza experimentos, comumente laboratoriais, para testar se suas suposições se concretizam na prática. Finalmente, ele observa os resultados e traça conclusões que podem confirmar ou desconfirmar a hipótese inicial. Por fim, seus dados são levados aos seus pares acadêmicos, que farão novas avaliações e testes, iniciando assim um novo ciclo. Essa visão pode ser representada pela Figura 1.

Ainda nessa perspectiva, enquanto o que demarca a ciência é seguir o método científico, a pseudociência seria tudo aquilo que se passa por ciência,

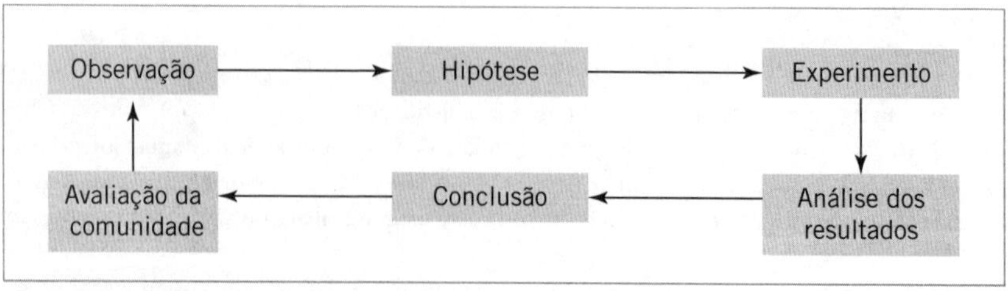

FIGURA 1 Representação usual do método científico.
Fonte: elaborada pelos autores.

mas não segue o método científico. Dessa maneira, as pseudociências são vistas como teorias que são declaradas como científicas pelos seus proponentes mesmo que não tenham passado pela experimentação, corroboração de hipóteses e demais processos. Será que tais visões de ciência e pseudociência são plausíveis?

Pensamos que essa perspectiva é inadequada por diversos ângulos, a começar pelo fato de que mesmo nas ciências empíricas não existe um único método de investigação. Isso ocorre porque diferentes tipos de pesquisa são necessários para solucionar problemas de diferentes naturezas. Alguns trabalhos científicos de fato são experimentais, ou seja, são realizados em condições controladas, fazem manipulações diretas dos participantes ou objetos de pesquisa, visam traçar inferências causais sobre eventos e são randomizados para condições diferentes.[5] Mas ignorar a existência de outros tipos de pesquisa – como, por exemplo, os estudos observacionais, aqueles em que os pesquisadores não fazem manipulações, apenas acompanham e observam os sujeitos[6,7] – significa ignorar uma diversidade de contribuições científicas importantes que servem a propósitos diferentes daqueles das experimentações.

Dois exemplos de práticas de pesquisa amplamente tratadas como científicas que, ao mesmo tempo, não são experimentais são os seguintes:

- **Estudos de coorte:** neles não se realizam experimentos, mas sim um acompanhamento de grupos de pessoas com alguma variável em comum ao longo de um período, observando se há ou não há mudanças em relação às condições iniciais em um dado momento futuro.
- **Revisões sistemáticas com metanálise:** reúnem diversos estudos que buscam avaliar um mesmo tema (por exemplo, a eficácia de determinada terapia) e realizam uma síntese e balanço das evidências, apontando uma conclusão mais geral.

Essas investigações são utilizadas para sustentar hipóteses na psicologia, medicina, economia, biologia e inúmeros outros campos. Se considerarmos o caso da astronomia, por exemplo, veremos não apenas que ela se apoia em estudos observacionais, mas também que eles são fundamentais para a realização de descobertas, dado que temos poucos meios de interferir nos objetos celestes.

Além de estudos não experimentais, outra consideração contra a visão comum da ciência é que não é necessário ter uma hipótese para a realização de investigações científicas. Estudos exploratórios são um exemplo:

um estudo é exploratório quando ainda não existe um corpo consolidado de conhecimento sobre o objeto de estudo em questão, além de não haver uma hipótese inicial sobre o fenômeno que será considerado/observado. Mesmo sem tal hipótese, é necessário dar os primeiros passos investigativos (ou seja, explorar), e não parece razoável afirmar que investigações pioneiras seriam menos científicas por isso. Estar aberto a um resultado não imaginado sem ter uma expectativa de antemão não descaracteriza uma pesquisa como científica.

Com relação à visão de que a pseudociência é o que não segue o método científico, também há diversos problemas. De fato, temos pseudociências que não passam por experimentações, quando deveriam ter sido apoiadas por experimentos. Porém, há diversas pseudociências que realmente passaram por testes experimentais. A homeopatia é um exemplo pertinente. É possível implementar experimentos para investigar até mesmo teses homeopáticas básicas, como a de que diluições extremas de determinadas substâncias podem potencializar seus efeitos. Para isso, basta randomizar amostras de substâncias em grupos diferentes, algumas diluídas e outras não (uma amostra pode até ser de água pura, desde o princípio), e avaliar seus efeitos. E de fato existem estudos realizados com homeopatia que passaram por experimentação (e.g. McCarney et al., 2004[8]).

Uma tentativa de contornar o problema é dizer que a fase de 'experimentação' é mais ampla e pode englobar outros tipos de investigações presentes na ciência, incluindo estudos observacionais, revisões sistemáticas, entre outros. Assim se trocaria o termo 'experimento' por 'teste'. Ainda se poderia acrescentar que apenas hipóteses confirmadas por meio de testes rigorosos contam como "testagem". Dessa forma, as hipóteses homeopáticas ainda não seriam científicas porque não passaram nos testes ou seus testes não eram rigorosos.

Mesmo que essa reformulação tenha êxito em driblar o problema do pluralismo de tipos de pesquisa, ela parece carecer de uma resposta fundamental à questão: com qual critério vamos dizer que um tipo de investigação conta como investigação científica? Em outras palavras, se há meios de investigação que não produzem ciência, por que é que eles não a produzem? Se não tivermos a resposta para essas perguntas, não teremos um conceito de ciência ou pseudociência elucidativo o suficiente que possa nos esclarecer sobre o que torna uma teoria científica, e como a separamos de outras que não o são.

Por fim, ainda vale pensarmos na seguinte questão: seria o método científico algo que deve ser adotado e seguido como um fim em si, ou seria ele um *meio* para obtermos informações valiosas sobre os objetos de estudo em questão? Se ele for um *meio*, significa que temos um outro objetivo por trás que não se resume à mera reprodução de um método apenas pela própria reprodução, e, consequentemente, perceberemos que essa talvez não seja realmente a melhor caracterização para a ciência. Entretanto, senão pelo seu método, como será que caracterizamos a ciência? Sabemos que certamente existe ciência, não ciência e pseudociência, mas, como vimos, a demarcação entre essas categorias não é simples. Logo, há trabalho filosófico a ser feito.

Em resumo, a concepção comum de ciência parece falhar ao tentar demarcar ciência e pseudociência com base no uso do método científico. Vale, por fim, ressaltar que nada disso significa que não existam métodos de se produzir ciência, mas sim que não parece ser um bom critério definir algo como ciência por meio da ideia de que deve seguir um método em específico. A visão comum de ciência ainda pode ser interessante para descrever como ocorrem boas investigações em pesquisas *específicas*. É um projeto bastante interessante explicitar todos os métodos que conseguirmos identificar na produção de conhecimento científico e até mesmo ver suas relações. Não considerar o método como aquilo que demarca a ciência não o impede de ser um aspecto relevante para compreendermos alguns modos de se produzir ciência e falar acerca de determinadas investigações científicas.

Ainda existe outra tentativa de demarcar a ciência por meio de um método científico que vale nossa atenção: a proposta de Karl Popper.

RACIOCÍNIOS DEDUTIVOS E INDUTIVOS

Antes de tratarmos da demarcação de Popper (2002),[9] pedimos paciência a você, pois precisamos abordar dois conceitos centrais para a compreensão da demarcação popperiana: dedução e indução. Assim como ocorre com outros conceitos filosóficos, os conceitos de 'dedução' e 'indução' por vezes são caracterizados de maneira errônea. Em geral, a dedução é retratada como um raciocínio que vai do geral para o particular; já a indução, como um que vai do particular para o geral; porém, isso trata apenas de um tipo específico de dedução e um tipo específico de indução. Em uma análise mais rigorosa, temos tanto deduções quanto induções que podem ir do geral para o geral, particular para o particular, geral para o particular e particular para o geral. Para explicar a dedução e a indução de fato, vale antes compreender o que é um raciocínio, já que ambas são tipos de raciocínio. Um raciocínio (neste caso, discursivo) é "uma tentativa de provar uma conclusão recorrendo a uma ou mais premissas";[10] ou seja, todas as vezes que há uma ideia a ser defendida e são apresentadas razões a favor dessa ideia, temos um raciocínio. Um exemplo de raciocínio poderia ser o seguinte conjunto de premissas* e conclusão:

- **Premissa 1:** se os atendimentos do Thiago seguem os princípios da psicologia baseada em evidências, então são realizados com *expertise* clínica.
- **Premissa 2:** os atendimentos do Thiago seguem os princípios da psicologia baseada em evidências.
- **Conclusão:** logo, os atendimentos do Thiago são realizados com *expertise* clínica.

Os raciocínios podem ser caracterizados como dedutivos ou indutivos. Uma forma didática de fazer a diferenciação entre esses dois conceitos é por meio da validade. Um raciocínio vai ser *dedutivamente válido* se, e somente se, não há condição alguma em que suas premissas sejam todas verdadeiras e a conclusão falsa. Esse é o caso do exemplo anterior; vemos que, se for verdadeiro que, se os atendimentos do Thiago seguem os princípios da psicologia baseada em evidências, então são realizados com *expertise* clínica, e também for verdadeiro que os atendimentos do Thiago seguem os princípios da psicologia baseada em evidências, se seguirá necessariamente que eles são realizados com *expertise* clínica. Ou seja, se a premissa 1 e a premissa 2 forem verdadeiras, a conclusão necessariamente será verdadeira. Assim, avaliando esse raciocínio dedutivamente, ele seria considerado dedutivamente válido. Em contraste, considere o seguinte raciocínio:

- **Premissa 1:** se os atendimentos do Thiago seguem os princípios da psicologia baseada em evidências, então são realizados com *expertise* clínica.
- **Premissa 2:** os atendimentos do Thiago são realizados com *expertise* clínica.
- **Conclusão:** logo, os atendimentos do Thiago seguem os princípios da psicologia baseada em evidências.

Veja que, nesse caso, por mais que as premissas sejam todas verdadeiras, a conclusão ainda poderia ser falsa. Mesmo que seja verdadeiro que os atendimentos do Thiago seguem os princípios da psicologia baseada em evidências, então precisam ser realizados com *expertise* clínica, e também que eles são efetivamente realizados com *expertise* clínica, disso não se seguiria necessariamente que são de psicologia baseada em evidências. Para

---

*Uma premissa é uma razão que apoia uma dada conclusão. Para fins didáticos, pode ser entendida como sinônimo de justificação, provas, evidências ou indícios.

eles serem de psicologia baseada em evidências, deveria haver ainda a aplicação das melhores evidências científicas disponíveis, contextualizadas com as particularidades e preferências de cada sujeito. Quando é possível que a conclusão seja falsa, mesmo com a verdade das premissas, significa que o raciocínio é dedutivamente *inválido.**

A indução ocorre quando pretendemos que um raciocínio seja avaliado como sendo improvável que sua conclusão seja falsa, caso todas as suas premissas sejam verdadeiras. Dizendo de outra forma, caso todas as suas premissas sejam verdadeiras, sua conclusão será provavelmente verdadeira. Vejamos um exemplo:

- **Premissa 1:** 40% de uma amostra aleatória, adequadamente coletada e analisada, da população brasileira afirmou que já havia se consultado com um psicólogo.
- **Conclusão:** logo, 40% dos brasileiros já se consultaram com um psicólogo.

Veja que, se a premissa 1 for verdadeira, é muito provável que a conclusão também seja. Quando isso ocorre, dizemos que o raciocínio possui *um bom apoio indutivo.*** Por outro lado, se a premissa 1 fosse uma amostra com alto risco de viés, diríamos que o raciocínio possui *mau apoio indutivo*, pois, nesse cenário, mesmo que a premissa 1 fosse verdadeira, não tornaria a conclusão provavelmente verdadeira.***

Houve muitos questionamentos na história da filosofia quanto à fundamentação do raciocínio indutivo, motivados em grande medida por David Hume (1960), por meio do que ficou conhecido como "o problema da indução". Para entendê-lo, imagine que tentemos responder à pergunta: como sabemos que podemos confiar em raciocínios indutivos? Ou seja, o que nos garante que, dada a verdade das premissas em uma indução, a conclusão realmente será provavelmente verdadeira? Segundo Hume (1960),[11] teríamos que presumir a ideia de que a natureza é regular, ou seja, que o futuro será semelhante ao passado. Assim, para garantir que há mais chances de a conclusão ser verdadeira do que falsa, é preciso que haja uma regularidade que

*Aqui estamos novamente pressupondo que tal raciocínio pretende ser avaliado dedutivamente.

**Vale mencionar que, se sua avaliação fosse dedutiva, tal raciocínio seria uma dedução inválida, pois a verdade das premissas não necessariamente tornaria a conclusão verdadeira. Mesmo com a amostra aleatória adequadamente coletada e analisada, ainda sim é apenas muito provável que a conclusão seja verdadeira. Ainda haveria chances, mesmo que mínimas, de a conclusão ser falsa.

*** Para uma explicação mais aprofundada sobre indução e dedução, veja Murcho (2019).[10]

nos permita realizar essa inferência. O problema é que, quando adicionamos a premissa de que a natureza é regular, precisaríamos justificar tal premissa por meio de algum raciocínio. Se dissermos que a natureza é regular porque no passado também foi, isso nos levará a um raciocínio indutivo e precisaríamos novamente postular que a natureza é regular para provar que a natureza é regular, o que nos levaria a um raciocínio circular. Por outro lado, não parece que existe um argumento dedutivo que consiga comprovar a regularidade da natureza. Disso se seguiria que não temos justificação racional para confiar na indução.*,**

Voltando a Popper (2002),[9] uma das principais preocupações na sua obra é a de distinguir a ciência de outras empreitadas que considerava não científicas e, depois de certo ponto, distinguir a ciência das pseudociências. Em sua demarcação, motivado pelo problema da indução, ele tentou defender que a lógica da investigação na ciência é baseada em raciocínios apenas dedutivos. Dessa forma, mesmo que a indução não tivesse justificação, não seria um problema para a ciência, pois não faz parte da atividade científica.

FALSEABILIDADE É O QUE DEMARCA A CIÊNCIA?

A proposta de demarcação de Karl Popper (2002)[9] é o critério da falseabilidade. Ela pode ser interpretada como uma das maneiras de demarcar a ciência por meio do método científico. Ainda assim, Popper tentou se afastar das descrições comumente vistas em sua época sobre o método científico, visando dar mais robustez à ideia de que poderíamos diferenciar aquilo que é científico daquilo que não é por meio do método que está sendo seguido. A falseabilidade popperiana determina que, para que uma teoria ou sistema seja científico, é necessário que seja falseável, isto é, é necessário que seja possível demonstrar que tal teoria é falsa. Dizer que se pode demonstrar que uma teoria é falsa não significa dizer que ela tem que ser falsa, o que seria um contrassenso, mas sim que poderíamos imaginar casos observáveis que comprovariam a falsidade da teoria. Nas palavras de Popper: "um sistema é considerado científico apenas se faz afirmações que podem colidir com observações; e o sistema é, na realidade, testado por tentativas de produzir tais colisões; quer dizer, tentativas de refutá-lo" (2002, p. 345).[9]

---

*Para uma discussão mais aprofundada do problema da indução, veja Henderson (2020).[12]

**É muito questionável se esse problema é uma dificuldade real para o uso de induções. Há trabalhos que argumentam que não precisamos saber o que justifica a indução para podermos confiar em induções. Para ler sobre isso, veja Papineau (1992).[13]

Para entender como a falseabilidade opera, considere que, para Popper, a ciência funciona por meio de raciocínios dedutivos ao invés de indutivos. Assim, na ciência, pretende-se que a conclusão de um raciocínio se siga necessariamente das premissas. Uma primeira premissa de toda lógica científica é composta por uma 'conjectura'. Uma conjectura é um enunciado universal acerca de um determinado aspecto da realidade – por exemplo: "todos os comportamentos não são causados pela mente", "nenhuma pessoa com depressão possui alta qualidade de vida" ou "todos os seres humanos são racionais". Tal conjectura terá implicações observacionais, sendo elas o meio que temos de falseá-la. Ou seja, se encontramos um caso particular que demonstre que a conjectura é falsa, podemos refutar a conjectura. Refutando uma conjectura, refutaríamos todas as teorias* que partem da mesma conjectura. Veja o seguinte exemplo:

- **Premissa 1:** se todo comportamento é causado pelo ambiente, então o comportamento X do Thiago é causado pelo ambiente.
- **Premissa 2:** o comportamento X do Thiago não é causado pelo ambiente.
- **Conclusão:** logo, nem todo comportamento é causado pelo ambiente.**

Veja que neste exemplo temos uma conjectura, "todo comportamento é causado pelo ambiente", que implica a observação de que "o comportamento X do Thiago é causado pelo ambiente". Aqui usamos 'X' para nos referir a um comportamento em particular, para fins didáticos, mas tal conjectura possui implicações observacionais sobre todos os comportamentos do Thiago e de outros seres capazes de se comportar. Para que a conjectura seja falseada, ela deve passar pelo seguinte processo: procuramos situações que demonstrem empiricamente que nem todo comportamento é causado pelo ambiente. Se não encontrarmos nenhum cenário em que se demonstre a falsidade da conjectura, a conjectura irá se mantendo de pé. Quando uma teoria é composta por conjecturas que não foram derrubadas, ela vai se mantendo de pé como uma teoria científica. Quanto mais ousadas forem as conjecturas traçadas, ou seja, com afirmações mais gerais e maior possibilidade de teste, melhor será a qualidade científica da teoria na perspectiva de Popper.

---

*'Teoria', estritamente nessa perspectiva, pode ser compreendida como uma ou mais conjecturas interligadas. Por exemplo, a teoria da evolução seria uma junção de diversas conjecturas, como "as espécies possuem um ancestral em comum", "as espécies passam por um processo de seleção natural", "os animais que sobrevivem estão mais bem adaptados ao ambiente" etc.

**Esse raciocínio possui uma forma lógica chamada *modus tollens*. Eles são estruturados da seguinte maneira: se A então B; não B; logo, não A. Todos os raciocínios com essa mesma forma são dedutivamente válidos pela lógica clássica.

Algo importante proposto por Popper (2002)[9] é que nenhuma conjectura ou teoria jamais pode ser efetivamente confirmada. A demarcação popperiana lida apenas com refutações, contando com no máximo a sua *corroboração*. Uma teoria ser corroborada significa que ela foi exposta a testes e observações empíricas e não falhou neles. Entretanto, para o autor, isso não significa que ela foi *confirmada*, nem mesmo que estamos autorizados a pensar que ela é *verdadeira*.

> Só reconhecerei um sistema como empírico ou científico se ele for passível de ser testado pela experiência. Essas considerações sugerem que deve ser tomada como critério de demarcação [...] a falseabilidade de um sistema. Em outras palavras: não exigirei que um sistema científico seja suscetível a ser dado como verdadeiro, de uma vez por todas, em sentido positivo; exigirei, porém, que sua forma lógica seja tal que se torne possível validá-lo por meio de testes empíricos, em um sentido negativo: um sistema científico empírico deve ser passível de refutação pela experiência (p. 18).[14]

Assim, para um falsificacionista popperiano, nunca podemos dizer que sabemos que uma determinada teoria é verdadeira, nem mesmo *provavelmente* verdadeira.[15,16] Esse é um fator que deriva da própria lógica de investigação proposta por Popper. Voltando ao exemplo anterior, imagine que seja proposto o seguinte raciocínio:

- **Premissa 1:** se todo comportamento é causado pelo ambiente, então o comportamento X do Thiago é causado pelo ambiente.
- **Premissa 2:** o comportamento X do Thiago é causado pelo ambiente.
- **Conclusão:** logo, todo comportamento é causado pelo ambiente.*

Agora, estamos usando a verdade da premissa 2 para tentar comprovar a verdade da conclusão. Mas será que isso poderia ser bem-sucedido?

---

*Esse raciocínio possui a forma lógica chamada 'falácia da afirmação do consequente'. Tais raciocínios são estruturados da seguinte maneira: se A então B; B; logo, A. Diferentemente do *modus tollens*, todos os raciocínios com essa mesma forma são dedutivamente inválidos pela lógica clássica. Para ver isso, considere o seguinte exemplo: se Eslen é gaúcho, então é brasileiro. Eslen é brasileiro. Logo, Eslen é gaúcho. Veja que o mero fato de constatarmos o consequente do condicional (Eslen é brasileiro) não poderia comprovar o seu antecedente (Eslen é gaúcho). Dessa forma, a conclusão não se segue necessariamente das premissas.

Evidentemente, não. O fato de o comportamento X do Thiago ser causado pelo ambiente não implicaria que todo comportamento é causado pelo ambiente. Mesmo se fosse feita uma lista exaustiva com todos os comportamentos no mundo, o que seria impossível de observar, nada poderia garantir que no futuro todos os comportamentos que fossem emitidos também fossem causados pelo ambiente. Assim, não seria possível comprovar que uma conjectura é verdadeira; o que o cientista deve fazer é tentar descobrir se tal conjectura é falsa. Em outras palavras, se quero tornar científica a ideia de que todos os comportamentos são causados pelo ambiente, não devo ficar colecionando casos particulares que confirmem essa alegação, mas sim tentando encontrar algum caso que a derrube. Enquanto não encontrar esse caso, a conjectura vai se mantendo.

Agora, suponha que tenham sido encontrados certos comportamentos que possuem apenas conexão causal com a mente, servindo assim de refutação à conjectura de que "todos os comportamentos são causados pelo ambiente". Suponha também que, diante disso, os proponentes adotem a estratégia de dizer que tais comportamentos não podem servir de refutação, pois tudo o que ocorre dentro e fora do indivíduo conta como ambiente. Suponha também que essa mesma estratégia adotada pelos proponentes seja repetida diante de qualquer contraexemplo que surja para a conjectura. A ação desses defensores seria muito problemática, pois não permitiria haver cenários que permitissem ajustar a teoria à realidade. Isso faria com que a teoria não dissesse nada de substancial sobre o mundo, pois não importa como o mundo fosse, a teoria continuaria sendo verdadeira – justamente aquilo de que não gostaríamos, pois uma teoria deveria ser ajustada de acordo com o modo como o mundo é ao invés de fazer com que as explicações teóricas valessem independentemente de como o mundo realmente seja. Disso se seguiria que a falseabilidade é uma propriedade fundamental para as teorias científicas, de uma perspectiva popperiana.

Da mesma forma que toda teoria precisa ser falseável para ser científica, a falta da falseabilidade ou a não aceitação de que ela foi falseada é o que torna uma teoria pseudocientífica, no sistema popperiano. Dentre os exemplos que Popper (2002)[9] usa como pseudociência estão a psicanálise freudiana e a teoria do apego de Adler. No caso de Adler e Freud, Popper (2002)[9] acusa que suas teorias são capazes de oferecer explicações para todos os fenômenos possíveis em seus campos, e nenhum acontecimento possível pode servir como contraexemplo para elas; todos podem ser interpretados e reinterpretados de forma a fornecer uma aparente 'verificação' das teorias. Diversos exemplos disso são fornecidos por Rillaer:

> Você esquece o seu guarda-chuva na casa de um amigo? Você quer voltar à casa dele. Seu amigo lhe diz para não tomá-lo 'ao pé da letra'? Você entende que ele recalca sua 'homo'-sexualidade. Ele reage mal à sua interpretação? 'Ele está se defendendo', está resistindo ao 'id' que fala nele, 'sem que o ego tenha consciência disso'. Ele critica Freud ou Lacan? Está se revoltando contra o Pai. Você sonha com sua morte? Deseja que ele morra. Têm medo da morte? Você sofre de uma angústia de castração. Seu filho tem medo de cavalos? Ele teme ser castrado pelo pai porque deseja a mãe. Sua análise faz com que você sofra cada vez mais? Você está entrando enfim nas camadas mais profundas do inconsciente. Os honorários do analista lhe parecem excessivos? Você está tendo uma 'transferência negativa' ou uma 'regressão ao estágio sadicoanal'. Depois de cinco anos de análise, você continua a sofrer de sintomas dolorosos? Você ainda não cavou o suficiente, você deseja sofrer porque seu superego é excessivamente forte (p. 154).[17]

Diversas críticas foram feitas à proposta de demarcação de Popper. Algumas delas acabam apontando uma falha na tentativa de se livrar verdadeiramente da indução. Para ver isso, considere a seguinte conjectura: "todos os humanos depressivos são ansiosos". Para falsear essa conjectura, bastaria encontrar um ser humano que fosse depressivo e que não fosse ansioso. Assim, precisaríamos recorrer a observações empíricas que nos demonstrem isso. A questão que se levanta é: como podemos garantir que nossas observações são confiáveis? Afinal, nossas observações não são imunes a erros de percepção, descrição, mensuração ou de quaisquer outros tipos. De certa forma, vamos poder confiar em nossas observações por meio de um raciocínio indutivo de que elas funcionam bem na maioria dos casos, de modo que seria provavelmente verdadeiro que nossas observações obtiveram sucesso.* Contudo, se esse é o caso, a lógica da investigação de Popper falhou em eliminar o raciocínio indutivo na ciência, o que estava entre seus objetivos iniciais, como aponta Chalmers (2013).[15]

Mas suponha que de fato uma conjectura tenha sido refutada; será que deveríamos, com base apenas nisso, abandonar uma teoria, como afirma Popper? Quine aponta que, se observarmos o funcionamento da ciência, perceberemos que as teorias não são refutadas por conjecturas isoladas; antes são refutadas por um conjunto delas.[18] Esse é o caso sobretudo de teorias com muito poder explicativo, centrais em uma rede teórica e com grande poder

---

*Aqui estamos considerando que não haja qualquer anulador (isto é, um indício contrário) que nos levasse à ideia de que as nossas observações não são confiáveis no cenário em questão.

preditivo, como a teoria da evolução das espécies ou a teoria dos grandes cinco fatores de personalidade. Para refutá-las, não basta achar um único caso que sirva de objeção, mas sim um conjunto robusto de objeções a ponto de tornar mais plausível o abandono da teoria do que continuarmos mantendo-a.

Popper também parece falhar em capturar todos os tipos de teorias científicas, como nas ciências da saúde. Inúmeras teorias não são postuladas universalmente. Esse é o caso sobretudo de teorizações que não buscam estabelecer alguma lei da natureza, mas sim estabelecer predições probabilísticas. Por exemplo, uma pesquisa do tipo "a terapia cognitiva-comportamental (TCC) clássica é eficaz na diminuição de sintomas do transtorno de ansiedade generalizada?" certamente não parece funcionar pela lógica da investigação popperiana. Não há uma conjectura universal a ser falseada, até mesmo porque haverá diversas pessoas que poderão melhorar com a TCC e outras que não irão melhorar. Seria trivialmente falsa a hipótese universal de que a TCC clássica é eficaz para o transtorno de ansiedade para todas as pessoas. O que buscaríamos é estimar o tamanho do efeito, controlar confundidores e calcular as chances de o tratamento realmente ser eficaz. A cada indivíduo que melhora, torna-se mais provável que a TCC seja realmente eficaz e, a cada indivíduo que não melhora, torna-se a eficácia menos provável. Esse modelo de investigação não se encaixa na falseabilidade popperiana, pois permite confirmação e desconfirmação de hipóteses. Quase todas, senão todas, teorizações em saúde seriam dadas como falsas, se seguirmos estritamente a falseabilidade popperiana.

O próprio fato de que, ao presumirmos a proposta popperiana, nunca podemos dizer que sabemos que uma determinada teoria é verdadeira já gera problemas preocupantes. Adotando a teoria de Popper, um psicólogo defensor da psicologia baseada em evidências jamais poderia dizer, por exemplo, que sabe que a intervenção X é (provavelmente) eficaz para a condição Y, tampouco que sabe que a intervenção D é (provavelmente) eficaz dentro do contexto E – isso mesmo no caso em que se utilizasse das melhores evidências disponíveis na literatura. Tudo o que ele poderia dizer seria a respeito da falsidade de afirmações universais, como, por exemplo, "sabemos que é falsa a ideia de que todo sujeito de características M têm também características N", caso seja encontrado um M que não seja N. Isso impediria que houvesse qualquer orientação no processo de tomada de decisão da psicologia baseada em evidências por meio das intervenções provavelmente mais eficazes para cada contexto.

Popper (2002)[9] tenta contornar esses problemas apelando para a ideia de que devemos adotar *na prática* as teorias que foram mais bem corroboradas, mesmo que não estejamos justificados em acreditar que são verdadeiras. Entretanto, pela lógica da investigação de Popper, não haveria modo algum de determinar a diferença na pertinência de uma teoria que foi exposta a um único teste e passou nele de outra que foi exposta 4 mil vezes e passou em todos. Quando escolhemos aquelas teorias corroboradas, estamos a realizar um raciocínio indutivo disfarçado: porque ela foi mais bem-sucedida, provavelmente o será também no futuro. Entretanto, dedutivamente, não sabemos disso.

Finalmente, a teoria popperiana falha em detectar de modo adequado alguns tipos de pseudociências. Existem pseudociências que não falham no critério de falseabilidade, mas possuem outros tipos de vícios teóricos não estipulados por Popper. Um exemplo disso poderia ser a própria homeopatia, já discutida na seção "A visão comum de ciência e o método científico" deste capítulo. Também falha em considerar pseudociências que têm outros vícios epistêmicos característicos de pseudociências, como obscurantismo, credo em autoridades, entre outros.* Assim, a homeopatia não satisfaria o critério popperiano para pseudociência, mesmo sendo um caso paradigmático.

Em função de todas essas razões, parece que Popper falhou ao tentar demarcar a ciência e a pseudociência, apesar de todo o prestígio que ainda carrega por cientistas que tentam explicar o que é ciência e pseudociência.

O FIM DO PROBLEMA DA DEMARCAÇÃO

Após Popper, a história da filosofia da ciência seguiu seu curso no século XX com outros autores relevantes fazendo suas críticas à filosofia popperiana e tentando, eles próprios, dar soluções alternativas para o problema da demarcação. Entre os principais nomes estão incluídos Thomas Kuhn (1996),[19] Paul Feyerabend (1993)[20] e Imre Lakatos (1989).[21] Cada um desses pensadores deu uma contribuição para a evolução do debate e o avanço do conhecimento na área; entretanto, a proposta de nenhum deles conseguiu ganhar ampla aceitação ou escapar das severas críticas da comunidade filosófica. Tal situação acabou fortalecendo a ideia de que não há resolução possível para o problema da demarcação, algo promovido da forma mais proeminente pelo filósofo Larry Laudan.

Laudan (1983)[22] escreveu um ensaio filosófico para o livro *Física, Filosofia e Psicanálise*, intitulado *The Demise of the Demarcation Problem* (A queda do problema da demarcação).[22] Nele, o autor realiza um apanhado

*O leitor pode conhecer mais exemplos na seção "Ciência, mas no sentido ampliado" neste capítulo.

histórico de tentativas de uma demarcação da ciência (ou algo próximo a ela) desde antes do surgimento da ciência moderna – com a demarcação entre conhecimento e opinião durante a época de Aristóteles – até o século XX – com o falsificacionismo de Popper. O autor declara ter como objetivo avaliar a viabilidade de resolução do problema, dadas as tentativas feitas em momentos pregressos.

Depois do apanhado histórico, Laudan (1983)[22] também tenta determinar quais são as condições que um bom critério de demarcação deve satisfazer. De acordo com ele, seria importante que o critério captasse as características epistêmicas e metodológicas da ciência que a distinguem de outras empreitadas, proposto através de condições individualmente necessárias e conjuntamente suficientes.* Também seria importante que o conceito conseguisse captar corretamente aquilo que já reconhecemos como casos claros de ciência, como a física newtoniana, a teoria da evolução etc. Assim, qualquer demarcação que não conseguisse cumprir com essas duas condições seria inadequada.

Por meio dessa análise, Laudan descreveu que toda tentativa realizada por filósofos de apresentar os critérios para algo ser considerado ciência foi se tornando incompatível com o próprio desenvolvimento da prática científica. Por exemplo, em Aristóteles, a ciência teria de derivar seus modelos dos primeiros princípios da natureza (p. 113);[22] tal norma é incompatível com muitas práticas científicas na astronomia de criar construções hipotéticas de movimentos e posições planetárias para só depois comparar as previsões extraídas de seus modelos com as posições observadas dos corpos celestes. Bacon, Locke, Leibniz, Descartes, Newton e Kant alegavam que a ciência deveria ser infalível (p. 114);[22] tal concepção é incompatível com o próprio funcionamento da ciência, com falhas de investigação e processos de correção. Comte, Bain, Jevons e Helmholtz pensavam que a demarcação era seguir o método científico (p. 115);[22] essa alternativa caiu por terra diante da pluralidade de tipos de investigações presentes na ciência, como visto anteriormente neste capítulo. Em resumo, nenhuma tentativa de demarcar a ciência conseguiu apresentar critérios que realmente pudessem capturar toda a ciência e servir como uma norma para separar aquilo que é científico do que não é.

---

*Por exemplo, estar apto para concorrer às eleições é condição necessária para ser presidente do Brasil (seguindo a Constituição atual), assim como ser o mais votado na eleição. Já estar apto para concorrer às eleições e ser o mais votado são condições conjuntamente suficientes para ser presidente do Brasil. Contextualizando para o debate de demarcação, Laudan determina que uma demarcação adequada de ciência deveria apresentar condições necessárias e suficientes para algo ser ciência e pseudociência neste mesmo formato aqui apresentado.

Laudan (1983)[22] não tratou essas tentativas defeituosas como uma mera questão de dificuldade para resolver o problema, mas sim como um indício de que a demarcação era um pseudoproblema. Em sua visão, não existiria um conjunto de critérios para determinar aquilo que é ciência e o que não é. Assim, todas as tentativas seriam arbitrárias e estariam fadadas ao fracasso. Laudan também destacou que as demarcações possuíam motivações políticas muito fortes. Chamar algumas teorias de científicas e outras de pseudocientíficas seria uma forma de dar credibilidade a certos grupos e deslegitimar outros. Dessa forma, para Laudan, tais classificações serviriam apenas como retórica política disfarçada de um problema filosófico genuíno. Em suas palavras:

> Se formos nos levantar e nos colocar do lado da razão, precisamos abandonar do nosso vocabulário termos como 'pseudociência' e 'anticiência'; eles são apenas expressões vazias que servem apenas a propósitos emocionais. Desse modo, eles são mais adequados para a retórica de políticos e de sociólogos do conhecimento escoceses do que para cientistas empíricos (p. 125).[22]

Para Laudan (1983),[22] a empreitada que realmente vale a pena é buscar descobrir quais afirmações estão epistemicamente justificadas. Assim, ele não descarta a importância de identificar aquilo que é mais confiável, apesar de categorizar a discussão sobre a demarcação como inútil. Identificar quando realmente fazemos progresso e temos boas provas de algo é reconhecidamente importante mesmo a partir de sua perspectiva; porém, Laudan observa que isso não pode significar ressuscitar o problema da demarcação sobre outros termos.

A publicação do artigo de Laudan teve um impacto importante na comunidade filosófica. Muitos filósofos acabaram se convencendo dos seus argumentos e passaram a defender que a discussão estava morta e que o termo 'pseudociência' era inadequado.[23] Entretanto, como vocês podem imaginar, nem todos os filósofos da ciência se deram por vencidos.

UMA SENTENÇA DADA RÁPIDO DEMAIS

No ano de 2013, foi publicado um livro que deu uma reviravolta nas discussões sobre o problema da demarcação. Seu título é *Philosophy of Pseudoscience: Reconsidering the Demarcation Problem* (tradução livre: Filosofia da Pseudociência: Reconsiderando o Problema da Demarcação), organizado por Massimo Pigliucci e Maarten Boudry.[23] A obra conta com a autoria principalmente de pesquisadores da área da filosofia, mas também da história, sociologia, psicologia, entre outras. Ela contém discussões sobre a história e a sociologia do problema da demarcação, bem como as raízes psicológicas das crenças em pseudociências, mas digno de nota é que há nele um contraponto explícito à posição de Larry Laudan (1983).[22]

Como vimos, em seu artigo Laudan (1983)[22] tenta defender que o projeto demarcacionista é um pseudoproblema. Isso seria apoiado, em parte, pela constatação de que as propostas anteriores muito provavelmente não eram adequadas, sendo isso evidenciado pelas objeções existentes contra elas. Pigliucci (2013),[24] por outro lado, propõe outra interpretação da mesma situação: reconhecer que determinadas teorias são falsas também é um tipo de progresso, e não é porque as tentativas anteriores fracassaram que isso significa que a empreitada como um todo está condenada. Pelo contrário: nosso conhecimento sobre demarcação se ampliou, já que sabemos quais teorias provavelmente não fornecem a solução mais adequada.

Outra razão apontada por Laudan (1983)[22] é que as discussões envolvendo a demarcação são debates ideológicos, com consequências políticas, e são influenciados por afetos injustificados. É possível que esses fatores sejam preditores de investigações de má qualidade decorrentes dos vieses do pesquisador, porém nada disso exclui a possibilidade de realizarmos boas investigações, tal como ocorre com outros temas politicamente sensíveis. Sobre o debate ter consequências políticas, é *desejável* que ele as tenha:[24] distinguir adequadamente entre a 'ciência' e a 'pseudociência' tem implicações sociais relevantes, e esse conhecimento deve ser utilizado para a melhora da qualidade de vida de animais humanos e não humanos.

Demarcar ciência e pseudociência possui uma base de sustentação ética: é em função dos danos sociais que práticas mal embasadas podem causar e é por causa da propagação de teorias provavelmente falsas que gostaríamos de encontrar meios de distinguir teorias dignas de crédito daquelas que não são. Não há qualquer problema em ter motivações éticas ao discutir acerca de um assunto. O importante é que as pesquisas sejam feitas de maneira cuidadosa, fundamentada em bons argumentos e guiada pelas evidências, independentemente de elas contrariarem as hipóteses de que o pesquisador mais gosta. Além disso, essas motivações estão presentes em toda a atividade científica. Quando se pesquisa, por exemplo, qual vacina é eficaz contra a COVID-19, essa não é uma pesquisa que visa simplesmente satisfazer uma curiosidade intelectual. O interesse primordial é justamente o bem-estar da população, visando aumentar a proteção contra uma determinada doença. É importante que as pesquisas tenham por base interesses valorativos adequadamente justificados.

Mesmo que o problema da demarcação seja descartado, o interesse de pesquisa em diferenciar aquilo que possui credibilidade daquilo que não possui continuaria. Assim, é quase inevitável que o problema reapareça em outros termos, diferente do que Laudan gostaria. Além disso, como argumenta Mahner (2013),[25] enquanto filósofos desistem de tentar demarcar ciência e pseudociência, pseudocientistas continuam trabalhando duro para disseminar suas teorias e práticas nos mais diversos âmbitos da sociedade, e àqueles que tentam defender a sociedade delas só resta estarem preparados para ouvir que seu trabalho é, na realidade, descabido. Mahner (2013)[25] oferece alguns exemplos de questões relevantes que continuam precisando ser respondidas independentemente de os filósofos abandonarem o problema ou não:

- "Devemos confiar a nossa vida e de outros a métodos diagnósticos e terapêuticos que não têm validação científica?
- Serviços de saúde pública deveriam cobrir curas mágicas como a homeopatia ou o toque terapêutico?
- Deveríamos contratar radiestesistas para procurar por pessoas soterradas em avalanches ou prédios desmoronados?
- A polícia deveria solicitar que clarividentes buscassem por crianças desaparecidas ou ajudassem a resolver crimes?
- Deveriam as evidências apresentadas em julgamentos judiciais incluir análises astrológicas da personalidade ou o testemunho de médiuns?
- Deveria o dinheiro dos contribuintes ser gasto para financiar 'pesquisas' pseudocientíficas, ou seria melhor investir apenas em pesquisas científicas?" (p. 35).[25]

Pigliucci (2013)[24] e Mahner (2013)[25] questionam também a determinação de Laudan (1983)[22] de que uma boa demarcação precisa conter condições individualmente necessárias e conjuntamente suficientes para ser bem-sucedida. Pigliucci (2013)[24] tenta dar uma proposta inspirada na teoria dos conceitos de semelhança de família de Ludwig Wittgenstein. Dessa perspectiva, não existem características fundamentais que estão presentes em todos os tipos de coisas que podem ser consideradas ciência.* Apesar disso, poderíamos mencionar características comuns partilháveis na ciência. Isso não nos daria

*Um exemplo dado pelo próprio Wittgenstein (1979)[26] é o conceito de 'jogo'. Temos diversos usos para esse mesmo conceito, por exemplo, para nos referir a competições como o futebol, resolver problemas, como o *sudoku* ou até mesmo nos referir a manipulações como na expressão: "Você está fazendo joguinhos comigo". Na semelhança de família, não precisaríamos encontrar uma definição que dê conta de todos esses usos, apenas mencionar características gerais (aquém de condições necessárias) que expliquem o uso em certos contextos.

condições exatas para demarcar a ciência, mas poderiam ainda ser instrutivas para nos informar o que é ciência e ajudar a separar aquilo que é ciência daquilo que não é.

Utilizando uma ilustração inspirada na proposta de definição por semelhança de família, Pigliucci (2013)[24] defende que é possível fazer uma proposta demarcacionista nesse sentido, inspirada no trabalho de Dupré (1993).[27] Pigliucci (2013)[24] considera que teorias científicas, idealmente, fornecerão uma compreensão teórica coerente sobre seu objeto de estudo, bem como conhecimento empírico sobre ele. Não haveria uma linha nítida no nível necessário de satisfação desses dois critérios; ele antes poderia ser interpretado em forma de espectro. Uma descrição aproximada, considerando as fronteiras não rígidas e as nuances da demarcação proposta por Pigliucci (2013),[24] poderia ser a seguinte: teorias que apresentam, em geral, alta coerência teórica e conhecimento empírico são classificadas como ciências bem estabelecidas, no sentido mais tradicional do termo. Aquelas que apresentam grande conhecimento empírico, mas intermediária/baixa coerência teórica, são as ciências não naturais (*soft sciences*). Aquelas que possuem coerência teórica intermediária/alta, porém baixo conteúdo empírico, são as protociências. Por fim, aquelas que possuem baixa coerência teórica, bem como conhecimento empírico precário, representam as pseudociências nessa demarcação.

Ainda resta uma crítica à demarcação a ser feita, nomeadamente a de que se preocupar com demarcação é um sinal de *cientificismo*. Haack define cientificismo como "um tipo de atitude excessivamente entusiástica e acriticamente reverente para com a ciência" (p. 4).[28] Nessa visão, quando se demarca ciência buscando separar aquilo que é meritoso daquilo que não é, resulta em uma descrição irreal do que é a ciência, pois desconsidera que há muita produção ruim na academia. Há pesquisas com falhas metodológicas graves, vieses de vários tipos, má condução de experimentos, entre outros problemas. O próprio incentivo existente na academia para maximizar a quantidade de publicações em detrimento da qualidade dos trabalhos gera produções científicas com baixos padrões de qualidade, mesmo em contextos em que ocorrem revisões por pares.[29] Essas produções ruins não estão isoladas do empreendimento científico; muitas hipóteses científicas são sustentadas com base em achados de má qualidade, podendo até mesmo afetar um campo inteiro. Sendo assim, buscar definir ciência tendo como alvo separar o que possui credibilidade do que não possui seria um trabalho inadequado, pois há muita ciência com baixa credibilidade; isso seria desconsiderar a existência da má ciência.

Outro problema é que o uso do termo 'ciência' captura apenas áreas das ciências naturais ou das ciências humanas que se envolvem com a experimentação. Se o termo 'ciência' for a nossa base para separar teorias que possuem credibilidade em detrimento das que não possuem, então estaríamos dando um apoio exacerbado às ciências naturais perante as humanidades. Tal apoio é injustificado, pois está enviesado por partir de casos de sucesso nas ciências e generalizá-los indevidamente para o campo inteiro, enquanto considera os casos problemáticos nas humanidades e os generaliza também indevidamente.*

Decerto, temos evidências científicas muito robustas para afirmações como a de que a sobrevivência de um ser vivo depende da sua adaptação ao ambiente ou que a gravidade faz com que os objetos sejam atraídos por outros objetos de grande massa. Porém, muitas afirmações nas ciências naturais não gozam do mesmo *status* epistemológico. Se considerarmos as afirmações de que os dinossauros foram majoritariamente extintos por uma queda de um meteorito no planeta há 65 milhões de anos ou de que existem moléculas que contêm uma ligação *phi*, vamos perceber que as evidências favoráveis são significativamente inferiores. O mesmo ocorre nas humanidades: temos evidências muito robustas para o fato de que os militares chegaram ao poder no Brasil em 1964 por meio de um golpe ou que a personalidade humana está mais próxima de um contínuo de diferentes facetas e fatores do que dicotomias entre extremos. Porém, o mesmo não ocorre com as hipóteses de que Getúlio Vargas realmente se suicidou ou de que aumentar a taxa de juros é uma boa solução para reduzir a inflação. Se formos analisar o quão provável são as afirmações que temos em cada campo diante do conjunto de evidências que temos a seu favor, vamos concluir que temos muitas afirmações das humanidades mais prováveis de serem verdadeiras do que afirmações das ciências naturais.** Fundamentalmente, nossa confiança numa determinada afirmação deve depender não do fato de que ela se encontra no domínio das ciências naturais e não das humanas, mas sim do fato de que ela é bem embasada em evidências.

---

*A construção de Haack (2012)[28] não é exatamente essa. Haack busca defender que preocupar-se com o problema da demarcação, usar o termo 'ciência' de forma honorífica, entre outras coisas, são sinais de cientificismo. O que fizemos foi levantar algumas alegações pertinentes em Haack (2012)[28] que poderiam apresentar razões contrárias à demarcação, apesar de esse não ser o objetivo central de Haack.

**Pode ser verdadeiro que nas ciências naturais há mais afirmações bem justificadas do que nas ciências humanas. Contudo, isso não anula a alegação de que teríamos hipóteses científicas, como a da extinção dos dinossauros, as quais são menos confiáveis do que algumas hipóteses comumente vistas como não científicas nas ciências humanas, como a de que os militares chegaram ao poder no Brasil por meio de um golpe.

Para respondermos a essa última objeção, será necessário formular uma concepção de ciência que vá além da mera captura do nosso uso comum do conceito.

CIÊNCIA, MAS NO SENTIDO AMPLIADO

E se considerássemos a própria confiabilidade de teorias como um critério de demarcação? O filósofo Sven Ove Hansson utiliza exatamente esse critério, formulando assim uma das grandes alternativas de demarcação do século XXI. Uma das características mais notáveis da sua abordagem é o fato de suas definições de ciência e pseudociência serem feitas *no sentido ampliado*:

> Ciência (no sentido ampliado) é a prática que nos fornece as afirmações mais confiáveis (i.e., epistemicamente justificadas) que podem ser feitas em um determinado momento sobre um objeto de estudo abarcado por uma comunidade de disciplinas do conhecimento (i.e., sobre a natureza, nós mesmos como seres humanos, nossas sociedades, nossas construções físicas e nossas construções mentais).[30]

Quando Hansson (2021) defende que a ciência pode ser mais bem compreendida num sentido ampliado, isso significa que não são apenas as disciplinas tradicionais (como a física, a química e a biologia) que são capazes de produzi-la, mas também a linguística, a matemática, a história, a filosofia e outras áreas das humanidades.[30] Se essa ideia se encontra distante da visão intuitiva e de senso comum da ciência, pensamos que isso se deve a uma contaminação do problema da demarcação por pressupostos injustificados. Não se pode começar demarcando 'ciência' restringindo-a às áreas empíricas sem apresentar uma boa razão para tal; mas é exatamente isso que é e tem sido feito, via de regra. De fato, parece que temos boas razões para *não* fazê-lo.

É possível observar uma relação de dependência entre as diversas disciplinas que nos auxiliam a adquirir conhecimento. Hansson oferece dois exemplos:

> [...] um arqueólogo ou historiador terá que aceitar o resultado da análise química de um artefato arqueológico. Igualmente, um zoólogo terá que aceitar o julgamento de um historiador sobre a confiabilidade de um texto antigo descrevendo animais extintos.[30]

Outro exemplo poderia ser o de um psicólogo que quisesse criar um instrumento de medida para mensurar, digamos, a resiliência. O profissional dependerá de análises conceituais feitas por filósofos da psicologia para partir de uma melhor definição acerca do que é 'resiliência', visando garantir que os traços latentes tenham uma correspondência adequada. Por outro lado, um filósofo pode depender de psicólogos, neurocientistas e economistas comportamentais para fundamentar teorias acerca da racionalidade humana.

Cada disciplina do conhecimento faz seu trabalho para nos fornecer as afirmações e as teorias mais confiáveis possíveis em nossa época. Dependendo de seus objetos de estudo e seus objetivos, os melhores métodos de investigação irão variar. Esse é o caso até mesmo dentro de uma mesma disciplina. Na psicologia, por exemplo, os ensaios clínicos randomizados são bons métodos para avaliar a eficácia de intervenções, mas se estivermos buscando realizar um mapeamento sobre as características de certa população, devemos recorrer a pesquisas observacionais. Assim, os métodos experimentais são os melhores para certas situações, mas também são inadequados para outras. O mais importante é que, em cada situação particular, sejam empregados os melhores métodos de investigação para responder às perguntas de pesquisa. Ao caracterizar a ciência pelos seus propósitos em vez de seus métodos (que, na realidade, *servem* aos propósitos), percebemos que outras disciplinas que fogem à definição comum, como a linguística, a história, a matemática e a filosofia, também podem produzir ciência.

Isso lida com uma das acusações de cientificismo de maneira inovadora: ao invés de aceitar o uso comum do termo 'ciência' englobando apenas campos experimentais e elevar indevidamente certas disciplinas, aceita-se que todas as áreas disciplinares podem produzir ciência. Assim, mantém-se a coerência com a ideia de que a demarcação deve se pautar por uma diferenciação daquilo que possui credibilidade daquilo que não possui. Dessa perspectiva, não importa se estamos falando de uma teoria da química, sociologia, física, economia ou filosofia. A pergunta a se fazer é: ela está sendo apoiada por uma evidência apropriada consoante com os melhores métodos disponíveis para lidar com o problema em questão? Se sim, ela será científica.

Sobre a confiabilidade, quando dizemos que a ciência nos fornece as afirmações mais confiáveis de nossa época, isto é, as mais epistemicamente justificadas, isso significa que é ela que apresenta as melhores e mais robustas provas sobre seja lá qual for seu objeto de estudo em determinado período. Assim, o que diferencia teorizações científicas daquelas que não o são é o seu grau de justificação.* Isso não requer que aleguemos qualquer tipo de infalibilidade sobre nossos modos de justificar teorias ou afirmações; podemos muito bem, *sendo científicos*, postular teorias falsas ou descartar uma teoria verdadeira. Por mais cuidadosos que sejamos, sempre podemos ser vítimas de erro – isso não pode ser desconsiderado. Deste modo, em se tratando de justificação epistêmica, o fundamental é diminuir as chances de falha e maximizar as chances de sucesso, mesmo que imperfeitamente. Além disso, note que a definição de Hansson (2021)[30] também tem um caráter temporal importante: a ciência não é imutável ao longo das eras. Isso permite que a extensão daquilo que é considerado 'ciência' mude conforme são realizadas novas investigações que alteram o grau de justificação das teorias ao longo do tempo.

Podemos observar que a definição de 'ciência' no sentido ampliado coloca a própria confiabilidade como critério fundamentalmente necessário: se não é confiável, não pode ser científico. Isso acaba tendo como implicação que o fato de um determinado trabalho estar publicado – mesmo que em periódicos de alto impacto ou por acadêmicos de grande reputação – não pode atestar automaticamente a sua cientificidade. Implica também que existirão ciências e trabalhos científicos não comumente reconhecidos pela academia (Hansson dá o exemplo da filatelia, o estudo sobre selos); e outros trabalhos que estão plenamente inseridos no meio acadêmico e não são científicos (um exemplo dentre muitos outros no campo da psicologia pode ser a psicanálise[31]). Para Hansson (2021),[30] o mero *status* de popularidade acadêmica é irrelevante. Isso também traz a novidade de não considerar como 'má ciência' teorias que se sustentam sob investigações de má qualidade; elas seriam, na realidade, 'não ciência' ou até mesmo 'pseudociência'.** Assim, mesmo que se utilizem delineamentos capazes de produzir afirmações confiáveis, como ensaios clínicos randomizados, estudos de coorte, metanálises, entre outros, se tais pesquisas não são confiáveis, as afirmações que eles sustentam não são científicas.

Essa questão responde a outra acusação de cientificismo, nomeadamente a de que se desconsidera a existência de má ciência, quando se usa o termo 'ciência' para demarcar aquilo que possui credibilidade. Na concepção aqui

*Por mais que Hansson utilize o termo 'confiabilidade', ele não assume explicitamente uma teoria da justificação confiabilista, assim como não assume qualquer outra teoria da justificação. Sua definição é apresentada de uma maneira mais neutra, buscando compatibilizar com diferentes concepções.

**Hansson (2021)[30] possui uma concepção de boa ciência e má ciência. Contudo, ela está atrelada a fatores como fecundidade e utilidade prática, não a justificação epistêmica.

apresentada, se reconheceria a existência de investigações de má qualidade, porém as retiraria da esfera da ciência. Isso manteria a coerência da demarcação: se o que estamos buscando é separar na concepção de 'ciência' afirmações que não são dignas de crédito daquelas que são. Mesmo que elas tenham sido produzidas por pesquisadores que partiram de métodos que costumam gerar afirmações confiáveis, isso não basta para ser científico. É preciso que elas realmente sejam confiáveis.

Isso nos leva a uma conclusão contraintuitiva: por mais que estejamos fazendo uma demarcação de ciência no sentido ampliado, isso não abre brechas para alguma frouxidão epistemológica. Muito pelo contrário: apenas as melhores teorias sobre cada um dos objetos de estudo podem ser classificadas como científicas. Sendo assim, uma demarcação no sentido ampliado com essa condição pode ter o feito curioso de ser mais restrita do que muitas outras demarcações que não incluem as humanidades.

Hansson também possui uma definição de pseudociência. Para que ela seja abordada, é necessário fazermos antes uma diferenciação entre 'doutrina' e 'disciplina'. Disciplinas diriam respeito a áreas de estudos, como a história, psicologia, filosofia, economia, biologia e antropologia. As disciplinas não precisam pressupor afirmações fundamentais ou metodologias para existir. Já as doutrinas seriam "um conjunto de afirmações interconectadas que são ensinadas ou pregadas como verdadeiras a respeito de um assunto em particular ou um departamento de conhecimento" (p. 49).[31] Exemplos de doutrinas* seriam a psicanálise, a análise do comportamento, a psicologia humanista, o utilitarismo, a deontologia, o liberalismo, o marxismo, a teoria da evolução, o lamarckismo etc.

Doutrinas têm a propriedade de serem pseudocientíficas e precisam assumir certos pressupostos para que existam em primeiro lugar. Isso significa que podemos identificar algumas afirmações mais fundamentais à determinada doutrina de modo que, caso as removêssemos, tal sistema simplesmente deixaria de existir. Podemos dar como exemplo os pressupostos da autoatualização, do livre-arbítrio e da inerência da bondade nos seres humanos que adota a psicologia humanista: se a teoria abandonasse esses pilares, não seria mais psicologia humanista.** O mesmo ocorre com a teoria da evolução das

*Apesar de Hansson utilizar o termo 'doutrina', não há qualquer perda teórica relevante caso o leitor substitua essa palavra por 'teoria'.

**Isso não significa que doutrinas não possam passar por reformulações ao longo do tempo. Apenas enfatiza que, diferentemente de disciplinas, doutrinas possuem afirmações teóricas. Se não houvesse mais as afirmações teóricas, não haveria mais a doutrina.

espécies e a afirmação de que os seres vivos mais adaptados são selecionados por variação e seleção: é um pressuposto básico da teoria da evolução, necessário para sua existência. Sendo assim, presumindo-se a proposta de Hansson, sempre que falamos de pseudociências estamos falando de doutrinas.[31] De acordo com o filósofo:

> Uma doutrina é pseudocientífica se e somente se satisfaz as seguintes duas condições:
>
> A. Ela inclui ao menos uma afirmação que (A1) pertence a um assunto dentro dos domínios da ciência no sentido ampliado (o critério do domínio científico) e (A2) sofre de uma falta de confiabilidade tão severa ao ponto de não ser merecer confiança (o critério da não confiabilidade);
>
> B. Seus principais proponentes tentam criar a impressão de que ela representa o conhecimento mais confiável em sua respectiva área (o critério da pretensão) (p. 49-50).[31]

Um aspecto importante da definição de pseudociência de Hansson, citada anteriormente, é que ela não requer que os proponentes de uma doutrina digam que ela é científica para que a doutrina seja uma pseudociência. É inclusive comum observar, por parte de alguns proponentes de pseudociências, um comportamento contrário: eles afirmam que, certamente, o que fazem não é científico. Isso tem grande potencial estratégico: eles podem alegar que o que fazem é uma alternativa à ciência 'tradicional e positivista', a qual é incapaz de captar as sutilezas de seu objeto de estudo da mesma maneira que a doutrina que eles defendem. Ou, também, que sua doutrina se encaixa em outro tipo de categoria, ou até mesmo em nenhuma outra existente, por isso supostamente ela seria tão especial. Alguns proponentes, de fato, podem tentar pregar suas ideias utilizando-se de afirmações explícitas sobre sua cientificidade, mas a ideia mais central, que é a *impressão* de cientificidade (ou seja, de que representa algo confiável sobre um dado objeto de estudo), pode ser transmitida de diversas outras formas.

Além de sua definição, Hansson (2021)[30] também propôs uma lista de multicritérios para identificar pseudociências de forma mais prática. Não é necessário que todos os critérios sejam satisfeitos para enquadrarmos uma empreitada na categoria de pseudociência; inclusive, podem existir pseudociências que satisfazem um único critério. Entretanto, quanto mais critérios são cumpridos por uma doutrina, mais fortes os indícios a favor da conclusão de que ela é uma pseudociência. A lista original incluía sete critérios iniciais,[30,32] mas, para além deles, um dos autores deste capítulo fez uma proposta de adição de um oitavo item à lista: o obscurantismo.[33] Ao final, o resultado é o seguinte:

1. Credo na autoridade: é afirmado que alguma pessoa (ou pessoas) tem uma habilidade especial de determinar o que é verdadeiro ou falso. Os outros precisam aceitar seus juízos.
2. Experimentos não repetíveis: a confiança é depositada em experimentos que não podem ser repetidos por outros com o mesmo resultado.
3. Exemplos escolhidos a dedo: exemplos escolhidos a dedo são usados apesar de não serem representativos da categoria geral à qual a investigação se refere.
4. Resistência à testagem: uma teoria não é testada apesar de ser possível fazê-lo.
5. Desdém por informações refutantes: observações ou experimentos que conflitam com a teoria são rejeitados.
6. Construída em subterfúgios: a testagem de uma teoria é arranjada de tal maneira que a teoria pode apenas ser confirmada, e nunca desconfirmada, pelos seus resultados.
7. Explicações são abandonadas sem substituição: explicações sustentáveis são abandonadas sem serem substituídas, de forma que a nova teoria deixa muito mais coisas inexplicadas do que a anterior.[32]
8. Obscurantismo: os conceitos teóricos ou afirmações de uma teoria possuem um significado inexistente ou nebuloso ao entendimento, o que permite a realização de mudanças arbitrárias, ou seja, sem que existam justificativas plausíveis para tal.[33]

Ainda que a teoria de Hansson represente um avanço importante com relação às propostas de demarcação anteriores, não podemos dizer que ela é isenta de problemas. Oferecemos duas objeções. A primeira diz respeito à noção de que, para algo ser científico, precisa produzir as afirmações mais confiáveis, assim como a pseudociência precisa passar a impressão de que é a mais confiável sem o ser. Começando pela ciência, parece implausível dizer que uma afirmação tenha de ser, necessariamente, a mais confiável para ser científica. É uma exigência muito severa. Isso faria com que afirmações confiáveis, ou seja, bem justificadas, não fossem científicas simplesmente porque não são *as mais confiáveis*. Da mesma forma, é muito exigente dizer que uma doutrina só é pseudocientífica quando seus proponentes alegam que ela é a mais confiável de todas. A consequência é que, se os proponentes de uma doutrina mal embasada disserem que ela é confiável, mas não *a mais confiável*, significa que ela não poderia ser pseudocientífica. Desse modo, a definição cairia em um problema semelhante ao observado no critério que exige que algo se diga ciência para ser pseudociência. Isso faz com que a definição de Hansson peque por falta, pois haveria práticas científicas e doutrinas pseudocientíficas que não são englobadas em sua definição.

Fasce (2017)[34] critica Hansson pelo caráter ampliado de sua definição. O autor argumenta que a proposta de Hansson é tão geral que não se torna aplicável de fato a doutrinas, permanecendo em uma indefinição vazia. De fato, como a definição de Hansson não apresenta uma metodologia geral para as ciências, a sua definição não mostra exatamente o que temos que procurar em uma doutrina quando almejamos uma avaliação. Contudo, isso se deve à própria natureza da ciência: cada área tem seus métodos e seus sistemas de provas particulares. É uma ilusão filosófica que exista um método universal para capturar as pseudociências ou identificar a ciência independentemente de quaisquer variações. Pseudociências precisam ser identificadas caso a caso, mas, ainda assim, todas cumprem os critérios apresentados por Hansson. De todo modo, a definição é acompanhada pela lista de multicritérios, que indica características gerais das pseudociências e pode ser aplicada diretamente.*

O mesmo não se aplica à concepção de 'ciência'. Decerto, é vaga a noção de que a ciência tem de ser aquilo que é mais confiável. Mesmo que se recorra à ideia de possuir evidências mais robustas e de melhor qualidade, como vamos avaliar quais teorias realmente possuem boas evidências e separá-las das que não possuem? Como vimos no início do capítulo, uma das qualidades de definições é a exatidão. Assim, seria importante que Hansson pudesse clarificar a noção de 'ser confiável' para garantir maior clareza sobre quais são as condições de aplicação do conceito 'ciência'. Uma lista de multicritérios da confiabilidade talvez fosse um projeto interessante para futuras reformulações.

CONSIDERAÇÕES FINAIS

Apesar do pessimismo de parte da comunidade filosófica, acreditamos ser difícil defender que, de fato, o problema da demarcação representa uma discussão infrutífera, dada a sua importância social e os avanços filosóficos que vêm ocorrendo sobre ele nos últimos anos. Ademais, apesar de o debate

*Isso já foi feito. Caso o leitor queira estudar um exemplo de aplicação da lista de multicritérios, veja o artigo de Ferreira (2021),[31] que realizou uma avaliação de uma doutrina pseudocientífica bastante popular dentro da academia brasileira: a psicanálise.

muitas vezes se restringir à teoria popperiana no imaginário de alguns cientistas empíricos, pensamos que essa restrição é inadequada, por ignorar o fato de que a filosofia também é um campo dinâmico e os argumentos que demonstram que a proposta popperiana não cumpre seu objetivo. Há um novo capítulo da história da filosofia da ciência sendo escrito, e não podemos mais ignorar as mudanças de perspectiva que dele são acarretadas.

AGRADECIMENTOS

Gostaríamos de agradecer a Luiz Helvécio Marques Segundo, Túlio Roberto Xavier de Aguiar e Luan Rafael Marques de Oliveira pelo trabalho de revisão do texto e pelas importantes sugestões de aprimoramento feitas em versões anteriores do capítulo. A contribuição de vocês foi essencial.

REFERÊNCIAS

1. Boudry M. Loki's Wager and Laudan's Error On Genuine and Territorial Demarcation. In: Pigliucci M, Boudry M, editores. Philosophy of Pseudoscience: Reconsidering the Demarcation Problem. The University of Chicago Press; 2013. p. 79-98.
2. Clifford WK. In: Murcho D, editor. A Ética da Crença. Editorial Bizâncio; 2010.
3. Menezes P. O que é ciência? Toda Matéria. 2021. [acesso em agosto de 2024]. Disponível em: https://www.todamateria.com.br/o-que-e-ciencia/
4. Figueiredo D. O que é ciência: tudo o que você precisa saber! Politize! 2019. [acesso em agosto de 2024]. Disponível em: https://www.politize.com.br/o-que-e-ciencia/
5. American Psychological Association. APA Dictionary of Psychology. Experiment. 2022. [acesso em agosto de 2024]. Disponível em: https://dictionary.apa.org/experiment
6. Triola MF. Introdução à Estatística. 12. ed. Rio de Janeiro: LTC; 2017.
7. American Psychological Association. APA Dictionary of Psychology. Observational study. 2022. [acesso em agosto de 2024]. Disponível em: https://dictionary.apa.org/observational-study
8. McCarney RW, Linde K, Lasserson TJ. Homeopathy for chronic asthma. Cochrane Database Syst Rev. 2004;2004(1):CD000353.
9. Popper K. Conjectures and Refutations: The Growth of Scientific Knowledge. Routledge; 2002.
10. Murcho D. Lógica elementar. 1. ed. Edições 70; 2019.
11. Hume D. A Treatise of Human Nature. Oxford at the Clarendon Press; 1960. v. 1.
12. Henderson L. The Problem of Induction. In: Zalta EN, editor. The Stanford Encyclopedia of Philosophy (Spring 2020). [acesso em agosto de 2024]. Disponível em: https://plato.stanford.edu/archives/spr2020/entries/induction-problem/
13. Papineau D. Reliabilism, Induction and Scepticism. The Philosophical Quarterly. 1992;42(166):1-20.
14. Popper K. The Logic of Scientific Discovery. Routledge Classics; 2002.

15. Chalmers A. What is this thing called science? 4. ed. UQP; 2013.
16. Newton-Smith WH. The Rationality of Science. Routledge; 2003.
17. Rillaer JV. Os Benefícios da Psicanálise. In: Meyer C, organizador. O Livro Negro da Psicanálise. 3. ed. Civilização Brasileira; 2014. p. 147-62.
18. Thornton S. Popper, Basic Statements and the Quine-Duhem Thesis. In: Yearbook of the Irish Philosophical Society; 2007.
19. Kuhn TS. The structure of scientific revolutions. The University of Chicago Press; 1996.
20. Feyerabend P. Against Method. Verso; 1993.
21. Lakatos I. The Methodology of Scientific Research Programmes. Cambridge University Press; 1989.
22. Laudan L. The Demise of the Demarcation Problem. Bost Stud Philos Sci. 1983:111-27.
23. Pigliucci M, Boudry M. Why the Demarcation Problem Matters. In: Pigliucci M, Boudry M, editores. Philosophy of Pseudoscience: Reconsidering the Demarcation Problem. The University of Chicago Press; 2013. p. 1-6.
24. Pigliucci M. The Demarcation Problem: A (Belated) Response to Laudan. In: Pigliucci M, Boudry M, editores. Philosophy of Pseudoscience: Reconsidering the Demarcation Problem. The University of Chicago Press; 2013. p. 9-28.
25. Mahner M. Science and Pseudoscience: How to Demarcate after the (Alleged) Demise of the Demarcation Problem. In: Pigliucci M, Boudry M, editores. Philosophy of Pseudoscience: Reconsidering the Demarcation Problem. The University of Chicago Press; 2013. p. 29-43.
26. Wittgenstein L. Investigações Filosóficas. Trad. José Carlos Bruni. 2. ed. São Paulo: Abril Cultural; 1979. (Coleção Os Pensadores).
27. Dupré J. The disorder of things: Metaphysical foundations of the disunity of science. 1. ed. Harvard University Press; 1993.
28. Haack S. Seis sinais de cientificismo. Logos & Episteme. 2012;3(1):75-95.
29. Smaldino PE, Turner MA, Contreras Kallens PA. Open science and modified funding lotteries can impede the natural selection of bad science. R Soc Open Sci. 2019;6(7):190194.
30. Hansson SO. Definindo pseudociência e ciência. Crítica na Rede. 2021. [acesso em agosto de 2024]. Disponível em: https://criticanarede.com/pseudociencia.html
31. Hansson SO. Disciplines, Doctrines, and Deviant Science. International Studies in the Philosophy of Science. 2020;33(1):43-52.
32. Hansson SO. Vetenskap och ovetenskap. Tiden; 1983.
33. Ferreira CMC. Será a psicanálise uma pseudociência? Reavaliando a doutrina utilizando uma lista de multicritérios. Debates em Psiquiatria. 2021;11:1-33.
34. Fasce A. What do we mean when we speak of pseudoscience? The development of a demarcation criterion based on the analysis of twenty–one previous attempts. Disputatio. Philosophical Research Bulletin. 2017;6(7):459-88.

5

O papel da teoria e a integração em psicoterapia na prática baseada em evidências em psicologia

Jan Luiz Leonardi
Marcos Spector Azoubel
Vitor Douglas de Andrade
Ramiro Figueiredo Catelan

Podemos afirmar que a psicologia tem dois grandes objetivos: (1) criar teorias sobre o funcionamento humano (seus comportamentos, pensamentos e emoções) e (2) construir ferramentas de intervenção. No primeiro objetivo, buscamos responder perguntas como "Por que as pessoas fazem o que fazem"? Segundo a psicanálise, grande parte do comportamento humano é motivada pelo inconsciente e modulado por estruturas psíquicas hipotéticas nomeadas id, ego e superego.[1] Já para o behaviorismo radical de Skinner, a ênfase das explicações dos comportamentos está na relação indivíduo-ambiente.[2,3] Outra pergunta teórica é: "Por que as pessoas sentem o que sentem?". O modelo teórico subjacente à terapia cognitiva de Beck propõe que a interpretação das situações vivenciadas por alguém desempenha papel fundamental no aparecimento de suas emoções.[4]

Por sua vez, as técnicas de intervenção geralmente são formuladas a partir de uma teoria sobre o funcionamento humano. Intervenções como a psicoterapia analítica funcional e a terapia analítico-comportamental têm como base o behaviorismo radical. Já a terapia cognitivo-comportamental (TCC) e a terapia racional emotiva-comportamental (TREC) podem ter como pilar elementos da teoria cognitiva e da metáfora computacional.[5] Há terapias psicodinâmicas oriundas da psicanálise de Freud e terapias existencialistas fundamentadas em filósofos como Edmund Husserl, Martin Heidegger e Jean-Paul Sartre.

Geralmente, chamamos "abordagem" um sistema que inclui uma visão teórica e práticas que emergem dela. Assim, é incentivado que o futuro psicólogo escolha sua abordagem durante a graduação e, então, passe a interpretar todos os fenômenos psicológicos a partir dessa perspectiva para, depois, atender seus pacientes de acordo com ela. O grande problema é que, na maioria das vezes, a abordagem é escolhida pelo estudante de acordo com o que faz sentido para ele ou com o que é compatível com sua visão de mundo; às vezes, simplesmente porque ele gosta de uma e não de outra! As abordagens em psicologia não podem ser uma espécie de *self-service* em que o psicólogo seleciona o que deseja conforme suas crenças ou preferências. Afinal, as diferentes teorias são mutuamente excludentes. Por exemplo, se o humanismo[6,7] tiver razão, o ser humano tem livre-arbítrio; se o behaviorismo[3] estiver certo, o ser humano não tem livre-arbítrio, pelo menos não de acordo com o seu sentido tradicional. Não há como as duas perspectivas teóricas serem verdadeiras ao mesmo tempo. Nesse sentido, a escolha de uma abordagem para descrever e explicar o funcionamento humano deveria ser baseada em uma avaliação crítica de sua coerência, refutabilidade, sustentação empírica, utilidade, generalidade etc.

Por outro lado, o anseio que os terapeutas têm em encontrar soluções eficazes para o sofrimento de seus pacientes – parte do segundo grande objetivo da psicologia apontado anteriormente – às vezes faz com que as teorias sobre o funcionamento humano acabem ficando em segundo plano.[8] Isso, levado às últimas consequências, pode culminar num tecnicismo ingênuo, o que certamente não está alinhado com o paradigma da prática baseada em evidências (PBE). Já em 1984, o então presidente da Association for Advancement of Behavior Therapy lamentou que "a literatura atual sobre a terapia comportamental sugere que o campo pode perder seu ímpeto devido à preocupação com refinamentos tecnológicos à custa de desenvolvimentos teóricos".[9] Mais recentemente, Beck (2012)[10] argumentou que a robustez de uma terapia está diretamente relacionada à riqueza de sua teoria subjacente, defendendo que uma teoria bem fundamentada fornece não só o contexto necessário para entender por que determinadas abordagens funcionam, mas também um terreno fértil para o desenvolvimento de novas técnicas consistentes com princípios teóricos estabelecidos.

Com base nessas considerações iniciais, e orientado pelos objetivos que a psicologia tem em criar teorias sobre o funcionamento humano e construir ferramentas de intervenção, este capítulo discute quatro tópicos principais: (1) a importância da teoria em psicologia, (2) a escolha de uma abordagem teórica e suas implicações, (3) a integração em psicoterapia e (4) como psicólogos podem lidar, na sua prática cotidiana, com questões teóricas à luz do modelo da PBE.

O QUE É E PARA QUE SERVE UMA TEORIA EM PSICOLOGIA?

Uma teoria é um conjunto de princípios interrelacionados que propõe explicar, prever e controlar aspectos do mundo. Em ciência, as diferentes teorias nos ajudam a compreender a realidade, fornecendo descrições profundas, explicações detalhadas, previsões precisas e métodos de controle sobre os mais variados fenômenos.[11] Assim, as teorias contribuem para uma compreensão de relações causais entre eventos, buscando os mecanismos que estão por trás dos padrões observáveis, muitas vezes revelando conexões inesperadas ou não intuitivas, o que leva a previsões mais precisas sobre o que pode acontecer sob determinadas condições, orientando-nos em direção a um futuro que podemos antecipar e, até certo ponto, moldar. Por exemplo, se tivermos o entendimento psicológico e neurocientífico sobre como o cérebro aprende, podemos elaborar procedimentos de ensino que não são meramente baseados no achismo, mas sim com bons pressupostos iniciais sobre a que devemos dar atenção para que o aprendizado seja o mais efetivo possível.

Parte crucial do trabalho do cientista envolve um conjunto de atividades que pode ser agrupado sob o rótulo "teorizar".[12] Fazem parte desse conjunto de atividades: (1) estabelecer princípios filosóficos que guiam a prática científica; (2) formular hipóteses sobre o funcionamento de certos fenômenos e suas causas; (3) sintetizar grandes conjuntos de dados por meio de conceitos, leis e modelos; e (4) interpretar fenômenos parcialmente desconhecidos com base em fenômenos mais bem-conhecidos. São essas atividades que dão origem a uma teoria científica. Munido de uma teoria, um cientista pode partir para a análise dos fenômenos do mundo, formular hipóteses, descrever regularidades por meio de conceitos, modelos e leis, interpretar novos fenômenos emergentes à luz de fenômenos previamente estudados, fazer novas descobertas, elaborar estratégias de intervenção etc.

A psicologia é uma área de produção do conhecimento com grande diversidade teórica. De acordo com Stanovich (2013),[13] a existência de 56 divisões na American Psychological Association (APA) ilustra essa diversidade, entre as quais estão divisões de análise do comportamento, psicanálise, psicologia humanista, psicologia cognitiva, sócio-histórica, entre outras. Como a formação em psicologia no Brasil é generalista, valorizando a pluralidade teórica e apresentando aos futuros profissionais diversas teorias psicológicas, o contato com as diversas abordagens é visto como indispensável.[14] Isso faz com que o estudante de psicologia não apenas entre em contato com várias teorias, frequentemente conflitantes entre si, mas precise se posicionar a respeito delas.

Nesse contexto, podem surgir posturas problemáticas ao lidar com a diversidade de teorias psicológicas, como o dogmatismo teórico, em que o profissional adota uma abordagem de forma inquestionável e rejeita precipitadamente qualquer possível contribuição de outras.[15] Entre as práticas que caracterizam o dogmatismo teórico, estão: (1) a adoção excessiva de argumentos de autoridade,[16] na qual as posições de um autor são aceitas como verdades inquestionáveis e sua obra é utilizada como principal critério de avaliação de novos conhecimentos; e (2) a pressão da comunidade daquela abordagem para citar excessivamente as obras desse autor.[17] Quando adota essa atitude dogmática, é provável que o profissional tenha dificuldade em questionar e propor avanços à teoria escolhida, visto que assume de antemão que críticas à sua abordagem estão provavelmente equivocadas.

É provável que o dogmatismo teórico resulte no atraso da construção de conhecimento em psicologia e/ou em diálogos improdutivos entre as diferentes abordagens psicológicas.[15] Uma alternativa à escolha de uma abordagem marcada pelo dogmatismo teórico se dá pela adoção de parâmetros para avaliar criticamente cada teoria psicológica.

PARÂMETROS PARA AVALIAR AS ABORDAGENS EM PSICOLOGIA

A história de vida e o contexto presente de cada indivíduo influenciam significativamente as decisões humanas. As decisões raramente são tomadas com base em critérios puramente racionais;[18] a escolha de uma teoria psicológica não é exceção. Experiências pessoais positivas em determinada área, contatos com amigos, oportunidades de emprego e outros fatores podem influenciar as decisões pessoais. Portanto, perceber que uma teoria é mais adequada do que outra pode não ser suficiente para guiar a adoção de teorias em psicologia.

Reconhecer a influência de fatores pessoais sobre a escolha de teorias não deve levar à conclusão de que devemos escolher a teoria com a qual mais nos identificamos, independentemente da qualidade dessa teoria. O Código de Ética Profissional do Psicólogo[19] estabelece que é dever do psicólogo promover a qualidade de vida e a saúde das pessoas. Assim, é papel do psicólogo adotar teorias psicológicas que mais efetivamente instrumentalizem sua atuação, permitindo uma intervenção eficaz frente às populações atendidas. Além disso, o psicólogo atua como uma autoridade na explicação do comportamento humano. Caso promova teorias que não estejam alinhadas com as melhores evidências científicas, o profissional pode contribuir para disseminar desinformação, tanto no papel de pesquisador quanto no de divulgador científico.

Portanto, é mais produtivo que o futuro psicólogo desenvolva condições que aumentem suas chances de escolher uma teoria com base em uma análise crítica das propostas existentes. A exposição a materiais adequados produzidos com base em diferentes teorias, a leitura crítica desses materiais e a realização de estágios guiados por diversas abordagens teóricas são estratégias que podem aumentar a probabilidade de uma escolha fundamentada sobre que teoria parece mais adequada para lidar efetivamente com os fenômenos psicológicos. A questão que fica é: será que mesmo aquelas abordagens carecem de evidências empíricas? Em vista disso, apresentamos a seguir alguns critérios que têm sido indicados para avaliar criticamente uma abordagem em psicologia.

Segundo Schlinger (1992),[20] o primeiro critério para avaliar uma teoria psicológica é o da sustentação empírica, que sugere que quanto maior e melhor for o conjunto de dados empíricos que apoiam os enunciados teóricos, e quanto menor for o número de dados que os contradizem, mais robusta será a teoria. Por exemplo, uma teoria sobre personalidade baseada principalmente em relatos de casos é menos robusta do que uma fundamentada em estudos longitudinais. Estes últimos vão ter maior poder estatístico, maior capacidade de generalização e menos vieses. Além disso, é essencial analisar a qualidade dos estudos e ponderar sobre as evidências que contradizem a teoria, a fim de realizar uma avaliação equilibrada. Dito de outra forma, o critério da sustentação empírica leva o psicólogo a se perguntar: como aquele teórico sabe o que diz saber? Como ele chegou a essas conclusões?

Outro critério apontado por Schlinger (1992)[20] é o da generalidade. A generalidade é a capacidade que uma teoria tem de explicar uma ampla variedade de fenômenos com precisão e abrangência. Um exemplo é o conceito de reforço positivo na análise do comportamento. Inicialmente, esse conceito foi empregado para explicar a aprendizagem em animais, expandido para compreender fenômenos do comportamento humano para, então, fundamentar procedimentos de intervenção na educação, na terapia comportamental, na gestão organizacional e em outras áreas aplicadas. Quanto mais uma teoria consegue expandir seu poder explicativo, mais forte ela se torna. Outro exemplo é a TCC, inicialmente desenvolvida para tratar a depressão. Ao longo do tempo, essa abordagem se expandiu e mostrou-se eficaz no tratamento de uma série de transtornos mentais, incluindo ansiedade, transtornos alimentares e transtornos aditivos.[21] Quanto mais ampla a aplicabilidade de uma teoria, mais robusta ela se torna. É crucial que essa abrangência evite soluções *ad hoc*, hipóteses criadas apenas para contornar evidências que contradizem a teoria, a fim de evitar sua rejeição devido a anomalias. As explicações teóricas devem ser compatíveis com os dados coletados, úteis para guiar investigações futuras, descobrir novos fenômenos e estabelecer relações entre variáveis.

O critério da parcimônia sugere que, quando duas ou mais teorias têm similaridades em termos de generalidade e sustentação empírica, deve-se priorizar a explicação mais simples.[20] Por "mais simples", entende-se aquela que depende de menos entidades, fenômenos ou hipóteses auxiliares. Por exemplo, ao considerarmos as explicações para um determinado comportamento, qual é mais parcimoniosa, a análise do comportamento ou a psicanálise? A análise do comportamento depende de menos entidades explicativas ou hipóteses auxiliares porque utiliza poucos conceitos, como reforço, punição, extinção e discriminação de estímulos, que são fenômenos observáveis e mensuráveis, ao passo que a psicanálise recorre a conceitos como inconsciente, complexo de Édipo, fase oral, fase anal, fase fálica, id, ego, euperego, sublimação, projeção, fixação, ansiedade de castração, pulsão de vida, pulsão de morte, catexia, ab-reação, entre inúmeros outros, intrinsecamente menos observáveis e muito difíceis de serem verificados experimentalmente. Assim, a análise do comportamento é considerada mais parcimoniosa por depender de menos suposições teóricas.

Outro critério é o da utilidade, que destaca a capacidade que uma teoria tem de gerar métodos eficazes de intervenção.[20] Quanto mais uma teoria possibilita o desenvolvimento de intervenções eficazes, contribui para descobertas em outras áreas e se torna fundamental para a sustentação de outros postulados teóricos, maior é sua utilidade. Um exemplo proeminente é a TCC, que tem demonstrado vasta utilidade ao permitir intervenções eficazes em uma série de transtornos mentais. Seus princípios têm sido aplicados no desenvolvimento de programas de prevenção e no aprimoramento de estratégias educacionais, ampliando sua influência e relevância em diversas áreas do conhecimento humano.

Além da lista de critérios proposta por Schlinger (1992),[20] podemos adicionar os critérios de coerência, predição e refutabilidade. A coerência refere-se à consistência interna de uma teoria, isto é, todas as suas afirmações devem ser simultaneamente verdadeiras. Uma teoria é considerada coerente se todas as suas proposições puderem ser aceitas sem gerar contradições.[22] Por exemplo, seria inconsistente uma teoria afirmar que todos os comportamentos são reflexos condicionados e, ao mesmo tempo, explicar a ansiedade como um produto de condicionamento operante. Ainda que teorias com algumas inconsistências internas possam ser úteis, a busca por coerência minimiza a probabilidade de erros e aumenta a confiabilidade da teoria. Manter a coerência em uma teoria é crucial para sua validade e aplicabilidade, facilitando a integração de novos dados e descobertas sem comprometer sua estrutura fundamental.

O critério da predição diz respeito à capacidade de uma teoria de antecipar fenômenos no mundo.[23] Por exemplo, uma previsão é a de que a exposição a eventos estressores significativos, como a perda de um ente querido, está correlacionada ao aparecimento de sintomas de depressão. Se estudos empíricos consistentemente confirmam essas previsões, a teoria se fortalece. No entanto, o simples fato de uma teoria fazer previsões não é suficiente para validar sua veracidade. Por exemplo, uma teoria fictícia que atribui depressão à influência de forças sobrenaturais não oferece previsões frutíferas que a tornem superior em relação a outras teorias baseadas em evidências. Uma teoria é considerada mais robusta em sua capacidade preditiva quanto mais fenômenos ela pode prever, especialmente aqueles que outras teorias não conseguem explicar, sobretudo fenômenos desconhecidos ou improváveis.

Por fim, o critério da refutabilidade sugere que uma teoria deve ser passível de testagem e potencial refutação. Quanto mais situações forem possíveis para testar empiricamente a teoria, mais robusta ela será. Essa noção foi amplamente difundida por Karl Popper.[24] Consideremos a teoria da aprendizagem social de Bandura (1977),[25] que propõe que as pessoas aprendem novos comportamentos observando outros, especialmente modelos significativos. A teoria pode ser confirmada ou refutada por meio de experimentos. A refutabilidade não apenas testa a validade das teorias, mas também incentiva uma contínua revisão e atualização dos conhecimentos, características essenciais para o avanço científico.

Após avaliar cada uma delas com base em critérios como esses, o futuro psicólogo pode ter mais robustez e consistência para se posicionar frente à diversidade de teorias psicológicas. Seguem algumas perguntas relevantes que o psicólogo deve fazer para avaliar criticamente uma abordagem em psicologia:

- Quais pesquisas de base foram conduzidas para validar a teoria? Qual é a qualidade desses estudos?
- As proposições da teoria podem ser aceitas sem gerar contradição?
- A teoria auxiliou na produção de tecnologias ou intervenções eficazes?
- Ela é importante para teorias bem-sucedidas em outros âmbitos?
- Seus postulados teóricos são bons para prever, explicar e interpretar fenômenos?

- A teoria consegue explicar uma variedade maior de fenômenos em relação a teorias rivais, sendo consistentes com os dados de pesquisa?
- Os postulados teóricos apresentados são necessários para explicar os fenômenos, ou podem ser descartados e substituídos por explicações menos exigentes, sem perder o poder explicativo e sustentação empírica?
- A teoria possui amplos cenários experimentais em que suas hipóteses possam ser testadas e rejeitadas?

Em conclusão, é importante explicitar que adotar uma teoria como guia para análise, estudo e intervenção em fenômenos psicológicos não implica aceitá-la como uma verdade inquestionável. As teorias têm, entre suas funções, a responsabilidade de evidenciar falhas no conhecimento existente, permitindo encontrar caminhos para seu aperfeiçoamento. Cabe ao psicólogo avaliar constantemente as novas evidências das abordagens e adequar seu arsenal de análise, estudo e intervenção.

INTEGRAÇÃO EM PSICOTERAPIA

Conforme mencionado anteriormente, um modelo de psicoterapia geralmente é formulado a partir de uma única teoria sobre o funcionamento humano. Historicamente, os psicólogos sempre se restringiram aos limites de suas próprias abordagens, frequentemente defendendo com unhas e dentes suas crenças teóricas e ignorando ou atacando outras abordagens e suas respectivas técnicas de intervenção. Porém, com o tempo, foi ficando claro que nenhuma abordagem sozinha apresentava todas as respostas para a grande diversidade de demandas clínicas que chegam ao consultório. Assim, de uma insatisfação com os limites de cada abordagem e do desejo de oferecer ao paciente um tratamento efetivo surgiu o movimento de *integração em psicoterapia*. A integração busca, portanto, ampliar a qualidade da psicoterapia, fundamentando-se na premissa de que a colaboração entre diferentes abordagens ou a incorporação de diferentes modelos pode potencializar os resultados terapêuticos.[26]

Inicialmente, é importante observar que a integração em psicoterapia não é um "vale-tudo". Pelo contrário, é uma abordagem deliberada que deve ser conduzida de maneira coerente e baseada em evidências rigorosas. A literatura descreve algumas formas de integração em psicoterapia.[26] As principais são integração teórica, fatores comuns, integração assimilativa e ecletismo técnico.

A integração teórica representa um esforço ambicioso para combinar duas ou mais abordagens teóricas, com a expectativa de que o produto integrado seja superior a qualquer uma das abordagens isoladas. O objetivo é estabelecer uma nova teoria que se distingue por ser mais abrangente e eficaz do que a soma de suas partes constituintes, resultando em uma "síntese teórica". Um exemplo mais audacioso dentro desse esforço é a iniciativa de desenvolver uma metateoria em psicologia e uma abordagem unificada em psicoterapia.[27] Embora a ideia de uma "síntese teórica" possa ser atraente, manter a coerência interna na integração de diferentes teorias é uma tarefa árdua, uma vez que as diferentes teorias sendo integradas podem ter fundamentos epistemológicos e ontológicos muito diferentes entre si.

A integração assimilativa envolve trabalhar primariamente a partir de uma abordagem (por exemplo, psicanálise) e incorporar tanto conceitos teóricos quanto técnicas de intervenção de outras abordagens, de acordo com o que parece convir em cada situação. Um exemplo consagrado de integração assimilativa é o livro *Psychoanalysis and behavior therapy: toward an integration*,[28] que propõe a integração da psicanálise com a terapia comportamental. Há diversos problemas com a integração assimilativa. Quando um terapeuta combina elementos de diferentes abordagens sem uma estrutura unificadora clara, podem surgir inconsistências teóricas que dificultam a formulação do caso, a compreensão de como e por que certas técnicas funcionam, risco de superficialidade na aplicação das técnicas etc.

A abordagem dos fatores comuns busca identificar os elementos compartilhados por diferentes terapias. Essa perspectiva baseia-se na crença de que as semelhanças entre as terapias são mais importantes para o sucesso terapêutico do que os elementos específicos de cada abordagem.[29] Os fatores comuns mais amplamente reconhecidos incluem aliança terapêutica, empatia, instilação de esperança e *feedback* contínuo, como a revisão dos objetivos da terapia e o monitoramento do progresso.[30] O principal ponto fraco da proposta dos fatores comuns é que ela negligencia a importância de técnicas específicas desenvolvidas dentro de algumas abordagens que já se mostraram eficazes em pesquisas clínicas.

Finalmente, o ecletismo técnico diz respeito ao uso das técnicas de intervenção que se mostraram mais eficazes em pesquisas clínicas, independentemente das teorias subjacentes que as originaram.[26] Por exemplo, é bastante comum que terapeutas comportamentais e cognitivo-comportamentais façam uso de *roleplay*, o ensaio comportamental. Essa técnica não foi originalmente desenvolvida dentro do behaviorismo ou do cognitivismo, mas emergiu no contexto da gestalt-terapia e do psicodrama. Assim, uma técnica criada em uma tradição distinta pode ser incorporada de maneira que respeite os princípios epistemológicos e teóricos específicos de uma determinada abordagem.

Ao contrário da integração teórica e da integração assimilativa, que buscam misturar teorias, o ecletismo técnico prioriza a escolha das melhores ferramentas terapêuticas disponíveis para a demanda clínica específica de cada um dos pacientes. Dessa forma, o terapeuta tem a flexibilidade de usar componentes de diferentes abordagens, como TCC, a terapia de aceitação e compromisso (ACT), a terapia comportamental dialética (DBT), entre outras, desde que tenham apoio empírico. Um exemplo formalizado de ecletismo técnico é a terapia multimodal de Lazarus (2006).[31]

A integração em psicoterapia coloca alguns desafios à PBE no contexto da psicologia clínica. A próxima seção é dedicada a discorrer sobre alguns problemas e apresentar possíveis soluções para lidar, no cotidiano da prática clínica, com a questão da pluralidade teórica em psicoterapia a partir do modelo da PBE.

TEORIA, ECLETISMO E A PRÁTICA BASEADA EM EVIDÊNCIAS

A PBE é definida como o processo individualizado de tomada de decisão clínica que ocorre por meio da integração da melhor evidência disponível à perícia clínica no contexto das particularidades, cultura e preferências do paciente.[32] A melhor evidência disponível refere-se, nesse paradigma, aos dados oriundos de pesquisas clínicas sobre os procedimentos de intervenção que são eficazes (i.e., as mudanças produzidas são relevantes e têm um impacto genuíno, prático e palpável sobre o funcionamento do paciente) e seguros (i.e., os riscos de prejuízo e/ou efeitos colaterais são mínimos e toleráveis).

Por um lado, é sabido que existem tratamentos na psicologia e em outras ciências da saúde que são efetivos, embora os mecanismos ou processos pelos quais funcionam não sejam completamente compreendidos. Por exemplo, seres humanos usam casca de salgueiro para tratar dor há mais de 2.000 anos, muito antes de a ciência isolar o ácido salicílico e descrever o processo de inibição da enzima cicloxigenase. Esse exemplo ilustra a importância de identificar procedimentos eficazes de intervenção, mesmo sem conhecer os processos subjacentes, o que já representa um grande avanço. Eletroconvulsoterapia é uma intervenção eficaz para o tratamento de depressão grave e resistente a tratamento, mas seus mecanismos não são completamente compreendidos. A TCC é amplamente reconhecida por sua eficácia no tratamento de uma variedade de transtornos mentais, mas os mecanismos exatos de mudança ainda são objeto de investigação contínua.[33]

Por outro lado, como argumenta Lilienfeld (2011),[34] "para separarmos o joio do trigo no campo da psicoterapia, não podemos avaliar pesquisa de processo ou de resultado no vácuo" (p. 110). O entendimento dos princípios teóricos que explicam os efeitos de uma intervenção é essencial para o aprimoramento da PBE, por diversos motivos. A compreensão dos princípios teóricos permite descrever a etiologia dos fenômenos clínicos, identificar os processos necessários para a melhora do paciente, adaptar os achados empíricos a cada caso, desenvolver novas técnicas terapêuticas e otimizar a qualidade de intervenção por meio da ativação dos mecanismos de ação (processos) responsáveis pela mudança. Além disso, o entendimento da teoria subjacente à prática torna possível a exclusão de terapêuticas pseudocientíficas do rol de opções, sobretudo porque elas geralmente contêm alguns dos fatores comuns (e.g., empatia do terapeuta, crenças e expectativas do paciente etc.) que podem levar a algumas mudanças no paciente e, assim, se mostrar mais eficazes do que nenhum tratamento. Por exemplo, em razão dos fatores comuns, uma terapia de energização poderia se mostrar superior a um grupo controle sem nenhum tratamento em um ensaio clínico randomizado, embora tenha como premissa a suposição de que os problemas psicológicos seriam causados por bloqueios em campos de energia invisíveis, cuja existência nunca foi comprovada e é cientificamente implausível.[34]

Dada a relevância da teoria para a produção de conhecimento científico em psicoterapia, é possível concluir que o acúmulo de evidências empíricas sobre a eficácia de diferentes terapêuticas é insuficiente se não for acompanhado dos princípios teóricos que as fundamentam, posição defendida por diversos autores da PBE.[34-37] Como adverte Kihlstrom (2006),[36] a psicoterapia deve estar embasada no entendimento científico dos processos psicológicos, assim como os tratamentos médicos são baseados no entendimento da anatomia e da fisiologia. Portanto, juntamente com a identificação de procedimentos de intervenção eficazes, devem caminhar pesquisas (básicas, translacionais e teóricas) que promovam o entendimento acerca dos processos envolvidos na eficácia terapêutica, para, tomara, extrairmos deles material para o refinamento de uma epistemologia empiricamente informada. Conforme explicam Lopes e Laurenti (2016):[38]

> Afinal, por que os psicólogos deveriam se preocupar com pesquisas teóricas? Em primeiro lugar, uma investigação de teorias e conceitos geralmente põe em evidência ambiguidades, contradições, lacunas, imprecisões, excessos, insuficiências, falácias, contrassensos dos projetos de psicologia. Mesmo que isso provoque algum desconforto, esses resultados podem descortinar possibilidades até então não vislumbradas de correção, aprimoramento e avanço das teorias investigadas. Nesse ponto, a pesquisa

> teórica contribui para o desenvolvimento das teorias psicológicas. Outra é a sua contribuição para uma conduta menos dogmática. A defesa cega e obstinada de uma dada teoria como verdade incontestável (dogmatismo) parece ser uma das maneiras de o neófito em psicologia imprimir algum sentido à colcha de retalhos teórica característica do campo psicológico. Muitas vezes, esse dogmatismo é insuflado pelos próprios professores, que, ao invés de pesquisadores e profissionais, buscam formar discípulos: por um lado, exaltam a teoria de interesse; por outro, rebaixam as demais como desvios da "verdadeira psicologia". Nesse processo de doutrinação, há uma proliferação de equívocos conceituais e de interpretações apressadas das teorias, forjando uma caricatura da teoria defendida e, mais ainda, daquelas que são alvo de crítica. No primeiro caso, as virtudes são acentuadas e as lacunas eclipsadas; no segundo, as falhas são pintadas com cores mais fortes, e os atributos positivos, apagados. A investigação teórica, além de evitar a reprodução de erros, oferece material para apreciação crítica das teorias e conceitos, algo fundamental ao avanço de qualquer área de conhecimento (p. 9).

Além disso, a ênfase excessiva na técnica, em detrimento da teoria, pode comprometer a compreensão das bases que sustentam as intervenções baseadas em evidências, oriundas em sua maioria de teorias comportamentais e modelos cognitivos. Desconsiderar a fundamentação teórica pode, eventualmente, limitar o crescimento e a evolução do campo da saúde mental. Afinal, as teorias foram essenciais para orientar o desenvolvimento de inúmeros procedimentos de intervenção. Por exemplo, a ACT foi desenvolvida, pelo menos em parte, com base na teoria das molduras relacionais, uma teorização sobre linguagem e cognição com forte base em pesquisa básica.[39] Sem teoria, o surgimento de novas intervenções estaria limitado a simples tentativa e erro. Portanto, é fundamental que a PBE não apenas desenvolva e refine técnicas eficazes, mas também mantenha um compromisso com o aprofundamento e o desenvolvimento teórico.

Entretanto, a PBE traz consigo um problema complexo. Considere, por exemplo, que o tratamento mais eficaz para o transtorno de personalidade *borderline* é a DBT, com fortes raízes no behaviorismo. Por outro lado, o tratamento mais eficaz para transtornos de ansiedade é a TCC clássica, que se baseia no modelo cognitivo. Se um psicólogo deve adotar a intervenção com as melhores evidências, isso significa que, em diferentes momentos, ele vai fazer uso de intervenções baseadas em teorias diferentes, ora sendo mais behaviorista, ora sendo mais cognitivista.

Essa situação parece sugerir que, para atuar de acordo com a PBE, o psicólogo clínico deveria incorrer em integração teórica ou integração assimilativa, misturando abordagens. No entanto, tais formas de ecletismo teórico podem ser altamente problemáticas. Em primeiro lugar, há divergências ontológicas e epistemológicas entre as diferentes teorias. Além disso, elas contêm suposições contraditórias sobre os determinantes do desenvolvimento da personalidade e as origens dos transtornos mentais, por exemplo. Ademais, existe discordância sobre o objetivo central da psicoterapia: seria promover o autoconhecimento, modificar comportamentos ou apenas acolher? Outro problema é a falta de uma linguagem comum entre as diferentes tradições. Cada abordagem desenvolveu seu próprio jargão, o que complica a compreensão mútua e, em alguns casos, promove a evitação ativa de conceitos oriundos de outras tradições. Um behaviorista radical, muitas vezes, se recusa a falar em *crenças* ou *cognições*, mas fica à vontade para falar em *regras* e *autorregras*. Essa segregação em "casulos semânticos" impede tanto a compreensão mútua como a colaboração.

Uma alternativa tanto à integração teórica quanto à integração assimilativa é o ecletismo técnico, que é bastante compatível com o modelo da PBE. Como explicado anteriormente, ecletismo técnico é fazer uso das técnicas de intervenção que se mostraram mais eficazes em pesquisas clínicas, independentemente das teorias subjacentes que as originaram. Se um determinado paciente apresenta uma queixa clínica estruturada para a qual existe um tratamento empiricamente sustentado (TES), não há justificativa razoável para "inventar moda": o terapeuta deve aplicar a intervenção mais bem documentada e avaliar seus resultados.

Entretanto, o que acontece geralmente na prática clínica do cotidiano é a comorbidade de transtornos psiquiátricos ou uma diversidade de queixas clínicas que não caracterizem um transtorno mental especificado. Diante disso, muitos terapeutas ficam desnorteados, sem saber proceder. Uma solução para esses dilemas comuns aos terapeutas foi proposta por Koerner (2018),[40] que descreveu algumas heurísticas para controlar o processo terapêutico, organizar o tratamento e oferecer o melhor tratamento disponível a problemas clínicos específicos.

A padronização da rotina de trabalho no consultório a partir do uso de ferramentas de automonitoramento que avaliem longitudinalmente o funcionamento de cada paciente previne abandonos, reduz desfechos negativos e colabora para a melhora do processo. Isso envolve o uso de instrumentos psicométricos padronizados[41] e/ou ferramentas idiográficas personalizadas, como o *Goal Attainment Scaling* (GAS), um guia personalizado de acompanhamento de objetivos construído em conjunto com cada paciente (para mais detalhes, ver Kiresuk et al., 2014).[42]

A autora ressalta que é preciso considerar, num primeiro momento, aplicar TESs específicos para o principal problema apresentado, que pode (1) resolver os demais de forma colateral, (2) simplificar de forma efetiva situações complexas, (3) reduzir o tempo do tratamento, (4) criar parâmetros iniciais de avaliação de resultado e (5) minimizar impactos de vieses pessoais. Isso não é sinônimo de seguir à risca uma receita de bolo ou algoritmo (veja o capítulo 2 deste livro intitulado *Alternativas ao uso de manuais de intervenção na psicoterapia baseada em evidências*).

Além disso, adotar uma formulação de caso personalizada e sistemática para adequar as intervenções às necessidades específicas do indivíduo pode ser um método pragmático de organização do tratamento. Selecionar alvos a partir de uma hierarquia também é útil para orientar quais pontos precisam ser abordados primeiro, podendo ser construída tanto a partir de categorias diagnósticas nosológicas quanto por processos transdiagnósticos. Além disso, modular componentes e estratégias de protocolos já existentes na literatura a partir do emprego de estratégias específicas derivadas deles (e.g., controle de estímulos, reestruturação cognitiva, desfusão cognitiva, ativação comportamental, regulação emocional etc.) também é um recurso interessante para substituir a consulta extensiva a manuais de tratamentos específicos, especialmente quando o caso envolve múltiplos problemas e comorbidades.[40] Isso ressalta a necessidade de adotar a perspectiva do ecletismo técnico no trabalho com PBE (para um detalhamento desse processo, veja o capítulo 18 deste livro intitulado *Como implementar a prática baseada em evidências em psicologia clínica: um guia passo a passo*).

O aprendizado da integração de competências clínicas para habilitar terapeutas a trabalharem com demandas variadas é compatível com o modelo da PBE em psicologia clínica e parece ser um dos caminhos futuros do campo da psicoterapia, conforme a proposta da terapia baseada em processos.[43] Diversos componentes de tratamentos baseados em evidências foram descritos no livro *Terapia cognitivo-comportamental baseada em processos: Ciência e competências clínicas*.[44] Os autores propuseram uma sequência de estratégias que formariam uma espécie de base para terapeutas manejarem diversas queixas e problemas clínicos. A lista inclui manejo de contingências, controle de estímulos, modelagem, autogerenciamento, redução da excitação, enfrentamento e regulação emocional, solução de problemas, estratégias de exposição, ativação comportamental, competências interpessoais, reavaliação cognitiva, modificação de crenças nucleares, desfusão cognitiva, cultivo de aceitação psicológica, escolha e explicitação de valores, prática de *mindfulness*, estímulo de motivação e manejo do comportamento suicida.

Poderíamos adicionar a essa lista estratégias importantes como estabelecimento de objetivos, psicoeducação, mensuração de resultados, avaliação do progresso do tratamento, manejo de comportamentos que interferem na terapia, técnicas de tolerância ao mal-estar, manejo de crises psicológicas, cultivo de autocompaixão etc. Além disso, é importante que psicólogos clínicos aprendam formulação de caso, habilidades interpessoais e de manejo da relação terapêutica, além de desenvolverem competências multiculturais para adequar seu trabalho tanto ao contexto de minorias sociais e políticas quanto à sensibilidade para as particularidades culturais de cada paciente.

O ecletismo técnico é essencial na PBE, proporcionando flexibilidade para que o terapeuta atenda às necessidades individuais de seus pacientes. Ao integrar múltiplas técnicas, o terapeuta seleciona e adapta intervenções respaldadas por evidências, mas também alinhadas ao contexto e às idiossincrasias do caso em tratamento. Essa capacidade de personalizar a terapia não só melhora a aderência do cliente ao tratamento, mas também potencializa os resultados ao abordar de forma mais eficaz as variáveis complexas de cada situação.

Por exemplo, na terapia para um transtorno de ansiedade, um terapeuta pode empregar técnicas da TCC para ajudar os pacientes a identificarem e reestruturarem pensamentos desadaptativos, enquanto simultaneamente utiliza estratégias de ACT para melhorar a aceitação do desconforto emocional. Um terapeuta cognitivo poderia entender que essa combinação permite abordar tanto os padrões cognitivos quanto as respostas emocionais. Por outro lado, um terapeuta analista do comportamento poderia interpretar que essas intervenções alteram autorregras. Em ambos os casos, o terapeuta estaria ajustando seu arsenal de intervenção às necessidades específicas do paciente que, provavelmente, não são plenamente abarcadas em uma única abordagem terapêutica.

Ao mesmo tempo, embora ofereça vantagens significativas na prática clínica, o ecletismo técnico apresenta desafios relevantes, sendo a potencial falta de consistência teórica e metodológica um dos principais. Ao combinar técnicas de diferentes orientações teóricas, pode surgir um risco de inconsistência, em que as intervenções selecionadas podem não ser mutuamente compatíveis em seus fundamentos teóricos e coerência interna.

Para lidar com essa questão, é crucial que os terapeutas se engajem em uma formação contínua e aprofundada das múltiplas abordagens terapêuticas. A compreensão adequada das teorias subjacentes a cada técnica permite ao terapeuta fazer escolhas informadas sobre quais estratégias combinar, garantindo que se complementem de forma eficaz em vez de se contrapor ou diluir os efeitos uma da outra. Por exemplo, integrar a TCC e a terapia focada nas emoções (TFE) exige um entendimento claro de como os processos cognitivos e emocionais podem ser abordados simultaneamente sem criar confusão ou resistência no paciente.

Outro desafio significativo é a garantia de que a integração das técnicas seja baseada em evidências robustas. O ecletismo técnico pode, inadvertidamente, levar à seleção de técnicas menos eficazes se a escolha for guiada por preferências pessoais ou conveniência, em vez de rigor científico. Para mitigar esse risco, os terapeutas devem ter cautela na seleção das estratégias, priorizando técnicas que tenham suporte empírico sólido para os problemas específicos que estão tratando e evitando a utilização aleatória de recursos sem respaldo empírico adequado.

Ainda poderia ser levantada a seguinte questão: se um psicólogo adota diferentes técnicas de abordagens distintas, ele não estaria também comprometido com todas as teorias das quais essas técnicas derivam, levando a uma contradição? Essa afirmação não é verdadeira por diversas razões. Primeiramente, até mesmo dentro de uma única abordagem, podem existir diferentes enunciados teóricos que buscam explicar os fenômenos observados. Por exemplo, ao adotar uma perspectiva enativista, entende-se que a percepção resulta de ações corporificadas do organismo, sem a necessidade de representações mentais.[45] Em contraste, os cognitivistas representacionalistas criticam essa visão, argumentando que a percepção depende de representações mentais de objetos e propriedades, como as constantes perceptuais.[46] Além disso, existe a teoria do processamento preditivo, que vê a percepção como o resultado de um cérebro que funciona como uma máquina de predições.[47,48] Cada uma dessas teorias oferece uma perspectiva distinta sobre a cognição, permitindo que os psicólogos utilizem diferentes abordagens terapêuticas sem estarem limitados a uma única explicação teórica. Dessa forma, é possível adotar técnicas variadas, enriquecendo a prática clínica com uma base teórica diversificada e adaptável.

Além disso, existem possibilidades de revisão teórica que visam superar inconsistências subjacentes em teorias psicológicas. Abordagens comportamentais e cognitivas são frequentemente alvo de tentativas de integração.[49,50] Alguns analistas do comportamento poderiam alegar que os cognitivistas usam uma linguagem imprecisa ao tratar variáveis ambientais como pensamentos. Nesse contexto, o que estaria sendo modificado seriam contingências de reforçamento, e não processos cognitivos internos. Por outro lado, os cognitivistas poderiam acusar os analistas do comportamento de utilizarem princípios cognitivos de forma inconsciente. Nessa perspectiva, ao modificar contingências de reforçamento, os analistas do comportamento estariam, na verdade, influenciando processos como expectativas, interpretações e percepções, ainda que não reconheçam explicitamente esses processos. Em outras palavras, alterar o comportamento por meio de reforçadores acabaria por modificar processos cognitivos subjacentes.

Dessa forma, é possível avançar para releituras teóricas que superem as aparentes inconsistências entre teorias que estão na base de diversas intervenções psicológicas, evitando as contradições do ecletismo teórico. Tal integração teórica poderia fornecer uma base mais coerente e robusta para a prática clínica, permitindo que diferentes técnicas sejam utilizadas de maneira complementar e sinérgica, em vez de conflitante. Adicionalmente, é possível argumentar que as teorias psicológicas atuais são incompletas e que uma nova teoria unificadora poderia integrar diferentes perspectivas. A psicologia evolucionista é proposta como uma dessas abordagens integradoras, por exemplo. Ela busca entender o comportamento e a cognição humanos por meio de processos evolutivos que moldaram nosso cérebro, o que, talvez, ajude a conciliar divergências entre diferentes teorias psicológicas.[51]

Em suma, ao considerar a adoção de múltiplas técnicas terapêuticas, é essencial que os psicólogos mantenham um compromisso rigoroso com a base empírica que as sustentam, garantindo que a escolha não seja arbitrária, mas sim fundamentada em evidências robustas. A adoção de diversas estratégias de intervenção oriundas de diferentes tradições não implica, necessariamente, um ecletismo teórico caótico, pois há possibilidades de revisão e integração que oferecem uma visão promissora para unificar diferentes perspectivas e superar inconsistências teóricas. Isso pode promover uma compreensão mais abrangente e coerente do funcionamento humano – comportamentos, cognições e emoções. Dessa forma, a prática clínica pode se beneficiar de um ecletismo técnico informado e equilibrado, que enriquece o tratamento dos pacientes sem comprometer a integridade científica das intervenções.

CONSIDERAÇÕES FINAIS

As teorias em psicologia desempenham um papel crucial na formulação de hipóteses, no desenvolvimento de intervenções e na interpretação de fenômenos clínicos. Elas oferecem um arcabouço para entender os mecanismos subjacentes aos comportamentos e emoções humanas, proporcionando uma base sólida para o desenvolvimento de novas técnicas terapêuticas.

Dada a relevância da adoção de uma posição teórica, é produtivo que a escolha de uma teoria se baseie em uma análise crítica das diferentes alternativas.

Sugerimos aqui a análise das posições teóricas com base nos critérios de sustentação empírica, generalidade, parcimônia, utilidade, coerência, predição e refutabilidade. A partir da aplicação desses critérios, o futuro psicólogo estará em uma posição adequada para se posicionar diante da diversidade teórica.

Considerando a possibilidade de que técnicas efetivas sejam elaboradas com base em diferentes teorias, o ecletismo técnico é um caminho interessante para integrar múltiplas técnicas com base em uma teoria sólida. Essa posição é compatível com a PBE, uma vez que permite aos terapeutas utilizarem as técnicas mais eficazes de diferentes abordagens, independentemente das suas bases teóricas. Essa flexibilidade é crucial para adaptar as intervenções às necessidades de cada paciente, garantindo um tratamento mais personalizado e clinicamente relevante. No entanto, para evitar a inconsistência teórica, os terapeutas devem se engajar em formação contínua e aprofundada nas múltiplas abordagens terapêuticas, garantindo que as técnicas selecionadas sejam cientificamente validadas e compatíveis entre si.

REFERÊNCIAS

1. Freud S. Freud (1923-1925) – Obras completas volume 16: O Eu e o Id, "Autobiografia" e outros textos. São Paulo: Companhia das Letras; 2011.
2. Skinner BF. Science and human behavior. 1965. (Trabalho original publicado em 1953).
3. Skinner BF. Beyond freedom and dignity. Hackett Publishing Company; 1971.
4. Beck AT, Haigh EA. Advances in cognitive theory and therapy: The generic cognitive model. Annu Rev Clin Psychol. 2014:10:1-24.
5. Mahoney MJ. Introduction to Special Section: Theoretical developments in the cognitive psychotherapies. J Consult Clin Psychol. 1993;61(2):187-93.
6. Rogers CR. On becoming a person: A therapist's view of psychotherapy. Houghton Mifflin; 1961.
7. Rogers CR. A way of being. Houghton Mifflin; 1980.
8. Herbert JD, Gaudiano BA, Forman EM. The importance of theory in cognitive behavior therapy: A perspective of contextual behavioral science. Behav Ther. 2013;44(4):580-91.
9. Ross AO. To form a more perfect union: It is time to stop standing still. Behav Ther. 1985;16(2):195-204.
10. Beck AT. Comparing CBT with third wave therapies. Cognitive Therapy Today. 2012;17:1-2.
11. Winther RG. The structure of scientific theories. In: The Stanford Encyclopedia of Philosophy. 2015. [acesso em agosto de 2024]. Disponível em: https://plato.stanford.edu/entries/structure-scientific-theories/
12. Zilio D. O que nos torna analistas do comportamento? A teoria como elemento integrador. Acta Comportamentalia. 2019;27(2):233-49.
13. Stanovich KE. How to think straight about psychology. 10. ed. Pearson; 2013.

14. Fernandes SRF, Seixas PDS, Yamamoto OH. Psicologia e concepções de formação generalista. Psicol Educ. 2018;47:57-66.
15. Azoubel MS. Considerações sobre dogmatismo teórico no behaviorismo radical. Revista Brasileira de Análise do Comportamento. 2018;13(2):19-27.
16. Benvenuti MF, Baia FH. Comportamento e seleção pelas consequências: a análise do comportamento no Brasil entre o dogma e a ciência. Psicol USP. 2022;33:1-12.
17. Sriraman B. Dogmatism and the knowledge industry: More accurately assessing the work of gifted scholars. In: Ambrose D, Sternberg RJ, Sriraman B, editores. Confronting dogmatism in gifted education. Routledge; 2011. p. 115-27.
18. Furrebøe EF, Sandaker I. Contributions of behavior analysis to behavioral economics. Behav Anal. 2017;40(2):315-27.
19. Conselho Federal de Psicologia. Código de Ética Profissional do Psicólogo. 2005.
20. Schlinger HD. Theory in behavior analysis: An application to child development. Am Psychol. 1992;47(11):1396-410.
21. Hofmann SG, Asnaani A, Vonk IJ, Sawyer AT, Fang A. The efficacy of cognitive behavioral therapy: A review of meta-analyses. Cognit Ther Res. 2012;36(5):427-40.
22. Thagard P. Explanatory coherence. Behav Brain Sci.1989;12(3):435-67.
23. Barnes EC. Prediction versus Accommodation. In: Zalta EN, Nodelman U, editores. The Stanford Encyclopedia of Philosophy (Winter 2022 Edition). [acesso em agosto de 2024]. Disponível em: https://plato.stanford.edu/archives/win2022/entries/prediction-accommodation/
24. Popper K. Conjeturas e refutações. Leya; 2019. (Trabalho original publicado em 1963).
25. Bandura A. Social learning theory. Prentice Hall; 1977.
26. Norcross JC, Goldfried MR, editores. Handbook of psychotherapy integration. Oxford University Press; 2005.
27. Magnavita JJ, Anchin JC. Unifying psychotherapy: Principles, methods, and evidence from clinical science. Springer Publishing Company; 2013.
28. Wachtel PL. Psychoanalysis and behavior therapy: toward an integration. Basic Books; 1977.
29. Cuijpers P, Reijnders M, Huibers MJ. The role of common factors in psychotherapy outcomes. Annu Rev Clin Psychol. 2019:15:207-231.
30. Wampold BE. How important are the common factors in psychotherapy? An update. World Psychiatry. 2015;14(3): 270-7.
31. Lazarus AA. Brief but comprehensive psychotherapy: The multimodal way. Springer Publishing Company; 2006.
32. American Psychological Association. Evidence-based practice in psychology: APA presidential task force on evidence-based practice. Am Psychol. 2006;61(4):271-85.
33. Salkovskis PM, Sighvatsson MB, Sigurdsson JF. How effective psychological treatments work: mechanisms of change in cognitive behavioural therapy and beyond. Behav Cogn Psychother. 2023;51(6):595-615.
34. Lilienfeld SO. Distinguishing scientific from pseudoscientific psychotherapies: Evaluating the role of theoretical plausibility, with a little help from reverend Bayes. Clin Psychol. 2011;18(2):105-12.

35. David D, Montgomery GH. The scientific status of psychotherapies: A new evaluative framework for evidence-based psychosocial interventions. Clin Psychol. 2011;18(2):89-99.
36. Kihlstrom JF. Scientific research. In: Norcross JC, Beutler LE, Levant RF, editores. Evidence-based practices in mental health: Debate and dialogue on the fundamental questions. American Psychological Association; 2006. p. 23-31.
37. Lohr JM. What is (and what is not) the meaning of evidence-based psychosocial intervention? Clin Psychol. 2011;(2)18:100-4.
38. Lopes CE, Laurenti C. Introdução: A necessidade da pesquisa teórica em psicologia. In: Laurenti C, Lopes CE, Araujo SF, editores. Pesquisa teórica em psicologia: Aspectos Filosóficos e metodológicos. Hogrefe; 2016. p. 7-13.
39. Hayes SC, Barnes-Holmes D, Roche B, editores. Relational frame theory: A post-Skinnerian account of human language and cognition. Springer; 2001.
40. Koerner K. Science in practice. In: Hayes SC, Hofmann SG, editores. Process-based CBT: The science and core clinical competencies of cognitive behavioral therapy. New Harbinger Publications; 2018. p. 45-65.
41. Beck AT, Steer RA, Brown GK. BDI-II–Inventário de Depressão de Beck. Casa do Psicólogo; 2011.
42. Kiresuk TJ, Smith A, Cardillo JE. Goal attainment scaling: Applications, theory, and measurement. Psychology Press; 2014.
43. Hofmann SG, Hayes SC, Lorscheid DN. Learning process-based therapy: A skills training manual for targeting the core processes of psychological change in clinical practice. New Harbinger Publications; 2021.
44. Hayes SC, Hofmann SG. Terapia cognitivo-comportamental baseada em processos: Ciência e competências clínicas. Porto Alegre: Artmed; 2018.
45. Rolla G. Por que não somos só o nosso cérebro: em defesa do enativismo. Trans/Form/Ação. 2023; (spe1) 46:207-36.
46. Pereira RHDS, Souza Filho SFD, Barcellos VM. Por que somos o nosso cérebro: o enativismo posto em questão. Trans/Form/Ação. 2023; (spe1) 46:517-54.
47. Iennaco ML, Maia T, Sayeg P. Processamento preditivo: uma introdução à proposta de unificação da cognição humana. Principia. 2023;27:(3)425-52.
48. Williams D. Predictive processing and the representation wars. Minds Mach (Dordr). 2018;28(1):141-72.
49. Early BP, Grady MD. Embracing the contribution of both behavioral and cognitive theories to cognitive behavioral therapy: Maximizing the richness. Clin Soc Work J. 2017;45(1):39-48.
50. Houwer JD. Why the cognitive approach in psychology would profit from a functional approach and vice versa. Perspect Psychol Sci. 2011;6(2):202-9.
51. Caporael LR. Evolutionary psychology: Toward a unifying theory and a hybrid science. Annu Rev Psychol. 2001:52:607-28.

6

Pseudociências na psicologia

Daniel Foschetti Gontijo
Fernanda Montero Landeiro
Natacha Ágata de Queiroz Andrade Costa Gontijo

Nem toda pesquisa sobre o comportamento humano é científica. Nem tudo o que é ensinado nos cursos de psicologia é científico. Nem todas as intervenções oferecidas por psicólogos são cientificamente validadas. Ainda assim, boa parte disso é apresentada ou como "coisa científica", ou como "coisa confiável". Por maldade ou por ignorância, muita gente da psicologia também é responsável pela disseminação de pseudociências.

E o cenário é terrivelmente desanimador. Técnicas pseudocientíficas são frequentemente apresentadas como revoluções clínicas impressionantes,[1] as quais acabam sendo acriticamente adotadas ou recomendadas por boa parte dos psicólogos.[2] Há até indícios de que, em comparação com outras pseudociências, as que fazem parte da psicologia são ainda mais populares e endossadas pela população.[3] E o custo disso pode ser alto – financeira e emocionalmente.

Neste trabalho, objetivamos descrever e discutir: 1) o que são pseudociências, 2) seus perigos, 3) uma amostra de doutrinas e práticas pseudocientíficas da psicologia e 4) as possíveis causas da crença em pseudociências entre psicólogos. Por fim, elaboramos algumas recomendações sobre como podemos lidar com tudo isso.

O QUE SÃO PSEUDOCIÊNCIAS?

Não existe uma definição consensual de *pseudociência*.[1] Por exemplo, Fasce (2017)[4] realizou um levantamento de 21 definições, e suas análises revelaram que, ao longo do tempo, a concordância entre os autores sequer aumentou. Por outro lado, ele identificou algumas propriedades conceituais relativamente comuns entre os trabalhos avaliados. A principal delas é a de que toda pseudociência é apresentada como se fosse uma ciência. As demais são a menção a entidades ou processos que estão fora do domínio científico (e.g., espíritos), o uso de métodos deficientes de investigação e a carência de evidências que corroborem as teses apresentadas pelos pseudocientistas.

Ainda que o estudo de Fasce (2017)[4] tenha seus méritos, a noção de que os defensores de *toda* pseudociência a apresentam como uma ciência é discutível. Por exemplo, supondo que os proponentes da constelação familiar admitam que suas ideias não sejam científicas, eles ainda poderiam defendê-las como uma forma *confiável* de melhorarmos nossos relacionamentos. Com efeito, esse discurso os "blindaria" das críticas feitas por quem estuda e problematiza as pseudociências, diminuindo a chance de a população ser alertada quanto à (não) confiabilidade de sua prática.

A proposta de Hansson (2020, 2021)[5,6] resolve esse problema. Segundo ele, os principais proponentes de uma pseudociência procuram *criar a impressão* de deter o conhecimento *mais confiável* sobre o seu tema de estudos. Em outras palavras, a despeito de uma doutrina carecer de confiabilidade (e.g., por não ser apoiada por boas evidências), seus defensores a apresentariam como sendo altamente digna de crédito, de confiança. Por exemplo, mesmo que os principais psicanalistas *não* estejam afirmando que suas teses sejam científicas, defendê-las como teorias *confiáveis* sobre o comportamento humano é o bastante para avaliar se a psicanálise é uma pseudociência.[7] Ora, os pseudocientistas nem sempre alegam fazer ciência; muitos deles estão apenas passando a impressão *errônea* de que suas ideias são empiricamente boas, bem fundamentadas.

Assim, para Hansson (2020),[5] a *confiabilidade* é o principal critério para diferenciarmos doutrinas científicas de doutrinas pseudocientíficas. Enquanto a ciência "é a prática que nos fornece as afirmações mais confiáveis (i.e., epistemicamente justificadas) que podem ser feitas em um determinado momento sobre um objeto de estudos", a pseudociência "sofre de uma falta severa de confiabilidade a ponto de não merecer crédito" (p. 5-6).[6]

Nessa linha, usaremos o termo "pseudociência" neste trabalho para nos referirmos a *uma doutrina carente de confiabilidade cujos principais proponentes a apresentam como se fosse confiável.* Por extensão, ideias específicas que compõem uma doutrina, intervenções profissionais e métodos de investigação carentes de confiabilidade também podem ser classificados como *pseudocientíficos*[8,9] – desde que sejam apresentados como ideias, intervenções e métodos confiáveis por parte de seus principais defensores. Por fim, é útil considerarmos algumas características secundárias que podem apoiar o "diagnóstico" de uma pseudociência. Tendo em vista as sugestões de Hansson (1983)[10] e Lilienfeld et al. (2012),[8] alguns dos sinais da pseudociência são:

1. O credo na autoridade (i.e., confiança acrítica em pessoas renomadas que teriam acesso especial à verdade).
2. A infalseabilidade (i.e., doutrinas são formuladas de forma a impossibilitar sua refutação).
3. A resistência à testagem (i.e., apesar da possibilidade de testarem a doutrina, seus proponentes relutam em fazê-lo).
4. A confiança excessiva em evidências anedóticas (i.e., crença na adequação de experiências pessoais para se provar uma doutrina).
5. O desdém por informações refutantes (i.e., negligenciam ou desprezam achados que conflitam com sua doutrina).
6. As alegações extraordinárias (i.e., doutrinas compostas por afirmações extraordinárias são defendidas a despeito da escassez de evidências igualmente extraordinárias).
7. Os exemplos escolhidos a dedo (i.e., ignoram-se estudos refutantes e escolhem-se estudos corroborantes a fim de se defender uma doutrina).
8. A linguagem "rebuscada" (i.e., uso excessivo de termos técnicos e/ou outros recursos linguísticos que, embora sejam imprecisos e/ou insignificantes, podem passar a impressão de que a doutrina é científica ou confiável).

Nenhum dos sinais citados é necessário ou suficiente para identificar uma pseudociência. Contudo, quanto mais eles estiverem presentes no discurso dos principais proponentes de uma doutrina, maior será a chance de que ela seja pseudocientífica.

OS PERIGOS DAS PSEUDOCIÊNCIAS

Críticas às pseudociências nem sempre são bem-recebidas. Elas podem ser interpretadas como tendo segundas intenções (e.g., disputas comerciais), e seus autores podem ser atacados como leigos[1] e/ou pessoas de "mente fechada".[9] Estes últimos autores comentam que os pseudocientistas ocasionalmente alegam que todas as ideias são igualmente válidas e, portanto, igualmente merecedoras de respeito. No entanto, "não devemos confundir o valor de respeitar as pessoas com o respeito às suas ideias, especialmente quando essas ideias impactam a vida dos outros"[9] (p. 266). Em outras palavras, há uma grande diferença entre criticar ideias e maltratar pessoas – e ideias potencialmente perigosas *precisam* ser criticadas. Como já apontaram autores como Pilati (2020)[11] e Lilienfeld et al. (2015),[12] doutrinas e práticas pseudocientíficas:

- Iludem a população.
- Podem levar muita gente a abandonar (ou deixar de procurar) tratamentos empiricamente sustentados.
- Desestimulam a pesquisa por fornecerem respostas "prontas" e/ou infalseáveis.
- Podem ser diretamente nocivas à saúde.
- Levam as pessoas a desperdiçarem seu tempo e seu dinheiro.
- Podem minar a credibilidade da psicologia.

Este último item quase não é abordado em discussões sobre o tema. Por exemplo, Denault et al. (2020)[13] mencionam que, "se algumas organizações de segurança e justiça estão adotando pseudociências [como técnicas de leitura de sinais corporais], sua reputação pode ser prejudicada... ainda mais se pessoas ou outras organizações (com as quais fazem negócios) assumirem que as melhores práticas profissionais estão sendo usadas" (p. 7). Analogamente, se muitos psicólogos têm lançado mão de práticas pseudocientíficas, a imagem da psicologia pode estar sendo gradativamente manchada. E, ironicamente, um possível sintoma disso é a ideia relativamente popular de que a nossa profissão é uma pseudociência.

PSICOLOGIA: UMA PSEUDOCIÊNCIA?

Segundo Hansson (2020),[5] apenas uma doutrina pode ser classificada como ciência ou pseudociência. Isso significa que a psicologia, enquanto uma *área disciplinar*, não é passível desse tipo de categorização – tampouco a biologia, a física e a química, por exemplo. Cada uma das doutrinas defendidas pelos estudiosos da mente e do comportamento humanos precisa ser individualmente avaliada. Nesse sentido, questionar se a psicologia é ciência ou pseudociência é tão impertinente quanto questionar se o Brasil é católico ou evangélico. Tal como os termos "católico" e "evangélico" só se aplicam a *pessoas*, os termos "ciência" e "pseudociência" só se aplicam a *doutrinas*. Há católicos e evangélicos em nosso país, e há ciências e pseudociências em nossa área disciplinar. Portanto, a psicologia não é ciência nem pseudociência. Em vez disso, as *doutrinas* referentes à mente e ao comportamento humanos podem ser classificadas como científicas ou pseudocientíficas – bem como, por extensão, as afirmações específicas, as práticas e os métodos de investigação defendidos pelos líderes do nosso campo.

Obviamente, essa ressalva não elimina a possibilidade de que as doutrinas pseudocientíficas da psicologia estejam "contaminando" a credibilidade de suas doutrinas científicas. Ainda que as pseudociências floresçam em todas as áreas disciplinares, o "balaio" da psicologia parece estar distintamente cheio de "frutos podres".

PSEUDOCIÊNCIAS DA PSICOLOGIA

Como determinar se uma doutrina pertence à psicologia? Por exemplo, embora a astrologia faça afirmações sobre a personalidade humana, seus proponentes procuram compreendê-la a partir do estudo das posições relativas dos astros.[14] Nesse sentido, os astrólogos estariam mais próximos à psicologia ou à astronomia? Talvez possamos classificar a astrologia como uma doutrina *interdisciplinar* – no sentido de que ela é composta por afirmações de duas áreas disciplinares. Algumas das doutrinas/práticas descritas e discutidas a seguir são interdisciplinares, mas decidimos focar em exemplos daquelas mais fundamentadas em elementos psicológicos/comportamentais. Posteriormente, mencionaremos também as práticas integrativas e complementares em saúde, as quais têm sido consideravelmente endossadas pelos psicólogos.

UMA AMOSTRA DE PSEUDOCIÊNCIAS DA PSICOLOGIA

Seria hercúlea a tarefa de avaliarmos a cientificidade de cada uma das doutrinas da psicologia. Nosso propósito aqui é apenas apresentar uma amostra de pseudociências (e práticas pseudocientíficas) identificadas e discutidas por outros autores. Mesmo que alguns deles tenham adotado critérios de demarcação relativamente distintos, todos estão suficientemente alinhados com a definição com que estamos trabalhando.

Listamos a seguir 15 doutrinas e/ou práticas consideradas pseudocientíficas e exemplos de autor(es) que as classificou(aram) assim.

- Análise de linguagem corporal não verbal.[13]
- Astrologia.[14]
- Comunicação facilitada.[8,9]
- Constelação familiar.[15-17]
- Ensino baseado em estilos de aprendizagem.[8]

- Estilos cognitivos baseados em dominância hemisférica.[8]
- Grafologia.[18-20]
- Lentes coloridas de Irlen/síndrome de Irlen.[8,9,21]
- Parapsicologia.[4,5]
- Programa de ginástica cerebral.[9]
- Programação neurolinguística.[22]
- Psicanálise.[7,11,23]
- Terapia de dessensibilização e reprocessamento por meio de movimentos oculares (EMDR).[4,5,18]
- Testes projetivos.[8]
- Treinamento de integração auditiva.[8,9]

ALGUMAS CONSIDERAÇÕES SOBRE NOSSA "LISTA DE PSEUDOCIÊNCIAS"

Antes de avançarmos, é importante discutirmos alguns pormenores concernentes à lista anterior. Em primeiro lugar, algumas práticas citadas podem ser minimamente apoiadas por evidências de eficácia – como é o caso da constelação familiar.[24] Entretanto, nem todos os estudos que indicam a presença de efeitos terapêuticos de um tratamento são metodologicamente bons. Nessa linha, Ferreira (2022)[25] constatou que a (aparentemente) única metanálise que indica a eficácia da constelação familiar é de qualidade *criticamente baixa* – a pior classificação possível utilizando os critérios do instrumento AMSTAR 2. Isso significa que, até o momento, não podemos afirmar que essa terapia é empiricamente sustentada.

Em segundo lugar, mesmo a existência de boas evidências de que uma prática produz efeitos terapêuticos não garante automaticamente sua cientificidade. O caso da religiosidade ilustra isso muito bem. A literatura científica é consistente no que se refere à correlação (negativa) entre envolvimento religioso e sintomas depressivos.[26-28] Ora, isso obviamente não é o bastante para afirmarmos que as religiões são terapias cientificamente validadas – tampouco que suas doutrinas, altamente *incompatíveis* entre si, são verdadeiras em função do aparente (e modesto) "efeito antidepressivo" encontrado em vários estudos. Em suma, práticas ou atividades potencialmente terapêuticas só podem ser consideradas científicas (ou pseudocientíficas) caso seus principais proponentes as defendam a partir de uma perspectiva *teórica, doutrinária*. Por exemplo, os bispos da Igreja Católica não estão propondo uma doutrina que tanto explicaria o desenvolvimento da depressão quanto fundamentaria as práticas religiosas capazes de eliminá-la. É por isso que o catolicismo, diferentemente da grafologia, não pode ser classificado como ciência ou pseudociência.

Em terceiro lugar, eficácia terapêutica e fundamentação teórica podem não ser requisitos suficientes para garantir a cientificidade de uma terapia. Como no caso das religiões (e.g. Schnittker, 2021),[29] os benefícios de uma prática talvez não tenham nada a ver com a sua doutrina. Isso é o que leva alguns autores a considerarem a EMDR uma pseudociência.[1,4,18] Especificamente, seus pressupostos – como o da sincronização hemisférica – são cientificamente frágeis, e a indução de movimentos oculares parece ser totalmente irrelevante para a produção dos efeitos terapêuticos. Na verdade, os benefícios da EMDR podem derivar dos mesmos mecanismos presentes em terapias comportamentais e cognitivo-comportamentais (e.g., a reestruturação cognitiva e/ou a exposição). Os proponentes dessa terapia estariam não só "reinventando a roda", mas também a ornamentando com explicações e técnicas inúteis. Seria como um farmacêutico alegar que, para um novo analgésico ser eficaz, é preciso estalar os dedos das duas mãos 12 vezes antes de tomá-lo. A comunidade científica dificilmente reconheceria a cientificidade da "teoria dos estalos de sincronia analgésica" – e com razão.

Em quarto lugar, não estamos sugerindo que, para uma doutrina ser considerada científica, é preciso haver evidências volumosas e incontestáveis de sua veracidade. Como discute Lilienfeld (2011),[30] boa parte das terapias empiricamente sustentadas não está fundamentada em teorias maravilhosamente corroboradas. Mas isso não impede a elaboração de doutrinas teoricamente *plausíveis*, as quais devem ser constantemente confrontadas em novas pesquisas. O problema, argumenta Lilienfeld, é que a plausibilidade teórica das pseudociências tende a ser baixa. Em síntese, suas afirmações frequentemente carecem de coerência interna, de consistência interteórica (i.e., "conectividade" com teorias cientificamente sólidas) e, é claro, de evidências empíricas. Por exemplo, em que medida o campo morfogenético da constelação familiar é consistente com as descobertas da física, da biologia e/ou da psicologia? A programação neurolinguística compartilha com as neurociências algo além do prefixo "neuro-"? De que maneira o complexo de Édipo psicanalítico dialoga (coerentemente) com doutrinas cientificamente sólidas? Lembrando-se de autores como Hume e Sagan, Lilienfeld (2011)[30] propõe que, quanto mais extraordinária for uma alegação, mais extraordinárias precisam ser suas evidências (e sua plausibilidade). E o caso é que as alegações dos defensores das doutrinas previamente citadas carecem de evidências, de plausibilidade – ou, para usar as palavras de Hansson (2021),[6] sofrem de falta severa de confiabilidade.

Em quinto lugar, estudiosos podem lançar mão de métodos investigativos confiáveis sem que suas doutrinas sejam científicas. A parapsicologia é um exemplo disso, uma vez que suas investigações (metodologicamente satisfatórias) ainda não produziram evidências convincentes de que fenômenos parapsicológicos existem. Na verdade, várias experiências chamadas de "paranormais" ou "espirituais" (e.g., a premonição e a mediunidade) têm sido gradativamente explicadas por mecanismos puramente psicológicos e/ou neurofisiológicos.[31] Para Fasce (2017),[4] isso basta para classificar a parapsicologia como uma pseudociência.

Em sexto lugar, nem tudo o que uma pseudociência propõe é inválido. Por exemplo, Denault et al. (2020)[13] comentam que têm ocorrido descobertas científicas interessantes no que se refere à linguagem corporal (não verbal). Por outro lado, isso *ainda* não bastaria para que treinamentos eficazes de "leitura corporal" sejam desenvolvidos – como aqueles que nos permitiriam detectar intenções antissociais ou mentiras a partir de gestos e/ou expressões faciais. Muitos proponentes desses programas e técnicas estariam distorcendo as implicações teóricas e práticas dos resultados de alguns estudos – e isso, de acordo com Denault e seus colegas, justifica classificá-los como práticas pseudocientíficas.

Outro exemplo interessante desse "acerto pontual" são as técnicas projetivas de avaliação psicológica (como quando a depressão é avaliada pelas características de um desenho ou pela percepção evocada por estímulos visuais ambíguos dispostos em uma tela). Conforme argumentam Lilienfeld e et al. (2012),[8] a existência de algumas evidências referentes à validade de um ou outro índice específico desses tipos de teste não compensaria a carência de sua validade científica mais geral. Esses métodos seriam pouco confiáveis na detecção de traços de personalidade, de abuso sexual pregresso e de psicopatologias, por exemplo. E, aqui, nos deparamos novamente com o problema da implausibilidade teórica, já que muitas hipóteses psicanalíticas altamente especulativas – como a "teoria do nascimento cloacal" – são invocadas para explicar por que os respondentes apresentam certas percepções – como animais que possuem cloaca – diante de estímulos visuais ambíguos.[30]

Em sétimo lugar, devemos mencionar que os "pseudocientistas" e profissionais de terapias pseudocientíficas podem estar agindo de boa-fé, ou seja, podem *acreditar* que a doutrina e a prática que defendem são confiáveis. Como mencionam Lilienfeld et al. (2012),[8] esses "proponentes raramente são charlatões deliberados ou conscientes" (p. 10). Na verdade, os que enganam sua audiência e/ou seus pacientes *sem a intenção de enganá-los* sequer podem ser acusados de charlatanismo. Por razões que discutiremos mais à frente, é possível que a maior parte deles esteja simplesmente confusa e/ou mal-informada.

Em oitavo lugar, o fato de que um ou mais autores classificaram uma doutrina/prática como pseudocientífica não significa que essa classificação seja estática nem indiscutível. Por exemplo, embora pareça *improvável*, é *possível* que novas descobertas acabem corroborando algumas hipóteses dos parapsicólogos. Além disso, outros autores podem chegar a conclusões diferentes ao avaliarem as mesmas doutrinas/práticas. Isso ocorreria ou por eles considerarem critérios distintos em sua avaliação, ou por não serem igualmente competentes para identificar pseudociências.

Por fim, é válido ressaltar que a nossa "lista de pseudociências" não é exaustiva. Nosso propósito aqui foi apenas o de exemplificar doutrinas e práticas que têm sido avaliadas na literatura científica atual. E, como veremos agora, o problema das pseudociências *na* psicologia não se resume às pseudociências *da* psicologia.

PRÁTICAS INTEGRATIVAS E COMPLEMENTARES EM SAÚDE

Muitos psicoterapeutas vêm se aproximando de terapias controversas, sobretudo daquelas que têm sido chamadas de "práticas integrativas e complementares em saúde" (PICS). Por não haver estudos robustos que atestem sua eficácia e/ou a plausibilidade de suas doutrinas, a vasta maioria das PICS tem sido classificada como pseudociência.[17,32-35] Exemplos dessas doutrinas/práticas são:

- Acupuntura.
- Aromaterapia.
- Cromoterapia.
- Homeopatia.
- Ozonioterapia.
- Quiropraxia.
- Reiki.
- Terapia de florais.
- ThetaHealing.

Boa parte dos psicólogos confia em algumas dessas práticas.[2,36] Por exemplo, um estudo feito com profissionais dos Estados Unidos, do Reino Unido, da Austrália e da Nova Zelândia constatou que 99,6% deles já haviam se submetido a alguma PICS.[37] Na verdade, 64,2% dos entrevistados tiveram algum treino formal para aplicar pelo menos uma PICS. Para esses autores, esses dados sinalizam que muitos psicólogos desejam associar e/ou *integrar* uma ou mais PICS à sua prática clínica.

Na Indonésia, esse desejo já estaria se tornando realidade. Em um estudo recente,[2] foi verificado que 83,9% dos psicólogos clínicos haviam recomendado PICS aos seus pacientes, 52,2% os haviam encaminhado a PICS e 65,7% *já os submeteram* a alguma PICS. Sobre este último dado, ainda que a meditação tenha sido a prática mais utilizada (40,8%), exemplos de outras PICS administradas pelos psicólogos entrevistados foram as terapias espirituais/religiosas (40,15%), a suplementação dietética (16,42%), a aromaterapia (13,8%) e as terapias energéticas (8,39%).

Curiosamente, essa integração das PICS à psicologia clínica não é almejada apenas por psicoterapeutas. De forma mais ou menos explícita, alguns *pesquisadores* também têm feito suas campanhas. Veja exemplos:

> Terapias alternativas e complementares são usadas por uma grande proporção da população e podem também desempenhar um papel importante como um complemento à prática terapêutica padrão. [...] Tomados em conjunto, esses dados sugerem que o uso de terapias alternativas e complementares pode ser uma importante consideração na oferta de psicoterapia a alguns clientes (p. 235).[38]

> Com base nos achados deste estudo, são recomendadas cinco implicações práticas que requerem o apoio de várias partes interessadas. Organizações profissionais [...] podem (a) organizar *workshops* de MAC [Medicina Alternativa e Complementar] e estabelecer um regulamento para PCs [psicólogos clínicos] interessados em integrar MAC à sua prática; (b) organizar eventos de *networking* entre profissionais de Psicologia Clínica e MAC; e (c) estabelecer um padrão de TER [Terapia Espiritual/Religiosa] para PCs para evitar diferentes entendimentos e práticas de TER [...] Em seguida, as faculdades de Psicologia podem adicionar informações sobre MAC em programas profissionais ... para introduzir MAC a psicólogos (p. 9).[2]

> É hora de nossas associações e fundações nacionais financiarem mais pesquisas sobre o uso de MAC por psicólogos ou em conjunto com a prática da Psicologia ortodoxa. [...] A adoção de MAC na prática da Psicologia representaria uma mudança significativa de paradigma. [...] Pode ser que a adoção de um paradigma mais holístico ofereça maior eficácia na prática da Psicologia (p. 268).[36]

A despeito dessas declarações, alguns desses pesquisadores reconhecem que a integração entre psicoterapia e PICS é recheada de controvérsias. Por exemplo, Bassman e Uellendahl (2003)[36] comentaram que "mais pesquisas são necessárias até que se possa dizer [...] que uma determinada abordagem de MAC é apropriada, segura e eficaz", e "é preocupante que as recomendações de tratamento sejam feitas sem essa base" (p. 268). Essa ponderação faz que o excerto anterior pareça menos problemático, mas não elimina a necessidade de se discutir a pertinência de integrar práticas não psicológicas – e teoricamente implausíveis – à psicoterapia.

POR QUE TANTOS PSICÓLOGOS CREEM EM PSEUDOCIÊNCIAS?

Não temos razões fortes para supor que os psicólogos sejam pessoas mais imunes aos encantos das pseudociências – como indica o estudo de Budžak e Branković (2022).[39] Como dizem por aí, "psicólogo também é gente". Além disso, muitas graduações de psicologia abrigam doutrinas patentemente carentes de cientificidade.[11] Por isso, é possível que os achados sobre por que as pessoas *em geral* acreditam em pseudociências representem também a mentalidade dos psicólogos. E, mesmo que isso não seja plenamente verdadeiro, é válido mencionar que alguns dos dados a seguir foram extraídos de amostras de estudantes de Psicologia.[40-42]

Vendendo o peixe

Em primeiro lugar, a maior parte da população talvez não consiga identificar uma pseudociência. Por exemplo, apenas 22% dos estudantes universitários entrevistados por Sugarman et al. (2011)[43] assinalaram que a astrologia "não é nada científica". Isso pode ser um efeito parcial da característica essencial das pseudociências, ou seja, seus proponentes as "vendem" como práticas e/ou ideias confiáveis. De fato, há evidências de que textos pseudocientíficos recheados de referências "científicas" e apelos a autoridades são interpretados como mais críveis e cientificamente respaldados.[44]

Por falar em vendas, pessoas que assistem mais a programas de TV sobre pseudociências tendem a confiar mais em ideias e práticas pseudocientíficas (e.g., horóscopo, fenômenos parapsicológicos e terapias alternativas).[45] E, complementarmente, doutrinas pseudocientíficas mais *populares* (como a grafologia e a noção de que sonhos refletem desejos inconscientes) tendem a ser ainda mais dignas de confiança – sobretudo se elas são relativamente pouco contestadas.[3] Em conjunto, esses dados sugerem que, para que uma pseudociência "viralize", seus proponentes precisam cuidar para que ela seja apresentada como amplamente confiável (ou científica), divulgada massivamente e, tanto quanto possível, blindada contra críticas e questionamentos.

Alfabetização científica

Frequentemente, o analfabetismo científico é citado como a principal raiz da crença em pseudociências.[14] Sugarman et al. (2011)[43] propõem que a *alfabetização científica* se refere, basicamente, ao conhecimento de conceitos, teorias e princípios científicos. Naturalmente, muita gente acredita que os cursos universitários são o terreno mais fértil para plantar as sementes do pensamento científico.

Por um lado, há algumas evidências de que pessoas que confiam *menos* em pseudociências (e/ou que sabem identificá-las) apresentam um domínio maior de teorias científicas,[45] têm mais experiência acadêmica[43,45] e são mais capazes de diferenciar fatos de mitos na psicologia.[39] Por outro lado, outros estudos não encontraram esse tipo de correlação.[47,48] Conforme comentam Sugarman et al. (2011),[43] a crença em pseudociências é alta até mesmo em meios universitários e está longe de ser um bom indicador de analfabetismo científico. Pessoas mais inteligentes e academicamente privilegiadas não estão necessariamente imunes a crer em ideias mal fundamentadas e podem ser ainda mais competentes para defendê-las.[49] E agora?

Pense rápido?

Em sua revisão sistemática, Galbraith et al. (2018)[50] encontraram estudos sugestivos de que, quanto mais as pessoas são cognitivamente "intuitivas", mais elas confiam em PICS. Esse *raciocínio intuitivo* pode ser definido como uma tendência de pensar de forma rápida e automática.[51] Ainda que todos nós raciocinemos intuitivamente (e.g., ao dirigir, ao realizar cálculos matemáticos simples e ao nos comunicarmos no cotidiano), algumas pessoas dão preferência a esse "estilo cognitivo" em contextos cujas respostas corretas requerem um raciocínio mais *analítico*, isto é, uma forma mais lenta e controlada de pensar. Essa preferência talvez reflita uma confiança nas próprias intuições, as quais podem ocasionalmente se apresentar como formas *enviesadas* de se interpretar informações.[52,53] Esses *vieses cognitivos* – ou erros de pensamento – têm sido ocasionalmente listados como uma das raízes da crença em pseudociências.[9]

Nessa linha, Rodríguez-Ferreiro e Barberia (2021)[41] verificaram que os entrevistados que mais confiavam em pseudociências (e.g., reiki, homeopatia e programação neurolinguística) se contentavam com menos evidências – e, naturalmente, eram mais apressados – para chegar a conclusões. Os autores chamaram esse raciocínio de "viés de pular-para-conclusões". Já Torres et al. (2020)[42] constataram que as pessoas mais crentes em ideias pseudocientíficas eram mais inclinadas a ter ilusões de causalidade. Especificamente, elas eram mais suscetíveis a concluir que uma erva era terapeuticamente eficaz quando, na realidade, seu uso só se correlacionava de forma *coincidente* com a melhoria de *alguns* pacientes. Em suma, dados como esses sugerem que a confiança excessiva em intuições é um "fator de risco" para a crença em pseudociências.[39]

Complementarmente, há evidências de que a tendência a pensar analiticamente se correlaciona negativamente com a confiança em doutrinas e práticas pseudocientíficas.[39,46,47] Em outras palavras, pessoas que apresentam mais respostas lentas e reflexivas (e corretas) a certas questões de pesquisa tendem a crer menos em pseudociências. Além disso, elas parecem ser melhores para diferenciar doutrinas científicas (e.g., astronomia) de doutrinas pseudocientíficas (e.g., astrologia).[40]

É válido mencionar que, embora possam se correlacionar, raciocínio analítico e inteligência são construtos *distintos*. Na verdade, Jastrzębski e Chuderski (2022)[47] encontraram que a crença em ideias pseudocientíficas dos participantes de seu estudo (e.g., "A acupuntura é eficaz contra doenças" e "Vacinas causam autismo") se associou mais fortemente com seu desempenho analítico do que com sua inteligência (fluida). Ainda assim, os autores também verificaram que a rejeição de ideias pseudocientíficas foi maior entre aqueles com escores mais altos *simultaneamente* em ambos os construtos.

Ainda não está claro se os achados descritos nesta seção expressam, por exemplo, a propensão das pessoas a desconfiar de suas intuições[53] ou sua habilidade de avaliar alegações e argumentos mal fundamentados.[54] Ambas as hipóteses podem ser verdadeiras – e complementares –, e não podemos descartar a possibilidade de que a alfabetização científica *aprimore* nossas capacidades analíticas.[14,55]

Algumas ressalvas

A linha de pesquisa que investiga a crença em pseudociências é relativamente nova,[3] e a maior parte dos estudos parece ter se concentrado em variáveis cognitivas. Exemplos de outras características que precisam ser mais investigadas são os traços de personalidade,[49] o conservadorismo,[47] a saúde mental[38] e o contexto cultural em que doutrinas pseudocientíficas florescem.[48] Além disso, como comentam Jastrzębski e Chuderski (2022),[47] "uma parte substancial das diferenças individuais no endosso de afirmações não comprovadas pode ser idiossincrática" (p. 13). Portanto, estudos vindouros poderão lançar ainda mais luz sobre as causas da crença em pseudociências – entre psicólogos e entre a população geral –, e os achados descritos anteriormente – majoritariamente de natureza *correlacional* – devem ser tratados com cautela.

AFINAL, O QUE FAZER COM TUDO ISSO?

Como mencionamos no início deste capítulo, o cenário das pseudociências no Brasil e no mundo é terrivelmente desanimador. Por um lado, levando em conta as possíveis causas da confiança em práticas pseudocientíficas – e, naturalmente, sua ampla disseminação –, pode parecer que estamos diante de uma batalha perdida. Por outro lado, como cientistas, professores, estudantes, divulgadores científicos e/ou psicólogos – e, antes disso, como indivíduos preocupados com o bem-estar social –, precisamos unir forças contra essas "armadilhas camufladas de ciência".[34] Nesse sentido, elaboramos algumas recomendações em torno das quais poderemos articular possíveis "ofensivas" nessa guerra de narrativas. São elas:

- **Cobrar mais clareza conceitual, fiscalização e orientação do Conselho Federal de Psicologia (CFP).** Porque, em seus documentos,[56] o CFP não é suficientemente claro quanto à demarcação do que é ciência na psicologia. E, atualmente (i.e., em março de 2023), nenhum resultado é encontrado quando o termo "pseudociência" é inserido no mecanismo de busca do site do CFP. Afinal, quais são os critérios desse órgão para determinar quais doutrinas e práticas psicológicas são confiáveis? Quanto mais isso estiver obscuro, menos os Conselhos conseguirão fiscalizar se os psicólogos têm adotado práticas pseudocientíficas em seu exercício profissional. E, considerando sua função de orientar leigos e psicólogos, o CFP poderia desenvolver um portal virtual no qual todos pudessem consultar quais tratamentos são *empiricamente sustentados* (i.e., quais se mostraram satisfatoriamente eficazes para quais desfechos clínicos), quais são *experimentais* (i.e., quais não foram suficientemente testados) e quais são *empiricamente não recomendados* (i.e., quais não se mostraram satisfatoriamente eficazes para quais desfechos clínicos). Pesquisadores e psicólogos especializados em psicologia baseada em evidências (PBE) poderiam ser contratados para implementar essa tarefa. Se o CFP não se sintonizar com o movimento da PBE, o que impedirá que a constelação familiar ou a programação neurolinguística acabe se tornando "a homeopatia da psicologia"?

- **Constituir lideranças cientificamente alfabetizadas nas graduações de psicologia.** Porque estas, em parceria com coordenadores, alunos e professores que compõem um *núcleo docente estruturante* teriam algum poder na decisão sobre quais disciplinas serão ofertadas – e com quais ementas. Essas lideranças poderiam atuar não só para garantir que as melhores doutrinas, estratégias de pesquisa e práticas disponíveis sejam ensinadas, mas também para dificultar a inserção curricular de doutrinas, estratégias de pesquisa e práticas claramente pseudocientíficas. A propósito, entendemos que um currículo ideal contaria com uma disciplina focada na alfabetização sobre pseudociências e com uma dedicada a ensinar os princípios da PBE.
- **Realizar e valorizar mais a divulgação científica "combativa".** Porque, como já mencionamos, as pessoas parecem confiar menos em doutrinas pseudocientíficas que têm sido mais ostensivamente *criticadas, refutadas.*[3] E, supondo que a diferenciação entre ciência e pseudociência é raramente ensinada em graduações – muito menos na educação básica –, o papel do divulgador científico na alfabetização científica da população se torna ainda mais relevante. Contrapontos às alegações de pesquisadores, profissionais e entusiastas das pseudociências precisam penetrar diferentes áreas e ser viabilizados por diferentes meios de comunicação (e.g., por meio de livros e vídeos para as redes sociais). E, para implementar continuamente esse *trabalho*, os divulgadores científicos poderiam contar com financiamentos governamentais (e.g., bolsas de iniciação científica), empregos formais (e.g., em jornais), doações e/ou o simples compartilhamento de conteúdos digitais por parte daqueles que os consomem.
- **Investir continuamente em formação científica complementar.** Porque, assim como novas descobertas científicas são feitas a cada ano, o nascimento de novas pseudociências e a reformulação de suas "estratégias de venda" não param. Ao mesmo tempo que devemos abrir mão de ideias e práticas gradativamente superadas, não podemos abraçar as novidades sem que elas tenham sobrevivido ao escrutínio científico mais rigoroso. Congressos, cursos livres e grupos de estudos organizados por cientistas e/ou profissionais cientificamente qualificados podem ser essenciais para manter atualizados nosso ceticismo e nossa alfabetização científica.

Essas recomendações são apenas esboços de possíveis estratégias de contenção contra o avanço das pseudociências. Precisamos nos organizar para discuti-las, refiná-las e implementá-las. No final do dia, sabemos que essa luta é tanto intelectual quanto política. Mas não podemos desanimar. A cientificidade e a credibilidade da psicologia dependem disso. Nossa saúde mental também.

NOTAS

1. AMSTAR 2[57] é um instrumento cuja função é avaliar a qualidade de revisões sistemáticas da área da saúde. Segundo Ferreira (2022),[25] a metanálise avaliada sobre a eficácia da constelação familiar[24] acabou falhando em cinco itens críticos (de um total de sete) e em cinco itens não críticos (de um total de nove). Por exemplo, os critérios de inclusão dos estudos analisados foram pouco rigorosos (e.g., trabalhos com métodos não controlados/não randomizados foram incluídos), esses estudos foram selecionados por apenas um pesquisador, e não foi realizada uma investigação sobre possíveis vieses de publicação.
2. Considere este exemplo dado por Jastrzębski e Chuderski (2022):[47] "Em uma família, cada uma das sete irmãs tem um irmão. Quantos irmãos (homens) há nessa família?" A resposta *intuitiva* "sete" passa pela cabeça da maioria das pessoas, mas nem todas chegam à conclusão *analítica* (e correta) "um".

REFERÊNCIAS

1. Herbert JD, Lilienfeld SO, Lohr JM, Montgomery RW, O'Donohue WT, Rosen GM, et al. Science and pseudoscience in the development of eye movement desensitization and reprocessing: Implications for clinical psychology. Clin Psychol Rev. 2000;20(8):945-71.
2. Liem A, Newcombe PA. Knowledge, attitudes, and usage of complementary-alternative medicine (CAM): A national survey of clinical psychologists in Indonesia. Curr Psychol. 2021;40(7):3477-87.
3. García-Arch J, Ballestero-Arnau M, Hoyas LP, Giaiotti F. Disproven but still believed: The role of information and individual differences in the prediction of topic-related pseudoscience acceptance. Appl Cogn Psychol. 2022;36(2):268-82.
4. Fasce A. What do we mean when we speak of pseudoscience? The development of a demarcation criterion based on the analysis of twenty-one previous attempts. Disputatio. Philosophical Research Bulletin. 2017;6(7):459-88.
5. Hansson SO. Disciplines, doctrines, and deviant science. Int Stud Philos Sci. 2020;33(1):43-52.

6. Hansson SO. Definindo pseudociência e ciência. Crítica na Rede. 2021. [acesso em agosto de 2024]. Disponível em: https://criticanarede.com/pseudociencia.html
7. Ferreira CMC. Será a psicanálise uma pseudociência? Reavaliando a doutrina utilizando uma lista de multicritérios. Debates em Psiquiatria. 2021;11:1-33.
8. Lilienfeld SO, Ammirati R, David M. Distinguishing science from pseudoscience in school psychology: Science and scientific thinking as safeguards against human error. J Sch Psychol. 2012;50(1):7-36.
9. Travers JC, Ayers K, Simpson RL, Crutchfield S. Fad, pseudoscientific, and controversial interventions. In: Lang R, Hancock T, Singh N, editores. Early Intervention for Young Children with Autism Spectrum Disorder. Cham: Springer; 2016. p. 257-93.
10. Hansson SO. Vetenskap och ovetenskap. Estocolmo: Tiden; 1983.
11. Pilati R. Ciência e pseudociência: por que acreditamos apenas naquilo em que queremos acreditar. São Paulo: Contexto; 2020.
12. Lilienfeld SO, Lynn SJ, Lohr JM. Science and pseudoscience in Clinical Psychology: Initial thoughts, reflections, and considerations. In: Lilienfeld SO, Lynn SJ, Lohr JM, organizadores. Science and pseudoscience in Clinical Psychology. 2. ed. Guilford Press; 2015.
13. Denault V, Plusquellec P, Jupe LM, St-Yves M, Dunbar NE, Hartwig M, et al. The analysis of nonverbal communication: The dangers of pseudoscience in security and justice contexts. Anuario de Psicología Jurídica. 2020;30(1):1-12.
14. Sagan C. O mundo assombrado pelos demônios: a ciência vista como uma vela no escuro. São Paulo: Companhia das Letras; 2006.
15. Gontijo DF. Comissão de Assuntos Sociais debate Constelação Familiar e cura sistêmica. YouTube. 2021. [acesso em agosto de 2024]. Disponível em: https://youtu.be/1ovV0vWmlvs
16. Tapia CJR, Guzmán AFA, Trelles XFR, Martínez BAE, Fernández WJP, Salinas FAC, et al. Constelaciones Familiares:¿ Psicoterapia o pseudoterapia? Revisión de la literatura desde la filosofía de la ciencia. South Fla J Dev. 2021;2(2):3429-45.
17. Orsi C. Constelação Familiar: machismo às custas do SUS. Questão de Ciência. 2019. [acesso em agosto de 2024]. Disponível em https://www.revistaquestaodeciencia.com.br/artigo/2019/12/20/constelacao-familiar-machismo-e-pseudociencia-custas-do-sus
18. Beyerstein BL. Fringe psychotherapies: The public at risk. Sci Rev Altern Med. 2001;5(2):70-9.
19. Lilienfeld SO, Landfield K. Science and pseudoscience in law enforcement: A user-friendly primer. Criminal Justice and Behavior. 2008;35(10):1215-30.
20. Lindeman M. Motivation, cognition and pseudoscience. Scand J Psychol. 1998;39(4):257-65.
21. Williams GS. Irlen syndrome: expensive lenses for this ill defined syndrome exploit patients. BMJ. 2014:349:g4872.
22. Witkowski T. Thirty-five years of research on neuro-linguistic programming. NLP research data base. State of the art or pseudoscientific decoration? Pol Psychol Bull. 2010;41(2):58-66.

23. Cioffi F. Epistemologia e má-fé: o caso do freudismo. In: Meyer C, organizadores. O livro negro da psicanálise: viver e pensar melhor sem Freud. 4. ed. Civilização Brasileira; 2019.
24. Thege BK, Petroll C, Rivas C, Scholtens S. The effectiveness of family constellation therapy in improving mental health: a systematic review. Fam Process. 2021;60(2):409-23.
25. Ferreira CMC. Comunicação pessoal. 2022. Trabalho não publicado.
26. Bonelli RM, Koenig HG. Mental disorders, religion and spirituality 1990 to 2010: a systematic evidence-based review. J Relig Health. 2013;52(2):657-73.
27. Smith TB, McCullough ME, Poll J. Religiousness and depression: Evidence for a main effect and the moderating influence of stressful life events. Psychol Bull. 2003;129(4):614-36.
28. Vittengl JR. A lonely search? Risk for depression when spirituality exceeds religiosity. J Nerv Ment Dis. 2018;206(5):386-9.
29. Schnittker J. Unnerved: anxiety and modern mental health. Columbia University Press. 2021.
30. Lilienfeld SO. Distinguishing Scientific From Pseudoscientific Psychotherapies: Evaluating the Role of Theoretical Plausibility, With a Little Help From Reverend Bayes. Clin Psychol. 2011;18(2):105-12.
31. Wiseman R. Paranormalidade: Por que vemos o que não existe? Rio de Janeiro: Best-Seller; 2017.
32. Hughes BM. How should clinical psychologists approach complementary and alternative medicine? Empirical, epistemological, and ethical considerations. Clin Psychol Rev. 2008;28(4):657-75.
33. Orsi C. Quiropraxia, uma ideia ruim made in USA. Questão de Ciência. 2019. [acesso em agosto de 2024]. Disponível em: https://www.revistaquestaodeciencia.com.br/artigo/2019/11/09/quiropraxia-uma-ideia-ruim-made-usa
34. Schappo M. Armadilhas camufladas de ciência: mitos e pseudociências em nossas vidas. Rio de Janeiro: Autografia; 2021.
35. Syed WAP. Por que criticar medicinas alternativas? Questão de Ciência. 2020. [acesso em agosto de 2024]. Disponível em: https://www.revistaquestaodeciencia.com.br/artigo/2020/06/12/por-que-criticar-medicinas-alternativas
36. Bassman LE, Uellendahl G. Complementary/alternative medicine: Ethical, professional, and practical challenges for psychologists. Prof Psychol Res Pract. 2003;34(3):264-70.
37. Stapleton P, Chatwin H, Boucher E, Crebbin S, Scott S, Smith D, et al. Use of complementary therapies by registered psychologists: An international study. Prof Psychol Res Pract. 2015;46(3):190-6.
38. Elkins G, Marcus J, Rajab MH, Durgam S. Complementary and alternative therapy use by psychotherapy clients. Psychotherapy: Theory, Research, Practice, Training. 2005;42(2):232.
39. Budžak A, Branković M. Alternative ways to mental health: Exploring psychological determinants of preference for CAM treatments. Studia Psychologica. 2022;64(1):118-35.

40. Bensley DA, Lilienfeld SO, Powell LA. A new measure of psychological misconceptions: Relations with academic background, critical thinking, and acceptance of paranormal and pseudoscientific claims. Learn Individ Diff. 2014;36:9-18.
41. Rodríguez-Ferreiro J, Barberia I. Believers in pseudoscience present lower evidential criteria. Sci Rep. 2021;11(1):24352.
42. Torres MN, Barberia I, Rodríguez-Ferreiro J. Causal illusion as a cognitive basis of pseudoscientific beliefs. Br J Psychol. 2020;111(4):840-52.
43. Sugarman H, Impey C, Buxner S, Antonellis J. Astrology beliefs among undergraduate students. Astron Educ Rev. 2011;10(1).
44. Zaboski BA, Therriault DJ. Faking science: Scientificness, credibility, and belief in pseudoscience. Educ Psychol. 2020;40(7):820-37.
45. Tseng YC, Tsai CY, Hsieh PY, Hung JF, Huang TC. The relationship between exposure to pseudoscientific television programmes and pseudoscientific beliefs among Taiwanese university students. Int J Sci Educ Part. B. 2014;4(2):107-22.
46. Fasce A, Picó A. Conceptual foundations and validation of the Pseudoscientific Belief Scale. Appl Cogn Psychol. 2019;33(4):617-28.
47. Jastrzębski J, Chuderski A. Analytic thinking outruns fluid reasoning in explaining rejection of pseudoscience, paranormal, and conspiracist beliefs. Intelligence. 2022;95:101705.
48. Majima Y. Belief in pseudoscience, cognitive style and science literacy. Appl Cogn Psychol. 2015;29(4):552-9.
49. Shermer M. Por que as pessoas acreditam em coisas estranhas: pseudociência, superstição e outras confusões dos nossos tempos. São Paulo: JSN Editora; 2011.
50. Galbraith N, Moss T, Galbraith V, Purewal S. A systematic review of the traits and cognitions associated with use of and belief in complementary and alternative medicine (CAM). Psychol Health Med. 2018;23(7):854-69.
51. Kahneman D. Rápido e devagar: duas formas de pensar. Rio de Janeiro: Objetiva; 2011.
52. Shenhav A, Rand DG, Greene JD. Divine intuition: cognitive style influences belief in God. J Exp Psychol Gen. 2012;141(3):423.
53. Svedholm AM, Lindeman M. Healing, mental energy in the physics classroom: Energy conceptions and trust in complementary and alternative medicine in grade 10–12 students. Sci Educ. 2013;22:677-94.
54. Tsai CY, Lin CN, Shih WL, Wu PL. The effect of online argumentation upon students' pseudoscientific beliefs. Comput Educ. 2015;80:187-97.
55. Pennycook G, Tranel D, Warner K, Asp EW. Beyond reasonable doubt: Cognitive and neuropsychological implications for religious disbelief. In: Coles A, editor. Neurology of Religion. Cambridge: Cambridge University Press; 2017.
56. Conselho Federal de Psicologia. Código de Ética Profissional dos Psicólogos, Resolução nº 10/05. 2005.
57. Shea BJ, Reeves BC, Wells G, Thuku M, Hamel C, Moran J, et al. A. AMSTAR 2: A critical appraisal tool for systematic reviews that include randomised or non-randomised studies of healthcare interventions, or both. BMJ. 2017;358:j4008.

7

Iatrogenia em psicoterapia

Fernanda de Oliveira Paveltchuk
Marcele Regine de Carvalho

INTRODUÇÃO

A reflexão e a busca por evidências em psicoterapia datam da década de 1950. Desde os anos 1990, o movimento da prática baseada em evidências (PBE) tem ganhado força no campo da psicologia, apesar de pouco discutido no Brasil, estabelecendo tratamentos empiricamente sustentados no que concerne a evidências de eficácia, efetividade, eficiência e segurança.[1] Tão importante quanto buscar evidências de que uma intervenção funciona é investigar quão segura dita intervenção é para aqueles que a ela são submetidos. Afinal, uma intervenção que funciona realmente funciona se pode causar dano? A investigação das evidências de segurança de intervenções psicoterapêuticas busca identificá-las e classificá-las de acordo com seus níveis de iatrogenia.

Um sintoma iatrogênico é definido como "precipitado, agravado ou induzido pela atitude, exame, comentários ou tratamento do médico" (p. 103).[2] É provável que, de modo geral, haja uma co-ocorrência de efeitos positivos e iatrogênicos em psicoterapia.[3] Ao longo do capítulo, conceitos referentes à PBE, à segurança e à iatrogenia de intervenções psicoterapêuticas serão discutidos a fim de destacar a necessidade da investigação das evidências de segurança em psicoterapia.

PRÁTICA DA PSICOLOGIA BASEADA EM EVIDÊNCIAS: POR QUE E PARA QUÊ?

A prática da psicologia baseada em evidências (PPBE) é projetada para considerar as melhores evidências científicas disponíveis, além das características e preferências do cliente aliadas à experiência clínica do psicólogo, a fim de fornecer uma base para a atuação do psicólogo em um dado momento.[4] As evidências de uma intervenção são investigadas em quatro níveis: eficácia (a intervenção funciona em condições ideais?), eficiência (qual é o seu custo-benefício?), efetividade (os seus ganhos se mantêm em condições de mundo real?) e segurança (quão segura essa intervenção é?).[4]

Investigar a iatrogenia em psicoterapia pode auxiliar na elaboração e no aprimoramento de intervenções eficazes e efetivas apropriadas e na extinção de intervenções já conhecidamente inseguras, bem como de comportamentos antiéticos por parte de psicoterapeutas. Porém, na literatura há um maior número de publicações referentes às evidências de eficácia e efetividade quando comparadas à segurança das intervenções.[5]

IATROGENIA EM PSICOTERAPIA

Os dados de pesquisa podem ser muito úteis no que diz respeito a escolher intervenções seguras. A segurança de intervenções psicoterapêuticas diz respeito a quão adequada é uma estratégia e quão prejudicial ela pode ser.[4] O objetivo dessa investigação é mapear possíveis efeitos iatrogênicos, adversos ou negativos (ver próximo tópico) que possam ser provenientes da intervenção utilizada. Ao mapear tais efeitos, é possível alterar as intervenções ou descartar aquelas que não possam ser alteradas.

Uma questão de nomenclatura e definição

O campo de estudos referentes à segurança de intervenções psicoterapêuticas ainda não apresenta um número de publicações tão robusto quanto os estudos referentes à eficácia e à efetividade, conforme supracitado. Isso pode acontecer por várias razões, entre elas a dificuldade de nomenclatura e a definição de construtos centrais a serem investigados na área. Quanto às nomenclaturas, podem ser encontrados estudos que utilizam diversos termos: prejuízo, prejudiciais, efeitos adversos, efeitos negativos, risco, efeitos iatrogênicos etc. Isso pode ser um problema, pois sem a uniformização de nomenclatura, a sistematização das evidências pode ser dificultada; se não se sabe que termo utilizar para se referir a um construto, como buscar informações sobre pesquisas referentes a ele para construir o próprio estudo? Ademais, o problema das nomenclaturas leva a outro problema: o das definições do construto. Afinal, como uniformizar a definição de um construto se não se pode sequer nomeá-lo? No Quadro 1, podem-se observar alguns dos termos e definições encontrados na literatura.

QUADRO 1 Algumas nomenclaturas e definições comumente utilizadas na pesquisa de evidências de segurança em psicoterapia

Nomenclatura	Definição
Efeitos iatrogênicos[6]	Efeitos não planejados, muitas vezes negativos, do tratamento
Efeitos negativos[7]	Mudança negativa experienciada durante ou após o processo psicoterapêutico. O cliente considera a mudança um efeito da intervenção
Efeitos adversos[8]	Ausência de resposta, deterioração e eventos adversos, percebidos como negativos, desconfortáveis ou prejudiciais pelo paciente, pelo terapeuta ou por outros
Má prática[9]	Prejuízos de intervenções inadequadamente aplicadas e/ou erros terapêuticos
Efeitos colaterais[9]	Prejuízos de intervenções adequadamente aplicadas

Fonte: elaborado pelas autoras.

Com o objetivo de explanar mais profundamente o impacto da reflexão terminológica, alguns termos utilizados na área de estudos sobre iatrogenia em psicoterapia serão articulados a seguir. Conforme exposto no Quadro 1, Rheker e colaboradores (2017)[7] definem um efeito negativo (EN) em psicoterapia como toda mudança experienciada durante ou depois do tratamento, percebida como negativa pelo cliente e que seja, por ele, atribuída às intervenções clínicas. Nessa definição, quem define o que é um EN é o cliente: o psicoterapeuta não avalia se houve a ocorrência de EN. Assim, caso um cliente tenha sido submetido a um treino de assertividade, por exemplo, e tal treino tenha levado a posturas mais assertivas e mais limites sendo colocados por ele em suas relações, o cliente pode entender o fim de uma relação nociva como um EN derivado do treino de assertividade. Por outro lado, se apenas o psicoterapeuta puder definir se há EN, os clientes poderão ficar desamparados diante de efeitos aversivos de intervenções inadequadas. Por isso, indica-se que os EN sejam avaliados tanto por clientes quanto por psicoterapeutas.[10]

Efeitos de intervenções inadequadas podem ser entendidos como má prática (MP). Atualmente, não existe consenso na literatura quanto à inclusão de MP no que se considera EN. Porém, neste texto, será utilizado o argumento dos pesquisadores que classificam os prejuízos decorrentes de intervenções terapêuticas em dois grupos: os efeitos colaterais (EC: prejuízos de intervenções adequadas) e os efeitos de MP (prejuízos de intervenções inadequadas e/ou erros terapêuticos).[9] Essa classificação (Figura 1) define os eventos indesejados (EI) em psicoterapia quanto a: 1) sua relação com as intervenções aplicadas (se relacionados ou se não relacionados); 2) se são relacionados às intervenções, são classificados como EC ou MP.[11]

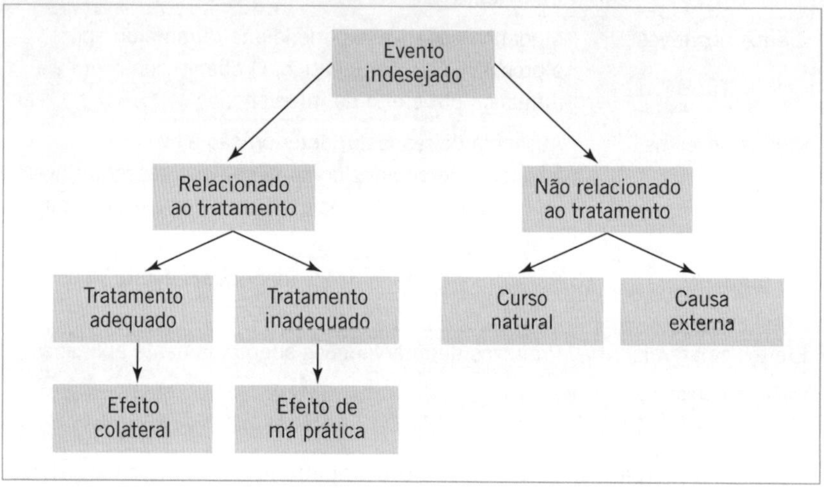

FIGURA 1 Eventos indesejados em psicoterapia.
Fonte: adaptada de Schermuly-Haupt et al., 2018.[11]

Devido à dificuldade na uniformização da nomenclatura e da definição do construto, existem também dificuldades na elaboração de medidas de mensuração e da ocorrência de EN na clínica.[12] A elaboração de tais medidas pode ser especialmente útil no que concerne a refinar as intervenções adequadas, minimizando seus danos, e diferenciar tais danos daqueles derivados de intervenções inadequadas. Ademais, as medidas também contribuem na solidificação das evidências referentes a EN como um construto, já que a utilização de instrumentos de mensuração adequados permite pesquisas com avaliação mais robusta: atualmente, é comum que sejam utilizadas medidas quanto à deterioração de sintomas como instrumentos de avaliação de EN. A deterioração de sintomas é só um dos possíveis efeitos iatrogênicos de intervenções psicoterapêuticas.[13]

Alguns exemplos de efeitos iatrogênicos incluem desistência do tratamento, dependência do psicoterapeuta, falta de engajamento do cliente, mudanças negativas em áreas da vida do cliente, falta de confiança no tratamento e no psicoterapeuta, entre outros. Exemplos de efeitos de MP são: abuso sexual, psicológico, verbal ou físico; comportamento eticamente inadequado por parte do terapeuta; e desrespeito às especificidades socioculturais e características do cliente.[14] Quanto aos fatores associados à ocorrência de EN, destacam-se falta de ajuste entre as necessidades do cliente, as habilidades do terapeuta e a estrutura de serviços.[15] A seguir, alguns desses fatores e efeitos são exemplificados por meio de vinhetas clínicas.

VINHETAS CLÍNICAS

A experiência de Patrícia com a postura antiética de seu psicoterapeuta

Patrícia, 32 anos, é uma mulher cisgênero heterossexual branca. Profissional da área de TI, ela trabalha como programadora. Porém, a razão de sua busca por psicoterapia nada tem a ver com o trabalho: ela busca ajuda para lidar com um relacionamento romântico de seis anos com João, de 38 anos. A relação se estabelece em um acordo monogâmico, porém Patrícia recentemente descobriu que João teria se relacionado com outras mulheres ao longo do relacionamento. Ela busca psicoterapia para refletir e entender o que fazer com a informação obtida. Seu terapeuta, Célio, é um homem cisgênero heterossexual branco de 41 anos. Célio não parte de uma PBE para suas escolhas clínicas, por isso não sabe que não apenas suas experiências profissionais e opiniões pessoais importam no planejamento do tratamento. Célio aconselha Patrícia a permanecer no relacionamento e a refletir sobre as cobranças descabidas e pressões que a cliente impunha a João. Célio argumenta que "ideias feministas tomaram a sociedade e fizeram as pessoas esquecerem que homens e mulheres, por natureza, teriam necessidades diferentes." Patrícia permanece na relação, mas percebe uma intensificação de seus sintomas de ansiedade e depressão. Por não se sentir validada por Célio, Patrícia abandona a terapia. Abuso verbal, físico e/ou sexual, propagação de estigmas e discriminações e posicionamentos pessoais podem ser considerados exemplos de MP em psicoterapia.[9] Todos esses comportamentos não são permitidos pelo código de ética profissional do psicólogo.[16] Se um cliente busca psicoterapia para manejo de uma demanda específica e sofre qualquer tipo de violência no consultório, não só o tratamento não alcança os devidos objetivos como causa danos e possivelmente agrava os quadros apresentados pelo cliente.

O preconceito da psicoterapeuta quebra a confiança de Muri

Muri, pessoa não binária, assexual e negra, busca tratamento para manejo de sintomas de transtorno obsessivo-compulsivo (TOC) com obsessões de contaminação. Sua terapeuta, Maria Julia, é uma mulher cisgênero bissexual de ascendência asiática. Maria opta por iniciar o tratamento com a estratégia de exposição e prevenção de respostas para o manejo das obsessões e compulsões do TOC de Muri. Porém, ao chegar em uma sessão, Muri se depara com uma lista de exposições já preparada, incluindo situações sexuais. Elu tenta explicar a Maria Julia que sua ansiedade nas experiências sexuais anteriores se justifica por ter se descoberto uma pessoa assexual, que não experiencia desejo ou atração sexual por outras pessoas, e que nunca teve obsessões de contaminação relacionadas a sexo. Maria insiste na postura e afirma que é impossível que a assexualidade seja uma identidade e não uma disfunção sexual. Muri também abandona a terapia.

Indivíduos pertencentes a grupos minoritários relatam maiores danos de intervenções psicoterapêuticas do que grupos que não são socialmente desfavorecidos.[17] Posturas que reforcem normatividade, como o cissexismo, o heterossexismo e o alossexismo (pressuposto de que ter desejo ou atração sexual é a norma) por parte do psicoterapeuta podem levar a uma quebra da confiança no profissional e no tratamento, além de ampliar efeitos adversos sintomatológicos e desistência do tratamento. O profissional psicólogo tem deveres éticos de atualização e postura adequada, assim como a responsabilidade social de lutar contra processos de estigmatização, respeitar e proteger o cliente.

As crenças e regras pessoais da psicoterapeuta impactam na relação terapêutica com os clientes

Laís é uma psicoterapeuta de 27 anos, cisgênero, lésbica e negra. Em sua história de vida, pautada por experiências de preconceito racial e sexual, ela aprendeu que, se não fosse amável, não receberia atenção e reconhecimento. Assim, desenvolveu crenças centrais como "não tenho valor", "não serei amada", "não serei reconhecida", "não terei sucesso." As regras criadas por Laís para evitar que suas crenças se confirmassem foram baseadas em estratégias compensatórias: "se eu oferecer muita atenção, serei reconhecida", "se eu for necessária, as pessoas gostarão de mim", "se eu tiver muito sucesso, as pessoas verão meu valor". Essas regras a levaram a uma dificuldade de colocar limites e a uma necessidade de agradar a todos. No consultório, isso levou a diversos comportamentos em busca da aprovação dos clientes, como: evitar dizer verdades incômodas, evitar cobrar sessões desmarcadas sem antecedência, reforçar comportamentos abusivos de clientes e contatos frequentes fora do horário de sessão de alguns pacientes. Por isso, os pacientes desenvolveram dependência da terapeuta e da terapia, além de não terem recebido os limites necessários. Laís busca supervisão a partir do estudo sobre efeitos negativos e PBE em um curso de pós-graduação.

Entre os erros terapêuticos mais comuns observados em psicoterapeutas iniciantes, a literatura dos últimos cinquenta anos apresenta alguns: pressionar o cliente quanto ao passado, forçar a transferência, fornecer apoio inadequado e tentar a interpretação excessiva prematura.[18]

A ansiedade do psicoterapeuta atrapalha sua avaliação de efeitos negativos

Lauro é um psicoterapeuta cisgênero, branco e *gay* de 23 anos, recém-formado. Por temer cometer erros no consultório, ele tenta seguir cada estratégia como está descrita nos livros-texto. Lauro se esforça para atender a todos os clientes da mesma forma: "Meu dever é ser o mesmo terapeuta pra todos, ser imparcial, o mais neutro que eu conseguir. Apenas sigo tudo à risca para não ter erro". Jaime, um de seus clientes, é um homem cisgênero, branco e *gay* de 24 anos. O cliente relata sentir as sessões muito engessadas e a postura de Lauro muito rígida, lhe dando a impressão de que não é ouvido e que, por mais que se esforce, não conseguirá apresentar um resultado adequado como paciente: "As sessões são muito quadradas. Não dá tempo de explorar algumas coisas, e são sempre muitas tabelas para responder, fico me achando incapaz quando não dou conta de fazer tudo. Eu não estou confiando que o tratamento vá me ajudar. E não tenho espaço para dar esse *feedback*. Ele quase nunca me pergunta o que estou achando da terapia, e noto que logo depois que pergunta ele me corta e encerra a sessão. Acho que ele não gosta muito de mim". Na verdade, Lauro tem medo de pedir o *feedback* de seus clientes e se deparar com críticas ou efeitos deletérios com os quais não saiba lidar. Por isso, evita o assunto.

É indicado que se avalie a ocorrência de EI e deterioração de sintomas a partir dos seguintes critérios: 1) a investigação de quais tipos de desfechos são medidos (se são EC ou de MP); 2) quando (com que frequência e em que momentos do tratamento) esses desfechos são medidos; 3) métodos de mensuração utilizados para determinar a ocorrência de EI (questionários, inventários, escalas etc.); 4) quem responde sobre a ocorrência de EI (cliente, psicoterapeuta ou ambos).[10] A frequência com que se avalia a ocorrência de EI também pode funcionar como fator protetivo quanto à sua ocorrência, já que a investigação sessão a sessão permite correções durante o próprio processo psicoterapêutico, com o tratamento em curso.[19]

UM APELO À FORMAÇÃO PROFISSIONAL

No Brasil, psicólogos reportam altos níveis de atitudes negativas relacionadas à ciência,[20] assim como confusões acerca da concepção da ciência.[21] Pode-se interpretar tais dados como um efeito do estado-da-arte da formação em PBE nos programas de graduação e pós-graduação brasileiros, com o crescimento de vertentes pós-estruturalistas e o desconhecimento quanto à filosofia da ciência e à natureza do método científico.[20] Cabe questionar se essa falha na formação profissional pode ser, também, um preditor da ocorrência de iatrogenia e MP em psicoterapia: se o conhecimento referente à filosofia da ciência, à importância da pesquisa em psicologia e às premissas do método científico e da PBE não chega aos espaços formativos, e os profissionais não têm possibilidade de aproximação com a temática e, por consequência, não poderão sequer saber da importância de investigar e prevenir EN em sua prática clínica.

Como cuidados referentes a uma prática clínica segura, recomenda-se: fornecer informações claras quanto às escolhas de tratamento; envolver o cliente na tomada de decisões clínicas; deixar o contrato explícito desde o início do tratamento; expressar com clareza quanto ao formato das sessões e ao progresso do cliente; e obter *feedback* do cliente quanto às intervenções utilizadas em seu tratamento.[15] A PBE se sustenta não apenas na melhor evidência disponível, mas também na experiência do psicoterapeuta e nas características e contextos sociocultural, político e econômico do cliente.[4]

CONSIDERAÇÕES FINAIS

Não se pode evitar que EI ou erros aconteçam no processo psicoterapêutico. A possibilidade da ocorrência deles existe em qualquer trabalho, inclusive com PBE, tendo em vista que a melhor evidência disponível varia de acordo com o tempo, o avanço do conhecimento científico e de novas informações quanto aos tratamentos empiricamente sustentados mais indicados. Além disso, psicoterapeutas são pessoas, e pessoas inexoravelmente cometerão erros. A investigação e o debate sobre iatrogenia em psicoterapia não demonizam erros ou psicoterapeutas, mas têm o objetivo de aprimorar as intervenções que oferecemos àqueles que buscam acompanhamento psicoterapêutico. É um exercício de humildade se saber falho e continuar buscando aprendizado a fim de assegurar o bem-estar de quem submetemos à psicoterapia.

Para evitar efeitos deletérios e prejuízos aos clientes, a atualização constante e o aprendizado de quais são as intervenções mais adequadas e recomendadas para suas queixas, assim como a avaliação frequente da ocorrência de EN como estratégia preventiva, devem ser pilares de nossa conduta como psicoterapeutas.

REFERÊNCIAS

1. Edgerton JE, Campbell RJ. American psychiatry glossary. 7. ed. Washington, DC: American Psychiatric Press, Inc.; 1994.
2. Leonardi JL, Meyer SB. Prática baseada em evidências em psicologia e a história da busca pelas provas empíricas da eficácia das psicoterapias. Psicol Cienc Prof. 2015;35(4):1139-56.
3. Boisvert CM, Faust D. Iatrogenic symptoms in psychotherapy: A theoretical exploration of the potential impact of labels, language, and belief systems. Am J Psychother. 2002;56(2):244-59.
4. Melnik T, de Souza WF, de Carvalho MR. A importância da prática da psicologia baseada em evidências: aspectos conceituais, níveis de evidência, mitos e resistências. Revista Costarricense de Psicología. 2014;33(2):79-92.
5. Parry GD, Crawford MJ, Duggan C. Iatrogenic harm from psychological therapies–time to move on. Br J Psychiatry. 2016;208(3):210-2.
6. Bootzin RR, Bailey ET. Understanding placebo, nocebo, and iatrogenic treatment effects. J Clin Psychol. 2005;61(7):871-80.
7. Rheker J, Winkler A, Doering BK, Rief W. Learning to experience side effects after antidepressant intake – Results from a randomized, controlled, double-blind study. Psychopharmacology (Berl). 2017;234(3):329-38.
8. Klatte R, Strauss B, Flückiger C, Rosendahl J. Adverse effects of psychotherapy: protocol for a systematic review and meta-analysis. Syst Rev. 2018;7(1):135.
9. Linden M. How to define, find and classify side effects in psychotherapy: from unwanted events to adverse treatment reactions. Clin Psychol Psychother. 2013;20(4):286-96.
10. Lampropoulos GK. Failure in psychotherapy: An introduction. J Clin Psychol. 2011;67(11):1093-5.
11. Schermuly-Haupt ML, Linden M, Rush AJ. Unwanted events and side effects in cognitive behavior therapy. Cognitive Ther Res. 2018;42(3):219-29.
12. Paveltchuk F, Mourão SEDQ, Keffer S, Costa RT, Nardi AE, Carvalho MR. Negative effects of psychotherapies: A systematic review. Couns Psychother Res. 2022;22(2):267-278.
13. Herzog P, Lauff S, Rief W, Brakemeier EL. Assessing the unwanted: a systematic review of instruments used to assess negative effects of psychotherapy. Brain Behav. 2019;9(12):e01447.
14. Moritz S, Fieker M, Hottenrott B, Seeralan T, Cludius B, Kolbeck K, et al. No pain, no gain? Adverse effects of psychotherapy in obsessive–compulsive disorder and its relationship to treatment gains. J Obsessive Compuls Relat Disord. 2015;5:61-6.
15. Hardy GE, Bishop-Edwards L, Chambers E, Connell J, Dent-Brown K, Kothari G, et al. Risk factors for negative experiences during psychotherapy. Psychother Res. 2019;29(3):403-14.

16. Conselho Federal de Psicologia. Código de Ética Profissional do Psicólogo. XIII Plenário do Conselho Federal de Psicologia. Brasília, DF: CFP; 2005.
17. Crawford MJ, Thana L, Farquharson L, Palmer L, Hancock E, Parry GD, et al. Patient experience of negative effects of psychological treatment: results of a national survey. Br J Psychiatry. 2016;208(3):260-5.
18. Altshuler KZ. Common mistakes made by beginning psychotherapists. Acad Psychiatry. 1989;13(2):73-80.
19. Lambert MJ, Whipple JL, Hawkins EJ, Vermeersch DA, Nielsen SL, Smart DW. Is it time for clinicians to routinely track patient outcome? A meta-analysis. Clin Psychol. 2003;10(3):288.
20. Bienemann B, Damásio BF. Attitudes towards science in psychology: relationships with sociodemographic characteristics among brazilian students and professionals. Temas Psicol. 2019;27:(2)533-47.
21. Bienemann B. Concepções de ciência e método científico entre profissionais e estudantes de psicologia. Rio de Janeiro. Dissertação (Mestrado em Psicologia) – Pontifícia Universidade Católica do Rio de Janeiro; 2018.

SEÇÃO 2

QUESTÕES METODOLÓGICAS

8

Estudo de caso: alcances e limites

Sândhya Siqueira Marques
Julia de Oliveira Chotgues
Rita Garcia Rangel
Luísa Fernanda Habigzang

Neste capítulo, abordaremos os estudos de caso na pesquisa em psicologia. Inicialmente, será traçado um panorama histórico sobre as contribuições desse delineamento para o campo da psicologia e a prática baseada em evidências (PBE). Após, discutiremos sobre seus alcances e contribuições para o desenvolvimento da pesquisa em psicologia, com exemplos ilustrativos de estudos de caso encontrados na literatura. Por fim, serão indicadas as limitações do delineamento na produção de evidências de efetividade.

CONTEXTUALIZAÇÃO HISTÓRICA

Na psicologia, os estudos de caso têm forte representação histórica, pois contribuíram para o desenvolvimento de teorias e pesquisas sobre tratamentos,[1] permitindo a união entre pesquisa e clínica.[2] Diversas abordagens terapêuticas, como a psicanálise, a terapia comportamental, a terapia centrada no cliente e a terapia existencial, contribuíram para a literatura ao descrever casos clínicos e embasá-los com suas respectivas linhas teóricas.[2] Na origem da psicanálise, por exemplo, Freud documentou diversos casos que acompanhou, descrevendo características de pacientes, técnicas, estratégias e hipóteses consideradas. Com isso, o uso de casos foi deixando de servir apenas para descrever demandas específicas e passou a representar uma ferramenta de ensino sobre a teoria psicanalítica, ilustrando as técnicas e disseminando seu modelo teórico.[1] Já no desenvolvimento da terapia centrada no cliente, Rogers fez uso da gravação de atendimentos para posterior análise e aperfeiçoamento da abordagem terapêutica. No caso de Rogers, os dados coletados contribuíram como ferramenta para o processo de construção de intervenções também voltadas para trocas sutis no *setting*, postura e silêncios durante as sessões.[3]

Por detalhar as narrativas que paciente e terapeuta constroem no curso do tratamento, descrevendo avanços teóricos e reformulando-os conforme seus achados, modelos como os citados detêm uma importância histórica na psicologia.[1] Contudo, a metodologia empregada para formular estudos de caso tem se tornado mais complexa e recebido exigências mais criteriosas para garantir a qualidade e confiabilidade das pesquisas em psicologia.[2,4,5] Tais exigências são reflexo: (1) do desenvolvimento de outros modelos de investigação no campo da psicologia clínica, que ampliaram as possibilidades de estudo,[1] e (2) da crescente atenção que a PBE tem recebido internacionalmente,[6] como explicaremos a seguir.

A PBE originou-se a partir de outras áreas das ciências da saúde, como medicina, fisioterapia e odontologia, e vem recebendo interesse da psicologia desde a década de 1990.[6] A partir de meados do século XX, debates quanto à eficácia dos tratamentos de psicoterapia e a investigação pelo melhor tratamento têm sido travados por estudiosos do campo.[7] Como resultado, no final de 1990 e início dos anos 2000, a American Psychological Association (APA) implementou forças-tarefas para mapear estudos de psicologia clínica, analisando os processos de tratamento, bem como seus respectivos desfechos.[6] Logo, em psicologia, a PBE se refere ao processo de tomada de decisão para identificar o melhor tratamento para as demandas do/a paciente de acordo com: 1) as melhores evidências científicas disponíveis em psicoterapia, considerando eficácia, efetividade e segurança; 2) a *expertise* clínica do/a profissional; 3) as características, preferências e valores do/a paciente,[8]

A Divisão 12 da APA - representante do campo da psicologia clínica -, por exemplo, promoveu uma força-tarefa com o intuito de elaborar uma lista de tratamentos eficazes apoiados em pesquisas, rastreando-os a partir de diversos referenciais teóricos.[7] Essa força-tarefa buscou analisar procedimentos, técnicas e estratégias utilizadas nas pesquisas em psicologia clínica para definir os melhores tratamentos empiricamente sustentados,[6] seguindo a lógica da prática em psicologia baseada em evidências.

Para que um tratamento fosse classificado como empiricamente sustentado, este necessitaria conter os seguintes requisitos: 1) ter passado por estudos conduzidos por diferentes equipes de pesquisa; 2) ter seguido seu respectivo manual; 3) ter as características das/dos pacientes submetidas ao tratamento registradas; 4) apresentar eficácia superior a de tratamentos medicamentosos, bem como a outros tratamentos e superior a resultados-placebo. Para as análises dos tratamentos, era necessário que houvesse pelo menos dois ensaios clínicos randomizados ou nove (ou mais) estudos de caso único.[9] A lista produzida a partir dessa força-tarefa permanece disponível no *site* da Divisão, mantendo-se em constante atualização, conforme os achados de novas pesquisas,[10] visto que a PBE demanda aprendizagem contínua, conforme o surgimento de novas evidências.[8]

Em contrapartida às pesquisas da Divisão 12, a Divisão 29 da APA – referente à psicoterapia – promoveu nova força-tarefa, com o intuito de explorar outras características que podem contribuir para o desfecho positivo da psicoterapia, como relação terapêutica, estilos de enfrentamento do paciente e suas expectativas com o tratamento.[6] O contraste percebido nos focos de investigação de ambas as divisões refere-se aos tipos de fatores que cada força-tarefa considera mais significativos para o êxito de um processo terapêutico. Como indicado no Quadro 1, há dois grupos de fatores a considerar: específicos e comuns.[6,11,12]

QUADRO 1 Exemplos de fatores específicos e fatores comuns

Fatores específicos	Procedimentos, técnicas e estratégias, considerando a modalidade da terapia. Foco no *processo* a ser desempenhado durante a investigação, a avaliação e a escolha da melhor intervenção a ser desempenhada de caso para caso	Foco principal da força-tarefa da Divisão 12
Fatores comuns	Qualidades do terapeuta (empatia, aceitação), características do cliente (expectativa de melhora), relação terapêutica, *setting* terapêutico como um ambiente de cura	Foco principal da força-tarefa da Divisão 29

Fonte: elaborado a partir de Leonardi e Meyer, 2015, e Hofmann e Hayes, 2020.[6,7]

Em meio aos debates sobre quais fatores deveriam receber maior relevância na escolha do melhor tratamento disponível, ressalta-se a possibilidade de abranger ambos na análise das intervenções, visto ser inquestionável que fatores comuns podem produzir efeito no curso dos fatores específicos.[7] Adicionalmente, no documento de referência da PBE, *APA Presidential Task Force on Evidence-Based Practice* (2006), a APA ressalta que a melhor evidência disponível na literatura precisa integrar-se à *expertise* de boas práticas clínicas, levando em consideração os contextos nos quais a/o paciente está inserido, suas características (gênero, orientação sexual, raça/etnia, classe), cultura e preferências.[13]

Nesse documento também consta o objetivo principal da PBE, como sendo o de fomentar uma prática efetiva na área de psicologia e melhorar a saúde pública por meio do uso de princípios empiricamente sustentados nas atuações da/do profissional.[13] Em consonância, aponta-se que o refinamento das práticas psicológicas também repercute nos âmbitos científico, social, econômico e político para além da saúde pública. Por isso, para além de ganhos individuais para profissional e paciente, a comprovação do resultado do tratamento permite avaliar sua qualidade, possibilitando mais subsídios para o financiamento de agências e planos de saúde.[6] Dessa forma, se propõe a aprimorar a prática profissional e se torna decisivo para os futuros passos da pesquisa e atuação na área de psicologia.

Ainda, a APA elenca algumas prioridades de estudo que os programas e fundos de pesquisa de psicologia devem enfatizar a partir da PBE. Dentre eles, estão estudos direcionados para tratamento combinado (psicofarmacologia e intervenções de psicoterapia), da transportabilidade e generalização dos dados obtidos de estudos controlados para a aplicação na prática, critérios de descontinuidade de tratamento, identificação de variáveis moderadoras entre paciente e interações de tratamento, entre outros.[13] Essas ênfases de pesquisa exemplificam o objetivo em questão: gerar conhecimento que aprimore o exercício profissional, promova melhores resultados para a/o paciente, e gerar recursos para auxiliar no investimento da saúde pública.

PRÁTICA EM PSICOLOGIA BASEADA EM EVIDÊNCIAS E ESTUDOS DE CASO CLÍNICO

No campo da psicologia clínica, a busca pelo fornecimento de um tratamento psicoterapêutico que seja seguro e efetivo é primordial tanto para a pesquisa quanto para a prática. Dessa maneira, a combinação derivada da experiência clínica e dos indicadores obtidos em pesquisas científicas fornece subsídios para alcançar tal meta. Por meio da pesquisa científica, a/o psicóloga/o clínica/o recebe auxílio para diferenciar as particularidades oriundas de experiências de um caso isolado, para aumentar recursos e conhecimento técnico e aprofundar o entendimento de questões cotidianas da prática psicoterápica. Ademais, a busca por evidências ajuda os próprios pesquisadores a minimizar vieses e a compreender melhor os processos psicoterapêuticos.[14]

A pesquisa em psicologia orientada na PBE adotou a classificação utilizada na área de medicina quanto a hierarquização dos métodos de estudo levando em conta o nível de confiabilidade e de mensuração do viés.[2] Essa hierarquia é nomeada de *pirâmide de evidências* (Figura 1), que considera aspectos relacionados à precisão, preservação de viés e validade de resultados para a classificação. No topo da pirâmide, por exemplo, consta a revisão sistemática, que, por conseguir abarcar um conjunto de referências pertinentes a um determinado tema, pode auxiliar a compreender mais profundamente uma questão, bem como identificar lacunas na pesquisa que podem fundamentar novos estudos.[15] Já os estudos que se concentram mais abaixo no nível da hierarquia apenas são utilizados quando não há indícios de elementos que estão acima dela, servindo de subsídios para a construção de evidências mais sólidas.[14]

O modelo de hierarquia das evidências em pesquisa, por ter base nos estudos da medicina, pode não ter um consenso na psicologia em sua estrutura. Melnik e Atallah (2011)[15] abordam esse modelo para explicar a ligação entre a prática clínica e a pesquisa. Os autores agrupam alguns estudos em mesmo nível, mas mantendo o ordenamento da hierarquia entre os demais quando comparados com o modelo descrito por Leonardi (2016).[2] Por exemplo, a pesquisa *in vitro*, a pesquisa com animais e a opinião de especialistas são colocadas em mesmo nível, permanecendo na base da pirâmide, enquanto na descrição realizada por Leonardi essas pesquisas se encontram em níveis diferentes. Entende-se que a psicologia não possui um modelo próprio sobre nivelamento de evidências científicas até o momento e que, portanto, essas diferenças de consenso podem ocorrer. Contudo, para este capítulo, iremos adotar e detalhar o modelo proposto por Leonardi.

Leonardi (2016)[2] apresenta algumas definições sobre o que pertenceria a cada nível da pirâmide, a serem expressas a seguir. Em primeiro nível, temos a pesquisa *in vitro*, na qual células são utilizadas para a realização de experimentos. Em seguida, temos a pesquisa com animais, como ratos, macacos e pombos, utilizada para compreender melhor um comportamento ou efetividade de um tratamento. Um exemplo disso é o estudo desenvolvido por Skinner (1938)[16] sobre condicionamento operante a partir do uso de ratos para a realização de seus experimentos. Mais acima na pirâmide, tem-se o parecer de especialistas, que seriam os editoriais e as opiniões de pessoas especializadas sobre determinado tópico.

Após, encontramos os estudos de caso ou relatos e séries de caso que serão mais bem explicados a seguir, mas que envolvem estudos centrados em um ou mais indivíduos a fim de aprofundar conhecimento em determinada temática. O estudo de caso-controle e o de coorte se baseiam na pesquisa entre grupos e buscam identificar pontos de proteção e de risco sobre uma doença. Já o ensaio clínico randomizado busca compreender a eficácia de um tratamento/intervenção a partir da randomização de pacientes com o auxílio de um grupo controle (um grupo recebe o tratamento e outro não). Por fim, a revisão sistemática, como comentado anteriormente, tem o intuito de agrupar em um mesmo estudo as informações até então encontradas pela literatura sobre um tópico específico, concentrando o maior número possível de dados já publicados sobre a questão. Esse formato de revisão pode incluir metanálises, que consiste em uma análise estatística feita a partir da integração de diversos estudos individuais que tiveram o mesmo problema de pesquisa.[8] Tal integração permite encontrar resultados mais precisos e com significância estatística.[14]

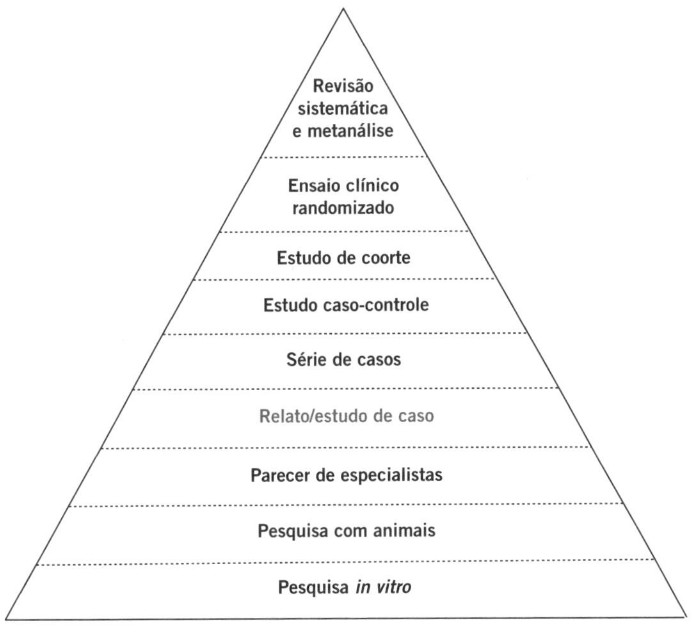

FIGURA 1 Pirâmide de evidências.
Fonte: elaborada a partir de Leonardi, 2016.[2]

Os estudos de caso preenchem um papel importante dentro da pesquisa em psicologia, visto que tem o intuito de aprofundar o conhecimento sobre um determinado fenômeno, combinando a prática clínica, a teoria e a pesquisa.[1] A partir dos resultados desses estudos, são geradas evidências iniciais para embasar novas hipóteses, bem como auxiliar na fundamentação de estudos que estão mais acima na pirâmide de evidências, como os ensaios clínicos randomizados. Dessa forma, estudos de caso clínico geralmente são utilizados para aprimorar técnicas novas ou já existentes.[14]

Esses estudos atuam como uma forma de auxiliar no aprofundamento e na descrição de um ou mais casos sobre o tema delimitado, necessitando abranger a complexidade, profundidade e particularidade que um caso individual contém, levando em consideração os aspectos contextuais e dinâmicos que o compõem.[17] Para isso, é realizada uma coleta detalhada, fornecendo descrições acerca de cada caso.[18] Tal detalhamento retrata a adesão de um dos critérios da Divisão 12 da APA, referente à necessidade de as pesquisas relatarem contexto e características individuais das/os pacientes atendidas/os – como gênero, orientação sexual, raça/etnia, classe, cultura e preferências.[9,13]

Além disso, a análise de dados detalhada permite identificar temas ou situações específicas que possam se tornar objeto de maior atenção. Ao final de um estudo de caso, é possível concluir aspectos gerais sobre o constructo investigado, indicar padrões passíveis de generalização e pontuar temas relacionados que emergiram e merecem atenção em pesquisas futuras. Ressalta-se que a generalização mencionada não ocorre a partir do resultado de apenas um estudo de caso. Ela será considerada fundamentando-se em um conjunto de estudos na área, com casos representativos e bem contextualizados, que apresentam os mesmos padrões e, portanto, indicam a possibilidade de generalizá-los. Ademais, os temas subsequentes que podem emergir em alguns estudos de caso são igualmente relevantes, por permitirem melhor compreensão da complexidade do fenômeno estudado e até mesmo a análise cruzada de temas que apareçam em mais de um caso.[18]

Para realizar um estudo de caso de qualidade, inicialmente é indicado que se faça uma revisão minuciosa da literatura, a partir de seus objetivos de pesquisa. Já durante o processo, apesar de não existirem protocolos e/ou padrões para a realização desses estudos, algumas medidas e posturas podem ser tomadas para garantir a validade e a confiabilidade nos resultados alcançados posteriormente. Antes da coleta de dados, os/as pesquisadores/as podem se beneficiar dos seguintes princípios: 1) habilidades e valores desejados pelos investigadores do estudo de caso, que incluem, por exemplo, a capacidade de manter a adaptabilidade, ter uma noção clara dos assuntos estudados, a evitação do viés e a postura ética; 2) preparação e treinamento para um estudo de caso específico, que envolvem leituras e discussões sobre a proposta do estudo, revisão do protocolo do estudo e da metodologia adotada; 3) ter um protocolo para o estudo de caso; 4) realizar com atenção a triagem dos casos candidatos para o estudo; 5) realizar um estudo de caso piloto.[19]

Seguir os princípios de qualidade citados contribui para a produção de estudos de caso que tenham confiabilidade. A confiabilidade refere-se à garantia de que outros pesquisadores possam replicar o estudo e alcançar achados similares. Dessa forma, quando um modelo de intervenção é aplicado repetidas vezes e por diferentes pesquisadores apresentando os mesmos resultados, significa que é uma medida confiável.[14] Para isso, é necessário que os procedimentos de coleta sejam criteriosamente documentados, descrevendo as etapas do processo.[19] Além desse critério, é necessário mensurar a validade do instrumento, a qual avalia a precisão dos resultados, indicando se estão de acordo com a proposta do estudo. A validade de um instrumento permite discriminar se há outras variáveis que podem influenciar os resultados do constructo que está sendo investigado.[14] Outra forma de garantir qualidade dos dados coletados é a triangulação, que pode ser de fontes, dados, e/ou teorias, entre outros, que permite observar a concordância das descobertas feitas pela pesquisa.[5,19] A triangulação de fontes, por exemplo, diz respeito à busca de diversas fontes de evidência.[19] Nos estudos de caso em psicologia, podem-se utilizar entrevistas, observações, registros dos atendimentos, instrumentos de autorrelato, opinião multiprofissional e perspectiva de outros pesquisadores da equipe, como exemplificado na Figura 2. A triangulação de dados ocorre quando mais de uma fonte apoia os mesmos dados finais, ou seja, resultados.[19] A mesma lógica é seguida nas demais formas de triangulação.

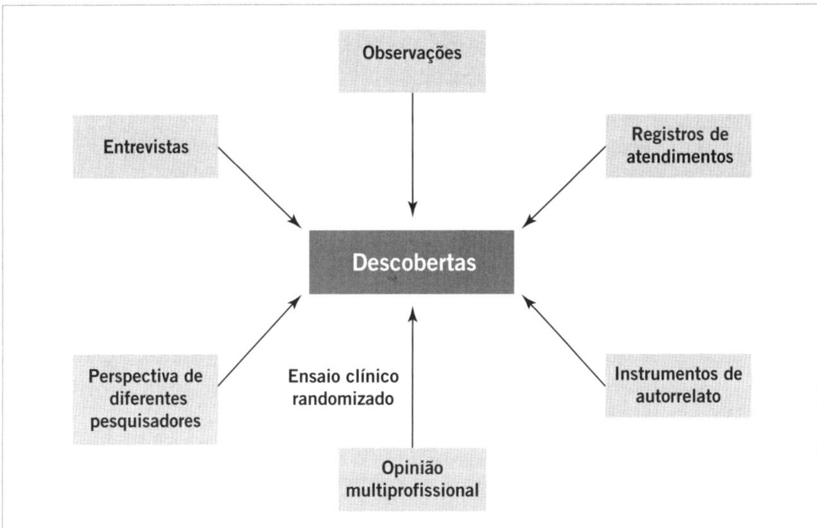

FIGURA 2 Concordância de resultados a partir da triangulação de fontes.
Fonte: elaborada a partir de Yin, 2015.[19]

Além disso, ao pensarmos sobre a produção das evidências em um estudo de caso, assim como em qualquer pesquisa, precisamos entender a diferença entre os termos de *eficácia* e *efetividade*, bem como sua função no processo. A eficácia se direciona para a validade interna da pesquisa, ou seja, ela representa o questionamento se um tratamento funciona ou não, analisando as respostas obtidas a partir das intervenções propostas. Em geral, estudos de eficácia ocorrem em um ambiente altamente controlado, seguem protocolos definidos e padronizados e necessitam de profissionais rigorosamente treinados e que são supervisionados durante a aplicação.[20,21] Contudo, devido à necessidade de um controle rígido sobre todo o processo, a probabilidade de o estudo ser generalizado ou aplicado em outros locais é baixa.[14] Os grupos de amostras são homogêneos e possuem critérios claros e específicos de inclusão e exclusão para os participantes, podendo ocorrer a seleção de participantes com um perfil específico.[14,20,21]

Já a efetividade refere-se à busca da validade externa da pesquisa, ou seja, avaliar a concordância entre os resultados obtidos na pesquisa e a adesão/proximidade à realidade de um *setting* terapêutico. Se antes o ambiente de estudo era rigorosamente controlado, este busca ser semelhante à realidade, diminuindo as necessidades de controle de *setting*. Assim, os resultados investigados devem estar alinhados a essa perspectiva, e o grupo de amostra se caracteriza por ser heterogêneo e ter um tamanho representativo da população-alvo. Os profissionais envolvidos na pesquisa não necessitam ter o mesmo nível de treinamento, mas também passam por supervisão ao longo do processo de pesquisa.[20,21] Embora os termos possam soar parecidos, seus objetivos se diferem. Enquanto a *eficácia* tem foco na congruência interna do processo da intervenção, a *efetividade* se direciona para a possibilidade de generalização dos resultados obtidos para o público-alvo investigado.

Ambos são elementos importantes tanto na elaboração de pesquisas de estudo de caso quanto no auxílio do desenvolvimento de uma prática clínica baseada em evidências. Vale lembrar que os resultados obtidos em estudos de caso fornecem evidências iniciais de efetividade, permitindo avaliar as vantagens de ampliar a pesquisa sobre o tratamento/protocolo para, então, investir em metodologias mais abrangentes e em níveis acima da pirâmide de evidências. A investigação de dados iniciais de efetividade tem sido identificada em estudos de caso que analisam o processo psicoterapêutico. Tais estudos podem pertencer a três delineamentos distintos: caso único experimental, análise quantitativa de caso único e estudo com ênfase na análise qualitativa.[3]

Com esses exemplos de delineamento, percebe-se que os estudos de caso clínico podem ser desenvolvidos tanto na abordagem qualitativa quanto na quantitativa.[5] Em estudos qualitativos, tem-se uma análise indutiva das informações obtidas, ou seja, as conclusões são realizadas a partir da coleta de dados e não previamente, e seu delineamento geralmente é o exploratório. Nessa abordagem, os instrumentos se baseiam em entrevistas semiestruturadas ou não estruturadas, observações, percepções e sensações da experiência em si. O foco é orientado para ampliar a compreensão sobre determinado fenômeno a partir da experiência da/o participante, assim como entender melhor o desenvolvimento de um processo e como isso impacta na produção das evidências.[14]

Por outro lado, os estudos quantitativos têm uma lógica dedutiva, partindo do pressuposto de hipóteses que podem ou não ser confirmadas via uso de instrumentos padronizados, como as escalas e os questionários. Dessa forma, seu foco está justamente na testagem de hipóteses predeterminadas.[14] Outra forma de utilização do estudo quantitativo é a comparação entre os resultados de pré- e pós-teste de uma intervenção. Estes são feitos por meio de mensurações quantitativas com foco em sintomas psicológicos.[21] Dessa forma, essa avaliação possibilita verificar os efeitos de uma intervenção comparando os níveis de sintomas antes de uma intervenção e após a sua aplicação. Uma estratégia para análise quantitativa dos resultados de estudos de caso é o método JT, que permite cálculos de significância clínica e de mudança confiável.[22]

Ainda que a literatura forneça argumentos favoráveis e desfavoráveis sobre a contribuição dos estudos de caso, diversos autores apoiam seu uso, desde que amparado rigorosamente nos critérios de qualidade indicados, como forma de aumentar a cientificidade dos achados.[3] Para isso, a revista *Psychotherapy*, da APA, indica sua política editorial para avaliar artigos referentes a estudos de caso. O Quadro 2 foi elaborado a partir de critérios da revista – sugeridos em 2010 e ainda em vigência – sobre esse delineamento, disponíveis em seu *site* oficial.[4] Como é possível perceber, não há necessariamente uma definição do tipo de instrumentos que precisam ser usados para avaliar as intervenções. Contudo, é imprescindível que alguma forma de medida seja escolhida e documentada no estudo. Além disso, destaca-se o interesse tanto em estudos que apresentam resultados satisfatórios quanto não satisfatórios, demonstrando o cuidado em avaliar também tratamentos/procedimentos não indicados para tratamento, bem como tê-los registrados.

QUADRO 2 Critérios de avaliação para estudos de caso, sobre informações que precisam constar, conforme etapas de desenvolvimento da pesquisa

Etapa de coleta
• Avaliação feita por paciente e/ou juiz independente utilizando, pelo menos, duas medidas de investigação. • Descrição do funcionamento global e de sintomas-alvo da/do paciente. • Uso de instrumento(s) para avaliar o processo do tratamento, aplicando-os em, pelo menos, três momentos distintos (por exemplo, pré-intervenção, durante e pós-intervenção). Exemplos de constructos que podem ser avaliados: aliança terapêutica, percepção de bem-estar da/do paciente.
Resultados
• Apresentar tamanho de efeito e significância clínica. • Submeter estudos de caso que apresentaram resultados bem-sucedidos ou malsucedidos. • Submeter estudos comparando intervenções aplicadas em casos bem-sucedidos e malsucedidos.
Discussão e descrição dos casos
• Fornecer vinhetas ilustrativas de intervenções-chave para o tratamento e mecanismos de mudança. • Apresentar discussão técnica e teoricamente embasada sobre as intervenções.

EXEMPLOS DA LITERATURA

O estudo de caso é utilizado como método de estudo em pesquisas nacionais e internacionais. Um exemplo de pesquisa nacional foi coordenado por Habigzang com o intuito de avaliar um protocolo de psicoterapia destinado a mulheres que possuem histórico de violência por parceiro íntimo (VPI) e compreender os desfechos clínicos associados. Dois estudos foram conduzidos para a produção de evidências iniciais de efetividade do protocolo: (1) avaliação de aliança terapêutica, adesão do protocolo à abordagem cognitivo-comportamental e mudanças clínicas comparando pré- e pós-teste;[23] (2) análise de ciclos de mudança em psicoterapia e temas clinicamente significativos relacionados aos ciclos de mudança e identificação de técnica utilizada.[24] A pesquisa contou com três participantes mulheres, de diferentes níveis escolares e com histórico de VPI, caracterizando-se como estudo de casos múltiplos. Sobre os instrumentos, foram utilizadas medidas para avaliação clínica e avaliação do processo terapêutico. Para a primeira, os instrumentos escolhidos foram:

Questionário de Dados Sociodemográficos e Pessoais; Beck Anxiety Inventory (BAI); Beck Depression Inventory (BDI-II); Childhood Trauma Questionnaire (CTQ); Conflict Tactics Scale (CTS); The Posttraumatic Symptoms Checklist (PCL-5). E para a segunda: Working Alliance Inventory (WAI), Psychotherapy Process Q-Set (PQS) e o *software* Therapeutic Cycles Model (TCM).[23,24]

O protocolo avaliado foi constituído por 16 sessões distribuídas em quatro fases. Tais fases foram estabelecidas com base em revisão sistemática da literatura[25] e em protocolo anteriormente desenvolvido por Habigzang. Cabe ressaltar que, na revisão sistemática, não foi identificado protocolo desenvolvido anteriormente no Brasil para essa população específica. A primeira fase da intervenção é orientada para a prática de psicoeducação sobre violência contra a mulher e relações de gênero, além de reestruturação cognitiva. A segunda, para a exposição gradual a memórias traumáticas e trabalho sobre regulação emocional. A terceira, para o treinamento de resolução de problemas. E a quarta, para o fortalecimento de estratégias de proteção e construção de projetos futuros. As participantes foram avaliadas em pré-intervenção quanto aos instrumentos descritos de avaliação clínica (em níveis de ansiedade, depressão, satisfação com a vida e autoestima, além de transtorno de estresse pós-traumático e trauma complexo) antes de iniciarem a psicoterapia e reavaliadas após o término do protocolo com as mesmas medidas. As avaliações de pós-teste foram conduzidas por membros da equipe de pesquisa que não atuaram como terapeutas para evitar viés. Os resultados foram comparados por meio do método Jacobson e Truax (JT), que visa calcular o índice de mudança confiável (IMC) de uma intervenção; ou seja, avaliar se a intervenção aplicada teve algum impacto ou não sobre a(s) pessoa(s) que participou(aram) da aplicação. Para a análise de processo, as sessões foram gravadas e analisadas por pelo menos dois juízes independentes, e a terapeuta não atuou como juíza.[23]

Quanto aos resultados obtidos com a intervenção, na avaliação clínica verificou-se que o protocolo mostrou evidências iniciais de efetividade no tratamento de sintomas típicos oriundos da experiência de violência por parceiro íntimo. Por meio das avaliações de pré- e pós-teste, constatou-se melhora dos sintomas mensurados nas participantes. Ademais, puderam-se confirmar experiências prévias de violência conjugal e durante a infância. Para a avaliação do processo terapêutico, os resultados obtidos também sugerem que os objetivos iniciais do protocolo foram alcançados. Quanto à aliança terapêutica, o instrumento WAI-O indicou que a relação foi considerada neutra (nível 4), referindo-se como acima da média para as três participantes. Os itens avaliados na relação foram apresentados entre os menos e mais importantes para o processo terapêutico (tais como terapeuta ter fala clara e coerente e ter uma postura apoiadora). Por fim, o protocolo apresentou uma boa correlação com o modelo de TCC nos três processos terapêuticos.[23] Em relação aos ciclos de mudança, identificou-se que todas as sessões analisadas geraram ao menos um ciclo. As fases da psicoterapia que mais geraram ciclos de mudança foram, respectivamente, a primeira, sobre psicoeducação a respeito da violência contra a mulher e reestruturação cognitiva, e a última, de fortalecimento de estratégias de proteção e construção de projetos futuros.[24]

Essa pesquisa de estudos de casos múltiplos seguiu passos importantes para a obtenção de dados de qualidade, desde a revisão sistemática sobre o assunto desenvolvida anteriormente até a adoção de importantes princípios que constituem a metodologia do estudo de caso, exigidas pela APA (2010).[4] Observam-se a presença de *expertise* da equipe no assunto, o desenvolvimento do protocolo de psicoterapia com base em estudos anteriores, a triangulação de dados a partir da utilização de instrumentos e sua aplicação por pesquisadores que não a terapeuta, bem como o uso da gravação das entrevistas. Medidas de pré- e pós-teste também foram utilizadas para auxiliar na compreensão dos impactos da intervenção. Quanto às limitações, estas serão discutidas na sessão seguinte do capítulo.

Outro exemplo de pesquisa com estudo de caso, porém no cenário internacional, é o desenvolvido por Richey e Pointer (2021).[26] O estudo teve como objetivo compreender a aplicação do modelo de TCC unido à orientação interseccional (ou seja, que considera aspectos individuais estigmatizados socialmente, como gênero, raça, classe e orientação sexual) sob uma participante que trabalhou como profissional da saúde no enfrentamento ao COVID-19. A metodologia adotada foi um estudo de caso único, a partir da realização de um modelo abreviado de TCC composto por quatro sessões, feito em uma clínica de atenção primária a mulheres.

A participante do estudo (Trina) foi uma mulher de 52 anos, profissional da saúde durante a pandemia de COVID-19 e mãe de dois filhos adolescentes (14 e 16 anos). Foram coletados dados sociodemográficos como identidade de gênero, orientação sexual, nacionalidade, religião, renda, *status* de relacionamento e presença ou não de deficiências. A experiência prévia de Trina em relação à saúde mental também foi brevemente descrita. Além disso, conforme indicado na descrição do caso, a participante experienciou durante a pandemia diversas opressões relacionadas aos seus marcadores sociais – como gênero e classe. Por exemplo, a organização de divisão da tutela dos filhos com o ex-marido foi alterada, com Trina passando a atuar sozinha na gestão dos estudos deles, conciliando com a sobrecarga de trabalho gerada pela pandemia.

A participante foi encaminhada para o estudo após uma consulta médica e uma consulta com uma profissional da saúde comportamental. Nestas, a participante relatou sintomas como choro constante e estresse, o qual havia sido potencializado dado o aumento de demandas domiciliares e profissionais, devido à pandemia e falta de suporte recebido. Nessas primeiras consultas, foram aplicados questionários para avaliar sintomas de depressão e ansiedade, sendo eles, respectivamente, Patient Health Questionnaire-9 (PHQ-9) e Generalized Anxiety Disorder-7 (GAD-7). Seus resultados indicaram sintomas moderadamente graves de depressão e moderados de ansiedade. Foi realizada uma psicoeducação quanto ao tratamento de TCC e obtido o seu consentimento para a participação na pesquisa nos moldes dessa abordagem. As sessões do protocolo foram aplicadas por uma profissional da área da saúde comportamental, do gênero feminino, conforme solicitado por Trina.

Os encontros foram quinzenais e brevemente descritos no artigo, apresentando vinhetas com exemplos de diálogos ocorridos. A estratégia principal que baseou todas as sessões foi o registro de pensamentos (RP), prescrito como tarefa de casa entre todas as sessões. Na última sessão também foi introduzido o conceito de *crenças centrais*, para explicar situações que não puderam ser totalmente compreendidas a partir apenas do RP, bem como para buscar aliviar emoções referentes a situações estressoras específicas. Ainda, foram trabalhadas distorções cognitivas, busca de identificação de padrões cognitivos, relacionando-os com influências de violências sociais – como o sexismo –, que podem influenciar na manutenção de tais distorções e padrões.

Quanto aos sintomas clínicos de depressão e ansiedade avaliados, os questionários do pré-teste – PHQ-9 e GAD-7 – foram reaplicados ao longo dos encontros. Com isso, identificou-se que, na segunda sessão, a participante apresentou sintomas moderados de depressão e leves de ansiedade; na terceira e na quarta sessão, não apresentou sintomas significativos de depressão e apenas sintomas leves de ansiedade. Conforme os resultados das escalas, observaram-se impactos na diminuição dos sintomas de depressão, porém os de ansiedade permaneceram leves, conforme relatados por Trina ao longo do tratamento.

Algumas medidas tomadas nessa pesquisa de estudo de caso fornecem maior confiabilidade e qualidade para os dados, conforme os critérios da APA (2010).[4] Inicialmente, as técnicas e teorias que embasaram o protocolo foram apresentadas e detalhadas, indicando o embasamento científico da intervenção proposta. Os instrumentos que avaliaram sintomas de depressão e ansiedade foram aplicados em três momentos do estudo – antes, durante e ao fim do tratamento. Ademais, o uso de vinhetas possibilitou ilustrar diálogos ocorridos nas sessões, bem como as estratégias utilizadas. Quanto à triangulação dos dados, o relato das sessões, unindo-os com o resultado das escalas e o *feedback* da própria participante, caracterizou maior fidedignidade à pesquisa. Ressalta-se que os resultados satisfatórios descritos se referem ao desfecho desse caso individual, não sendo ainda possível considerar o tratamento efetivo. Ao invés disso, o estudo fornece evidências preliminares sobre o uso desse protocolo curto para o atendimento de mulheres que trabalham no setor da saúde e tiveram suas rotinas laborais, familiares e pessoais prejudicadas pelo contexto da pandemia. Ainda, há significativas limitações metodológicas na pesquisa relatada, que serão discutidas na próxima seção deste capítulo.

Mesmo com públicos-alvo distintos – no primeiro estudo, um grupo terapêutico composto por três participantes, mulheres com experiência de VPI, e no segundo, um estudo de caso único com uma participante profissional da saúde com sintomas de ansiedade, depressão e estresse –, os trabalhos têm em comum a busca por trazer melhorias para a prática clínica, sendo que o primeiro busca desenvolver um novo protocolo de intervenção embasado na TCC, e o segundo, analisar uma intervenção já conhecida (TCC), porém alicerçada em uma outra perspectiva (orientação interseccional), a fim de verificar seus impactos na saúde mental. Os dois exemplos descritos elucidam diferentes formas de usar o delineamento em questão. Contudo, mesmo que o estudo de caso apresente resultados qualificados que beneficiam a prática clínica, como pode ser observado nos exemplos propostos, essa metodologia também possui limitações que podem interferir tanto em sua execução quanto nos resultados.

LIMITAÇÕES DOS ESTUDOS DE CASO CLÍNICO

A produção de evidências de efetividade por meio dos estudos de caso clínico apresenta limitações, podendo ser divididas em três categorias: limitações referentes aos dados coletados, às suas análises e à generalização dos achados.[1,27] Quanto aos *dados coletados*, a subjetividade da/do pesquisador/a torna-se objeto de críticas ao delineamento. Questiona-se quais informações sobre os atendimentos seriam realmente fatos clínicos sobre a/o paciente, ou se, epistemologicamente, deveriam ser consideradas narrativas permeadas pelo viés da/do terapeuta.[1] Afinal, o viés da/do profissional pode gerar resultados imprecisos, por influenciar a maneira de registro e organização dos dados coletados, sintetizando-os arbitrariamente, subestimando alguns padrões significativos, enquanto dá atenção desproporcional a outros.[5] Tal viés reforça ainda mais a necessidade de triangulação dos dados. Estudos de caso que levam em consideração apenas o relato do terapeuta ou a avaliação de sintomatologia, por exemplo, não podem garantir que os achados sejam fidedignos, pois é justamente a pluralidade de formas/fontes de coleta, levando a resultados consonantes, que evidencia uma boa triangulação e atribui maior qualidade ao estudo.[5,19]

Da mesma forma, a *análise de dados* pode igualmente ser alvo de vieses do terapeuta, por meio de "suavizações" – *narrative smoothing* – que o profissional pode fazer nas narrativas sobre o curso do tratamento.[28] Esse processo ocorreria a partir de formas sutis de atenuar a descrição dos casos, apresentando um retrato clínico que beneficiaria a intervenção, sem indicar também as evidências contrárias encontradas. Tais suavizações podem ocorrer por diversos motivos: mudanças significativas na narrativa para manutenção do sigilo, busca por padronização dos resultados, influência indireta da abordagem teórica utilizada ou o estudo ter o intuito primordial de assegurar estabilidade para a abordagem teórica utilizada.[1,28]

Além disso, vale considerar a possível resistência para divulgar resultados que não atingiram às expectativas iniciais. Mesmo sabendo de diretrizes da APA quanto à necessidade de publicar também as intervenções com resultados malsucedidos,[4] isso pode ser um limitador. Pesquisadores podem encontrar dificuldade em divulgar resultados negativos ou intervenções que não tiveram impacto significativo nos participantes, refletindo na possibilidade de implicação de viés de publicação devido à ocultação de dados ou a não publicação da pesquisa.[14]

Outra limitação dos estudos de caso clínico refere-se à impossibilidade da *generalização* de seus resultados. Ao invés disso, os achados advindos desse delineamento de pesquisa servem como mais uma etapa de investigação para gerar hipóteses sobre possíveis generalizações. Para isso, é necessário deter um conjunto de estudos na área, com casos de qualidade, representativos e bem contextualizados, que indicam os mesmos padrões.[18] Como se pode inferir, esse processo leva tempo e investimento em um delineamento que não apresenta consenso entre os pesquisadores sobre seu uso.[1-3,5]

Ainda, Yin (2015) aponta como possíveis limitações de estudos de caso a necessidade de o/a investigador/a ter meios precisos e variados de coletar dados (entrevistas, observações variadas etc.) e estar bem informado/a sobre o tópico a ser aprendido.[19] Algumas dessas limitações foram apontadas nos dois estudos de caso mencionados na seção anterior. No estudo nacional,[23] por exemplo, o uso de apenas um meio de registrar as falas das participantes (gravação por áudio) foi trazido como uma limitação. Segundo as autoras, registrar as sessões apenas por áudio, sem a gravação de vídeo, impossibilitou a identificação e análise das respostas não verbais das participantes. Além disso, para a triangulação dos dados sobre aliança terapêutica, não foram incluídas as análises sobre a percepção da terapeuta e das pacientes, utilizando como principal fonte a percepção oriunda da observação de terceiros (juízes) via utilização de instrumentos. As autoras ressaltam que, em futuros estudos, a inclusão de tais percepções para triangulação da análise de dados se faz importante.

Na pesquisa de Richiey e Pointer (2021),[26] também foram observadas limitações. Inicialmente, a metodologia e os procedimentos adotados pelas autoras não são descritos detalhadamente. Isso diminui a confiabilidade, visto que impossibilita a reprodução do estudo por outros/as pesquisadores/as, bem como dificulta a utilização do protocolo por profissionais clínicos/as. Também não fica explícita a forma como as sessões foram registradas, podendo ser apenas por lembrança do/a profissional, via anotações ou por gravações de áudio e/ou vídeo. Isso prejudica a compreensão sobre a realização ou não da triangulação de fontes, bem como sobre o desenvolvimento do estudo.

CONSIDERAÇÕES FINAIS

Este capítulo teve o intuito de discutir o delineamento do estudo de caso a partir de aspectos históricos, sua metodologia, alcances e limitações, exemplificando-os a partir da literatura. Além disso, buscou-se compreender como o estudo de caso e a PBE estão relacionados, visto que a PBE tem como objetivo fundamentar a atuação clínica por meio da pesquisa científica.

A PBE é um setor relativamente novo e que vem transformando a si e a psicologia constantemente. Apenas no final de 1990 e início dos anos 2000 a APA se manifestou para o mapeamento de estudos no campo de psicologia clínica, bem como sobre sua estruturação e resultados, demarcando o direcionamento de futuros passos da prática.[6] Tal posicionamento derivou de indagações quanto à efetividade das intervenções psicológicas, unindo questionamentos dos campos de clínica e pesquisa. Ressalta-se, ainda, que o posicionamento favorável da APA à PBE também advém de considerações econômicas, por ser mais viável investir em saúde e políticas públicas ancoradas em intervenções com maior probabilidade de sucesso. Para isso, o fomento à pesquisa precisa ser mantido e ampliado, visto que a PBE demanda tempo e recursos para adaptação da intervenção e treinamento profissional.

Para além de considerações metodológicas, a PPBE demarca a necessidade de incluir as características dos indivíduos que serão submetidos tanto para a pesquisa quanto para a prática. Ou seja, busca-se integrar aspectos ligados à classe, raça/etnia, orientação sexual, gênero, entre outros, em sua implementação.[13] Isso implica que, ao pensarmos sobre estudos de caso, devemos considerar tais características para tornar a pesquisa diversificada e que atenda às reais demandas que estão sendo investigadas.

Assim, os estudos de casos sistemáticos (múltiplos) e com medidas de pré- e pós-teste constituem-se como um delineamento válido para estabelecimento de um nível inicial e limitado de evidências de efetividade de uma intervenção. É indicado quando não há protocolos bem estabelecidos ou uma intervenção está sendo culturalmente adaptada. A partir das medidas de pré- e pós-teste e de avaliação de processo (aliança terapêutica e adesão ao protótipo da terapia cognitiva por juízes externos), é possível compreender fatores comuns e específicos da intervenção, verificando se ela é viável e como a mudança terapêutica é produzida. Se os resultados são favoráveis, parte-se para a próxima etapa, com número maior de participantes, em delineamentos mais robustos (ensaios randomizados). Isso reduz possíveis danos aos participantes por uma intervenção em teste, evita gastos provindos de recursos públicos com intervenções em ampla escala que podem ser ineficazes e permite ajustes do protocolo antes que seja testado em outros delineamentos.

REFERÊNCIAS

1. Kaluzeviciute G. Knowledge generation processes and the role of the case study method in the field of psychotherapy. Teste (Doutorado) – University of Essex; 2021.
2. Leonardi JL. Prática baseada em evidências em psicologia e a eficácia da análise do comportamento clínica. Tese (Doutorado em Psicologia) – Universidade de São Paulo; 2016.
3. Brum EHMD, Frizzo GB, Gomes AG, Silva MDR, Souza DDD, Piccinini CA. Evolução dos modelos de pesquisa em psicoterapia. Estud Psicol (Campinas). 2012;29(2): 259-69.
4. American Psychological Association. Evidence-Based Case Study. 2010. [acesso em agosto de 2024]. Disponível em: https://www.apa.org/pubs/journals/pst/evidence-based-case-study
5. Peres RS, dos Santos MA. Considerações gerais e orientações práticas acerca do emprego de estudos de caso na pesquisa científica em Psicologia. Interações. 2005;10(20): 109-26.
6. Leonardi JL, Meyer SB. Prática baseada em evidências em psicologia e a história da busca pelas provas empíricas da eficácia das psicoterapias. Psicol Cienc Prof. 2015;35(4):1139-56.
7. Hofmann SG, Hayes SC. A história e situação atual da TCC como uma terapia baseada em evidências. In: Hayes SC, Hofmann SG, organizadores. Terapia

cognitivo-comportamental baseada em processos: ciência e competências clínicas. Porto Alegre: Artmed; 2020. p. 7-18.

8. Melnik T, Souza FW, Carvalho MR. A importância da prática da psicologia baseada em evidências: aspectos conceituais, níveis de evidência, mitos e resistências. Revista Costarricense de Psicología. 2014;33(2):79-92.
9. Chambless DL, Sanderson WC, Shoham V, Johnson SB, Pope KS, Crits-Christoph P, et al. An update on empirically validated therapies. The Clinical Psychologist. 1996;49(2):5-18.
10. Division 12 of the APA. Psychological Treatments - About this Resource. 2022. [acesso em agosto de 2024]. Disponível em: https://div12.org/psychological-treatments/
11. DeRubeis RJ, Brotman MA, Gibbons CJ. A Conceptual and Methodological Analysis of the Nonspecifics Argument. Clin Psychol. 2005;12(2):174-83.
12. Wampold BE. The research evidence for the common factors models: A historically situated perspective. In: Duncan BL, Miller SD, Wampold BE, Hubble MA, editores. The heart and soul of change: Delivering what works in therapy. American Psychological Association; 2010. p. 49-81.
13. APA Presidential Task Force on Evidence-Based Practice. Evidence-based practice in psychology. Am Psychol. 2006;61(4):271-85.
14. Barcellos MT, Cardon L, Kieling C. Evidências em Psicoterapia. In: Cordioli AV, Grevet EH. Psicoterapias: Abordagens Atuais. 4. ed. Porto Alegre: Artmed; 2019. p. 224-46.
15. Melnik T, Atallah AN. Psicologia Baseada em Evidências: Articulação entre a Pesquisa e Prática Clínica. In: Melnik T, Atallah AN, organizadores. Psicologia baseada em evidências científicas da efetividade da psicoterapia. Grupo Gen/Editora Santos; 2011. p. 3-8.
16. Skinner BF. The behavior of organisms: An experimental analysis. Appleton-Century; 1938.
17. Stake RE. The Art of Case Study Research. Sage Publications, Inc.; 1995.
18. Creswell JW. Cinco abordagens qualitativas de investigação. In: Creswell JW. Investigação qualitativa e projeto de pesquisa: escolhendo entre cinco abordagens. Grupo A; 2014. p. 62-91.
19. Yin RK. Estudo de caso: planejamento e métodos. Bookman; 2015.
20. Nash JM, McCrory D, Nicholson RA, Andrasik F. Efficacy and effectiveness approaches in behavioral treatment trials. Headache. 2005;45(5):507-12.
21. Peuker AN, Habigzang LF, Koller SH, Araujo LB. Avaliação de processo e resultado em psicoterapias: uma revisão. Psicol Est. 2009;14(3):439-45.
22. Villa MB, Aguar AAR, Del Prette ZAP. Intervenções baseadas em evidências: aplicações do método JT. São Paulo: EdUFSCar; 2012.
23. Petersen MGF, Zamora JC, Ligório IS, Rodrigues RM, Serralta FB, Habigzang LF. Assessment of psycotherapy protocol for women with a history of intimate partner violence: study of clinical cases. Revista Argentina de Clínica Psicológica. 2019;28(4):487-500.
24. Zamora JC, Curia BG, Ruoso A, Ligório I, Dias V, Habigzang LF. Themes and Techniques in Cycles of Change in the Psychotherapy Treatment of Women Who Experienced Violence: An Exploratory Study. J Aggression Maltreat Trauma. 2021;30(9):1167-86.

25. Petersen MGF, Zamora JC, Fermann IL, Crestani PL, Habigzang LF. Psicoterapia cognitivo-comportamental para mulheres em situação de violência doméstica: revisão sistemática. Psicologia Clínica. 2019;31(1):145-65.
26. Richey R, Pointer O. Clinical Case Study of Abbreviated Cognitive Behavioral Therapy Through an Intersectional Lens for Women Health-Care Workers During the Era of COVID-19. Psychotherapy (Chic). 2022 Jun;59(2):234-244.
27. Midgley N. The inseparable bond between cure and research. Clinical Case Study as a Method of Psychoanalytic Inquiry. J Child Psychother. 2006;32(2):122-47.
28. Spence DP. Dangers of Anecdotal Reports. J Clin Psychol. 2001;57(1):37-41.

9

Delineamentos experimentais de caso-único: alcances e limites

Hélder Lima Gusso
Bruno Angelo Strapasson
Anna Carolina Ramos

No âmbito da prática baseada em evidências, os ensaios clínicos randomizados (ECRs) são frequentemente colocados em posições altas na hierarquia de evidências. Há, entretanto, um problema de generalidade da transposição da evidência obtida com grupos de participantes para a implementação prática de uma intervenção. Um sujeito individual, com toda a sua idiossincrasia, pode responder ao tratamento de formas significativamente diferentes dos resultados médios obtidos nos ensaios clínicos.[2,3] Um prestador de serviços em saúde tem responsabilidade sobre cada sujeito que atende; não lhe é facultado produzir benefícios apenas para parte de seus pacientes.

Os delineamentos experimentais de caso-único (SCEDs, da sigla em inglês para *single-case experimental designs*) vêm ganhando destaque nas pesquisas sobre efetividade de intervenções como uma alternativa aos delineamentos tradicionais com grupos de participantes. Embora os SCEDs tenham sua origem ainda no século XIX, tais delineamentos foram pouco valorizados ao longo do século XX e passaram a conquistar seu espaço de destaque no início do século XXI.[4,5]

O objetivo deste capítulo é caracterizar a contribuição dos SCEDs para a produção de evidências em psicologia. O capítulo está organizado em tópicos que examinarão a história desse delineamento, sua definição, os principais tipos utilizados e sua aplicação na pesquisa em intervenções psicológicas.

DELINEAMENTOS EXPERIMENTAIS DE CASO-ÚNICO

O estudo do comportamento de organismos individuais foi a regra na produção do conhecimento em psicologia no final do século XIX e início do século XX. Autores clássicos da psicologia dessa época, como Wundt, Ebbinghaus, Freud, James, Piaget, Thorndike e Watson, basearam a maior parte – senão a totalidade – de suas proposições teóricas na observação do comportamento de um ou de poucos indivíduos. Alguns desses estudiosos, inclusive, utilizavam métodos experimentais na produção de resultados empíricos.

Entre as décadas de 1920 e 1950, entretanto, o desenvolvimento de técnicas matemáticas para a análise de dados obtidos a partir de grupos de indivíduos, originalmente desenvolvidas no âmbito da agricultura,[6] se consolidou como uma estratégia de pesquisa que dominou a psicologia experimental até pelo menos o final do século XX.[7-9] Robinson (2011)[8] sugere que essa mudança ocorreu, ao menos em parte, com a disseminação do entendimento de que apenas pesquisas de grupo eram adequadas para estabelecer leis gerais, enquanto pesquisas com poucos participantes ou pesquisas de caso-único seriam adequadas somente para análise de particularidades idiossincráticas, idiográficas (ver também Lamiell, 2003).[10]

Raros foram os casos de movimentos na psicologia que mantiveram a lógica da pesquisa com casos únicos com vistas à produção de conhecimento nomotético e generalizável após a década de 1930. O mais influente caso foi B. F. Skinner, que, com a publicação de seu livro *O comportamento dos organismos*,[11] lançou as bases do modo de produção de conhecimento na área da Análise Experimental do Comportamento utilizando tal modelo.[7,12,13] Em seu livro mais popular, *Ciência e comportamento humano* –,[14] ao examinar críticas à possibilidade do desenvolvimento de uma ciência do comportamento, o autor enfatiza:

> A previsão do que um indivíduo *médio* fará é, frequentemente, de pouco ou nenhum valor ao se tratar com um indivíduo particular. Os quadros estatísticos das companhias de seguro de vida não têm nenhum valor para um médico, ao prever a morte ou a sobrevivência de um paciente. [...] Em geral, uma ciência é valiosa para tratar de indivíduos só na medida em que suas leis se refiram a indivíduos. Uma ciência do comportamento que se ocupe do comportamento de grupos provavelmente não ajudará na compreensão do caso particular (Skinner, 1953, p. 19, itálico do original).

Skinner ampliou as condições de controle sobre o processo de conhecer em estudos experimentais ao registrar continuamente o comportamento de indivíduos submetidos a diferentes condições experimentais.[15] Sua abordagem metodológica se disseminou na análise do comportamento como um modo privilegiado de identificar processos comportamentais comuns a todos os organismos. Estratégias de pesquisa que tomavam o caso como seu próprio controle foram então sistematizadas no clássico livro, *Tactics of scientific research*,[16] e se consolidaram como a forma-padrão de produção de conhecimento na análise do comportamento, tanto na dimensão da pesquisa básica quanto da aplicada e, posteriormente, da pesquisa translacional.[13,17]

As pesquisas baseadas em grupos de participantes tomados em conjunto e analisadas a partir da estatística inferencial com teste de hipótese nula se tornaram um padrão tão forte na psicologia experimental que os analistas do comportamento precisaram criar periódicos[11,18,19] e associações[20,21] próprios para debater e publicar pesquisas de caso-único. Do ponto de vista da formação de pesquisadores em psicologia, também é notável como SCEDs não estão presentes nos currículos de formação, na graduação ou na pós-graduação.[12]

Por outro lado, desde o final do século XX, o interesse pelos SCEDs tem crescido dentro e fora da psicologia. A busca por modelos metodológicos que contemplem as especificidades do trabalho em clínica provavelmente são parte da explicação de o interesse em tais delineamentos ter ressurgido. Recentemente, diversas publicações em diferentes áreas do conhecimento evidenciaram a redescoberta dos SCEDs em âmbitos como a saúde,[22-24] a psicologia pediátrica,[25] a clínica psicológica,[26] a psicologia comunitária,[27] a dinâmica de grupo,[28] a terapia ocupacional,[29] a reabilitação neuropsicológica,[5] a psicologia do esporte e do exercício,[12] a educação especial,[30] o serviço social[31] e a educação em geral.[32-34]

O resgate dos SCEDs na psicologia parece ter acompanhado também a intensificação das críticas aos estudos de grupo, incluindo os ECRs, como forma de produzir conhecimento generalizável para o indivíduo,[2,22,35,36] em especial no âmbito da clínica psicológica.[37,38] Na medida em que delineamentos de grupo são concebidos de modo a possibilitar a generalização dos resultados para uma população de interesse, representada por um sujeito genérico (médio, prototípico), a transposição desse conhecimento para um cliente individual concreto (que raramente corresponde à média da população) é frequentemente inapropriada. Além disso, delineamentos metodológicos que exigem muitos participantes não são boas opções para estudar problemas raros, emergentes (i.e., ainda pouco prevalentes) ou com populações sub-representadas (refugiados, indígenas etc.). É nesse contexto que os SCEDs têm sido sugeridos como uma boa alternativa para a produção de evidências do efeito de uma intervenção em um sujeito específico,[2] e, por esses motivos, os seus produtos são considerados evidências do mais alto nível em decisões sobre tratamentos e riscos de intervenções.[39] Ademais, o crescente desenvolvimento de técnicas quantitativas para a análise de resultados de SCEDs,[40,41] bem como para a avaliação comum de tais resultados em estudos de metanálise,[42-44] favorece a interlocução entre dados provenientes desse tipo de delineamento e aqueles produzidos por meio de outros métodos. O SCED é, portanto, uma alternativa metodologicamente robusta para o estudo de condições similares e tem se mostrado apropriado tanto para a produção de conhecimento básico e aplicado[7,45,46] quanto translacional.[47]

DEFINIÇÃO E CARACTERÍSTICAS DOS DELINEAMENTOS EXPERIMENTAIS DE CASO-ÚNICO

Delineamento experimental de caso-único (SCED) é uma expressão usada para designar um método de estudo experimental de abordagem quantitativa, no qual relações de dependência entre eventos (e.g., efeitos sistemáticos de uma intervenção sobre uma medida de interesse) podem ser demonstradas com algum grau de confiabilidade por meio da comparação de medidas repetidas, tomando um caso-único como seu próprio controle. Os elementos definidores de um SCED incluem: (1) a delimitação de um "caso" (e.g., um participante, uma sala de aula, uma categoria de funcionários em uma empresa etc.) como a unidade de análise dos dados, (2) a comparação entre medidas repetidas da variável dependente em um mesmo caso, tomando o caso como seu próprio controle, e (3) a manipulação experimental controlada da variável independente.[48]

Há considerável variedade na nomenclatura relativa a SCEDs. Essa estratégia de pesquisa já foi chamada de "pesquisa de sujeito único",[49] "delineamento intra-sujeito",[50] "ensaio de N=1"[51] e "ensaio clínico idiográfico",[52] entre outros nomes. A expressão SCED nos parece mais apropriada porque evita alguns entendimentos incorretos. Por exemplo, nesse contexto, a palavra "caso" (como em "caso-único") é melhor do que "sujeito" (como em "sujeito-único" ou "N=1") porque enfatiza o fato de que experimentos desse tipo podem incluir mais do que um participante, o que frequentemente ocorre. Evita também compreensões que impediriam tomar como objeto de análise (i.e., como o "caso" de interesse) dados obtidos a partir da interação entre pessoas (e.g., medidas de cooperação ou competição entre pessoas) ou produzidos por coletivos bem definidos (e.g., uma empresa ou uma comunidade). A palavra "experimental" é também significativa porque descreve a manipulação direta e controlada de, ao menos, uma variável independente (VI) e o registro de, ao menos, uma variável dependente (VD), além do controle de variáveis estranhas (VEs) ou intervenientes. É a característica experimental do delineamento que permite a demonstração empírica e confiável de relações de dependência entre eventos e, assim, diferencia os SCEDs de estudos de caso tradicionais, de séries de casos e de estudos observacionais não controlados.[5] Na ausência de controle ou manipulação sistemática de VIs, VDs ou VEs, os estudos de caso tradicionais não garantem confiabilidade na demonstração de relações de dependência. Por fim, a referência à análise singular, expressa na palavra "único" (ou *single*, na sigla em inglês), indica a necessidade de comparação dos dados obtidos no experimento tendo sempre cada caso – submetido às diferentes condições experimentais – como seu próprio controle.* A nomenclatura SCED é também adotada desde 2019 pelo *APA Thesaurus of Psychological Index Terms*[53] como a única utilizada para designar esse tipo de pesquisa.

PRINCIPAIS TIPOS DE DELINEAMENTOS EXPERIMENTAIS DE CASO-ÚNICO

A estratégia de investigação científica SCED é muito versátil e aplicável a uma ampla gama de situações nas quais se busca observar os efeitos de uma intervenção sobre uma pessoa, grupo ou contexto. A depender das características da intervenção avaliada, dos participantes da pesquisa e das condições para realização do estudo, muitos aspectos metodológicos podem ser adaptados, para viabilizar um experimento com boa confiabilidade. Essa diversidade na forma como os SCEDs são empregados pode ser organizada em diferentes tipos de SCEDs.

Operando dentro da lógica da pesquisa experimental, o SCED substitui a estratégia de comparação da diferença entre as médias de diferentes grupos pela comparação entre as condições controle (frequentemente chamadas de linhas de base) e experimental de um mesmo caso.[16,54] A identificação de relações de dependência entre as variáveis estudadas se dá pela comparação

---

*A rigor, nada impede um pesquisador de fazer também análises entre casos (ou mais comumente entre participantes ou entre grupos), mas ao fazê-lo ele terá um delineamento misto e deve considerar também todos os cuidados metodológicos necessários a um delineamento de grupo.

do desempenho do caso nas diferentes condições do estudo, e a validade interna dos estudos (i.e., a confiabilidade de que a VI determina os níveis da VD) é estimada a partir do controle de VEs.

Considere a Figura 1. Nela, o Painel (a) ilustra uma comparação entre uma condição controle e uma condição experimental, com uma única medida em cada fase. O resultado hipotético ilustrado nesse painel sugere que a intervenção produziu um aumento no indicador ilustrado no eixo vertical. Entretanto, o grau de confiabilidade obtido por um dado como esse é baixo. Outras variáveis, além da intervenção implementada (VI), poderiam ser responsáveis por esse resultado. VEs, como a ocorrência de eventos não previstos entre uma aferição e outra, poderiam explicar a mudança na VD, para além da intervenção (VI). Uma forma inicial de ter maior confiança de que VEs não são as responsáveis pelas mudanças observadas é fazer registros repetidos da VD antes e depois da intervenção. Se a variação natural da VD antes da intervenção for claramente menor do que a mudança produzida a partir da intervenção, a afirmação de que a intervenção teve efeito se torna mais confiável. Tal confiança vem (1) das medidas repetidas, (2) da estabilidade relativa da VD na linha de base e (3) do contraste nos níveis da VD antes e após a intervenção.[16]

Na Figura 1, podem-se ver três possíveis registros de desempenho em uma intervenção fictícia. Nos três casos, as médias dos desempenhos registrados em cada fase é a mesma, com uma melhora expressiva na ocorrência do comportamento-alvo. No painel (A), que contém apenas uma medida da VD em cada condição, há pouca confiabilidade de que a mudança registrada se deve à intervenção (VI) aplicada. No painel (B), apesar de haver vários registros da VD antes e depois da intervenção, não seria inapropriado supor que a intervenção produziu uma mudança, porque já na linha de base (antes da intervenção) havia uma tendência clara de melhora dos níveis da VD. Nesses exemplos, apenas quando o pesquisador observa um contraste entre as fases que seja maior do que a variação dentro de cada fase, sendo essa diferença incompatível com uma tendência natural da VD (compare painéis (B) e (C) da Figura 1), ele tem ampla confiança de que a intervenção teve um efeito sobre o comportamento-alvo (VD).

É seguindo essa lógica que os protocolos de avaliação da qualidade da evidência em SCEDs[34,55,56] frequentemente exigem uma quantidade mínima de registros da VD em cada fase. Sem medidas repetidas da VD, não é possível avaliar se há estabilidade dos resultados (preferencialmente sem tendências que dificultem a interpretação), e a confiabilidade nas conclusões sobre relações de dependência entre VI e VD torna-se frágil.[57]

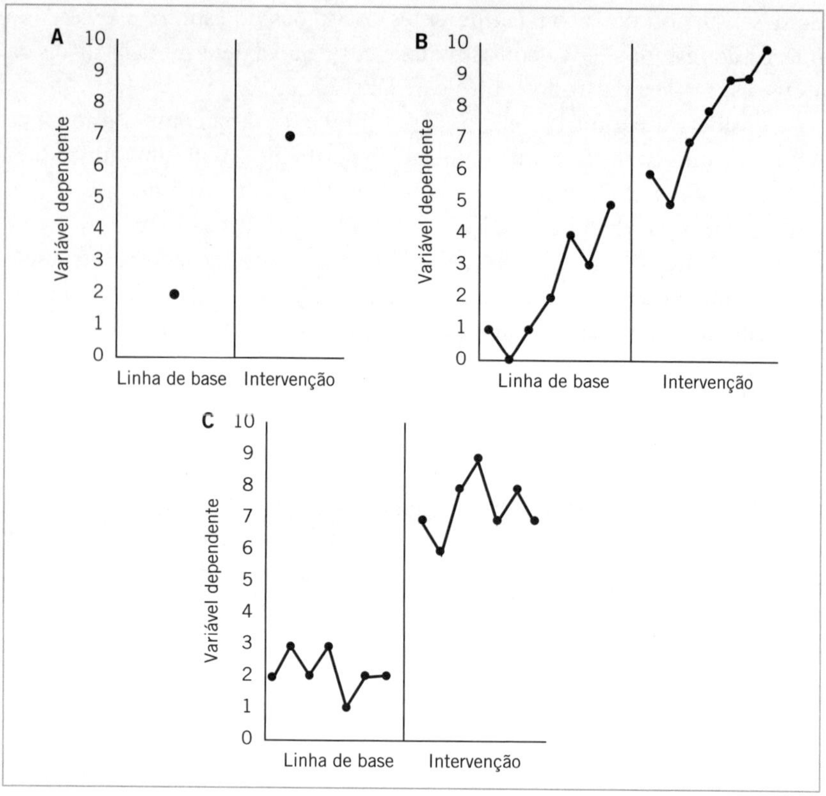

FIGURA 1 Dados hipotéticos representando comparações entre linha de base e intervenção, com e sem estabilidade.
Fonte: elaborada pelos autores.

Entretanto, ainda que se obtenha estabilidade da linha de base e o contraste entre a tendência na linha de base e o dado obtido na fase de intervenção, sempre há a possibilidade de que outro evento tenha ocorrido simultaneamente (ou muito próximo) à intervenção e que esse evento seja responsável pela mudança obtida no desempenho. Por exemplo, no acompanhamento de um caso clínico, um fator externo à intervenção terapêutica (e.g., perda ou reaproximação de uma pessoa significativa) pode provocar mudanças na variável de interesse que podem ser erroneamente atribuídas à intervenção clínica. Por esse motivo, alguns autores classificam como pré-experimentais estudos que contenham apenas uma fase de linha de base e uma fase de intervenção (conhecidos como delineamentos A-B). Tal delineamento pode ser útil em estudos exploratórios, mas tem uso limitado em pesquisas cujo objetivo seja avaliar o efeito de uma intervenção.[5] Na maioria dos protocolos de avaliação da qualidade das evidências, os resultados obtidos por meio de delineamentos do tipo A-B são considerados evidências fracas[55] ou insuficientes,[34,56] e recomenda-se que não sejam incluídos em metanálises.

Como forma de superar as limitações do delineamento A-B, foram desenvolvidos outros arranjos experimentais que permitem certa versatilidade aos SCEDs.[54] Uma ampla variedade de tipologias de SCEDs pode ser encontrada na literatura.[5,7,22,24,26,32,33,46,54] Apresentaremos a seguir uma tipologia simples e útil, sem pretensão de ser exaustiva.

Delineamentos de reversão

Os delineamentos de reversão são o tipo mais clássico de SCED e "envolvem um par de condições de controle e experimental no qual uma ou ambas as condições se repetem pelo menos uma vez" (p. 334).[54] Em outras palavras, nos delineamentos de reversão, a fase A (A-B-A), a fase B (B-A-B) ou ambas as fases (A-B-A-B) são repetidas.

Um delineamento A-B-A representa uma situação experimental na qual, após a coleta de dados em linha de base (primeira ocorrência da fase A), o participante é exposto a uma intervenção (fase B ou fase experimental) e, posteriormente, retorna à condição de linha de base (segunda ocorrência da fase A). A palavra "reversão" é usada para designar esse delineamento em função do retorno à linha de base em uma das condições experimentais.

A inserção de uma segunda condição similar à linha de base (A-B-A) possibilita identificar se a retirada da intervenção tem, como efeito, o retorno do padrão comportamental já identificado na primeira condição de linha de base. Esse tipo de delineamento, portanto, é aplicado a situações nas quais o efeito da intervenção presumivelmente seria observado apenas na presença da intervenção e não posteriormente a ela.[54]

De modo similar, em um delineamento A-B-A-B, a inclusão de uma segunda fase de experimental permite terminar o experimento com a intervenção em curso, o que pode ter implicações práticas e éticas importantes. Além disso, a inclusão de uma nova fase de experimental, caso produza mudanças na VD consistentes com aquelas produzidas na primeira fase de intervenção (como ilustrado nos dados hipotéticos da Figura 2), aumenta a confiabilidade de que é a intervenção implementada que produz o efeito indicado e não alguma variável estranha ao experimento. A esse delineamento podem-se acrescentar novas fases de reversão (novas condições A e B), o que cria diversas replicações

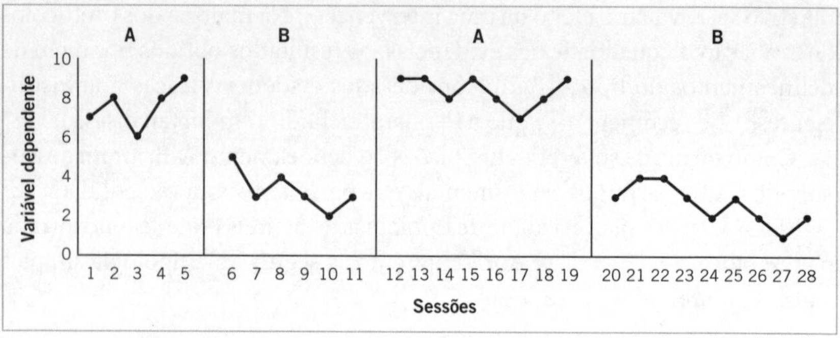

FIGURA 2 Exemplo hipotético de um delineamento de reversão A-B-A-B.
Fonte: elaborada pelos autores.

de estudos A-B em um mesmo caso e aumenta a confiabilidade na atribuição do eventual efeito à VI manipulada.

A lógica desse tipo de delineamento é a busca pela replicação, em um mesmo caso, dos efeitos da intervenção. Ou seja, avalia-se o quanto uma dada intervenção é capaz de replicar resultados de modo sistemático em relação ao padrão comportamental do caso em linha de base.[7] Tal como em delineamentos de pesquisa de grupo, as replicações dos estudos são fundamentais para demonstrar a efetividade de uma dada intervenção. Nos delineamentos de caso-único, a replicação intracaso é uma das formas de aumentar a força das evidências produzidas. Nos estudos secundários de revisão sistemática em que se analisam estudos experimentais de caso-único, são utilizadas medidas para avaliar a qualidade do delineamento utilizado, tipicamente envolvendo a quantidade de fases no experimento (e.g., ao menos 4 fases, A-B-A-B para qualificar a evidência) e a quantidade de medidas repetidas em cada fase (e.g., ao menos cinco medidas em cada fase) (cf. Kratochwill et al, 2013).[5,56,58] Cada aferição da VD aumenta a confiabilidade em uma eventual demonstração de estabilidade dentro da fase. A cada alternância de fase implementada aumenta a confiabilidade de mudanças sistemáticas nos níveis da VD representarem de fato uma relação de dependência.

Embora as prescrições desses critérios de qualidade da evidência especifiquem uma quantidade mínima de reversões e de medidas da VD em cada etapa, esse não pode ser o único critério para decidir o momento da mudança de fase na programação de um experimento. O mais importante é avaliar a estabilidade da VD em cada etapa. O que permite um pesquisador atribuir relações de dependência entre as variáveis estudadas é o contraste obtido na VD entre fases, o qual pode ser questionado se a estabilidade da VD não for demonstrada. Portanto, considerando que em um SCED o experimentador frequentemente pode decidir quando mudar a fase experimental durante o estudo, é comum que o atendimento a um critério de estabilidade seja a informação sob controle da qual o experimentador decide encerrar uma fase e iniciar outra.

Um exemplo de estudo de reversão na psicologia clínica é o de Dias e Silveira (2016),[59] que avaliou diferentes estratégias de intervenção em um processo de terapia de casais. O objetivo do estudo foi comparar duas modalidades de intervenção, sendo (A) procedimentos convencionais da terapia comportamental de casais (i.e., treinamentos de comunicação, solução de problemas e procedimentos de aceitação) e (B) a psicoterapia analítica funcional (FAP), com foco na modelagem e na modelação de comportamentos de intimidade, a partir da interação terapeuta/cliente. O delineamento consistiu na apresentação alternada das condições A e B, cada qual com duas sessões, na ordem ABAB. A intervenção incluiu um total de oito sessões, com frequência semanal e duração de 90 minutos cada. Os clientes foram cegos para as variáveis em estudo e para as condições do delineamento da pesquisa. Para fins de análise, foram considerados principalmente os comportamentos clinicamente relevantes emitidos em sessão (CRB), sendo denominados 'CRBs1' aqueles relativos ao problema clínico e 'CRBs2' aqueles relativos à melhora clínica. Os CRBs foram definidos a partir da conceituação do caso, com foco principal em comportamentos de intimidade (nesse caso, comportamentos do tipo "apresentar fragilidade", "relatar eventos privados" e "tomar decisões"). A análise dos dados indicou que, na condição B, os comportamentos de "evocação de CRBs" por parte do terapeuta foram mais frequentemente seguidos da emissão de CRBs1 e CRBs2, em comparação à condição A. Foi possível observar que o aumento na emissão de CRBs2 também foi mais expressivo na condição B do que na condição A. Também foi possível observar que a maior evocação de CRBs1 na condição B favoreceu a modelagem direta de CRBs2, diminuindo respostas de evitação de intimidade e aumentando comportamentos de intimidade. Em conjunto, os dados sugerem que os componentes avaliados da FAP foram efetivos em estabelecer ou aumentar a frequência de comportamentos de intimidade quando comparados a procedimentos convencionais da terapia comportamental de casais.

Além dos delineamentos A-B-A e A-B-A-B, outros arranjos experimentais também são considerados delineamentos de reversão. Alguns deles envolvem apenas o aumento da quantidade de replicações das fases A e B (e.g., A-B-A -B-A). Outros envolvem a inversão de ordem (e.g., B-A-B) ou a exposição do participante a mais de uma condição experimental, denominada delineamento multielemento (e.g., A-B-A-C-A). Em psicologia, delineamentos de reversão são frequentemente usados para avaliar o efeito de intervenções com efeitos temporários, mas na área mais ampla da saúde é comum que esses delineamentos sejam usados também para verificar efeitos colaterais e/ou indesejáveis de certas intervenções (em especial as medicamentosas).[5]

Delineamentos de linha de base múltipla

Um modo alternativo de aumentar o controle experimental em relação a um delineamento A-B é a utilização de múltiplas linhas de base. Caso uma mesma intervenção seja aplicada sobre diferentes linhas de base, cada intervenção pode constituir uma replicação simultânea de um delineamento A-B, aumentando a confiabilidade do estudo. Uma característica importante desse delineamento de pesquisa é a necessidade de registro concomitante das diferentes linhas de base. É isso que diferencia um delineamento de base múltipla de um simples conjunto de estudos AB. Diferentes linhas de base podem ser estabelecidas em função de praticamente qualquer propriedade da situação de estudo. Os delineamentos de linhas de base múltipla mais comuns incluem a avaliação de diferentes comportamentos, participantes ou contextos. Quando é observado um efeito importante sobre as VDs somente após aplicada a intervenção sobre suas respectivas linhas de base, assume-se com maior confiança que as mudanças observadas são decorrentes da intervenção e não de outras variáveis não controladas.[12]

Uma vantagem importante desse tipo de delineamento é não precisar de fases de reversão à linha de base para demonstração do efeito da intervenção. Essa característica viabiliza o estudo de intervenções nas quais ocorrem mudanças duradouras ou permanentes no comportamento observado, ou seja, quando não se observa retorno ao nível de linha de base após a interrupção da intervenção. Esse tipo de delineamento é apropriado também para situações nas quais o efeito da intervenção não é permanente, mas seria antiético ou tecnicamente inviável interromper a intervenção em fases posteriores da pesquisa.[5]

Na Figura 3 está apresentado um exemplo hipotético de delineamento de linha de base múltipla entre comportamentos. Essa figura contém três gráficos, um em cima do outro. Cada um deles ilustra uma linha de base distinta (no exemplo, diferentes comportamentos de um mesmo participante do estudo). Registros de todas as VDs são feitos em todas as sessões do estudo, mas o início da intervenção muda para cada linha de base registrada. Tal como em um delineamento A-B, a intervenção deve ser iniciada somente após a identificação de estabilidade na VD de interesse. Uma vez iniciada a intervenção na primeira linha de base (painel superior na figura), as demais permanecem sendo registradas, mas sem sofrer intervenção. Quando a estabilidade almejada após a intervenção na primeira linha de base é obtida, inicia-se a intervenção na segunda linha de base (painel central da figura). O procedimento se repete para a terceira linha de base (painel inferior da figura) e, subsequentemente, para tantas mais linhas de base quantas forem estabelecidas no estudo.

O uso de medidas repetidas da VD, a obtenção de estabilidade antes da mudança de condição experimental e o contraste nos valores estáveis da VD nas diferentes condições experimentais são fatores importantes também no delineamento de base múltipla. Mas é a replicação da intervenção em diferentes linhas de base que ajuda a afastar suspeitas sobre a ocorrência fortuita de uma variável estranha concomitante ao início da intervenção. Além disso, o registro de todas as VDs em todas as sessões experimentais, combinado a diferentes momentos de início da intervenção sobre cada linha de base, produz controle considerável sobre os efeitos da passagem do tempo ou da repetida exposição aos procedimentos de registro da VD. Caso alguma dessas

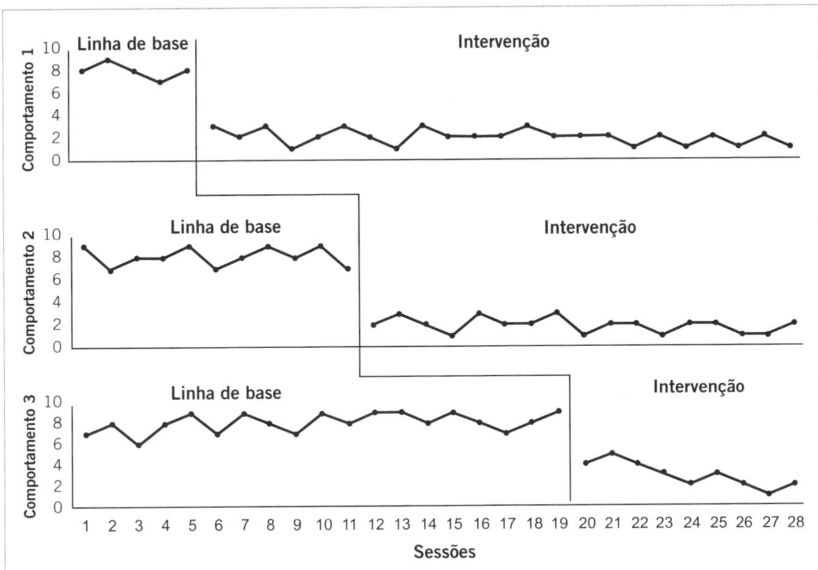

FIGURA 3 Exemplo hipotético de resultados obtidos em um delineamento de base múltipla entre comportamentos.

Fonte: elaborada pelos autores.

variáveis exerça algum efeito, mudanças sistemáticas na VD seriam esperadas em todas as linhas de base, independentemente do momento de início das intervenções. É em função desses controles adicionais que o delineamento de base múltipla tem maior validade interna do que delineamentos AB.

Tal como no caso dos delineamentos de reversão, os delineamentos de linha de base múltipla também são muito versáteis e podem ser utilizados de diferentes maneiras. Neste capítulo, apresentaremos três variações.

- **Delineamento de linha de base múltipla entre comportamentos.** Nesse delineamento, elegem-se diferentes comportamentos de um mesmo participante como os alvos da intervenção. Registros concomitantes são feitos para todos os comportamentos-alvo, e a intervenção é aplicada sobre cada comportamento em diferentes momentos. Como se trata do mesmo participante, supõe-se que variáveis estranhas que afetem esse participante e que poderiam ser confundidas com o efeito da intervenção (e.g., um evento relevante em sua vida), se ocorrerem, afetariam todos os comportamentos avaliados. Portanto, se as medidas usadas para cada comportamento mudarem apenas quando a intervenção se inicia sobre um comportamento específico, obtém-se boa confiabilidade de que a mudança foi produzida pela intervenção e não em função de outra variável estranha. Esse raciocínio está embasado na confiança de que os diferentes comportamentos-alvo selecionados são independentes entre si, e isso precisa ser garantido antes da implementação do delineamento. Caso contrário, mudanças em um comportamento refletiriam mudanças em outro dos comportamentos selecionados, o que comprometeria a avaliação dos efeitos da intervenção.
- **Delineamento de linha de base múltipla entre contextos/situações.** Nessa variação, o comportamento-alvo de um caso específico é avaliado em diferentes contextos ou situações. Na medida em que os registros da VD sejam temporalmente próximos, pode-se supor também que variáveis estranhas significativas que afetem o organismo como um todo poderiam ter seu efeito percebido nos diferentes contextos avaliados. Caso mudanças significativas ocorram apenas após a intervenção se iniciar em um contexto ou situação particular, mas não ocorram nos demais contextos ou situações, pode-se assumir que é a intervenção, e não outro fator, que determina as mudanças eventualmente observadas na variável dependente. De modo análogo à linha de base múltipla intercomportamentos, essa lógica só é válida se houver motivos para acreditar que mudanças comportamentais produzidas em um contexto não serão generalizadas automaticamente para os demais contextos.

- **Delineamento de linha de base múltipla entre participantes (ou entre casos).** Diferentemente dos casos anteriores, nos quais as diferentes linhas de base eram estabelecidas em relação ao mesmo caso – e, portanto, as diferenças individuais eram mantidas estáveis, afinal trata-se do comportamento do mesmo caso –, nessa variação as linhas de base referem-se a dados coletados de diferentes casos que compõem um mesmo estudo, de modo que cada linha de base representa os dados de comportamentos similares emitidos por diferentes participantes ou casos. Nesse delineamento, apesar de as diferenças individuais não estarem controladas, o registro concomitante das VDs em cada caso avaliado produz algum controle sobre variáveis estranhas que poderiam afetar o comportamento de todos os casos em um determinado contexto. Além disso, enfraquece a hipótese de que o tempo de exposição ao experimento ou a exposição a medidas repetidas da VD são fatores que por si só produzem mudanças relevantes na VD. Tal delineamento pode ser muito útil em situações nas quais se busca avaliar o efeito de uma intervenção sobre algum tipo de necessidade comum entre diversas pessoas e sobre o qual há a possibilidade de estabelecer indicadores estáveis para monitoramento.[12] Além disso, é aplicável mesmo quando se espera que as intervenções tenham efeitos duradouros (o que é o caso de todo delineamento de base múltipla) e pervasivos (i.e., que afetem outros comportamentos e/ou sejam generalizados para outros contextos).

O estudo de Ruiz et al. (2019)[60] é um exemplo da aplicação do delineamento de linha de base múltipla entre participantes no contexto clínico. O objetivo desse estudo foi testar a eficácia de um protocolo de terapia de aceitação e compromisso (ACT), focado em "pensamento negativo repetitivo" (RNT) com três adultos jovens que apresentavam quadro grave de transtorno de ansiedade generalizada (TAG). Como VI (intervenção), foi considerada a introdução um protocolo ACT de três sessões. As VDs primárias foram respostas a escalas padronizadas sobre preocupação no contexto de relacionamentos amorosos (Experiences in Close Relationships-Anxiety – ECR) e preocupação patológica (Penn State Worry Questionnaire 11 – PSWQ-11) e foram registradas em plataforma *online*. As linhas de base para cada participante duraram entre 5 e 7 sessões e, obtida a estabilidade, foi iniciada a intervenção. Dados de seguimento (*follow-up*) foram registrados por 12 semanas após a intervenção. Os escores obtidos nas escalas após a intervenção sugeriram reduções importantes nos níveis da VD estatisticamente significantes e com grande tamanho de efeito. Os resultados indicam que o protocolo de intervenção ACT foi efetivo no tratamento da TAG.

A classificação de um estudo como sendo do tipo "linha de base múltipla" se dá principalmente em função do quanto as diferentes linhas de base são registradas de modo concomitante. Em muitos casos, tal registro não é viável. Em um delineamento de linha de base múltipla entre contextos, por exemplo, o participante não pode estar simultaneamente em todos os contextos de avaliação. Portanto, a simultaneidade dos registros não é um critério ou exigência dicotômica. Ainda assim, quanto mais distantes no tempo ocorrem os registros das medidas nas diferentes linhas de base, menor é o controle de variáveis estranhas e mais o delineamento se aproxima de um conjunto de estudos AB.* Por outro lado, se mudanças nas medidas da VD ocorrerem somente após as intervenções e os registros das VDs forem temporalmente próximos, maior será a segurança para afirmar a existência de relações de dependência entre a intervenção e os níveis da VD.

Tal como nos delineamentos de reversão, protocolos de avaliação da qualidade da evidência (e.g., Kratochwill et al., 2013)[55,56,58] exigem condições metodológicas mínimas (e.g., cinco pontos de registro da VD em cada condição e pelo menos três linhas de base diferentes) para considerar um delineamento como sendo seguro e podendo ser incluído em estudos de metanálise. Mais uma vez, esses parâmetros devem ser analisados com parcimônia.[61] Ainda que maiores quantidades de registro da VD em cada fase favoreçam a identificação confiável da estabilidade da medida, é a identificação clara dessa estabilidade e o contraste nos resultados entre as fases que dão confiabilidade às relações de dependência entre VI e VD, e não um critério fixo para a quantidade de registros.[16]

Delineamentos de mudança de critério

Um terceiro tipo de delineamento de caso-único é o delineamento de mudança de critério, também denominado como *critério móvel*. Sua presença é menos frequente na literatura sobre avaliação de intervenções, mas é um tipo de delineamento de grande importância em situações nas quais a relação entre os parâmetros da intervenção (e.g., aumento gradual de uma meta de duração de sessão de exercícios físicos) e os parâmetros da VD (e.g., real duração das sessões de exercícios físicos realizadas pelo indivíduo) é relevante durante o procedimento.[5,12] Variações sistemáticas na VD somente após a implementação nas mudanças do critério são as informações que dão

*Por vezes, delineamentos de linha de base múltipla em que os registros da VD não são feitos concomitantemente são chamados de "não-concorrentes".[5]

segurança para o pesquisador atribuir relações de dependência entre a VI e a VD. Por isso, condições do experimento sem a intervenção (i.e., linhas de base) não são essenciais nesse delineamento, ainda que seu uso seja frequente e recomendável. Em geral, esse tipo de delineamento é muito utilizado em situações nas quais é necessário obter um grau elevado de desempenho difícil de produzir sem aproximações sucessivas em direção ao desempenho terminal.

Na Figura 4 está apresentada uma ilustração desse delineamento. Nela é registrada a linha de base nas cinco primeiras sessões e, na sequência, é definido um critério de desempenho (e.g., um critério mais exigente para reforçamento) na expectativa de produzir desempenhos coerentes na VD. Ao obter estabilidade no critério 1, passa-se ao critério 2 e, posteriormente, ao critério 3.

A principal diferença deste para os demais tipos de delineamentos de caso-único é que a mesma intervenção é realizada ao longo de todo o experimento e cada mudança de critério é análoga a uma replicação do efeito da VI. Os critérios podem se referir tanto à elevação da frequência de um dado comportamento-alvo (e.g., comportamentos cooperativos) quanto à diminuição da frequência de comportamentos disruptivos (e.g., comportamentos agressivos) ou outras variações que sigam a mesma lógica. Os delineamentos de mudança de critério são basicamente utilizados para observação de mudanças de comportamento, e não de outros tipos de processos psicológicos, dado que a medida de tais fenômenos dificilmente é avaliada em termos de mudanças graduais.[12]

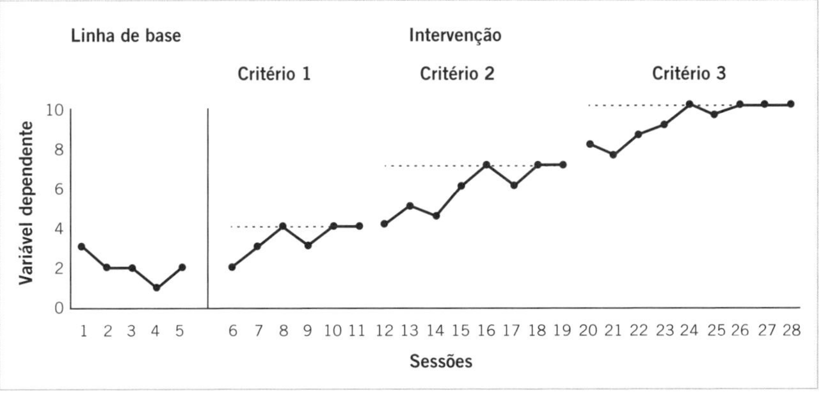

FIGURA 4 Exemplo hipotético de resultados obtidos em um delineamento de mudança de critério.

Fonte: elaborada pelos autores.

O relato da intervenção apresentado por Luiselli (2000)[62] é um exemplo didático da aplicação do delineamento de mudança de critério. Nessa intervenção, foi realizado um tratamento com uma criança de 3 anos de idade com recusa crônica de alimento. Essa criança tinha histórico médico que incluía diversos procedimentos, como ingestão de alimentos por sonda nasogástrica. A criança foi diagnosticada com disfunção motora oral severa e tinha outras características (cognitivas, linguísticas e sociais) típicas para sua faixa etária. O terapeuta, ao avaliar o caso, identificou a possibilidade de desenvolver o comportamento de alimentar-se sozinha, definido pela apresentação de uma cadeia de seis respostas em sequência: 1) segurar a colher com a própria mão; 2) retirar a comida do prato; 3) levar a colher até a boca; 4) colocar a colher na boca; 5) retirar a comida da colher; e 6) engolir a papinha de frutas definida pelo médico e nutricionista responsáveis. O comportamento da criança foi registrado pelos pais durante 25 minutos nos almoços na casa de sua família. Durante quatro almoços, foi realizada a linha de base, na qual os pais inseriram o alimento, a colher e solicitavam à criança que comesse, interagindo com ela como de costume. Nessas ocasiões, a criança não apresentou nenhuma resposta de comer sozinha.

Com base na observação do comportamento da criança e na entrevista com os pais, o terapeuta identificou os prováveis fatores que dificultavam o comportamento alimentar: demandas dos pais para comer tinham função aversiva, e a criança esquivava não respondendo. Com base nisso, foi estabelecida a intervenção junto aos pais: alguns dos brinquedos preferidos da criança passaram a só ficar acessíveis durante 30 minutos, após o almoço, apenas se a criança comesse, de modo a estabelecer o acesso a reforçadores arbitrários quando comesse uma determinada quantidade de colheradas sozinha. Adicionalmente, os pais foram orientados a inserir uma dica visual que evidenciava a quantidade de colheradas necessárias, em cada critério, para ter acesso aos brinquedos após o almoço, bem como que valorizassem verbalmente cada colherada da criança e registrassem na dica visual cada colherada realizada para a criança saber quanto faltava para atingir a meta. Os critérios estabelecidos na intervenção foram de 1, 2, 3, 4, 8 e 10 colheradas. No estudo, os dados apresentados sugerem que a criança rapidamente passou a responder aos critérios demandados em cada etapa do experimento. Na avaliação de *follow up*, 1 ano após início do experimento, foi identificado que a criança também passou a ingerir outros tipos de alimento e ganhou peso significativo no período, indicando o sucesso da intervenção.

No delineamento de mudança de critério, cada mudança de exigência é uma demonstração do efeito da manipulação da intervenção. Por isso, é recomendado que, após cada mudança, seja obtida estabilidade no desempenho antes de uma nova mudança no critério ser implementada. A orientação contemporânea indica que cada fase desse tipo de delineamento deve ter pelo menos cinco pontos de dados, e que devem ser demonstrados os efeitos replicando ao menos três fases.[48] Um aspecto importante em relação à validade interna nesse tipo de delineamento é a magnitude das mudanças em cada nível implementado, a cada nível do critério. Embora não haja indicação consensual na literatura para isso,[12] uma recomendação para garantir boa demonstração experimental dos efeitos da mudança de critério é que, a partir da identificação do valor médio e de variabilidade em linha de base, o primeiro critério estabelecido seja um percentual da média superior à medida de variabilidade, de modo a evidenciar claramente o efeito da intervenção. Comportamentos com baixa variabilidade necessitam de menor magnitude das mudanças entre critérios. Também é importante considerar o risco de atingir efeito de teto ou efeito de piso, situações nas quais o aumento ou a diminuição, respectivamente, nos valores de uma VD não ultrapassam certos valores limite das capacidades dos participantes ou condicionantes na situação experimental.[5]

Delineamentos de alternância de tratamentos

Um quarto tipo de delineamento de caso-único é o de alternância de tratamentos (por vezes denominado delineamento de "tratamentos alternados"). Esse tipo de delineamento normalmente é usado para comparar duas intervenções entre si ou comparar duas ou mais intervenções com condições sem intervenção.[63]

Os delineamentos desse tipo têm como característica central a mudança rápida das condições experimentais. Em geral, a cada sessão experimental é aplicada uma das condições, preferencialmente com exposições balanceadas e randomizadas das diferentes condições para minimizar efeitos de ordem.[5,54] Alterações abruptas nos valores da VD tão logo a condição de intervenção é modificada são consideradas demonstrações convincentes do efeito das intervenções em análise.[54] Para que essa lógica seja plausível, entretanto, é preciso ter segurança de que o efeito das intervenções é reversível e que as intervenções manipuladas podem ter efeitos imediatos sobre a VD.

Em contextos aplicados, esse tipo de delineamento pode ser adotado quando, por exemplo, após avaliação inicial, se identificam na literatura duas modalidades de intervenção potencialmente eficazes para o comportamento-alvo.[12] Na Figura 5 está representado um exemplo hipotético desse tipo de delineamento. Nesse exemplo, após um período de cinco sessões em linha de base, dois "tratamentos" (intervenções) passaram a ocorrer em sessões

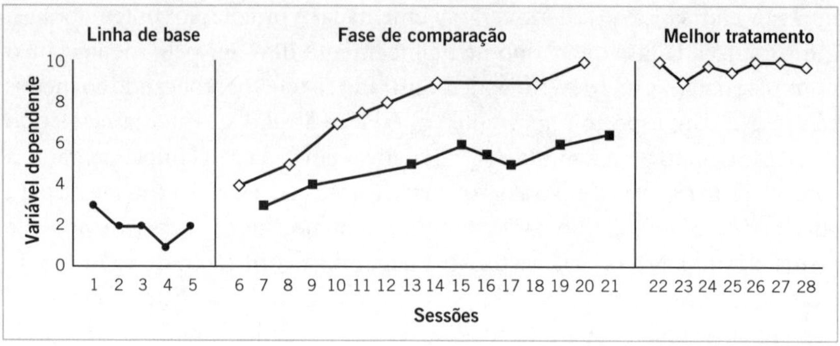

FIGURA 5 Exemplo hipotético de resultados obtidos em um delineamento de alternância de tratamentos.

Fonte: elaborada pelos autores.

alternadas. Um dos tratamentos claramente produz efeito maior na VD do que o outro. Quando tal diferença fica demonstrada, o profissional que conduziu a intervenção pode optar por encerrar a alternância de tratamentos, mantendo apenas aquele que estava produzindo maiores benefícios ao seu cliente. Na etapa descrita como "melhor tratamento" estão ilustrados dados hipotéticos de um arranjo desse tipo.

Em se tratando de um SCED, o delineamento de alternância de tratamentos oferece um excelente controle para variáveis como histórico, desenvolvimento ou outros fatores de confusão ambientais. Como o mesmo participante está recebendo ambas as intervenções em um curto espaço de tempo, é razoável esperar que quaisquer influências de fatores estranhos teriam impacto comparável em ambos os tratamentos. Por outro lado, a principal desvantagem é que esse tipo de delineamento é vulnerável à interferência dos diferentes tratamentos entre si, e é difícil separar o que é o efeito específico de cada tratamento e o que é o efeito dos tratamentos combinados.[5] Garantir que os participantes consigam discriminar qual tratamento está em vigor, bem como randomizar e balancear a ordem de apresentação dos tratamentos, são recursos importantes para minimizar os possíveis efeitos da interação.

A comparação entre os diferentes tratamentos é a principal informação produzida por esse tipo de delineamento e, portanto, ele pode ser constituído de apenas uma fase na qual tal comparação é realizada. Entretanto, é comum que linhas de base sejam estabelecidas antes ou entre as intervenções.[12] Além disso, uma vez identificado o tratamento mais efetivo, é comum – e muitas vezes desejável – que ele seja mantido em uma fase de melhor tratamento após as comparações, tal como ilustrado na Figura 5. Fases em que apenas um tratamento é aplicado em sessões consecutivas (como as fases de *melhor tratamento*) são também interessantes para garantir que os efeitos identificados em sessões alternadas são similares aos efeitos de intervenções continuadas, o que pode ter implicações práticas relevantes.[54]

Um exemplo desse delineamento é o estudo de Lambert et al. (1999).[64] O objetivo foi avaliar, em ginastas, o efeito do que os autores chamaram de "lócus de controle" sobre a eficácia relativa de metas autodefinidas ou estabelecidas por um treinador sobre o desempenho em atividades de ginástica. A hipótese testada foi a de que ginastas com um lócus de controle mais interno apresentariam melhor desempenho sob condições autodefinidas do que sob condições de metas definidas pelo treinador, enquanto aqueles com um lócus de controle externo teriam desempenho relativamente melhor quando suas metas fossem estabelecidas pelo treinador. Participaram do estudo quatro ginastas, com idades entre 12 e 13 anos de idade, em fase de treinamento de repetição pré-competição, selecionados a partir de uma amostra maior com base em suas pontuações em uma escala de avaliação do "lócus de controle". As duas condições experimentais foram (A) metas definidas pelo treinador e (B) metas autodefinidas, que foram apresentadas a todas as participantes em um delineamento de alternância de tratamentos. A Fase 1 do estudo envolveu a comparação direta dos dois procedimentos de definição de metas. A apresentação de cada condição foi feita de maneira randomizada, de modo que, no início de cada sessão de treinamento nessa fase, o treinador jogou uma moeda para determinar a qual das duas condições experimentais cada sujeito seria exposto naquela sessão. Quando foram observadas diferenças claras e estáveis nos dados coletados sob as duas condições de tratamento, uma fase de melhor tratamento foi implementada. Os resultados desse estudo sugeriram efeitos diferenciais do lócus de controle sobre o desempenho das ginastas sob autoinstrução ou instruções do treinador. Participantes com lócus de controle mais interno desempenharam melhor na condição de metas autodefinidas, e aquelas com um lócus de controle externo tiveram melhor desempenho na condição de metas orientadas pelo treinador. Além disso, na Fase 2 do estudo, quando cada participante foi colocada sob condições ideais para elas, conforme estabelecido na Fase 1, todas as quatro tiveram desempenho estável.

VANTAGENS E LIMITAÇÕES DOS DELINEAMENTOS EXPERIMENTAIS DE CASO-ÚNICO

No campo das metodologias de pesquisa, os SCEDs podem ser agrupados na categoria de delineamentos experimentais, cuja função é a demonstração empírica e confiável de relações de dependência entre eventos. A característica experimental dos SCEDs, em especial, é o que pauta as avaliações de qualidade dos delineamentos desse tipo; pois, quanto maior o controle experimental, maior a possibilidade de inferência sobre a relação entre as variáveis de interesse. Adaptações (ou tipos de SCEDs) são feitas nesse método a partir dos interesses e limitações da sua aplicação. Em todos os contextos de aplicação, os SCEDs se diferenciam do método de estudo de caso tanto pelos objetivos quanto pelas possibilidades de inferência sobre a relação entre as variáveis de interesse. Da mesma forma, outros delineamentos mais simples, que se assemelham ao SCED pela característica idiográfica, tal como os delineamentos do tipo A-B, são considerados pré-experimentais pelo baixo potencial de inferência de relações de dependência entre uma variável independente sobre outra variável dependente. Essa distinção entre os tipos de delineamento se faz importante, uma vez que é provável que, em muitos casos, ao se avaliar o mérito de pesquisas experimentais com delineamento de caso-único, estas sejam erroneamente consideradas equivalentes a outras metodologias que empregam amostras pequenas, mas que não envolvem controle experimental.[65]

Em fases iniciais do desenvolvimento de novos tratamentos, em especial na tentativa de transposição entre o conhecimento científico em nível básico para contextos aplicados, os SCEDs podem ser uma boa alternativa, no lugar de delineamentos menos controlados como estudos de caso ou ensaios clínicos com *N* muito pequeno.[47] É possível observar na literatura que, com frequência, os pesquisadores tendem a passar de modo muito abrupto dos estágios iniciais de desenvolvimento de protocolos de tratamento para a condução de ECRs. Muitas vezes, isso resulta em avaliações muito rigorosas de pacotes de tratamento que poderiam ter sido substancialmente melhorados se os pesquisadores tivessem investido tempo em pesquisas do tipo SCED, a fim de avaliar "como", "por que" e "quando" as mudanças relacionadas ao tratamento ocorrem.[65]

Os SCEDs também podem ser considerados particularmente estratégicos em pesquisas sobre eficácia e efetividade das intervenções psicológicas, possibilitando, por exemplo, a comparação dos efeitos de intervenções diferentes para o mesmo indivíduo, em contextos mais semelhantes e estáveis do que em delineamentos de grupo. De fato, embora muitas vezes delineamentos de grupo envolvam comparações intra-sujeito (pré- e pós-intervenção), esse tipo de dado apenas dá conta de indicar os efeitos gerais da intervenção. Ao incluir medidas repetidas do mesmo participante ao longo de toda a intervenção, os SCEDs permitem uma avaliação mais precisa das relações funcionais entre a intervenção e as mudanças observadas.[65]

Além disso, por exigirem quantidade menor de participantes, podem proporcionar aos clínicos maior oportunidade de contribuir para a produção de evidências em psicoterapia. Esse aspecto também é relevante no contexto das críticas aos problemas de validade externa dos delineamentos que avaliam efeitos de grupo, uma vez que as intervenções psicoterápicas são comumente individuais e tradicionalmente personalizadas. E, com o desenvolvimento de estratégias estatísticas que possibilitam a comparação entre dados oriundos de SCED e dados provenientes de ECRs, algumas dessas preocupações podem ser melhor investigadas. No Quadro 1 está um resumo comparativo entre as possibilidades de aplicação, vantagens e limitações dos SCEDs em relação aos delineamentos pré-experimentais do tipo A-B.

Para que forneçam informações úteis em diferentes fases do processo de investigação sobre um determinado tratamento ou intervenção, assim como outros delineamentos experimentais, os estudos que utilizam os SCEDs precisam levar em consideração diversos aspectos. Primeiramente, as medidas devem ser específicas, observáveis e replicáveis, além de preferencialmente obtidas sob condições constantes. Além disso, delineamentos SCED exigem medidas repetidas nas diferentes condições, de modo que não são aplicáveis em situações nas quais essas medidas não são possíveis ou quando a simples aferição da VD produz mudanças na própria VD. Conforme foi possível observar nas seções anteriores, há grande diversidade de tipos de SCEDs, alguns dos quais podem incluir maior ou menor grau de controle, replicabilidade e generalização. No Quadro 2 são descritas as principais aplicações, vantagens e limitações dos quatro tipos de SCED descritos neste capítulo.

O uso de *delineamentos de reversão* é indicado apenas em contextos nos quais presumivelmente os efeitos não se mantêm na ausência da intervenção, ou seja, não são adequados para intervenções cujos resultados são duradouros ou irreversíveis. Como principais vantagens, a reversão é um procedimento relativamente simples e que possibilita adequada demonstração experimental do efeito de uma intervenção, especialmente quando a reversão é replicada mais de uma vez em um mesmo caso. Ainda assim, é preciso sempre considerar a adequação ética de realizar tal tipo de procedimento: a produção de evidências não pode ser utilizada como justificativa para expor pessoas a sofrimentos evitáveis.

Os SCEDs do tipo *linha de base múltipla* são aplicáveis a uma gama mais ampla de situações. Tanto situações reversíveis quanto aquelas cuja intervenção tende a produzir efeitos mais duradouros podem ser adequadamente avaliados nesse tipo de delineamento. Adicionalmente, ele viabiliza adequado controle do efeito da passagem do tempo e da exposição repetida à variável

QUADRO 1 Comparação entre delineamento pré-experimental AB e delineamento experimental de caso-único (SCED)

	Aplicações	Vantagens	Limitações
A-B	Utilizado em estudos exploratórios sobre o efeito de uma variável independente sobre outra variável dependente.	Simplicidade e fácil aplicação.	Não é adequado para estudos que visam avaliar o efeito de uma intervenção, logo não são incluídos em revisões sistemáticas e metanálises.
SCED	• Na comparação dos efeitos de intervenções diferentes para o mesmo indivíduo. • Em contextos clínicos mais naturalísticos. • Na avaliação de intervenções mais personalizadas/individualizadas.	• As comparações intra-sujeito favorecem contextos mais semelhantes e estáveis do que em delineamentos de grupo (*potencial controle para variáveis estranhas*). • As comparações intra-sujeito, incluindo um número maior de pontos de comparação, favorecem a avaliação mais precisa de relações funcionais entre a intervenção e as mudanças observadas. • Por prescindir de grande quantidade de participantes e permitir aplicações em contextos variados, favorece a contribuição de clínicos para a produção de evidências em intervenções psicológicas.	• Requer, muito frequentemente, medidas diretas da variável dependente. • Há grande diversidade de tipos de SCED, alguns dos quais podem incluir maior ou menor grau de controle, replicabilidade e generalização. • Risco de que a exposição a medidas repetidas ou a longa duração do experimento podem produzir modificações na VD ou abandono do experimento. • Dificuldade para coletar dados continuamente por grande quantidade de sessões.

Fonte: elaborada pelos autores.

QUADRO 2 Resumo das principais aplicações, vantagens e limitações dos quatro delineamentos experimentais de caso-único apresentados no capítulo

Tipos de SCED	Aplicações	Vantagens	Limitações
Reversão	Avaliação de casos nos quais presumivelmente os efeitos não se mantêm na ausência da intervenção.	• Simplicidade. • Viabiliza demonstração experimental do efeito de uma intervenção. • Cada nova reversão em um caso, aumenta a confiabilidade de que mudanças na variável dependente são função da variável independente.	• Não aplicável a casos nos quais os efeitos da intervenção são presumivelmente duradouros ou irreversíveis. • Necessidade de obter estabilidade da medida em cada etapa do experimento. • Não aplicável a casos nos quais a retirada da intervenção é considerada eticamente inadequada.
Linha de base múltipla	Avaliação de casos, independente da intervenção ser reversível ou não. Avaliação de casos nos quais se busca controlar efeito de passagem de tempo e/ou de repetidas mensurações da variável dependente.	• Evita riscos éticos relacionados à retirada da intervenção. • O acréscimo de cada linha de base aumenta a confiabilidade dos resultados.	• Manter linhas de base muito longas para alguns casos nem sempre é eticamente justificável. • Exige que as diferentes linhas de base sejam independentes entre si.

continua

QUADRO 2 Resumo das principais aplicações, vantagens e limitações dos quatro delineamentos experimentais de caso-único apresentados no capítulo (*continuação*)

Tipos de SCED	Aplicações	Vantagens	Limitações
Mudança de critério	Avaliação de casos nos quais as relações paramétricas entre os valores da VI e da VD são informativas ou importantes.	• Não necessita de reversão, nem de atraso na realização da intervenção. • Pode ser aplicado em casos nos quais um comportamento precisa ser modificado gradualmente.	• Aplicação muito restrita, servindo para pequena quantidade de aplicações, tipicamente associadas a algumas dimensões da modelagem de comportamentos.
Alternância de tratamentos	Avaliação de casos nos quais duas ou mais intervenções potencialmente eficazes para a mesma variável-alvo ou comportamento-problema. Avaliação de casos nos quais não é adequado que um problema fique sem intervenção imediata.	• Evita riscos éticos relacionados ao atraso no início da intervenção (linha de base) ou na sua retirada (reversão). • Prescinde de reversão. • Não exige estabilidade na VD.	• É vulnerável à interação entre as intervenções, tornando, por vezes, difícil determinar o efeito de cada intervenção separadamente. • Bastante sensível a efeitos de ordem, requer balanceamento e randomização.

Fonte: elaborada pelos autores.

experimental. Embora elimine o risco ético presente nos delineamentos de reversão de retirar uma intervenção, um novo problema ético surge: torna-se necessário avaliar as implicações de expor pessoas a um longo período de coleta de dados em linha de base antes de iniciar a intervenção.

O terceiro tipo apresentado, *delineamento de mudança de critério*, é utilizado em aplicações mais restritas, tipicamente associadas a intervenções que envolvem modelagem de comportamentos. Sua principal aplicação ocorre em situações nas quais se busca avaliar as relações entre grau de exigência em uma atividade (VI, o critério) e o desempenho do indivíduo (VD), partindo do pressuposto de que há relação paramétrica entre tais variáveis (VI-VD). Tal delineamento contribui especialmente na demonstração dos efeitos de intervenções em situações nas quais um comportamento precisa ser modificado gradualmente.

Por sua vez, o *delineamento de alternância de tratamentos* é aplicado na avaliação de casos nos quais há duas ou mais intervenções potencialmente eficazes para a mesma variável-alvo ou comportamento-problema. Esse delineamento também é útil na avaliação de casos nos quais não é adequado que um problema fique sem intervenção imediata. Sua principal vantagem é evitar riscos éticos relacionados ao atraso deliberado no início da intervenção (linha de base) ou na sua retirada (reversão). Ele também favorece o uso em estudos de caráter mais naturalístico e com menor custo, uma vez que prescinde de reversão e não exige estabilidade na VD. Por outro lado, é um arranjo metodológico bastante vulnerável à interação entre as intervenções, tornando, por vezes, difícil determinar o efeito de cada intervenção separadamente, além de ser bastante sensível a efeitos de ordem. Para evitar vieses, como os de ordem, recomenda-se sempre a adoção de estratégias de balanceamento e randomização.

Como cada tipo de SCED possui finalidades, vantagens e limitações próprias, não há um tipo melhor do que o outro, mas há tipos mais adequados para diferentes finalidades.

CONSIDERAÇÕES FINAIS

Em anos recentes, especialmente a partir das primeiras publicações da Divisão 12 da APA (APA, 2006; Wampold et al., 2007)[66,67] sobre a prática baseada em evidências na psicologia (PBEP), tem havido um intenso debate sobre questões metodológicas na busca por evidências de eficácia e efetividade das intervenções psicológicas. Infelizmente, as revisões da área clínica em psicologia[68-71] têm excluído *a priori* os estudos de SCEDs na busca por evidências que fundamentem a prática do psicoterapeuta. Tal decisão é incoerente com prescrições recentes sobre a avaliação da qualidade da evidência em diferentes áreas (compare, por exemplo, as prescrições da WWC, 2020 com suas versões anteriores), e a mudança nesse panorama, com a inclusão dos SCEDs nas diretrizes de PBEP, em breve será visível ao interessado no tema.

Considerando a importante contribuição dos SCEDs aos estudos em contextos clínicos mais naturalísticos, na avaliação de intervenções individualizadas, na comparação de efeitos de intervenções para um mesmo indivíduo e na transposição do conhecimento de pesquisas básicas para o contexto aplicado, destacamos sua importância como estratégia na produção de evidências de eficácia e efetividade das psicoterapias. Formar terapeutas e cientistas competentes nesse tipo de delineamento favorecerá o desenvolvimento de melhores evidências para a sustentação empírica das intervenções psicológicas.

REFERÊNCIAS

1. Evans JG. Evidence-based and evidence-biased medicine. Age Ageing. 1995;24(6): 461-3.
2. Guyatt GH, Haynes RB, Jaeschke RZ, Cook DJ, Green L, Naylor CD, et al. Users' guides to the medical literature. JAMA. 2000;284(10):1290.
3. Vlaeyen JWS, Wicksell RK, Simons LE, Gentili C, De TK, Tate RL, et al. From boulder to Stockholm in 70 Years: Single case experimental designs in clinical research. Psychol Rec. 2020;70(4):659-70.
4. Mirza R, Punja S, Vohra S, Guyatt G. The history and development of N-of-1 trials. J R Soc Med. 2017;110(8):330-40.
5. Tate RL, Perdices M. Single-case experimental designs for clinical research and neurorehabilitation settings. Routledge; 2019.
6. Fisher RA. Statistical methods for research workers. Oliver & Boyd; 1925.
7. Barlow DH, Hersen M. Single case experimental designs: Strategies for studying behavior change. Pergamon Press; 1984.
8. Robinson OC. The idiographic/nomothetic dichotomy: Tracing historical origins of contemporary confusions. History and Philosophy of Psychology. 2011;13(2):32-9.
9. Rucci AJ, Tweney RD. Analysis of variance and the "second discipline" of scientific psychology: A historical account. Psychol Bull. 1980;87(1):166-84.
10. Lamiell JT. Beyond individual and group differences: Human indivuality, scientific psychology, and William Stern's critical personalism. SAGE; 2003.
11. Skinner BF. A matter of consequences. Alfred A. Knopf; 1983.
12. Barker J, McCarthy P, Jones M, Moran A. Single-case research methods in sport and exercise psychology. Routledge; 2011.
13. Rader AE, Rader KA, Katz JS, Leaf JB. The progression of experimental design and data analysis in applied behavior analysis. Eur J Behav Anal. 2021;22(2):152-72.

14. Skinner BF. Science and human behavior. MacMillan; 1953.
15. Skinner BF. A case history in scientific method. Am Psychol. 1956;11(5):221-33.
16. Sidman M. Tactics of scientific research: Evaluating experimental data in psychology. Basic Books; 1960.
17. Hurtado-Parrado C, López-López W. Single-case research methods: History and suitability for a psychological science in need of alternatives. Integr Psychol Behav Sci. 2015;49(3):323-49.
18. Dews PB. An outsider on the inside. J Exp Anal Behav. 1987;48(3):459-62.
19. Wolf MM. Remembrances of issues past: Celebrating JABA's 25th anniversary. J Appl Behav Anal. 1978;26(4):543-44.
20. Dinsmoor JA. A visit to Bloomington: The first conference on the Experimental Analysis of Behavior. J Exp Anal Behav. 1987;48(3):441-5.
21. Laties VG. Society for the Experimental Analysis of Behavior: The first thirty years (1957-1987). J Exp Anal Behav.1987;48(3):495-512.
22. Nikles J. What are N-of-1 Trials?: In: Nikles J, Mitchell G, editores. The essential guide to N-of-1 trials in health. Springer; 2015. p. 9-19.
23. Shaffer JA, Kronish IM, Falzon L, Cheung YK, Davidson KW. N-of-1 Randomized Intervention Trials in health psychology: A systematic review and methodology critique. Ann Behav Med. 2018;52(9):731-42.
24. Todman JB, Dugard P. Single-case and small-n experimental designs. Lawrence Erlbaum Associates; 2001.
25. Cohen LL, Feinstein A, Masuda A, Vowles KE. Single-case research design in pediatric psychology: Considerations regarding data analysis. J Pediatr Psychol. 2014;39(2): 124-37.
26. Morley S. Single-case methods in clinical psychology: A practical guide. Routledge; 2018.
27. O'Neill RE, McDonnell JJ, Billingsley FF, Jenson WR. Single case research designs in educational and community settings. Pearson; 2011.
28. Macgowan MJ, Wong SE. Single-case designs in group work: Past applications, future directions. Group Dyn-Theor Res. 2014;18(2):138-58.
29. Johnston MV, Smith RO. Single subject design: Current methodologies and future directions. OTJR. 2010;30:4-10.
30. Ledford JR, Gast DL. Single case research methodology: Applications in special education and behavioral sciences. 3. ed. Routledge; 2018.
31. Wong SE. Single-case evaluation designs for practitioners. J Soc Serv Res. 2010;36(3):248-59.
32. Kratochwill TR, Levin JR. Single-case research design and analysis: New directions for psychology and education. Routledge; 2015.
33. Riley-Tillman T, Burns MK. Evaluating educational interventions: Single-case design for measuring response to intervention. Gilford Press; 2012.
34. What Works Clearinghouse. WWC Standards handbook v. 4.1. 2020. [acesso em agosto de 2024]. Disponível em: https://ies.ed.gov/ncee/wwc/Handbooks

35. Blampied NM. Single-case research designs: A neglected alternative. Am Psychol. 2000;55(8):960.
36. Grossman J, Mackenzie FJ. The randomized controlled trial: Gold standard, or merely standard? Perspect Biol Med. 2005;48(4):516-34.
37. Blampied NM. The third way: Single-case research, training, and practice in clinical psychology. Aust Psychol. 2001;36(2):157-63.
38. Hayes SC. Single case experimental design and empirical clinical practice. J Consult Clin Psychol. 1981;49(2):193-211.
39. Oxford Centre for Evidence-Based Medicine (OCEBM). The Oxford Levels of Evidence 2. Levels of Evidence Working Group. 2011. [acesso em agosto de 2024]. Disponível em: https://www.cebm.ox.ac.uk/resources/levels-of-evidence/ocebm-levels-of-evidence
40. Borckardt JJ, Nash MR, Balliet W, Galloway S, Madan A. Time-series statistical analysis of single-case data. In: APA Handbook of Behavior Analysis, Vol. 1: Methods and Principles. 2013. p. 251-66.
41. Manolov R, Moeyaert M. How can single-case data be analyzed? Software resources, tutorial, and reflections on analysis. Behav Modif. 2017;41(2):179-228.
42. Onghena P, Michiels B, Jamshidi L, Moeyaert M, Van den Noortgate W. One by one: Accumulating evidence by using meta-analytical procedures for single-case experiments. Brain Impairment. 2018;19(1):33-58.
43. Jamshidi L, Heyvaert M, Declercq L, Fernández-Castilla B, Ferron JM, Moeyaert M, et al. A systematic review of single-case experimental design meta-analyses: Characteristics of study designs, data, and analyses. Evidence-Based Communication Assessment and Intervention. 2022;16(2):1-25.
44. Baek E, Luo W, Lam KH. Meta-analysis of single-case experimental design using multilevel modeling. Behav Modif. 2023;47(6):1546-73.
45. Hersen M. Single-case experimental designs. In: Bellack AS, Hersen M, Kazdin AE, editores. International Handbook of Behavior Modification and Therapy. 2. ed. Plenum Press; 1990. p. 175-210.
46. Kazdin AE. Single-case research design: Methods for clinical and applied settings. Oxford University Press; 1982.
47. Epstein LH, Bickel WK, Czajkowski SM, Paluch RA, Moeyaert M, Davidson KW. Single case designs for early phase behavioral translational research in health psychology. Health Psychol. 2021;40(12):858-74.
48. Kratochwill TR, Hitchcock J, Horner RH, Levin JR, Odom SL, Rindskopf DM, et al. Single-case design technical documentation. Remedial and Special Education. 2013;34(1):26-38.
49. Kratochwill TR. Single subject research: Strategies for evaluating change. Academic Press; 1978.
50. Poling A, Fuqua RW. Research methods in applied behavior analysis: Issues and advances. Plenum Press; 1986.
51. Tate RL, Perdices M. The essential guide to N-of-1 trials in health. Springer; 2015.

52. Ridenour TA, Chen S-HK, Liu H-Y, Bobashev GV, Hill K, Cooper R. The clinical trials mosaic: Toward a range of clinical trials designs to optimize evidence-based treatment. J Pers Oriented Res. 2017;3(1):28-48.
53. American Psychological Association. Single-case experimental design. APA Thesaurus of Psychological Index Terms; 2022.
54. Johnston JM, Pennypacker HS, Green G. Strategies and tactics of behavioral research and practice. 4. ed. Routledge; 2020.
55. Logan LR, Hickman RR, Harris SR, Heriza CB. Single-subject research design: Recommendations for levels of evidence and quality rating. Dev Med Child Neurol. 2008;50(2):99-103.
56. Tate RL, Perdices M, Rosenkoetter U, Wakim D, Godbee K, Togher L, et al. Revision of a method quality rating scale for single-case experimental designs and n -of-1 trials: The 15-item Risk of Bias in N -of-1 Trials (RoBiNT) Scale. Neuropsychol Rehabil. 2013;23(5):619-38.
57. Manolov R, Lebrault H, Krasny-Pacini A. How to assess and take into account trend in single-case experimental design data. Neuropsychol Rehabil. 2024;34(3): 388-429.
58. Kratochwill TR, Hitchcock JH, Horner RH, Levin JR, Odom SL, Rindskopf DM & Shadish WR. Single-Case Intervention Research Design Standards. Remedial and Special Education, 2013;34(1),26-38.
59. Dias AYMS, Silveira JM. Comparação de duas intervenções no tratamento de um casal: O treino do comportamento vulnerável à punição. Acta Comportamentalia. 2016;24(1):61-77.
60. Ruiz.F, García Beltrán D, Cifuentes A & Falcón S. Single-case Experimental Design Evaluation of Repetitive Negative Thinking-Focused Acceptance and Commitment Therapy in Generalized Anxiety Disorder with Couple-related Worry. International Journal of Psychology and Psychological Therapy, 2019;19, 261-276. https://dialnet.unirioja.es/descarga/articulo/7077827.pdf.
61. Slocum TA, Pinkelman SE, Joslyn PR, Nichols B. Threats to internal validity in multiple-baseline design variations. Perspecti Behav Sci. 2022;45(3):619-38.
62. Luiselli JK. Cueing, demand fading, and positive reinforcement to establish self-feeding and oral consumption in a child with chronic food refusal. Behav Modif. 2000;24(3):348-58.
63. Barlow DH, Hayes SC. Alternating treatment designs: One strategy for comparing the effects of two treatments in a single subject. J Appl Behav Anal. 1979;12(2): 199-210.
64. Lambert SM, Moore DW, Dixon RS. Gymnasts in training: The differential effects of self-and coach-set goals as a function of locus of control. J Appl Sport Psychol. 1999;11(1):72-82.
65. Gallo KP, Comer JS, Barlow DH. Single-case experimental designs and small pilot trial designs. In: Comer JS, Kendall PC, editores. The Oxford handbook of research strategies for clinical psychology. Oxford; 2013. p. 24-39.

66. American Psychological Association. Evidence-based practice in psychology. American Psychologist. 2006;61(4), 271-285.
67. Wampold BE. Psychotherapy: The humanistic (and effective) treatment. American Psychologist. 2007;62(8), 857-873.
68. Cuijpers P, Van Straten A, Warmerdam L. Behavioral activation treatments of depression: A meta-analysis. Clin Psychol Rev. 2007;27(3):318-26.
69. Kliem S, Kröger C, Kosfelder J. Dialectical behavior therapy for borderline personality disorder: A meta-analysis using mixed-effects modeling. J Consult Clin Psychol. 2010;78(6):936.
70. Cuijpers P, Berking M, Andersson G, Quigley L, Kleiboer A, Dobson KS. A meta-analysis of cognitive-behavioural therapy for adult depression, alone and in comparison with other treatments. Can J Psychiatry. 2013;58(7):376-85.
71. Öst LG. The efficacy of acceptance and commitment therapy: An updated systematic review and meta-analysis. Behav Res Ther. 2014;61:105-21.

10

Ensaios clínicos randomizados em psicoterapia: alcances e limites

Curt Hemanny Menezes Santos
Irismar Reis de Oliveira

INTRODUÇÃO

Os ensaios clínicos são pesquisas fundamentais para a consolidação das intervenções em saúde e para a prática psicológica baseada em evidências. Contudo, os ensaios clínicos podem ter diferentes desenhos de estudo, tipos e fases que serão discutidos ao longo deste capítulo.

Entre os diferentes ensaios clínicos, aqueles que produzem evidências de maior qualidade são chamados de ensaio clínico randomizado controlado (ECR) (*randomized controlled trial* [RCT]).[1] O termo "*trial*", traduzido como ensaio clínico, faz referência a um teste clínico predominantemente em humanos, embora ECR também seja realizado em animais não humanos. "Controlado" se refere a um grupo controle com o qual se faz a comparação do grupo que recebe a intervenção com drogas farmacêuticas ou outros procedimentos comportamentais, cirúrgicos etc., e "randomizado" indica que os participantes são alocados de forma aleatória ao grupo controle ou ao grupo experimental.[2]

Um ECR é complexo para ser conduzido, tanto nos pré-requisitos quanto na análise estatística necessária para tratar os dados obtidos. Além disso, tem alto custo financeiro. Ao mesmo tempo que é um método potente para delimitar intervenções eficazes, a complexidade de um ensaio dá margem a várias limitações e críticas. Por outro lado, esse delineamento experimental é o padrão-ouro, isto é, o melhor que temos, até o momento, para definir quais intervenções são eficazes no tratamento de uma condição clínica.[3]

O objetivo geral deste capítulo é apresentar as etapas e componentes de um ECR. Cada etapa descreve seus alcances e também as críticas, vieses e limitações metodológicas que devem ser observadas pelo clínico, possibilitando que ele avalie e conduza um ECR. Todo o capítulo está descrito com foco nas intervenções psicológicas, de modo a possibilitar que o profissional da área compreenda ensaios clínicos e derive informações relevantes para aplicar seus resultados em sua prática clínica cotidiana e conduzir pesquisas. Profissionais de outras áreas da saúde também poderão se beneficiar das explanações a seguir.

UM POUCO DE HISTÓRIA

Um dos primeiros "ensaios clínicos" de valor histórico é datado século XI da era comum e testou os efeitos da planta *ginseng*,[4] conhecida culturalmente por seus supostos efeitos medicinais. No experimento, que tentou identificar se a planta tinha efeitos na energia e no cansaço físico, um sujeito utilizou o *ginseng*, enquanto o outro não, e ambos tiveram que correr cerca de dois quilômetros. Ao final do experimento, o sujeito que utilizou *ginseng* respirava normalmente e estava disposto, enquanto o sujeito que não fez uso da erva respirava de forma rápida e ofegante. À época, esse estudo provava os efeitos benéficos da substância e contribuiu para a prática cultural de recomendar essa planta para todas as condições de saúde possíveis.

Para alguém com uma tendência a realizar questionamentos e testar a natureza (ou utilizar o método científico), o estudo citado evoca algumas dúvidas imediatas: O que é, exatamente, o *ginseng*? Esse experimento realmente existiu? Ele foi replicado? Qual foi a quantidade de *ginseng* ingerida? Qual a idade das pessoas do experimento? Quais eram suas características físicas? É possível dizer que o *ginseng funciona*? Esse teste realmente produziu evidências sólidas sobre os efeitos de *ginseng* na melhora da aptidão física? Intuitivamente, pensamos que, no mínimo, o teste deveria ser realizado com uma quantidade bem maior de pessoas.

Apesar da prática cultural consolidada, pesquisas sugerem que o ginseng precisa ser mais bem estudado, dada a falta de evidências em relação a eficácia, substâncias quimicamente ativas, quantidade de uso e tipo de condição clínica que ele supostamente trata.[5,6]

Para identificar intervenções que funcionem, é necessário um experimento que responda satisfatoriamente se uma variável (*independente*) modifica a outra (*variável dependente*). Esse é o critério metodológico para atestar a *eficácia* de um tratamento. Os efeitos de uma intervenção dependem da forma como ela foi empregada e do desfecho que foi medido.

Os ECRs têm sido utilizados para testar hipóteses sobre benefícios de intervenções na saúde física e psicológica e devem passar pelo rigor de protocolos aprovados em comitê de ética e registrados em plataformas de pesquisa, permitindo replicações e atendendo ao critério de não malefício dos sujeitos de pesquisa. A plataforma https://clinicaltrials.gov/ é uma forma de aumentar o controle ético e científico de ensaios clínicos, protegendo pacientes, pesquisadores e as ciências da saúde.[7] Atualmente, é pouquíssimo provável que um ECR seja publicado e revisado por pares sem o devido registro em plataformas internacionais e sem um detalhamento dos métodos – o que não foi possível verificar no experimento que testou o *ginseng*.

ENSAIOS CLÍNICOS: DEFINIÇÃO E CARACTERÍSTICAS

Existem dois tipos de desenhos de ensaios clínicos: pragmáticos e explanatórios. Os ensaios pragmáticos são projetados para testar um tratamento de forma que se assemelhe o máximo possível à prática clínica real, exigindo critérios de inclusão mais amplos e permitindo a inclusão de pacientes com várias comorbidades, além de conferir maior grau de liberdade aos pesquisadores que conduzem as intervenções. Esses ensaios têm maior validade externa ou ecológica e focam na avaliação da efetividade de uma intervenção. Os ensaios clínicos explanatórios, por outro lado, são caracterizados por um controle rigoroso de variáveis, cegamento, randomização e protocolos de intervenção estritos, permitindo análises estatísticas detalhadas para isolar variáveis e identificar correlações fortes o suficiente para serem consideradas causais, avaliando assim a eficácia de uma intervenção e possuindo, portanto, um elevado nível de validade interna. Considera-se que há um *continuum* entre os ensaios pragmáticos e explanatórios, o que significa que os desenhos podem ser mistos ou ter características compartilhadas.[8]

Os ensaios clínicos, especialmente aqueles voltados para a avaliação de substâncias medicamentosas visando a certificação por agências regulatórias governamentais como a Food and Drug Administration (FDA) ou a Agência Nacional de Vigilância Sanitária (Anvisa), são divididos em fases. A comparação com pesquisas em psicoterapia nem sempre é evidente, mas esforços são necessários para aumentar o rigor e o controle das intervenções psicossociais em saúde, especialmente considerando possíveis efeitos adversos e a aceitabilidade das psicoterapias, conforme amplamente explorado por Strauss et al. (2021).[9] Durante o desenvolvimento de uma nova intervenção ou medicamento, a primeira etapa envolve estudos pré-clínicos, nos quais substâncias ou procedimentos são testados em células ou animais não humanos, com o objetivo de avaliar alterações em níveis moleculares[10] ou em mecanismos de mudança comportamental.[11] Em seguida, ocorrem várias fases de ensaios clínicos, todas conduzidas em humanos, até que a intervenção seja amplamente testada, obedecendo ao princípio de avaliar, primeiramente, a segurança da intervenção ou medicamento.

A fase I explora efeitos tóxicos e níveis de tolerância (aceitabilidade) de uma droga em estudo, bem como a viabilidade (praticidade e exequibilidade da intervenção), e esses estudos são conduzidos em um pequeno número de participantes saudáveis. A fase II identifica, ainda em amostras pequenas, os possíveis benefícios ou efeitos terapêuticos. A fase III engloba principalmente ECR, avaliando a eficácia de uma intervenção ao compará-la com um grupo controle. A fase IV avalia os efeitos da intervenção em grandes amostras, com o objetivo de identificar efeitos colaterais raros e de longo prazo. Nem sempre as fases são bem definidas, sendo comum descrevê-las como estudos de fases I/II e II/III.[2] Embora o paralelo com intervenções psicossociais e tratamentos complementares nem sempre seja evidente, esforços podem e devem ser feitos para assegurar maior conhecimento sobre a eficácia, ausência de efeito e efeitos colaterais, conforme exemplificado em estudos de fase I e II em intervenções complementares/alternativas e psicoterapia.[12,13]

Os ECRs são experimentos construídos para testar uma intervenção ou tratamento. Seu objetivo é avaliar se um tratamento funciona (produz melhora ou modifica o curso da doença ou condição) ou não e, portanto, testam a hipótese: "O tratamento X funciona para a condição Y?".[14] O dado produzido pela pesquisa que testa essa hipótese é um tipo de evidência. Evidência, por sua vez, é uma informação, uma resposta crível para a pergunta; ela é evidente no sentido de ser visível, verificável e que tende a produzir concordância entre os que têm acesso a esses dados.[15] A hipótese formulada deve ser testável, o que significa que pode ser colocada à prova pelo experimento, o qual deve ser replicável, não apenas o desenho de estudo, mas o próprio tratamento utilizado. Ao replicar o experimento, será possível afirmar que evidências semelhantes foram produzidas sob as mesmas circunstâncias. Se os dados forem generalizáveis, ainda melhor, pois eles serão válidos para a amostra estudada e aumentará a probabilidade de que, ao aplicar a intervenção na população da qual foi retirada a amostra, se obtenham resultados similares.

RANDOMIZAÇÃO EM ECR

A randomização é um processo intuitivo: não há escolha por parte do profissional ou do paciente para receber a intervenção ou a intervenção controle. Assim, a randomização é uma forma de reduzir vieses de seleção, que ocorrem quando um sujeito tem mais chances de ser selecionado para um grupo do que para outro, impedindo que a intervenção mostre seu efeito e especificidade. Vieses de seleção podem ser identificados quando determinadas características de um grupo são estatisticamente diferentes de outro grupo. Existem ensaios clínicos sem randomização, que podem ser considerados ensaios clínicos pragmáticos, pois tentam avaliar os efeitos de uma intervenção na clínica cotidiana (pesquisas de "mundo real"), embora essas pesquisas recebam algumas críticas, visto que podem induzir à conclusão precipitada de que os ECRs não captam a realidade; quando, na verdade, esse desenho de estudo, se bem desenhado, permite uma identificação de variáveis em um nível tão elevado que se pode falar em relações causais.[16] Portanto, ECRs bem desenhados são sensíveis a identificar esses fenômenos da realidade. Em síntese, quando ensaios são feitos de forma naturalística, em locais com desenhos de estudo com menor rigor no controle de variáveis e se aproximam da prática cotidiana, o ensaio está avaliando a efetividade de uma intervenção.[15,17]

Em relação às diferenças entre os grupos, é possível que um deles apresente uma maior frequência de pessoas do sexo feminino do que o grupo controle. Esse viés pode ter várias causas, como a escolha indireta do pesquisador, fontes de encaminhamento e erros de randomização. Em particular, no Brasil, parece ser mais provável que participantes do sexo feminino busquem mais psicoterapia,[18,19] um padrão semelhante ao que ocorre na saúde geral: homens buscam menos assistência. Como consequência, uma intervenção pode ter sua generalização prejudicada, visto que o sexo e as características de gênero podem influenciar os resultados. O mesmo ocorre quando um grupo de pacientes mais graves é selecionado para o grupo experimental, e os efeitos da intervenção podem estar sujeitos ao viés de que a intervenção produziu uma maior redução de sintomas, quando na verdade as características basais dos grupos eram diferentes.[20] Um estudo que mostra que a psicoterapia é eficaz para um grupo predominantemente do sexo feminino é relevante, mas surge o questionamento: se a amostra fosse apenas do sexo masculino, teríamos o mesmo resultado?

Não há problema em descrever os vieses da própria pesquisa. Pelo contrário, um artigo se torna mais honesto e contribui para a ciência quando discute seus dados à luz da literatura e das próprias limitações. A desvantagem de ECRs com muitos vieses é que eles provocam questionamentos sobre quais variáveis produziram o desfecho de interesse. Quando estudos de má qualidade são incluídos em metanálises, eles tendem a limitar análises que se correlacionam mais fielmente com a realidade.

CONDIÇÃO CLÍNICA E PARTICIPANTES DE UM ENSAIO CLÍNICO

Uma intervenção eficaz deve ser cuidadosamente direcionada a um grupo específico de pessoas que compartilham uma determinada condição clínica. No entanto, não é prático nem ético tentar aplicar uma intervenção a toda a população ao mesmo tempo. Por isso, selecionamos participantes que representem uma amostra significativa e representativa da população-alvo. A escolha de quantos participantes incluir na amostra é guiada por cálculos estatísticos precisos. Esses cálculos levam em consideração a prevalência da condição clínica na população – ou seja, quão comum é a condição – e o tamanho da diferença que esperamos detectar entre o grupo que recebe a intervenção e um grupo que não a recebe. Isso nos ajuda a garantir que os resultados do estudo sejam válidos e possam ser generalizados para toda a população com a condição. Esses procedimentos, embora técnicos, são cruciais para garantir a validade e eficácia da pesquisa, proporcionando evidências confiáveis sobre os benefícios da intervenção.[21]

Uma vez estabelecido o tamanho da amostra, os participantes devem ser triados e passar por rigorosos critérios de elegibilidade. Os critérios de inclusão selecionam os participantes para quem a intervenção é potencialmente eficaz. O principal critério de inclusão é a condição, doença ou característica clínica específica. O critério de exclusão elimina participantes que, embora preencham os critérios de inclusão, diminuam a especificidade da intervenção e prejudiquem a comprovação de eficácia, reduzindo os vieses de confusão.[22]

Uma crítica comum aos ECRs é que eles possuem critérios de inclusão muito rígidos, resultando em amostras que podem parecer arbitrárias. De fato, muitos ensaios enfrentam dificuldades em selecionar uma amostra mínima adequada, seja devido à escassez de pacientes que se enquadram nos critérios estritos de elegibilidade, seja pela própria rigidez desses critérios.[23] Essa limitação dos ECRs pode obscurecer nosso entendimento sobre os efeitos das intervenções em subgrupos específicos da população. Por outro lado, a grande vantagem de um ECR é sua capacidade de demonstrar que uma intervenção teve efeitos significativos na amostra estudada; excluindo outros vieses, há uma boa chance de que os resultados sejam generalizáveis para a população mais ampla.

Para contextualizar essas críticas, alguns estudos[24,25] questionam se as amostras em ECR de psicoterapia são representativas de pacientes ambulatoriais da comunidade e exploram se a literatura de ECR pode generalizar para pacientes não randomizados. Essas investigações introduzem uma metodologia inovadora e fornecem achados iniciais que ajudam a moderar algumas dessas críticas, indicando que, sob certas condições, os ECRs podem de fato representar e beneficiar uma gama mais ampla de pacientes.

A ênfase em diagnósticos de transtornos mentais como critérios de inclusão é outra crítica aos ensaios, visto que os transtornos são heterogêneos e o paciente tratado por um ECR "não existe".[25] Essas críticas têm limitações. Primeiro, as categorias diagnósticas dos transtornos mentais são válidas, permitindo que dois ou mais avaliadores apliquem um instrumento padronizado e concordem sobre o diagnóstico. Os avaliadores poderão avaliar outros sujeitos com o instrumento padronizado, e também haverá concordância nos critérios diagnósticos, o que implica que o traço é identificável pelo instrumento em vários sujeitos.[26] A condição pode não ser apenas diagnóstica (uma variável categórica), mas também contínua, como os critérios de inclusão baseados no escore das escalas. Se o ensaio clínico tiver um número grande e homogêneo, as diferenças normais dentro da própria amostra (tipos de sintomas, gravidade, duração do transtorno) podem ser identificadas em análises de subgrupos.

Em psicoterapia, a falta de análises de subgrupos nos ECRs é uma limitação mais realista. Também temos um déficit de critérios de inclusão do tipo formulação de caso, mais compatíveis com os modelos psicológicos utilizados na psicoterapia. Nas terapias cognitivo-comportamentais (TCC), rótulo que engloba vários modelos terapêuticos, assume-se que o que é tratado são as variáveis psicológicas assumidas como etiológicas, como crenças nucleares, baixa flexibilidade cognitiva, consequências, baixo nível de reforçamento, desregulação emocional e assim por diante.[27-29] Surge a pergunta: tratando com base na formulação de caso, os sintomas do transtorno seriam reduzidos? Recomendam-se estudos com análises secundárias para avaliar essa hipótese.

Os estudos farmacológicos possuem a mesma limitação: os fármacos são testados em transtornos mentais, mas não são testados para as variáveis bioquímicas etiológicas, como a menor disponibilidade de serotonina e outros neurotransmissores.[30] O fato de um antidepressivo funcionar para a depressão fortalece a hipótese causal, mas não a comprova. O mesmo ocorre nas psicoterapias, testadas para os transtornos, e as hipóteses das causas psicológicas acabam assumidas como verdadeiras. Por isso, além de ECR, são necessários estudos de mecanismos e critérios de inclusão baseados na formulação de caso e de etiologias, possibilitando intervenções além dos critérios diagnósticos.

Outras críticas apontam que os ECRs não servem como testes clínicos capazes de avaliar comportamentos e pensamentos que não estão necessariamente presentes nos critérios diagnósticos, por exemplo, "ficar no quarto a maior parte do tempo" ou pensar excessivamente que "é um fracasso". Porém, as escalas utilizadas como desfechos secundários são capazes de identificar que "ficar no quarto" pode ser categorizado como "prejuízo sociofuncional", e, por sua vez, esses desfechos estão associados aos critérios diagnósticos de transtornos depressivos.[31]

De fato, os ECRs em psicoterapia devem avançar no sentido de testar intervenções para condições ainda mais específicas, tais como os processos comportamentais de esquiva, como "ficar no quarto para evitar contato interpessoal". Isso possibilitará intervenções ainda mais específicas para a prática clínica, uma vez que é desses comportamentos que o paciente se queixa, e é neles que o clínico intervém diretamente. Mas um longo caminho ainda deve ser percorrido através das pesquisas de validação desse modelo, a começar com o desenvolvimento de escalas com confiabilidade entre avaliadores para identificar esses processos e, então, o teste de intervenções mais específicas em ECR.

GRUPO CONTROLE

Para realizar um ECR que compare intervenções, o pesquisador precisa de um grupo controle, mas há ensaios conduzidos sem esse grupo, chamados de ensaios clínicos não controlados. Os ECRs não controlados são realizados em fases iniciais do desenvolvimento de intervenções.

O grupo controle é parte da população elegível para o estudo que não é submetida à intervenção experimental. O grupo controle pode ser submetido a nenhuma intervenção ou a intervenções já estabelecidas em ECR, a metanálises, ou a tratamentos acreditados pela comunidade profissional, com base racional e clínica que sustente seu uso –[14] por exemplo, o acompanhamento pré-natal durante a gestação e o uso de empatia e acolhimento durante os atendimentos psicológicos.

O grupo controle pode ser submetido a um tratamento padrão-ouro, isto é, uma intervenção com alto grau de evidências favoráveis obtidas em ECR e metanálises com baixo nível de vieses.[32] As intervenções padrão-ouro possuem eficácia superior à dos métodos já conhecidos. Há um limite ético na condução de ECR com grupos controle: não é indicado realizar um ensaio comparando uma intervenção nova ou estabelecida com "não tratamento". Pode ser antiético não oferecer um tratamento para a população de uma pesquisa. Para contornar esse limite, dependendo da condição clínica, é possível oferecer o tratamento após um período, e o grupo controle é chamado de lista de espera. O grupo controle pode ser submetido a um placebo, que na maioria das vezes são substâncias inócuas de que um sujeito experimental faz uso, sem saber do que se trata.

Os placebos podem também ser intervenções não químicas, como é o caso dos placebos de psicoterapia. Um placebo para a psicoterapia seria algo análogo a um profissional que apenas escuta, faz uma conversa livre e sem nenhum objetivo ou sistematização. De fato, é difícil elaborar um placebo para as psicoterapias, dada a quantidade de fatores comuns e específicos que as compõem. Mas ECRs devem ser testados com o objetivo de testar mecanismos e componentes. Quanto mais fatores identificarmos, mais poderemos utilizá-los como tratamentos para situações clínicas definidas.

O tratamento usual (TAU) é outro tipo de grupo controle bastante utilizado. Geralmente, o grupo TAU recebe um tratamento já estabelecido e normalmente oferecido no sistema de saúde. Uma limitação do grupo TAU é que eles são "naturalísticos" e não recebem o mesmo controle de variáveis que o grupo experimental. Além disso, revisões e metanálises agrupam grupos TAU como intervenções muito diferentes, produzindo um viés de comparação.[33] Definir melhor o grupo controle possibilita identificar em relação ao que a intervenção que estamos investigando é diferente ou superior, permitindo mais previsibilidade sobre desfechos e escolhas de conduta.

INTERVENÇÕES

Um ensaio clínico testa, controlando o máximo de variáveis possível, se uma intervenção é eficaz, ou seja, se ela produz um efeito significativo em uma condição clínica após ser aplicada ao longo do tempo. A intervenção, que pode ser uma substância farmacológica, biológica, psicológica, fisioterapêutica, entre outras, é a variável independente a ser testada e, portanto, deve ser muito bem descrita e quantificada.

Em estudos farmacológicos, a substância deve ter uma prescrição clara: dosagem, frequência e duração de uso. A substância é produzida em laboratório, com patentes registradas, de modo que sua produção passe por um controle de exclusividade e fidelidade. Da mesma forma, os prescritores do medicamento no ensaio clínico devem ser treinados para aplicá-los adequadamente.

Nas psicoterapias, o paralelo é o mesmo, mas a aplicação é mais complexa, pois depende de um conjunto de habilidades do operador. É interessante que podemos utilizar até o conceito de "dose" referindo-se à frequência semanal, duração de cada sessão, quantidade de tarefas de casa e quantidade total de sessões.[34]

Outra crítica à utilização dos ECRs em psicoterapia é a adoção de métodos e termos estrangeiros de outras disciplinas ou ciências. Algumas críticas são como "a psicoterapia é uma área diferente das ciências biomédicas", por exemplo. No entanto, no progresso das ciências, sempre foi comum esse intercâmbio terminológico e metodológico, especialmente de domínios que estão bem estabelecidos. Essa prática é evidente na psicologia, que adota termos análogos aos encontrados na física, química e fisiologia – como "resistência", "estímulo", "resposta", "estresse" – devido ao paralelismo e à analogia claros entre os conceitos.[35,36]

Uma parte do delineamento das intervenções de um EC diz respeito ao preparo dos terapeutas. Aplicar a intervenção com base no protocolo requer treinamento. Geralmente, os protocolos são resumidos em tópicos, sessão por sessão. Por isso, os terapeutas devem ter experiência clínica, receber treinamentos na intervenção e ser supervisionados – sobretudo, devem explicar ao paciente que está sendo aplicado um protocolo.

Uma limitação do uso de protocolos eficazes em psicoterapia é que as atitudes do paciente durante as sessões podem não se alinhar estritamente ao protocolo estabelecido. Como alternativa, o terapeuta pode adaptar a apresentação clínica do paciente para encaixá-la na formulação prevista pelo protocolo. De fato, as psicoterapias baseadas em evidências costumam dispor de ferramentas específicas para lidar com essas variações, permitindo maior flexibilidade durante o tratamento.[37,38] Para fins de auxílio ao terapeuta, os manuais geralmente têm uma lista de adesão ao tratamento para o profissional,[39,40] assim como os ECRs em psicoterapia utilizam desde protocolos com maior ou menor flexibilidade, mantendo a qualidade do estudo.[41]

Todo esse controle de variáveis nos ensaios clínicos garante que as correlações estatísticas fiquem mais fortes. Assim, os dados serão robustos o suficiente para uma análise que indique se os grupos foram estatisticamente diferentes, como ECRs que avaliam a superioridade, equivalência e não inferioridade entre os grupos de intervenção.[2,42]

Uma crítica adicional feita a ECRs de intervenções psicológicas é que estas não são iguais a intervenções medicamentosas e, por isso, não devem ser comparadas da mesma forma. Em primeiro lugar, críticas como essa são muito genéricas.[43] É evidente que não são iguais em forma, mas ambas são intervenções com impactos em saúde, assim como o são as intervenções de enfermagem, fisioterapia, terapia ocupacional, intervenções escolares etc. Uma intervenção é um procedimento com características técnicas, ou seja, deve ser descrito de uma forma que possa ser replicada. Os ECRs não são exclusivos de fármacos, mas foram desenhados para testar intervenções em amostras representativas.[3]

Por outro lado, uma clara diferença é que as intervenções psicológicas são, de fato, mais complexas pela quantidade de variáveis que dependem do aplicador do procedimento ou do terapeuta. O aplicador deve ter acesso a um protocolo ou manual, que é a essência da intervenção. O protocolo é a descrição detalhada do que fazer com o paciente, desde a primeira sessão. Existem protocolos mais estruturados, sessão por sessão, como o protocolo de Exposição e Prevenção de Respostas para o transtorno obsessivo-compulsivo,[44] o protocolo de Terapia Cognitiva convencional para a depressão,[45] o protocolo da Terapia Cognitiva Processual[46] e também protocolos mais flexíveis, como os protocolos da Terapia de Aceitação e Compromisso[47] e o de Ativação Comportamental.[48] Existem também protocolos pouco diretivos e com poucos componentes ativos, como protocolos de terapias psicodinâmicas (que englobam várias intervenções centradas na relação terapêutica, transferência, *insight* e se baseiam em teorias psicanalíticas e suas derivações), terapia de suporte, befriending[49] etc. É provável que, quanto mais diretiva for a psicoterapia, mais eficaz ela será[50] e, assim, parece ser uma postura mais apropriada do profissional.[51,43]

Cada vez mais, protocolos de estudo têm sido publicados antes da condução do ECR, garantindo que os métodos sejam cumpridos.[52,53] Mais do que isso, qualquer decisão deve ser descrita pelo pesquisador na publicação revisada por pares, e, em casos extremos, análises e publicações subsequentes podem ser realizadas, descrevendo-se e discutindo-se aqueles dados. Quando o clínico se deparar com um EC sem esses detalhes, deve considerar essa ausência como um indício de viés e então avaliar outros dados disponíveis para a aplicação dos resultados em sua prática clínica.

MEDIDAS DE DESFECHO

Em ensaios clínicos, os desfechos, também conhecidos como medidas de resultado, são variáveis que são usadas para avaliar os efeitos de uma intervenção. Existem dois tipos principais de desfechos: primários e secundários. O desfecho primário é o principal parâmetro que o estudo foi desenhado para testar e é considerado o mais importante para a avaliação do efeito da intervenção. Por exemplo, em um estudo sobre a eficácia de um novo medicamento para hipertensão, o desfecho primário poderia ser a redução dos níveis de pressão arterial. Os desfechos secundários, por outro lado, são resultados adicionais usados para avaliar outros efeitos da intervenção, que podem incluir a avaliação de sintomas secundários, efeitos colaterais, ou qualidade de vida. Por exemplo, um desfecho secundário no mesmo estudo poderia ser a taxa de eventos cardiovasculares. Juntamente com as variáveis independentes, como a intervenção, e variáveis dependentes, como os desfechos, consideramos também covariáveis independentes como o tempo, que podem influenciar os resultados. Desfechos podem ser quantitativos e contínuos, como uma escala de gravidade dos sintomas, ou categóricos, como a presença ou ausência da condição ao final do tratamento.

O desfecho primário em ECR deve ser claramente definido e medido utilizando escalas padronizadas, validadas e culturalmente adaptadas. Embora seja comum a utilização de múltiplos desfechos secundários, cada ECR deve contar com apenas um desfecho primário para manter a clareza do objetivo principal do estudo. A precisão e a validade das escalas são cruciais; instrumentos imprecisos ou inválidos podem introduzir viés, comprometendo a generalização dos resultados. A validade de um instrumento, como escalas ou inventários, refere-se à sua capacidade de medir aquilo que se propõe, assegurando a acurácia dos dados coletados.[26] Rigor nas medidas é essencial para garantir a precisão necessária.

Uma crítica mais apropriada aos ECR se baseia nas limitações do autorrelato. Muitas medidas se baseiam na percepção do próprio sujeito sobre seu estado, o que favorece vieses como os de avaliação e de memorização. Ainda assim, essas escalas possuem propriedades que tentam mitigar esses problemas. Além disso, há vasta literatura indicando ECRs que avaliam medidas mais objetivas, por exemplo, a frequência de apresentação de um determinado sintoma ou ressonâncias que avaliam volume e conexões cerebrais.[54,55]

Escalas autoavaliativas deixam o EC menos custoso financeiramente e mais fácil de ser realizado, e muitos parâmetros de doenças mentais passam pelo critério de sofrimento subjetivo, de acordo com o DSM-5.[56] De qualquer forma, para reduzir vieses de autorrelato, uma medida avançada recomendada é o uso de um avaliador cego, embora esse recurso também se baseie na percepção do avaliador.

Em resumo, o uso de escalas não é o maior problema de um EC. Inúmeras escalas são utilizadas para testar vários tipos de intervenção para transtornos mentais. Se há esse viés em ECR de psicoterapia, muitos fármacos estão sujeitos a ele. Intrigantemente, ECRs mostram que até intervenções inativas (placebo, lista de espera etc.) modificam o autorrelato e, ainda assim, intervenções ativas mostram superioridade. Além disso, medidas realizadas apenas por avaliadores externos e cegos para o grupo de intervenção são utilizadas.[19] Ademais, a autopercepção dos pacientes é importante também como medida de eficácia.[57]

AMOSTRA

Os ECRs requerem um público bem definido para testar a intervenção. Uma crítica comum na psicoterapia é o uso de amostras nomotéticas, que classificam os sujeitos com base em constructos padronizados para grandes populações, em vez de critérios idiográficos. Sujeitos classificados nomoteticamente e selecionados aleatoriamente devem representar a população de pacientes com transtornos específicos, como depressão maior, esquizofrenia ou transtorno obsessivo-compulsivo. As medidas e análises são comparadas ao próprio sujeito.[58,59]

Críticos argumentam que a classificação nomotética não captura a singularidade dos indivíduos, sugerindo que, se cada sujeito é único, as intervenções deveriam ser igualmente diversificadas, o que desafiaria a lógica de sistematização científica. No entanto, é possível e útil acumular análises idiográficas para desenvolver intervenções, já que a validade externa dos constructos nomotéticos representa bem a população, apesar das diferenças individuais. Ainda assim, os constructos não padronizados podem comprometer a validade externa dos ECR.

Ademais, é viável realizar ECR com avaliações idiográficas, em que o parâmetro é o próprio sujeito, permitindo análises estatísticas robustas de casos únicos dentro de um constructo nomotético.[60] ECRs são essenciais para determinar a eficácia das intervenções e para quem são mais efetivas, testando a validade tanto intergrupo quanto intragrupo. Por outro lado, uma limitação significativa dos ECRs é a escolha dos constructos, que necessita de aprimoramento. Além disso, os ECRs devem avaliar se as intervenções são moderadas ou mediadas por outras variáveis.[61]

Conduzir ensaios clínicos em psicoterapia é desafiador devido ao tempo necessário, à disponibilidade de profissionais e à dificuldade em obter financiamento, diferentemente da indústria farmacêutica. Em nossa experiência, fatores que contribuem para o recrutamento de uma amostra ampla incluem o número de psicoterapeutas treinados e voluntários, a realização do ECR em centros de referência, a prevalência da condição clínica tratada e uma ampla divulgação na mídia. No entanto, amostras pequenas reduzem o poder estatístico dos testes em detectar diferenças significativas, tanto entre grupos de intervenção quanto ao longo do tempo. Apesar dessas limitações, ECRs com pequenas amostras continuam sendo realizados e oferecem *insights* valiosos.[23]

RANDOMIZAÇÃO E OCULTAÇÃO DA RANDOMIZAÇÃO (*CONCEALMENT*)

Em um ensaio clínico, a randomização é o processo de designar pacientes de maneira aleatória a uma das condições experimentais ou de controle. Isso assegura que cada participante tenha a mesma chance de receber qualquer um dos tratamentos em estudo, elevando a qualidade metodológica.[62] A randomização geralmente é realizada por meio de programas computacionais que distribuem os participantes nos grupos assim que são incluídos no estudo.

No entanto, a randomização pode introduzir viés se o pesquisador responsável pela randomização também for o aplicador da intervenção, pois o conhecimento prévio das condições pode influenciar os resultados. Portanto, é ideal que os responsáveis pela randomização e pela gestão da lista de randomização – que informa os profissionais e pacientes sobre o início do tratamento – não sejam os gerentes do ensaio ou os profissionais aplicando as intervenções. Se essa separação de funções não for possível, é crucial que o estudo declare a falta de ocultação de randomização nos métodos. Um relatório transparente sobre essa e outras limitações do estudo é essencial, permitindo que outros pesquisadores e tomadores de decisão utilizem adequadamente as evidências geradas pelo ensaio clínico.

CEGAMENTO

A ocultação protege a integridade da randomização, enquanto o cegamento impede que tanto os aplicadores quanto os participantes saibam qual intervenção está sendo administrada. Esse procedimento é comum em estudos farmacológicos, mas aplicá-lo em ensaios clínicos de psicoterapia é desafiador. Devido à natureza das intervenções psicológicas, é improvável que um psicoterapeuta não saiba qual tratamento está sendo aplicado. Assim, geralmente aceita-se que o cegamento em psicoterapia será sempre parcial. Os pacientes podem não saber exatamente que intervenção estão recebendo, mas essa incerteza pode ser comprometida quando eles reconhecem palavras ou técnicas específicas durante as sessões. Mesmo que o termo de consentimento não revele detalhes, os pacientes estão cientes de que estão recebendo algum tipo de intervenção, o que pode induzir um viés conhecido como efeito placebo.

Interessantemente, pacientes alocados em uma "lista de espera" ou que recebem o tratamento usual podem apresentar piora dos sintomas devido às expectativas negativas de não receberem a nova intervenção, afetando assim o tamanho percebido do efeito da intervenção experimental. Isso é conhecido como efeito nocebo, que é o impacto negativo causado por expectativas adversas. Por outro lado, o efeito placebo refere-se aos benefícios percebidos de uma intervenção inócua, impulsionados pela expectativa positiva do paciente.[63]

MÉTODOS ESTATÍSTICOS

Os ensaios clínicos exigem um plano estatístico predefinido, publicado e registrado para evitar manipulações dos dados. Inicialmente, é crucial calcular o tamanho da amostra, seguido por análises descritivas das características clínicas e sociodemográficas dos participantes. Essas descrições ajudam a definir claramente o público-alvo e a eficácia potencial da intervenção. Detalhes que não influenciam diretamente os resultados não precisam ser extensivamente descritos.

A randomização eficaz permite identificar subgrupos dentro da amostra, que podem revelar preditores de resposta ou não resposta ao tratamento, como o histórico de tratamentos prévios ou a duração do transtorno. Análises de subgrupos são essenciais para testar intervenções em populações diversas, incluindo grupos minoritários ou economicamente vulneráveis.

A inclusão de todos os pacientes na análise após a randomização, seguindo a abordagem por intenção de tratar (*intention-to-treat*, ITT), é crucial em ECR para assegurar a confiabilidade e integridade dos resultados. Essa metodologia implica que todos os participantes, independentemente de terem completado o estudo conforme o protocolo inicial ou não, são contabilizados nos resultados finais da análise. Essa prática é fundamental porque mantém os benefícios da randomização, assegurando igualdade entre os grupos de tratamento em relação a variáveis, tanto conhecidas quanto desconhecidas, no início do estudo. Além disso, a análise por intenção de tratar reflete melhor a realidade clínica, na qual nem todos os pacientes seguem o tratamento prescrito rigorosamente, aumentando a relevância dos resultados do estudo para aplicação na prática clínica geral. Essa abordagem também minimiza os efeitos do viés de seleção pós-randomização, que pode surgir se apenas os pacientes que completam o estudo forem analisados. Por incluir todos os participantes randomizados, a ITT reduz o risco de viés de seleção e assegura que as conclusões do estudo sejam baseadas na intervenção testada e não nas características dos indivíduos que aderiram diferentemente ao tratamento. Dessa forma, a abordagem por intenção de tratar é vista como um padrão-ouro em ECR, garantindo que os resultados sejam robustos, válidos e generalizáveis para a população mais ampla a que se destinam.[64]

A análise estatística deve incluir tanto testes paramétricos quanto não paramétricos para permitir inferências robustas. A escolha dos testes depende da distribuição dos dados, que deve ser claramente descrita nos resultados. As características iniciais da amostra, geralmente apresentadas em tabelas nos artigos, ajudam a revelar diferenças importantes entre os grupos, que podem ser ajustadas nas análises de eficácia dos desfechos primários.

As análises principais avaliam a eficácia da intervenção através de medidas repetidas e testes estatísticos como ANOVA para medidas repetidas ou modelos de equações de estimativa generalizada (GEE). Esses testes avaliam as variações das médias ao longo do tempo e entre grupos.

Além da significância estatística, é crucial considerar o tamanho do efeito ("d" de Cohen) para avaliar a magnitude prática dos resultados. Estudos com grupos controle ativos geralmente apresentam tamanhos de efeito menores, enquanto grupos controle inativos podem inflar esses valores. A inclusão de estudos não publicados em metanálises pode revelar que, embora as psicoterapias sejam eficazes, o tamanho do efeito é frequentemente reduzido, ilustrando as limitações relacionadas à publicação de resultados.

Por fim, o número necessário para tratar (NNT) estima quantos pacientes precisam ser tratados para que alcancem um desfecho positivo, com variações dependendo do estudo. Embora esses números possam parecer promissores, é necessário um trabalho contínuo para estimar com precisão a eficácia, o tamanho do efeito e o NNT de intervenções psicoterapêuticas, considerando todos os vieses e confundidores discutidos.

CONSIDERAÇÕES FINAIS

Os ECRs são, até o momento, o melhor *design* de estudo para testar se uma intervenção modifica uma condição de saúde em uma população. Em psicoterapia, os ECRs abordam vários critérios de relevância social dos problemas clínicos, modificação efetiva dos comportamentos, pensamentos e emoções dos pacientes, controle e identificação de variáveis, descrições detalhadas da intervenção e eficácia na produção dos efeitos desejados, critérios compatíveis com intervenções comportamentais aplicadas.[65] Ao mesmo tempo, há muitas discordâncias sobre a aplicação de protocolos na prática clínica cotidiana.

Os caminhos para superar essas limitações devem incluir mais pesquisas de alto impacto para a comunidade científica. O mais importante é que, para cada limitação dos ECRs, mais pesquisa de qualidade seja realizada, abrindo caminhos para novas categorias de condições clínicas e, principalmente, de intervenções eficazes para cada uma delas.

REFERÊNCIAS

1. Freitas CG, Parra MT, Porfírio GJM; Grupo de Avaliação Crítica da Literatura do Centro Cochrane do Brasil, da Disciplina de Medicina de Urgência e Medicina Baseada em Evidências da Escola Paulista de Medicina e do Programa de Pós-graduação em Medicina Interna e Terapêutica da Universidade Federal de São Paulo (Brazilian Evidence-based Critical Appraisal Group – BECA Group). Ensaio clínico randomizado tipo stepped wedge: características, vantagens, desvantagens e aplicabilidade. Diagn Tratamento. 2013;18(4):157-60.
2. Stanley K. Design of randomized controlled trials. Circulation. 2007;115(9):1164-9.
3. Backmann M. What's in a gold standard? In defence of andomized controlled trials. Med Health Care Philos. 2017;20(4):513-23.
4. Gong Y, Gluud C. Commentary on the Ben Cao Tu Jing (11th century). Atlas of Materia Medica. Song Dynasty. 2003;960-1279.
5. Bach HV, Kim J, Myung SK, Cho YA. Efficacy of Ginseng Supplements on Fatigue and Physical Performance: a Meta-analysis. J Korean Med Sci. 2016;31(12):1879.
6. Sabouri-Rad S, Sabouri-Rad S, Sahebkar A, Tayarani-Najaran Z. Ginseng in Dermatology: A Review. Curr Pharm Des. 2017;23(11):1649-66.
7. National Library of Medicine. Home – ClinicalTrials.gov. 2024.
8. Macpherson H. Pragmatic clinical trials. Complement Ther Med. 2004;12(2-3): 136-40.
9. Strauss B, Gawlytta R, Schleu A, Frenzl D. Negative effects of psychotherapy: estimating the prevalence in a random national sample. BJPsych Open. 2021;7(6): e186.
10. Li N, Lee B, Liu RJ, Banasr M, Dwyer JM, Iwata M, et al. mTOR-dependent synapse formation underlies the rapid antidepressant effects of NMDA antagonists. Science. 2010;329(5994):959-64.
11. Tye S, Van Voorhees E, Hu C, Lineberry T. Preclinical perspectives on posttraumatic stress disorder criteria in DSM-5. Harv Rev Psychiatry. 2015; 23(1): 51-8.
12. Zeltzer LK, Tsao JC, Stelling C, Powers M, Levy S, Waterhouse M. A phase I study on the feasibility and acceptability of an acupuncture/hypnosis intervention for chronic pediatric pain. J Pain Symptom Manage. 2002;24(4):437-46.
13. Lo C, Hales S, Jung J, Chiu A, Panday T, Rydall A, et al. Managing Cancer And Living Meaningfully (CALM): phase 2 trial of a brief individual psychotherapy for patients with advanced cancer. Palliat Med. 2014;28(3):234-42.
14. Barreto-Filho JAS, Veiga A, Correia LC. COVID-19 e Incertezas: Lições do Frontline para a Promoção da Decisão Compartilhada. Editorial. Arq Bras Cardiol. 2020;115(2):149-51.
15. Haynes B. Can it work? Does it work? Is it worth it? BMJ. 1999;319(7211):652-3.
16. Schillaci G, Battista F, Pucci G. Are observational studies more informative than randomized controlled trials in hypertension? Con side of the argument. Hypertension. 2013;62(3):470-6.

17. Ulian ALA de O. Uma sistematização da prática do terapeuta analítico-comportamental: subsídios para a formação. 242 f. Tese (Doutorado em Psicologia) – Instituto de Psicologia, Universidade de São Paulo, 2007.
18. Dalarmelina AC, Souza TF, Cortez PJO, Tostes JG. Prevalência de psicofármacos e psicoterapia no tratamento de depressão em ambulatório psiquiátrico de um hospital quaternário. Debates em Psiquiatria. 2018;8(2):10-8.
19. Hemanny C, Carvalho C, Maia N, Reis D, Botelho AC, Bonavides D, et al. Efficacy of trial-based cognitive therapy, behavioral activation and treatment as usual in the treatment of major depressive disorder: preliminary findings from a randomized clinical trial. CNS Spectrums. 2020;25(4):535-44.
20. Lewis SC, Warlow CP. How to spot bias and other potential problems in andomized controlled trials. J Neurol Neurosurg Psychiatry. 2004;75(2):181-7.
21. Miot HA. Tamanho da amostra em estudos clínicos e experimentais. J Vasc Bras. 2011;10(4):275-8.
22. Bhide A, Shah PS, Acharya G. A simplified guide to randomized controlled trials. Acta Obstet Gynecol Scand. 2018;97(4):380-7.
23. Rodrigues EP, Fechine AJB, Oliveira AC, Matos CFF, Passarela CM, Hemanny C, et al. Randomized trial of the efficacy of trial-based cognitive therapy for obsessive-compulsive disorder: preliminary findings. Trends Psychiatry Psychother. 2023;45:e20210247.
24. Stirman SW, DeRubeis RJ, Crits-Christoph P, Brody PE. Are Samples in Randomized Controlled Trials of Psychotherapy Representative of Community Outpatients? A New Methodology and Initial Findings. J Consult Clin Psychol. 2003;71(6):963-72.
25. Stirman SW, Derubeis RJ, Crits-Christoph P, Rothman A. Can the randomized controlled trial literature generalize to nonrandomized patients?. J Consult Clin Psychol. 2005;73(1):127-35.
26. Pereira LA, da Silva AG, Hemanny C, Jesus R, Moromizato M, Vieira T, et al. Translation, transcultural adaptation, and validation of the behavioural activity rating scale (BARS) for the Brazilian population. Trends Psychiatry Psychother. 2023;45:e20210310.
27. Abreu PR, Abreu JHSS, editores. Transtornos psicológicos: terapias baseadas em evidências. 1. ed. Barueri: Manole; 2021.
28. Beck AT, Alford BA. O poder integrador da terapia cognitiva. Porto Alegre: Artmed; 2000.
29. De Oliveira IR. Trial-based cognitive therapy: distinctive features. Routledge; 2016.
30. De Sena EP, Miranda-Scippa AMA, Quarantini LC, de Oliveira IR. Irismar – Psicofarmacologia Clínica. 3. ed. MedBook; 2011.
31. Hemanny C, Moura I, Mello MA, et al. Stressful life events and passive behavioral patterns in women with major depressive disorder: A mixed method analysis nested in a clinical trial. Middle East Curr Psychiatr. 2023;30(51).

32. David D, Cristea I, Hofmann SG. Why cognitive behavioral therapy is the current gold standard of psychotherapy. Front Psychiatry. 2018;9:4.
33. Witt K, de Moraes DP, Salisbury TT, Gunnell D, Hazell P, Townsend E, et al. Treatment as usual (TAU) as a control condition in trials of cognitive behavioural-based psychotherapy for self-harm: Impact of content and quality on outcomes in a systematic review. J Affect Disord. 2018;235:434-47.
34. Robinson L, Delgadillo J, Kellett S. The dose-response effect in routinely delivered psychological therapies: A systematic review. Psychother Res. 2020;30(1): 79-96.
35. Allen HJ. P. W. Bridgman and B. F. Skinner on private experience. Behaviorism. 1980;8(1):15-29.
36. Schultz D. A history of modern psychology. Academic Press; 2013.
37. Malhi GS, Bell E, Singh A, Bassett D, Berk M, Boyce P, Bryant R, et al. The 2020 royal Australian and New Zealand college of psychiatrists clinical practice guidelines for mood disorders. Aust N Z J Psychiatry. 2021;55(1):7-117.
38. Kendall PC. Flexibility within fidelity: Breathing life into a psychological treatment manual. Oxford Academic; 2021.
39. Martell CR, Dimidjian S, Herman-Dunn R. Behavioral activation for depression: A clinician's guide. Guilford Publications; 2021.
40. Weissman MM, Markowitz JC, Klerman GL. The guide to interpersonal psychotherapy: updated and expanded edition. Oxford University Press; 2017.
41. Romijn G, Provoost S, Batelaan N, Koning J, van Balkom A, Riper, H. Does it blend? Exploring therapist fidelity in blended CBT for anxiety disorders. Internet Interv. 2021;25:100418.
42. Umscheid CA, Margolis DJ, Grossman CE. Key concepts of clinical trials: a narrative review. Postgrad Med. 2011;123(5):194-204.
43. Persons JB, Silberschatz G. Are results of randomized controlled trials useful to psychotherapists? J Consul Clin Psychol. 1998;66(1):126-35.
44. Foa EB, Yadin E, Lichner TK. Exposure and response (ritual) prevention for obsessive-compulsive disorder: Therapist guide. Oxford University Press; 2012.
45. Beck AT. Cognitive therapy of depression. Guilford Press; 1979.
46. De Oliveira IR. Terapia cognitiva processual: manual para clínicos. Porto Alegre: Artmed; 2015.
47. Hughes LS, Clark J, Colclough JA, Dale E, McMillan D. Acceptance and commitment therapy (ACT) for chronic pain. Clin J Pain. 2017;33(6):552-68.
48. Martell CR, Addis ME, Jacobson NS. Depression in context: Strategies for guided action. W W Norton & Co.; 2001.
49. Thompson R, Valenti E, Siette J, Priebe S. To befriend or to be a friend: a systematic review of the meaning and practice of "befriending" in mental health care. J Ment Health. 2016;25(1):71-7.

50. Cuijpers P, Miguel C, Harrer M, Plessen CY, Ciharova M, Papola D, et al. Psychological treatment of depression: A systematic overview of a 'Meta-Analytic Research Domain'. J Affect Disord. 2023;335:141-51.
51. Catelan RF. Nível de diretividade que terapeutas comportamentais devem exercer: Em defesa de uma terapia diretiva. In: Dittrich A, Leonardi JL, Silveira JM, organizadores. Valores nas terapias comportamentais: Relação terapêutica, ética e política. Editora Sinopsys; 2024.
52. Domínguez Rodríguez A, Martinez-Maqueda GI, Arenas Landgrave P, Martínez Luna SC, Ramírez-Martínez FR, Salinas Saldivar JT. Effectiveness of behavioral activation for depression treatment in medical students: Study protocol for a quasi-experimental design. SAGE Open Med. 2020:8:2050312120946239.
53. Duran EP, Hemanny C, Vieira R, Nascimento O, Machado L, de Oliveira IR, et al. A Randomized Clinical Trial to Assess the Efficacy of Online-Treatment with Trial-Based Cognitive Therapy, Mindfulness-Based Health Promotion and Positive Psychotherapy for Post-Traumatic Stress Disorder during the COVID-19 Pandemic: A Study Protocol. Int J Environ Res Public Health. 2022;19(2):819.
54. De Oliveira IR, Schwartz T, Stahl SM. Integrating Psychotherapy and Psychopharmacology: A Handbook for Clinicians. Routledge; 2013.
55. Shiota S, Okamoto Y, Okada G, Takagaki K, Takamura M, Mori A, et al. Effects of behavioural activation on the neural basis of other perspective self-referential processing in subthreshold depression: a functional magnetic resonance imaging study. Psychol Med. 2017;47(5):877.
56. American Psychiatry Association. DSM-5: Manual diagnóstico e estatístico de transtornos mentais. 2014.
57. Uphoff E, Ekers D, Robertson L, Dawson S, Sanger E, South E, et al. Behavioural activation therapy for depression in adults. In: Cochrane Database of Systematic Reviews. John Wiley and Sons Ltd.; 2020.
58. Haynes SN, O'Brien WH. Idiographic and Nomothetic Assessment. In: Principles and Practice of Behavioral Assessment. Applied Clinical Psychology. Boston: Springer; 2000. p. 109-26.
59. Tavares M. Validade clínica. Psico-USF. 2003;8(2):125-36.
60. Dancey C, Reidy J. Estatística Sem Matemática para Psicologia-7. Penso Editora; 2018.
61. Kraemer HC, Wilson GT, Fairburn CG, Agras WS. Mediators and Moderators of Treatment Effects in Randomized Clinical Trials. Arch Gen Psychiatry. 2002;59(10):877-83.
62. Ferreira JC, Patino CM. Randomização: mais do que o lançamento de uma moeda. J Bras Pneumol. 2016;42(5):310.

63. Chavarria V, Vian J, Pereira C, Data-Franco J, Fernandes BS, Berk M, et al. The Placebo and Nocebo Phenomena: Their Clinical Management and Impact on Treatment Outcomes. Clin Ther. 2017;39(3):477-86.
64. Hemanny C, Sena EP, Oliveira IR. Behavioural activation and trial-based cognitive therapy may be beneficial to reduce suicidal ideation in major depressive disorder: A post hoc study from a clinical trial. J Clin Pharm Ther. 2022;47(1):46-54.
65. Baer DM, Wolf MM, Risley TR. Some current dimensions of applied behavior analysis. J Appl Behav Anal. 1968;1(1):91.

11

Revisão sistemática, metanálise e sistema GRADE

Ana Claudia Morais Godoy Figueiredo
Josicélia Estrela Tuy Batista

REVISÃO SISTEMÁTICA

O método da revisão sistemática começou a se desenvolver por volta da década de 1970, na medicina, especificamente na área da saúde baseada em evidências.[1] Em 1993, com a fundação da Colaboração Cochrane, houve uma expansão da produção de revisões de alta qualidade, promovendo a aplicação da revisão sistemática em diversas áreas do conhecimento.[2] Posteriormente, várias organizações desenvolveram diretrizes e métodos para conduzir revisões sistemáticas de maneira consistente e transparente.[3]

A revisão sistemática é um tipo de síntese de evidências científicas originada de uma pesquisa secundária conduzida em bases de dados, com método preestabelecido, transparente e replicável.[2] Assim, para a sua produção é necessário ter uma pergunta específica e bem definida, com a aplicação de etapas explícitas para identificar, selecionar e avaliar criticamente os estudos incluídos, bem como coletar e sumarizar os dados obtidos na perspectiva quantitativa e qualitativa.[4] De forma complementar, deve ocorrer a avaliação da qualidade da evidência científica sintetizada por meio de ferramentas consolidadas na literatura.[4]

As revisões sistemáticas são úteis para compilar informações de estudos originais com a finalidade de resolver dissensos da literatura científica, ou, pelo menos, identificar lacunas acerca do tema investigado.[2,5] O método estatístico mais aplicado para a síntese quantitativa dos resultados da revisão sistemática é a metanálise, que consiste na combinação numérica dos dados obtidos nos estudos originais.[6] Essa análise configura mais robustez na avaliação das medidas epidemiológicas empregadas nas pesquisas científicas, pois permite elucidar conflitos acerca dos resultados estatísticos difundidos na ciência.[6]

Nas últimas décadas, tem crescido o número de estudos de revisões sistemáticas, com o intuito de fornecer evidências para auxiliar na tomada de decisão de gestores e profissionais de múltiplas áreas do conhecimento, especialmente para a área da saúde.[7] Desse modo, uma revisão sistemática de alta qualidade siga protocolos padronizados e relata detalhes relevantes em cada etapa para facilitar a compreensão dos resultados pelos leitores.[7] A decisão acerca da validade e aplicabilidade dos achados de uma revisão sistemática deve ser tomada por profissionais que compreendam criticamente a qualidade metodológica do estudo, a relevância dos resultados e a aplicabilidade no contexto da vida real.[8]

PASSOS METODOLÓGICOS

Na prática, para executar uma revisão sistemática, o pesquisador deve seguir alguns passos essenciais nessa jornada de produção científica. Se cada passo não for seguido rigorosamente, há grande probabilidade de a revisão sistemática produzir um resultado distorcido ou pouco útil para a tomada de decisão baseada em evidências. Objetivamente, as etapas de uma revisão sistemática bem elaborada são compostas por uma pergunta de investigação, delimitação clara dos critérios de elegibilidade, fonte dos dados, estratégia de busca, seleção dos estudos, extração dos dados, avaliação da qualidade metodológica ou risco de viés, síntese quantitativa (quando possível) e avaliação da qualidade da evidência científica.[2,9]

Pergunta de pesquisa

Acerca da pergunta de pesquisa, precisamos estar atentos a detalhes importantes. Primeiramente, a pergunta empregada em uma revisão sistemática deve ser específica e precisa. Perguntas excessivamente amplas podem levar a muitos resultados, porém pouco úteis, além de demandar muito tempo do pesquisador na execução da revisão sistemática. Dessa forma, é interessante aplicar um acrônimo, que é amplamente utilizado para a construção de revisões sistemáticas, a exemplo do PICO, composto pela População, Intervenção, Comparador e *Outcome* (Desfecho). É importante observar que não devemos engessar o nosso processo de construção da pergunta científica apenas nesse tipo de acrônimo, mas variar conforme os nossos interesses e necessidades.[2]

Logo, aplicar variações podem ser úteis nesse processo, como usar o PECO (População, Exposição, Comparador e *Outcome*) para revisões com estudos observacionais comparativos; ou o PO (População e *Outcome*) para avaliação de frequência, incidência ou prevalência; ou o PVO (População, Variáveis e *Outcome*) para estudos exploratórios ou de fatores associados; ou ainda o PIRO (População, Teste-índice, Referência e *Outcome*) para síntese de estudos de validação. Outros acrônimos podem ser úteis e facilmente adaptáveis nessa etapa, desde que tenham uma lógica científica bem estabelecida e aplicabilidade prática para a construção da sua pergunta de pesquisa.[10]

Critérios de elegibilidade

É necessário ter atenção aos critérios de elegibilidade elencados na sua revisão sistemática, especialmente ao considerar o tipo, o ano e o idioma de publicação. Na revisão sistemática, apenas estudos originais devem ser incluídos. Se for pertinente, de acordo com a sua pergunta, você pode especificar o delineamento metodológico que será elegível.[11] Ademais, não há justificativa científica para limitar o idioma, tampouco o tipo e o ano de publicação (com exceção de marcos históricos, como a pandemia da COVID-19). Nessa perspectiva, não são recomendados esses tipos de restrições devido ao possível efeito colateral que pode ser gerado, conhecido como viés de publicação. Portanto, limite os seus critérios de inclusão e/ou exclusão às características dos estudos, população, intervenção ou exposição e desfecho avaliados.[2] Se a maioria das fontes for proveniente de resumos de eventos, dissertações, teses ou trabalhos de conclusão de curso, você deverá abordar esse ponto na seção de discussão da sua síntese de evidências. Não é recomendado excluir esses tipos de publicações da sua revisão sistemática, pois você pode gerar resultados tendenciosos devido à ausência de evidências.

Avançando para a segunda etapa da construção de uma revisão sistemática, a partir do acrônimo determinado na sua pergunta de investigação, é necessário elaborar a estratégia de busca. A estratégia de busca deve utilizar descritores indexados, termos similares e livres captados em múltiplas fontes de dados. Não podemos nos esquecer de aplicar adequadamente os operadores booleanos "OR", para termos similares, e "AND", para conectar adequadamente cada linha de busca construída a partir das palavras-chave previamente selecionadas. Nessa fase, são necessários vários testes para a qualificação da estratégia de busca e selecionar pessoas mais experientes para detectar possíveis falhas que vão produzir distorções nos resultados da sua revisão. É interessante utilizar ferramentas para esse processo de aprimoramento da revisão sistemática, como Peer Review of Electronic Search Strategies (PRESS).[12]

Fonte, seleção e extração dos dados dos estudos

Em seguida, as estratégias qualificadas devem ser adaptadas e replicadas nas bases de dados selecionadas, considerando: duas bases pertencentes a múltiplas áreas do conhecimento (Scopus ou Web of Science), uma base específica da área de estudo (Erik ou PubMed ou Embase), uma base regional (LILACS ou SciELO) e uma base fonte da literatura cinzenta (ProQuest). A seleção adequada das bases de dados aumenta a possibilidade de rastreamento de evidências e permite maior confiabilidade para essa etapa da revisão sistemática.[13]

A seleção dos estudos é a etapa subsequente na elaboração da sua revisão sistemática e consiste na determinação dos estudos que serão incluídos, considerando duas fases: 1) Leitura de títulos e resumos; 2) Leitura de texto completo. Durante as avaliações dos estudos, é obrigatório existir um segundo revisor e a seleção ocorrer de forma independente. Na prática, há o cegamento dos pesquisadores para não acontecer o enviesamento das escolhas das pesquisas elegíveis.[3]

É possível realizar o teste kappa para avaliar a concordância entre os revisores durante a seleção dos estudos.[14] Porém, essa prática pode ser arriscada para os iniciantes em revisões sistemáticas devido ao fato de aumentar a probabilidade de seleção errônea de estudos por apenas um revisor. Para a fase de seleção, podem ser utilizadas diversas ferramentas para facilitar a execução dessa atividade, como a aplicação web Rayyan.[15]

A extração dos dados é a próxima etapa a ser executada durante a revisão sistemática. É recomendado que seja conduzida de forma independente por dois revisores. O revisor deve começar a pensar nas variáveis que vão compor essa etapa durante a fase anterior de seleção dos estudos. A partir de uma leitura prévia dos trabalhos, podemos começar a elucidar potenciais variáveis que precisam ser observadas durante a extração de dados. É interessante dividi-las em três grandes grupos: características dos estudos (ano de publicação, autores, país, tamanho da amostra, idade dos participantes, sexo, entre outras); dados da intervenção ou exposição (dose, tipo, duração, forma de mensuração, entre outros); dados do desfecho (tipo de diagnóstico, testes aplicados, entre outros).[2,3] Use a sua criatividade para escolher as informações que podem ser úteis para o leitor da sua revisão sistemática. Você também pode adotar algumas ferramentas de aprendizagem de máquina para essa fase, como a Elicit.[16]

Qualidade metodológica ou risco de viés

A avaliação da qualidade metodológica ou risco de viés é outra etapa essencial para a construção adequada da revisão sistemática. Desse modo, é indispensável a avaliação crítica dos estudos incluídos na síntese de evidências. A avaliação da qualidade dos estudos é um dos indicativos da confiança nos resultados obtidos pela revisão. O desenho dos estudos incluídos pode apresentar probabilidades distintas de conter vieses com maior ou menor relevância; os principais são: seleção, aferição e confundimento. Assim, as pesquisas incluídas na revisão podem ser sistematicamente diferentes da realidade que se quer retratar. Com o intuito de auxiliar os pesquisadores a identificarem a presença de vieses, uma gama de ferramentas está disponível para auxiliar na avaliação crítica.[17]

Nesta etapa, adotaremos a ferramenta mais adequada conforme o tipo de estudo. As principais ferramentas que avaliam a qualidade metodológica são: Joanna Briggs Institute (JBI),[18] Newcastle-Ottawa,[19] escala PEDro[20] e Critical Appraisal Checklists (CASP).[21] Ademais, existem ferramentas específicas para estudos com animais, como a SYRCLE's RoB tool.[22] Muitas outras ferramentas podem existir, e precisamos ter atenção a essas atualizações para escolhermos o instrumento mais adequado no momento de condução da revisão sistemática. Porém, vale salientar que todas essas ferramentas avaliam critérios semelhantes, podendo ou não gerar uma pontuação síntese. A escolha da ferramenta fica a critério do revisor.

Ainda, podemos avaliar o risco de viés dos estudos originais com as ferramentas da Colaboração Cochrane, denominadas de *Risk of Bias in Non-randomised Studies - of Interventions* (Robins-I),[23] *Risk of Bias in Non-randomized Studies – of Exposures* (Robins-E)[24] e *Risk of bias in Randomized Trials* (Rob 2.0).[25] A Robins-I[23] é destinada à avaliação de estudos de intervenção não randomizados, a Robins-E[24] é voltada para estudos observacionais não randomizados e, por fim, a ROB 2.0[25] é direcionada para avaliação dos ensaios clínicos randomizados.

Essas ferramentas são baseadas na avaliação de domínios, que englobam a avaliação dos vieses de seleção, de *performance*, de detecção, de atrito, de relato e outros vieses. Destaca-se que o julgamento de cada domínio é subjetivo, determinado independentemente por cada avaliador.[26] Quando conduzimos revisões sistemáticas quantitativas, o ideal é que possamos aplicar as ferramentas voltadas para a avaliação do risco de viés. No entanto, não há grandes problemas caso você opte por avaliar a qualidade metodológica. As diferenças entre as ferramentas de qualidade metodológica e risco de viés estão em torno dos questionamentos acerca dos problemas metodológicos.[3] Na prática, esses instrumentos expressam a presença ou não de distorções que podem comprometer os resultados dos estudos originais e, consequentemente, da síntese de evidências.

METANÁLISE

A metanálise é uma técnica estatística que combina os resultados de vários estudos independentes sobre o mesmo tópico para fornecer uma estimativa mais precisa do efeito de uma intervenção ou fenômeno. É um resumo robusto dos dados coletados das pesquisas. Para conduzir uma metanálise, é necessário ter alguns dados essenciais, e para isso precisamos adotar medidas estatísticas e epidemiológicas como: número de pessoas expostas a um evento e tamanho da amostra; coeficiente de correlação e erro padrão; medida de associação e intervalos de confiança; média, desvio-padrão ou intervalo de confiança e tamanho de amostra de cada grupo de comparação para estimar a diferença média padronizada ou não.[2]

Na metanálise de proporção,[27] também conhecida como metanálise de frequência ou prevalência, adotamos o número de expostos e o tamanho da amostra para estimar uma frequência sumária. A intenção dessa metanálise é produzir uma proporção média ponderada dos percentuais apresentados nos estudos. Na metanálise de correlação, será adotado o coeficiente de correlação de Pearson (r) e o erro-padrão[28] para estimar a medida síntese. Ainda, existe a metanálise de associação, que emprega as medidas epidemiológicas conhecidas como risco relativo, razão de prevalência ou *odds ratio*; neste caso, também devem ser utilizados os intervalos de confiança, comumente, com o nível de confiança de 95%.[2]

A metanálise de diferença média padronizada é aplicada quando temos diferentes medidas que avaliam o mesmo desfecho, com emprego de média e desvio-padrão ou intervalo de confiança.[2] Por exemplo, podemos avaliar o nível de excesso de peso por meio do índice de massa corporal (IMC) ou pelo índice de massa gorda (IMG). Os critérios são diferentes, porém ambos estimam o mesmo desfecho: excesso de peso. Ao considerar a metanálise de diferença média não padronizada, observamos a média, desvio-padrão ou intervalo de confiança a partir de um mesmo critério de definição do diagnóstico. De forma prática, seria adotarmos apenas o critério do IMC para determinar a presença do desfecho avaliado.

Para condução de metanálise, precisamos ter um conhecimento mais avançado em estatística para selecionar os modelos e técnicas mais adequadas conforme o tipo de dado. Neste capítulo explicaremos de forma resumida sobre esses aspectos. Existem dois principais modelos analíticos para metanálise: 1) efeitos randômicos – utilizados quando entendemos que os estudos apresentam características metodológicas e estatísticas diferentes. Na prática, as pesquisas não apresentaram homogeneidade na condução da investigação; 2) efeito fixo – aplicado quando há estudos mais homogêneos do ponto de vista metodológico e estatístico. No momento de condução da metanálise, deve ser escolhido um modelo conforme a avaliação da pessoa que está conduzindo a metanálise. Em um outro momento, foi preconizado que a escolha deveria ser fundamentada na heterogeneidade estatística. Porém, a recomendação mais recente sinaliza que essa avaliação deve ser feita a partir da homogeneidade das características metodológicas e estatísticas.[2]

Além dos modelos, é necessário escolher a técnica de análise conforme o tipo de dado, a frequência do evento e as características da análise. Dominar técnicas analíticas avançadas pode ser uma boa saída para a sua independência na hora de realizar a metanálise, como conhecer mais a fundo sobre razão de verossimilhança, método de Bayes, DerSimonian–Laird, inverso da variância e teste de Hedges. E muitos outros testes podem ser empregados a depender do tipo de variável.[2,29] A seguir, apresentaremos o Quadro 1, uma síntese dos principais métodos.

QUADRO 1 Síntese das técnicas analíticas e aplicabilidade na metanálise

Efeito fixo	
Técnica analítica	**Quando usar**
Mantel-Haenszel	Evento raro (< 10%) com dados dicotômicos
Inverso da variância	Pode ser aplicado geralmente para dados quantitativos, dicotômicos e genéricos (uso de conversão logarítmica)
Efeitos randômicos	
Técnica analítica	**Quando usar**
Máxima verossimilhança restrita	É o método de primeira escolha. Produz uma estimativa imparcial. Mais bem aplicado em dados quantitativos, mas pode ser usado em dados categóricos

continua

QUADRO 1 Síntese das técnicas analíticas e aplicabilidade na metanálise (*continuação*)

Efeitos randômicos	
Técnica analítica	**Quando usar**
Máxima verossimilhança	Não é adequado para metanálise com poucos estudos. Quando tem muitos estudos, substitui o método de máxima verossimilhança restrita. Pode ser aplicado para dados quantitativos e categóricos
Bayes empírico	É um método menos tendencioso quando as variâncias dos estudos são fixas e conhecidas. Produz intervalos de confiança mais largos e é recomendado quando há baixa ou moderada heterogeneidade estatística. Pode ser usado para dados quantitativos e categóricos
DerSimonian-Laird	É o método mais popular. Pode subestimar a verdadeira variação entre os estudos, especialmente quando a variabilidade é grande e há poucos estudos (< 5 estudos). Produz intervalos de confiança excessivamente estreitos para a medida sumária. Recomendado para dados binários, mas pode ser aplicado em dados quantitativos
Sidik-Jonkman	Pode superestimar a variância dos estudos, mas é recomendado para metanálises com < 5 estudos com tamanhos amostrais homogêneos
Hedges	É um método adequado quando a variância entre os estudos é baixa e há poucos estudos. Se aproxima da imparcialidade
Hunter-Schmidt	É um método tendencioso e deve ser evitado devido ao fato de subestimar ou superestimar as medidas sumárias

Fonte: elaborada pelas autoras.

A metanálise é uma síntese quantitativa dos estudos que expressa uma medida epidemiológica sumária. Os resultados em geral são apresentados em forma de gráfico com respectivas medidas analíticas. Vamos ver a seguir como interpretar esse gráfico na prática a partir da Figura 1.

Autor	Ano	Tamanho da amostra	OR (IC 95%)	Peso (%)
Abeysena et al.[26]	2010	817	0,56 (0,07-4,74)	0,48
Bian et al.[34]	2013	55.633	1,50 (1,16-1,94)	11,36
Bondevik et al.[36]	2001	1.400	1,23 (0,97-1,55)	12,09
Dal Pizzol et al.[8]	2009	3.865	0,83 (0,54-1,26)	7,14
Geelhoed et al.[43]	2006	309	1,77 (1,27-2,47)	9,21
Lone et al.[81]	2004	629	1,90 (1,00-3,40)	4,36
Masukume et al.[55]	2015	5.609	1,31 (0,62-2,76)	3,19
Nasiri-Amin.[59]	2007	609	2,44 (1,11-5,35)	2,93
Ren et al.[64]	2007	88.149	1,16 (1,03-1,30)	15,63
Scholl et al.[65]	1992	779	1,55 (0,96-2,51)	6,11
Sharma et al.[68]	2015	465	0,51 (0,24-1,07)	3,19
Tzur et al.[73]	2012	33.888	1,19 (0,97-1,50)	12,58
Xiong et al.[75]	2003	15.943	0,90 (0,71-1,16)	11,72
Total (I-squared = 58,1%, p = 0,004)			1,23 (1,06-1,43)	100,00

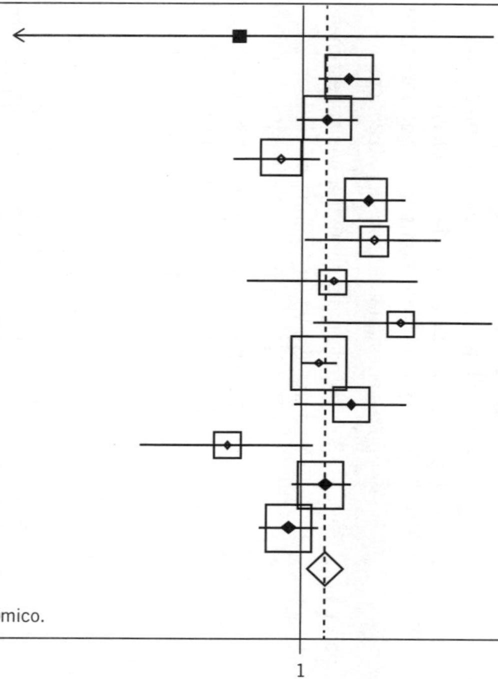

Nota: os pesos são obtidos de análise de efeito randômico.

FIGURA 1 Gráfico de floresta de medida metanalítica ajustada.

Fonte: elaborada a partir de Figueiredo ACMG et al., 2018.[30]

A linha vertical pontilhada e o diamante representam a medida de associação sumária (1,23), e as pontas do diamante, o respectivo intervalo de confiança de 95% (1,06 a 1,43). A linha vertical que não é pontilhada representa o ponto de nulidade (neste caso, o número 1), ou seja, é onde sabemos se o intervalo de confiança da medida sumária passou ou não pelo um e, consequentemente, tem ou não significância estatística. Os quadrados são o peso do estudo que é influenciado pelo tamanho da amostra e precisão do intervalo de confiança. O ponto representa a medida individual de cada estudo, e a linha horizontal, o respectivo intervalo de confiança de 95%.[2]

A heterogeneidade estatística representada pelo I-squared é expressa em forma de percentual. A classificação da heterogeneidade, conforme critérios da Colaboração Cochrane, são: 0% a 40%: possivelmente não é importante; 30% a 60%: possivelmente moderada; 50% a 90%: possivelmente importante; 75% a 100%: possivelmente muito importante.[2]

A interpretação da medida analítica ocorre da forma tradicional, como interpretamos as medidas de associação. No caso do exemplo, seria que crianças com baixo peso ao nascer têm 23% mais chance de terem mães com anemia quando comparadas às crianças com peso normal. Esse é somente o mundo da metanálise; existem ainda outros aspectos importantes, como viés de publicação, análise de sensibilidade, metarregressão, identificação da heterogeneidade estatística por meio de técnica logarítmica e aplicação de teste estatístico para avaliar o efeito dos estudos faltantes nos resultados da sua revisão sistemática.[2]

SISTEMA GRADE

O método Grading of Recommendations Assessment, Developing and Evaluation (GRADE) é um sistema de classificação e avaliação de evidências utilizado na área da saúde para apoiar a tomada de decisões clínicas e o desenvolvimento de recomendações. Desenvolvido para abordar a necessidade de uma metodologia padronizada na avaliação da qualidade e força das evidências disponíveis, bem como na formulação de recomendações, classifica a qualidade da evidência em quatro níveis: alta, moderada, baixa ou muito baixa. O sistema GRADE é composto por dois componentes principais: a avaliação da qualidade das evidências e a formulação das recomendações.[31]

A avaliação da qualidade das evidências é classificada em alta, moderada, baixa e muito baixa, conforme critérios metodológicos e analíticos, consistência (heterogeneidade) dos resultados, precisão estatística, além de aspectos adicionais que podem reduzir ou maximizar a confiança nas evidências.

A presença de vieses, inconsistência entre os resultados, imprecisão estatística e publicação seletiva são considerados fatores de diminuição da qualidade, enquanto o tamanho efeito, a dose-resposta observada, entre outros, podem aumentar a confiança no conjunto de evidências da revisão sistemática.[31]

A formulação de recomendações é classificada como fortes ou fracas, refletindo o grau de confiança na relação entre benefícios e danos de uma intervenção. As recomendações fortes apontam maior certeza de que os benefícios encontrados superam os danos. As recomendações fracas representam uma incerteza maior sobre os resultados encontrados. Cabe destacar que, ao utilizar o sistema GRADE, as preferências e os valores dos pacientes devem ser ponderados ao formular recomendações e reconhecer que a tomada de decisão deve ser personalizada para cada situação. Ainda, deve ser considerada a relação entre os benefícios e os riscos das recomendações, que visa orientar a prática clínica de maneira informada e equilibrada.[31]

Esse sistema, amplamente utilizado em diretrizes clínicas e revisões sistemáticas na área da saúde, fornece uma estrutura transparente e consistente para avaliação da qualidade das evidências e a formulação de recomendações. Assim, auxilia na comunicação das recomendações, permitindo que profissionais de saúde, gestores e pacientes compreendam melhor a base de evidências por trás das recomendações.[31]

Ao utilizar o sistema GRADE, a revisão estabelece critérios claros e padronizados para avaliação da qualidade das evidências, proporcionando um método consistente e transparente. A formulação considera, também, o contexto clínico e as preferências dos participantes, além das evidências científicas disponíveis. Realiza a diferenciação entre qualidade de evidências e força de recomendações, a partir da separação entre a avaliação da qualidade das evidências e a formulação das recomendações, o que permite a redução da confusão entre a robustez das evidências e a força da recomendação.[31]

O GRADE enfatiza o equilíbrio entre os benefícios e os danos de uma intervenção e evita a adoção de práticas que possam ter consequências importantes para uma tomada de decisão. Cabe destacar que o sistema GRADE é flexível e pode ser adaptado a diferentes contextos e públicos-alvo. Outro ponto relevante é a classificação em categorias da qualidade de evidência (alta, moderada, baixa ou muito baixa), e a diferenciação entre recomendações (fortes ou fracas) torna as informações acessíveis e compreensíveis, o que facilita a comunicação sobre os achados. Por fim, existe o incentivo da revisão e atualização constantes das diretrizes e recomendações à medida que novas evidências emergem, o que reflete a natureza dinâmica do conhecimento e a importância de manter os achados alinhados com as evidências mais recentes.[31]

A qualidade da evidência é a expressão da confiabilidade dos resultados para tomada de decisão baseada em evidências. A revisão sistemática pode apresentar elevada qualidade conforme o desfecho, logo é possível que outras pesquisas modifiquem o resultado; porém, se a qualidade for muito baixa, há uma grande probabilidade de os achados serem alterados diante de novas pesquisas. O sistema GRADE proporciona uma estrutura robusta e adaptável para avaliação de evidências e formulação de recomendações, promovendo a tomada de decisões clínicas mais informadas e personalizadas na área da saúde.[31]

Avaliação crítica de revisões sistemáticas

A avaliação crítica da qualidade dos resultados de uma revisão pode ser mensurada por diversas ferramentas, em momentos distintos e por atores diferentes. Ao final da elaboração do estudo de revisão sistemática é aconselhada a aplicação da ferramenta GRADE pela própria equipe do estudo, com o objetivo de avaliar a qualidade da evidência gerada pelo estudo. Após a publicação, o estudo de revisão poderá ser avaliado por uma diversidade de ferramentas com o intuito de avaliar a qualidade da revisão sistemática. Algumas ferramentas já foram validadas e publicadas para tal verificação, das quais podemos citar A MeaSurement Tool to Assess Systematic Reviews 2 (AMSTAR2),[7] a lista de verificação de avaliação crítica para revisões sistemáticas do JBI[32] e Risk of Bias in Systematic Reviews (ROBIS).[33]

A lista de verificação de avaliação crítica para revisões sistemáticas do JBI é dividida em 11 domínios que podem ser respondidos com sim, não, pouco claro e não se aplica. Essa ferramenta não tem o objetivo de gerar uma nota ou um ranqueamento, apenas promover uma reflexão crítica sobre a qualidade da revisão em estudo. O JBI tem por objetivo promover e apoiar a tomada de decisão baseada em evidências com vistas à melhoria da condição de saúde e a prestação de serviços. É considerada uma organização global que promove e apoia decisões baseadas em evidências que melhoram a saúde e a prestação de serviços de saúde.[18,32]

A ferramenta AMSTAR 2 foi revisada por um grupo de especialistas, composto por autores da versão original e pesquisadores que trabalham na condução de estudos clínicos. A ferramenta possui 16 itens; a classificação geral é baseada em pontos fracos e em domínios críticos, não tem como objetivo gerar uma pontuação, mas a avaliação da confiança geral nos resultados da revisão como uma recomendação, classificada em alta, moderada, baixa e criticamente baixa a partir dos resultados dos domínios da ferramenta. Visa embasar as decisões em evidências do mundo real, auxiliando na identificação de revisões sistemáticas com alta qualidade.[7]

A ferramenta ROBIS é dividida em três fases: avaliar a relevância, identificar preocupações com o processo de revisão e julgar o risco de viés na revisão. A fase 1 avalia a pergunta de investigação. A fase 2 é dividida em quatro domínios, a saber: i) critérios de elegibilidade dos estudos; ii) identificação e seleção dos estudos; iii) coleta de dados; e iv) avaliação do estudo e síntese e resultados. A fase 3 avalia o risco de viés geral, que é o resumo da fase 2, e o resultado final do risco de viés na revisão é apresentado em alto, baixo e incerto.[33] Avaliar a qualidade dos achados das revisões sistemáticas é essencial para assegurar a confiabilidade, a transparência e a utilidade dessas sínteses de evidências na orientação da prática clínica, pesquisa, tomada de decisão e para informar políticas públicas de saúde.

VANTAGENS E DESVANTAGENS

A revisão sistemática fornece uma visão ampla das evidências científicas disponíveis sobre um determinado tema, com a reunião de múltiplos estudos que permite uma análise completa, bem como busca mitigar os vieses de seleção e avaliação ao estabelecer critérios transparentes e objetivos. Ao realizar a metanálise, o pesquisador está combinando dados de vários estudos, assim pode aumentar a precisão estatística, obtendo uma medida robusta do efeito, associação, intervenção ou fenômeno em investigação.[2]

Ademais, o método das revisões sistemáticas é amplamente utilizado para a elaboração de produtos que subsidiam a tomada de decisão e a política informada por evidências. Esses produtos auxiliam profissionais de saúde, pesquisadores e formuladores de políticas, fornecendo uma base sólida para a tomada de decisões e a formulação de políticas públicas. Outra vantagem que pode ser citada é a identificação de lacunas no conhecimento, as quais auxiliam o desenvolvimento de pesquisas futuras e norteiam o investimento em pesquisas para as áreas que carecem de evidências.[2]

O estudo de revisão também apresenta desvantagens e limitações, e a sua realização pode ser demorada e requerer recursos consideráveis, incluindo equipe de pesquisa qualificada, acesso aos bancos de dados e a pacotes estatísticos. E a rigidez metodológica pode culminar na exclusão de estudos importantes para a temática que não atenderam a todos os critérios de elegibilidade. A revisão enfrenta outros desafios inerentes ao método empregado – a heterogeneidade e a qualidade dos estudos incluídos –, o que implica a combinação dos resultados e a confiabilidade dos achados. Cabe destacar o risco do viés de publicação, ou seja, os estudos com resultados negativos ou não significativos são menos propensos a publicação. Por fim, a velocidade de publicação exige que as revisões sejam atualizadas periodicamente para refletir os achados mais recentes.[2]

Conduzir revisões sistemáticas é um grande desafio para os pesquisadores devido às características metodológicas adotadas. Porém, com o número crescente de estudos originais e diante das discrepâncias dos resultados científicos, é necessário o uso desse tipo de síntese na tentativa de elucidar respostas mais assertivas para a prática clínica de profissionais de saúde, bem como tomada de decisão de gestores, no contexto da formulação de políticas públicas de saúde. Ademais, o elevado volume de publicações fortalece cada vez mais a necessidade de aprendermos sobre revisão sistemática e metanálise para a aplicação das informações de forma coerente e adequada nos múltiplos cenários da vida humana.

REFERÊNCIAS

1. Cochrane A. Effectiveness and Efficiency: Random Reflections on Health Services. Cochrane. BMJ 2004;328:529.
2. Higgins J, Thomas J, Chandler J, Cumpston M, Li T, Page M, et al. Cochrane Handbook for Systematic Reviews of Interventions. Cochrane. 2023. [acesso em agosto de 2024]. Disponível em: www.training.cochrane.org/handbook
3. Page MJ, McKenzie JE, Bossuyt PM, Boutron I, Hoffmann TC, Mulrow CD, et al. The PRISMA 2020 statement: An updated guideline for reporting systematic reviews. BMJ. 2021:372:n71.
4. Brasil. Ministério da Saúde. Diretrizes metodológicas: Elaboração de revisão sistemática e meta-análise de ensaios clínicos randomizados. Brasília, DF: Ministério da Saúde; 2021. v. 2.
5. Pereira M. Artigos científicos: como redigir, publicar e avaliar. Rio de Janeiro: Guanabara Koogan; 2011.
6. Rothman KJ, Greenland S, Lash TL. Modern Epidemiology. Lippincott Williams & Wilkins; 2008.
7. Li L, Asemota I, Liu B, Gomez-Valencia J, Lin L, Arif AW, et al. AMSTAR 2 appraisal of systematic reviews and meta-analyses in the field of heart failure from high-impact journals. Syst Rev. 2022;11(1):147.
8. Berwanger O, Suzumura EA, Buehler AM, Oliveira JB. Como avaliar criticamente revisões sistemáticas e metanálises? Rev Bras Ter Intensiva. 2007;19(4): 475-80.
9. Gough D, Oliver S, Thomas J. An introduction to systematic reviews. 2. ed. SAGE; 2017.
10. Brasil. Ministério da Saúde. Diretriz metodológica: Síntese de evidências para políticas. Brasília, DF: Ministério da Saúde; 2020. v. 1.

11. Booth A, Sutton A, Papaioannou D. Systematic Approaches to a Successful Literature Review. Sage Publications; 2021.
12. McGowan J, Sampson M, Salzwedel DM, Cogo E, Foerster V, Lefebvre C. PRESS Peer Review of Electronic Search Strategies: 2015 Guideline Statement. J Clin Epidemiol. 2016;75:40-6.
13. Stevinson C, Lawlor DA. Searching multiple databases for systematic reviews: Added value or diminishing returns? Complement Ther Med. 2004;12(4):228-32.
14. Egger M, Smith GD, Altman D. Systematic Reviews in Health Care: Meta-Analysis in Context. 2. ed. Wiley, BMJ Books; 2021.
15. Ouzzani M, Hammady H, Fedorowicz Z, Elmagarmid A. Rayyan—A web and mobile app for systematic reviews. Syst Rev. 2016;5(1):210.
16. Kung JY. Elicit. J Can Health Libr Assoc. 2023;44(1):15-8.
17. Pereira MG, Galvão TF. Extração, avaliação da qualidade e síntese dos dados para revisão sistemática. Epidemiol Serv Saúde. 2014;23(3):577-8.
18. Munn Z, Stone JC, Aromataris E, Klugar M, Sears K, Leonardi-Bee J, et al. Assessing the risk of bias of quantitative analytical studies: Introducing the vision for critical appraisal within JBI systematic reviews. JBI Evid Synth. 2023;21(3):467.
19. Wells G, Shea B, O'Connell D, Peterson J, Welch V, Losos M, et al. The Newcastle-Ottawa Scale (NOS) for assessing the quality of nonrandomised studies in meta-analyses. The Ottawa Hospital Research Institute. [acesso em agosto de 2024]. Disponível em: https://www.ohri.ca/programs/clinical_epidemiology/oxford.asp
20. Moseley AM, Elkins MR, Van der Wees PJ, Pinheiro MB. Using research to guide practice: The Physiotherapy Evidence Database (PEDro). Braz J Phys Ther. 2020;24(5): 384-91.
21. Long HA, French DP, Brooks JM. Optimising the value of the critical appraisal skills programme (CASP) tool for quality appraisal in qualitative evidence synthesis. Research Methods in Medicine & Health Sciences. 2020;1(1):31-42.
22. Hooijmans CR, Rovers MM, de Vries RBM, Leenaars M, Ritskes-Hoitinga M, Langendam MW. SYRCLE's risk of bias tool for animal studies. BMC Med Res Methodol. 2014:14:43.
23. Sterne JA, Hernán MA, Reeves BC, Savović J, Berkman ND, Viswanathan M, et al. ROBINS-I: A tool for assessing risk of bias in non-randomised studies of interventions. BMJ. 2016:355:i4919.
24. Bero L, Chartres N, Diong J, Fabbri A, Ghersi D, Lam J, et al. The risk of bias in observational studies of exposures (ROBINS-E) tool: Concerns arising from application to observational studies of exposures. System Rev. 2018;7(1):242.
25. Sterne JAC, Savović J, Page MJ, Elbers RG, Blencowe NS, Boutron I, et al. RoB 2: A revised tool for assessing risk of bias in randomised trials. BMJ. 2019:366:l4898.
26. Carvalho APV, Silva V, Grande AJ. Avaliação do risco de viés de ensaios clínicos randomizados pela ferramenta da colaboração Cochrane. Diagn Tratamento. 2013;18(1).
27. Schwarzer G, Rücker G. Meta-Analysis of Proportions. Methods Mol Biol. 2022:2345:159-72.

28. Peterson RA, Brown SP. On the use of beta coefficients in meta-analysis. J Appl Psychol. 2005;90(1):175-81.
29. StataCorp. Stata 18 Base Reference Manual. 2023.
30. Figueiredo ACMG, Gomes-Filho IS, Silva RB, Pereira PPS, Mata FAFD, Lyrio AO, et al. Maternal Anemia and Low Birth Weight: A Systematic Review and Meta-Analysis. Nutrients. 2018;10(5):601.
31. Schünemann H, Brożek J, Guyatt G, Oxman A. GRADE Handbook. 2013. [acesso em agosto de 2024]. Disponível em: https://guidelinedevelopment.org/handbook
32. Aromataris E, Fernandez R, Godfrey C, Holly C, Khalil H, Tungpunkom P. Chapter 10: Umbrella reviews. In: JBI Manual for Evidence Synthesis. 2020.
33. Whiting P, Savović J, Higgins JPT, Caldwell DM, Reeves BC, Shea B, et al. ROBIS: A new tool to assess risk of bias in systematic reviews was developed. J Clin Epidemiol. 2016;69:225-34.

12

Introdução à estatística para uma prática baseada em evidências

Pedro Paulo Pires dos Santos
Juliana Lopes Fernandes Massapust Pestana
Alessandra Pereira Lopes
Carlos Eduardo Norte

A ESTATÍSTICA COMO UMA FORMA DE PENSAR

Escrever um capítulo sobre conhecimento em estatística pertinente ao psicólogo interessado em prática baseada em evidências (PBE) é um grande desafio. A estatística permeia cada parte da prática psicológica de forma indireta ou direta. Se pensamos nos melhores tratamentos disponíveis, precisamos remeter às revisões sistemáticas e aos estudos de metanálise, ou pelo menos aos artigos científicos ainda não sistematizados nesse nível de evidência. Por outro lado, o mundo da estatística não é tão objetivo quanto pensamos. Se fosse, a American Psychological Association e inúmeros autores[1-3] não teriam a necessidade de emitir publicações educativas sobre testes de hipótese e tamanho do efeito, indicando uma notória defasagem na forma como testes de hipótese estatística são reportados. Há, ainda, embates entre frequencistas e bayesianos sobre quais são as melhores formas de responder às nossas perguntas de pesquisa.

Será que a estatística permeia apenas a leitura de artigos? Não. A estatística permeia os outros dois pilares da PBE: (1) as características do caso (singularidade) e (2) a experiência profissional. Quando formulamos um caso e observamos um comportamento autolesivo, é provável que nos preocupemos mais com a ideação suicida associada em função de modelos explicativos existentes na literatura; de outro lado, um grupo de amigos resilientes que apoiam o mesmo paciente promove uma ideia de fator protetivo. Se o paciente apresenta seu cartão diário em Terapia comportamental dialética (DBT) e detecta um dia com maior impulso para o suicídio, com a coocorrência de uma insônia de dois dias, presumimos uma correlação e um certo peso explicativo. Por vezes, somos ousados e chegamos a inferir causalidade direta quando um paciente busca controlar a crítica de um familiar através de comportamentos autolesivos quando são criticados. Na análise do comportamento, a causalidade é uma ferramenta séria, que engendra toda a terminologia do campo e sua mecânica[4]; por outro lado, esse é um caminho que os estatísticos e experimentalistas percorrem em gelo fino, a exemplo da necessidade de concatenar cuidadosamente uma dimensão literalmente causal, como na preciosa contribuição de Antonakis et al. (2010)[5] sobre o tema. Afinal de contas, determinar causalidade demanda ainda restringir outras fontes explicativas possíveis e conhecer o efeito explicativo de cada fator.

Finalmente, uma boa terapeuta orientada por PBE também pensa em sua trajetória em termos estatísticos por uma tempestade de ideias considerando sua própria eficiência, tipos de paciente em que a interação é mais/menos produtiva, estratégias que executamos de forma mais aderente e a construção de toda uma heurística de avaliação do público disponível – atendemos populações com características específicas de acordo com a nossa localização, apelo, entre outras variáveis que afetam a probabilidade das características dos pacientes (e.g. um terapeuta localizado em Ipanema a um preço alto tem acesso a uma população distinta dos ambulatórios universitários). Dessa forma, encerramos nossa longa apresentação desafiando nossos leitores a não ser apenas usuários de estatística, mas a pensar processos de silogismo, inferência de associação ou causalidade, entre outros parâmetros com rigor, a exemplo: testando suas premissas, ampliando o número de observações antes de afirmar algo (poder observacional), abandonar o diagnóstico "de impressão" (e.g. parar de diagnosticar sem consulta a critérios), entender que o exercício das evidências muitas vezes ocorre a partir da redução de incertezas sobre determinadas premissas – e isso não significa eliminar incerteza, o que é impossível. Uma consideração exemplar na psicometria é que o erro é parte inseparável de todo e qualquer dado, uma constatação histórica encontrada nas primeiras leituras da Teoria Clássica dos Testes da década de 1950[6].

O nosso capítulo, então, se iniciou abordando a estatística como uma atitude e de agora em diante vamos introduzir outras questões que são essenciais para que você informe seus casos (construir informações de monitoramento) e se informe com as melhores fontes da literatura. Vamos falar, então, de : (1) informação e bases de dados, (2) frequência, medidas de tendência central (MTC), medidas de dispersão e distribuições, (3) introdução aos testes de hipótese estatística, (4) alguns testes mais utilizados para ler artigos e (5) alternativas não paramétricas.

INFORMAÇÃO E BASE DE DADOS

A ousadia de transformar um mundo subjetivo em números envolve um esforço científico delicado. Particularmente, na psicofísica, Stevens[7], na década de 1970, ofereceu um paradigma de caracterização dos mais empregados na medida psicológica. O autor aborda que um número pode abarcar diferentes níveis de informação, havendo quatro níveis específicos: (1) nominal ou categórico, (2) ordinal, (3) intervalar e (4) razão.

De forma objetiva, uma variável nominal ou categórica trata-se de uma variável que o número visa apenas oferecer uma identidade ao que se observa – e.g. gênero pode ser representado como 1 = feminino, 2 = masculino, 3 = fluido e assim por diante, não sendo possível localizar tais números em uma régua imaginária, não ter qualquer ideia de ordem/postos, magnitude ou operações como a soma. Categorias de discurso, presença ou ausência de ideação suicida, diagnóstico positivo ou negativo para depressão, todas podem ser consideradas variáveis nominais ou categóricas, caso sejam codificadas por ausência = 0 ou presença = 1, ou simplesmente conferindo um valor diferente para cada tipo de resposta identificada no caso de mais de duas categorias. Por outro lado, variáveis ordinais agregam uma informação que permite hierarquia dos valores ou ordem – e.g. preferências, ordem de pessoas em quem um paciente confia e informações similares. Um caso especial de variável ordinal são as escalas numéricas a exemplo do tipo *likert*, que possuem poucos valores únicos (normalmente cinco níveis de concordância, frequência ou intensidade ordenados).

Variáveis intervalares começam a incluir a noção de magnitude, têm um zero relativo e podem ser representadas por escalas de magnitude contínuas (aponte qualquer valor entre 100 e 1.000 para os seguintes eventos estressores), contrárias às medidas de razão, que possuem zero absoluto e tendem a ser apresentadas na literatura pelo emprego de estímulos físicos como modalidade de resposta (apontar o nível de raiva apertando um dinamômetro), mas são raríssimas. *Softwares* como o IBM SPSS, JASP e JAMOVI, por exemplo, reúnem medidas intervalares e de razão como variáveis do tipo escalar ou contínua, havendo obviamente outras nomenclaturas para a caracterização de variáveis.

A importância de conhecer os níveis de informação permite que você escolha os instrumentos de acordo com as suas necessidades. Instrumentos de rastreio com itens dicotômicos terão informações categóricas que não permitem inferir sobre a intensidade de um sintoma. Eles são rápidos e permitem registro simplificado. Por outro lado, se você precisa compreender algo como a intensidade da agitação – variável importante na teoria da suicidalidade do modelo CAMS[8] –, seria inviável sem uma informação em caso especial ordinal ou sem um instrumento com informação do tipo contínuo para o escore resultante. Então, ao escolher as informações de controle sobre um dado, é imprescindível pensar de que nível de informação você precisa. O nível de informação também está intimamente ligado ao seu contexto de atuação. Pacientes com baixa escolaridade ou muito jovens podem apresentar dificuldade para manejar valores de medidas contínuas. Cenários ambulatoriais, com pacientes em crise, que demandam avaliações rápidas, também podem demandar tipos de informações mais fáceis de coletar. Ou seja, pensar as suas ferramentas de monitoramento depende de dados profundamente contextuais sobre a sua atuação.

Por fim, quando os níveis de informação são bem definidos, isso facilita a construção de bancos de dados individuais, de clínicas ou instituições inteiras. Despender tempo para planejamento é essencial, de forma que mudanças em perguntas ou instrumentos interrompem a possibilidade de comunicação entre os dados. Vamos supor que você decida mudar o instrumento de avaliação da depressão do BDI para o BDI-II, sem procedimentos complexos para a equivalência dos escores e itens: é possível que as informações não sejam mais comparáveis.

Finalmente, cabe ainda decidir a plataforma de coleta de dados e o *software* de registro do banco de dados. Existem plataformas de coleta pagas e gratuitas que oferecem recursos variados. A escolha também deve levar em consideração os tipos de informação que serão coletados, uma vez que nem todas as plataformas contêm todos os modelos de itens. Algumas opções são a plataforma SurveyMonkey, Google Forms, Qualtrics e outras. É importante despender atenção também para os tipos de arquivo exportados, pois podem definir o *software* de manejo dos dados. Por exemplo, todas as plataformas de coleta apresentadas têm compatibilidade com o Microsoft Excel ou outros *softwares* de planilha gratuitos (nesse caso, o formato de arquivo normalmente é do tipo CSV).

Uma questão potencialmente universal da configuração de bases de dados consiste em como os dados são armazenados. Nessa estrutura, cada observação é representada na linha, e itens de instrumentos estão presentes nas colunas. Recomendamos sempre que a base de dados tenha início com uma variável identificadora (nome, RG, CPF ou qualquer identificador de escolha), sendo importante lembrar que bases de dados de pesquisa demandam formas de descaracterizar os participantes garantindo o anonimato – e não se esqueça das necessidades listadas nas resoluções do Conselho Nacional de Saúde sobre pesquisas clínicas!

Uma sugestão de organização do seu banco de dados é listar primeiro a variável de identificação, seguida pelos dados demográficos, seguida finalmente pelos instrumentos, indicadores fisiológicos controlados ou demais variáveis, conforme mostrado na Figura 1. Principalmente em se tratando de instrumentos psicométricos, recomenda-se a tabulação de todos os itens, não apenas dos escores ou pontuações, em função da necessidade de controles de erros possíveis no processo de coleta, e por vezes um item pode ser extremamente informativo na análise de casos específicos (e.g. um escore pode não permitir a identificação de impulso relevante para ideação suicida).

Bases de dados clínicos também demandam a repetição de observações para fins de comparação. Nesses casos, é imprescindível o controle rigoroso da variável de identificação, para que ela se repita e permita a comparação direta entre diferentes momentos de coleta para um mesmo caso. O controle do momento de coleta pode ser feito com uma variável categórica tal como "momento de coleta", codificado por "1=momento 1", "2=momento 2" e assim por diante, ou mesmo por datas de forma direta. Essa é apenas uma solução simples, porém as estratégias de monitoramento de dados podem variar amplamente, e não compete a um capítulo introdutório aprofundar os diferentes tipos.

Outros fenômenos comuns em bases de dados que devem ser controlados incluem ainda a não coleta de dados dos pacientes em momentos indicados (perda da segunda ou terceira coleta de dados, por exemplo), itens não preenchidos (*missing data*), falha humana no manejo do banco de dados, falha eletrônica na armazenagem (e.g. arquivo corrompido, perda de *hardware*,

	A	B	C	D	E	F	G	H
1	Grupo	Nº	Sexo	Idade	Idade da mãe	Idade do pai	Escolaridade	Faculdade
2	1	1	1	1	99	999	1	1
3	1	2	1	1	42	47	1	1
4	1	3	1	1	48	43	1	1
5	1	4	1	1	50	49	1	1
6	1	5	1	1	53	53	1	1
7	1	6	1	1	50	50	1	1
8	1	7	1	1	42	41	1	1
9	1	8	1	1	52	54	1	1
10	1	9	2	1	60	64	1	1
11	1	10	1	3	999	999	1	1
12	1	11	2	2	57	68	1	1

FIGURA 1 Exemplo simples de base de dados no Excel. Cada linha representa uma resposta individual. A primeira variável indica que os casos pertencem a um grupo controle = 1 e são identificados por uma numeração fixa na coluna B1. Valor de 999 indica dados perdidos por não preenchimento.

entre outros) etc. Vale a pena explorar também a criação de variáveis novas derivadas a partir de pontos de corte ou variáveis consideradas indicadores críticos para a sua instituição. Por fim, um dado extremamente importante, que não fala sobre estatística, é a segurança da base de dados. Os dados são sigilosos e respondem às demandas dos diferentes conselhos profissionais, logo o investimento em segurança da informação é algo essencial para a manutenção de bancos de dados de pacientes em contextos clínicos ou de pesquisa. Práticas comuns de compartilhamento de bancos de dados devem ser feitas com cuidado, em função da sensibilidade das informações presentes.

FREQUÊNCIA, MEDIDAS DE TENDÊNCIA CENTRAL, DISPERSÃO E DISTRIBUIÇÃO

Agora vamos começar a entender alguns dados numéricos extremamente úteis para nós, que denominamos de "estatística descritiva". O termo "descritivo" indica que determinado conjunto de dados reúne características que podem ser conhecidas. Algumas dessas características nos ajudam a fazer inferências iniciais sobre o que estamos observando, sobre a qualidade dos dados ou mesmo tendências iniciais.

A primeira informação, facilmente ignorada, é a frequência dos dados. A prevalência de uma característica ou mesmo de uma determinada pontuação pode ser reveladora de informações pertinentes. Você pode notar que nos instrumentos de depressão da sua clínica há uma frequência alta para sintomas relacionados à mudança do comportamento alimentar. Por vezes, podemos descobrir viés de resposta, quando observamos que todas as respostas a determinado item tendem ao valor máximo de uma escala numérica, ou mínimo – para interessados em viés de resposta em instrumentos, recomendamos a leitura do texto escrito por MacKenzie e Podsakoff (2012).[9] Por vezes, podemos ver contornos atípicos para a topografia de respostas, quando observamos padrões atípicos de um paciente ou para um conjunto de pacientes da sua clínica ou do seu atendimento particular. A frequência nos ajuda até mesmo a detectar erros na base de dados. Por exemplo, para um instrumento com sete níveis de resposta, detectamos na tabela de frequência algo como um nível 11, ou até mesmo a codificação de um estado civil que não estava previsto. Portanto, a frequência é um dado cumulativo referente a dois ou mais valores únicos para uma ou mais observações em uma base de dados. Algumas formas de representação de tabelas de frequência incluem tabelas simples ou as famosas tabelas cruzadas, quando combinamos duas informações, para saber sua prevalência conjunta. As frequências também podem assumir uma forma relativa, informando percentuais. As Tabelas 1 e 2 incluem exemplos de tabela simples e tabela de contingência (cruzada) – que combina informações das frequências de duas variáveis de níveis diferentes; no exemplo observamos a prevalência de respostas a um item por gênero.

TABELA 1 Exemplo de tabela para gênero, informando as frequências, percentuais (%), percentuais válidos (% válido) e percentuais cumulativos (% cumulativo)

Frequências para gênero				
Gênero	Frequência	%	% válido	% cumulativo
Masculino	360	23,51	23,51	23,51
Feminino	1.157	75,57	75,57	99,09
Não binário	10	0,65	0,65	99,74
Prefiro não informar	4	0,26	0,26	100,00
Dados perdidos	0	0,000		
Total	1.531	100,00		

Fonte: elaborada pelos autores.

TABELA 2 Tabela de contingência combinando informações de gênero e de item sobre traços de supercontrole mal adaptativo

Tabela de contingência de gênero × item 2.						
	Item 2 – Eu desejo secretamente que pessoas que têm mais do que eu falhem ou sofram (escala de supercontrole, dimensão – hostilidade)					
Gênero	Discordo plenamente	Discordo	Indiferente	Concordo	Concordo plenamente	Total
Masculino	123,00	118,00	55,00	54,00	10,00	360,00
	34,16%	32,77%	15,27%	15,00%	2,77%	100,00%
Feminino	474,00	405,00	165,00	103,00	10,00	1.157,00
	40,96%	35,00%	14,26%	8,90%	0,86%	100,00%
Não binário	5,00	2,00	1,00	1,00	1,00	10,00
	50,00%	20,00%	10,00%	10,00%	10,00%	100,00%
Prefiro não informar	2,00	1,00	0,00	1,00	0,00	4,00
	50,00%	25,00%	0,00%	25,00%	0,00%	100,00%
Total	604,00	526,00	221,00	159,00	21,00	1.531,00
	39,45%	34,35%	14,43%	10,38%	1,37%	100,00%

Fonte: elaborada pelos autores.

As frequências podem ser absolutas (valores brutos) ou relativas (quando caracterizadas na forma de percentuais), podendo ainda ser cumulativas (percentuais cumulativos), como observado na Tabela 1. Principalmente em se tratando de tabelas cruzadas, você verá que é possível fazer inferências estatísticas sobre a organização das frequências mais adiante. Outras formas de organização das frequências envolvem ainda a visualização delas em gráficos que permitam o que chamamos de empilhamento de observações (Figura 2) – e.g. gráficos em barra, gráficos de *pizza* (mais adequados para percentuais ou visualização de frequência relativa) e até mesmo gráficos em linha (Figura 3), que podem oferecer informações para dados longitudinais (coletados ao longo de um período).

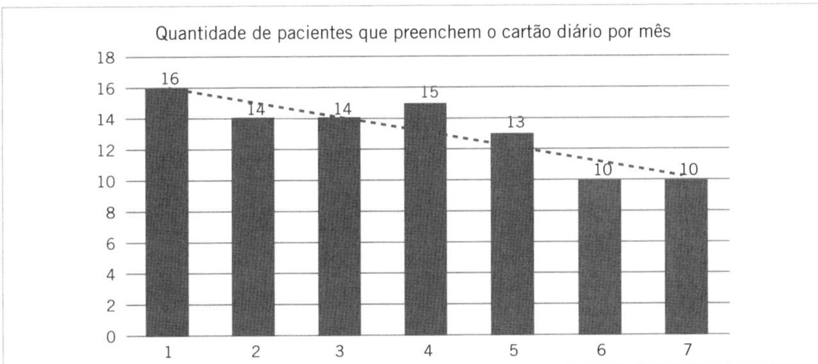

FIGURA 2 Frequência de pacientes que preenchem o cartão diário ao menos 3 vezes por semana ao longo de cada mês. A linha pontilhada representa a tendência de preenchimento.

Fonte: elaborada pelos autores.

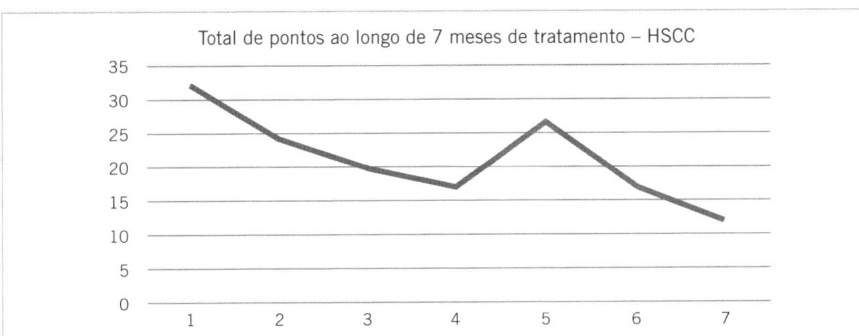

FIGURA 3 Gráfico em linha da análise longitudinal da pontuação de um paciente com ansiedade social baseada na hierarquia de sintomas codificada por cores (HSCC) para 7 estímulos de exposição, pontuados até 5.

Fonte: elaborada pelos autores.

Uma peculiaridade da frequência é que a identificação delas pode ser dificultada quando um determinado dado possui uma quantidade excessiva de valores únicos. É o caso de variáveis contínuas que podem assumir 100 únicos valores, por exemplo. Muitas vezes a representação e a visualização podem ser reduzidas para intervalos numéricos (por exemplo, valores de 0-10, 11-20, 21-30 e assim por diante), com o objetivo de tornar a informação mais fácil de ser avaliada (Figura 4). Outros gráficos apresentam informações ainda dinâmicas, incluindo MTC e dispersão, como o *box-plot* (Figura 5).

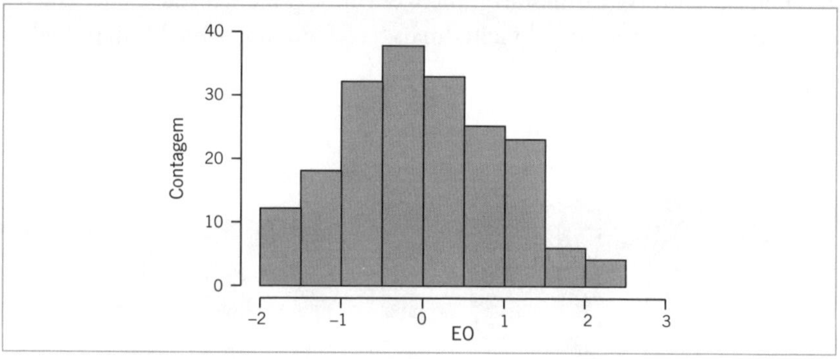

FIGURA 4 Histograma contendo a distribuição de localizações em *logits* (teoria de resposta ao item) para valores entre -3 e 3 para uma escala de estresse ocupacional.
Fonte: elaborada pelos autores.

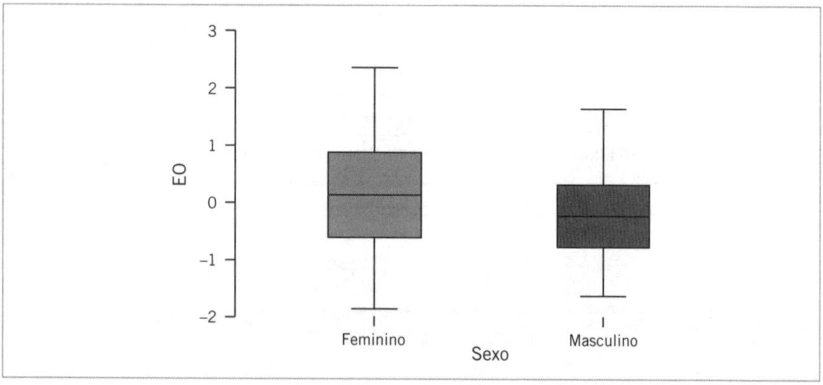

FIGURA 5 *Box-plot* para comparação de estresse ocupacional entre respondentes do sexo feminino e masculino. No *box-plot* a linha central da caixa representa a mediana, sua haste inferior representa o limite inferior, a borda inferior do retângulo representa o primeiro quartil (25%), a borda superior seria o terceiro quartil (75%), e a haste do topo representa o limite superior.
Fonte: elaborada pelos autores.

Agora começaremos a abordar as medidas de tendência central (MTC) e de dispersão, considerando que uma série numérica pode apresentar diferentes padrões e tendências – vimos no *box-plot* uma das diversas formas de representar essa tendência. As MTCs podem ser consideradas a base rudimentar da predição sobre uma série de dados. Dentre as mais discutidas, podemos listar: *moda, mediana e média aritmética.*

Moda

A moda é o valor único da série numérica com maior repetição. Suponhamos que, ao longo de 12 meses, queremos verificar o nível de depressão predominante de um paciente em um dado instrumento (e.g. BDI-II) que oferece faixas interpretativas como baixo, leve, moderado e grave. Se notarmos que, ao longo de 12 meses, um paciente apresenta a seguinte frequência: baixo = 0 meses, leve = 3 meses, moderado = 4 meses e grave = 5 meses. O nível grave seria então considerado a moda por haver 5 meses em que o paciente atingiu a classificação "grave" no teste. Em caso de empate – supondo moderado = 5 e grave = 5 –, poderíamos considerar que os dados são *bimodais*, isto é, apresentam duas modas. A moda é a MTC adequada para variáveis categóricas/nominais e pode ser empregada para qualquer nível de medida superior a ela.

Mediana

Mediana é a MTC mais adequada para dados ordinais ou com distribuições problemáticas em estatística inferencial,* em que uma série numérica é ordenada e um valor central é localizado. Vamos supor que temos poucas observações dos escores de um paciente para um teste: 23, 33, 31, 28 e 25. O primeiro passo seria organizar os valores em ordem: 23, 25, 28, 32 e 33 – em se tratando de um conjunto de dados ímpar, teríamos 28 posicionado na mediana da nossa série de dados. Se não tivéssemos o valor 28, o conjunto de dados teria 4 elementos, e deveríamos somar e dividir os valores centrais. Assim a estimativa seria executada na forma de (25+32)/2 = 28,5. Por esse motivo, a mediana é considerada uma medida de localização central em um conjunto de dados ordenados.

---

*Falaremos disso em procedimentos não paramétricos.

Média aritmética

Por fim e em destaque, a MTC mais conhecida é estimada na forma da média aritmética, considerada a soma dos elementos de um grupo, dividida pelo número de observações. Então, com a mesma série de dados, efetuaríamos a soma (23+25+28+32+33) e dividiríamos o resultado pelo número de observações, no caso 5 (N = 5) que resultaria em 28,2 (141:5). Vale salientar que a média aritmética seria a MTC aplicada a variáveis contínuas/escalares em função de ser altamente dependente da distribuição dos dados – apesar disso, seu uso é frequentemente flexibilizado para variáveis ordinais, como as escalas de pontos que empregamos, e isso conduz a uma polêmica extensa.

Medidas de dispersão

As medidas de dispersão ou variação apresentam noções mais complexas de interpretação. Por outro lado, são extremamente úteis para compreender a volatilidade das medidas que obtemos no cenário clínico. Se as MTCs são um referencial da convergência de um conjunto de dados, as medidas de dispersão traduzem o quanto as observações numéricas se desviam dessa tendência. Variações podem seguir padrões sistemáticos – efeitos como eventos críticos na vida de um paciente, problemas fisiológicos, entre outras interferências que incluem a terapia – ou aleatórios – flutuações esperadas ao acaso (e.g. mesmo respondendo um teste idêntico, sem ter aprendido entre aplicações, é improvável obter um mesmo escore duas vezes). As medidas de dispersão mais comuns consistem em *amplitude, variância e desvio-padrão*.

A *amplitude* informa sobre a distância entre o menor e o maior valor de uma série numérica sendo uma mera operação de subtração (33–23 = 10). A *variância*, por sua vez, oferece uma noção matemática mais complexa ao lado do desvio-padrão. A lógica da variância informa sobre a distância existente entre cada observação e a média. Valores elevados de variância indicam que os valores de uma série de observações se organizam menos ao redor da média. Uma variância próxima de zero seria indicativa de uma amostra de dados com pouca variabilidade – é normal considerar que ambas, a variação excessiva e a variação nula, (homogeneidade) representam problemas amostrais ou instrumentais (perguntas/medidas sobrepostas ou com problemas de operacionalização). Um problema da variância como parâmetro é que seu valor é difícil de ser interpretado diretamente, sendo mais utilizado para esse propósito o desvio-padrão – que nada mais é que a raiz da variância –, que transforma o valor da variância em unidades diretamente representativas da medida empregada. Dessa forma, um desvio-padrão amostral de 5 seria indicativo de que a um desvio de distância da média (28,2) encontramos valores entre 23,2 e 33,2; para dois desvios, 18,2 e 38,2; e assim por diante.

Um ponto importante sobre as distribuições seria seu caráter informativo sobre diversos fenômenos. Distribuições excessivamente irregulares podem ser um indicativo da necessidade de coletar mais dados, enquanto outras, com modas excessivamente destacadas, podem ser um indicativo de viés de respostas extremas ou talvez que a nossa amostra tenha uma característica em comum. Em outros momentos, esse mesmo dado pode ser indicativo de uma amostra clínica com sintomatologia aguda. O diagnóstico de distribuições nunca deve ser dissociado do contexto de aplicação e da natureza das medidas empregadas. A necessidade de determinados tipos de distribuição também é algo que reflete o desenho de pesquisa e os procedimentos de análise a serem empregados; do contrário, não existe algo como a obrigatoriedade de determinadas configurações – obrigatoriedade da normalidade dos dados ou exigências similares.

INTRODUÇÃO AOS TESTES DE HIPÓTESE ESTATÍSTICA

Após uma apresentação sobre estatística descritiva, chegamos às ferramentas que nos permitem testar hipóteses. *Testes estatísticos podem ser univariados, bivariados ou multivariados.*

Testes univariados envolvem na maior parte das vezes o teste de distribuições, descritos na seção anterior. *Testes bivariados e multivariados são técnicas usadas para entender a relação entre duas (bivariados) ou mais (multivariados) variáveis de nossa amostra.* São o conjunto de ferramentas mais utilizadas para responder aos nossos problemas de pesquisa mais comuns. Neste ponto, os leitores são encorajados a buscar bons manuais de metodologia científica e desenho de pesquisa (e.g. Sampieri, Collado & Lucio, 2013)[10]. Tentaremos nos ater ao essencial nos próximos parágrafos.

Perguntas de pesquisa quantitativa podem envolver a manipulação de condições (variáveis independentes, VIs) e a observação de suas consequências ou resultados (variáveis dependentes, VDs), principalmente em ensaios clínicos ou pesquisas de natureza explicativa com efeitos direcionais (e.g. VI = fatores de risco → VD = sintomas de depressão, VI = traços de personalidade → VD = resistência a tratamento). Em desenhos correlacionais, as variáveis são consideradas apenas covariáveis, e não utilizamos a nomenclatura referente à dependência. Dessa forma, precisamos entender antes de tudo qual interação estaria em teste ou qual pergunta de pesquisa precisa ser respondida.

De uma perspectiva metodológica, as hipóteses também podem apresentar formatos ou designações como as hipóteses de pesquisa/alternativas (H1, H2, H3, ..., HN) ou a "temida" hipótese nula (H0, e bons praticantes da PBE não deveriam temê-la). Podemos postular que a hipótese de pesquisa/alternativa representa um cenário em que é detectado um efeito sistemático – e.g. um tratamento reduz sintomas, variáveis estatisticamente correlacionadas ou um fator de risco que prediz mudanças no valor de uma variável de resultado. Suponha que você busque testar algo simples, como comparar resultados pós-tratamento de pacientes nas condições (VI) "apenas Treinamento de Habilidades" e "apenas Terapia Individual" – uma VI de dois níveis. Esse desenho simples teria uma hipótese de pesquisa onde H1 = há diferença estatística significativa para os escores da escala de regulação emocional, podendo também ser uma hipótese direcional condizente com base na literatura em que H1 = o grupo de "apenas Treinamento de Habilidades" apresentará escores superiores ao grupo de "apenas Terapia Individual". A hipótese de pesquisa e as hipóteses alternativas consistem em hipóteses em que um efeito sistemático seria explicativo da variação dos dados. A hipótese nula (H0), por sua vez, representa a ausência de um efeito sistemático onde H0 = os escores para ambos os grupos não apresentam variação em função dos procedimentos. Atenção! A hipótese nula não significa que ambos os grupos apresentam médias idênticas, mas que a variação ou distanciamento das distribuições de ambos os grupos é tão pequena que dificilmente se deve a algum outro motivo – seriam um reflexo de flutuações esperadas do acaso ou da média populacional (em termos formais), ou na ausência de qualquer efeito.

Agora, aprofundando a concepção estatística acerca de hipóteses, os procedimentos de estatística inferencial buscam indicativos numéricos sobre se devemos rejeitar a hipótese de pesquisa/alternativa ou rejeitar a hipótese nula. Tentamos evitar ainda dois tipos de erro sobre esse exercício: (a) erro do tipo I – rejeitar a hipótese nula, quando ela é verdadeira; nos testes de hipótese, é estabelecido por convenção $\alpha = 0{,}05$, sendo por esse motivo interpretada a estatística do p-valor $< 0{,}05$ como indício de rejeição segura da H0 (discutiremos isso como um problema adiante) – e (b) erro do tipo II – reter a hipótese nula, quando ela é falsa – controlado especialmente por poder estatístico adequado (adequação de tamanho amostral). Os testes de hipótese nula são os mais comuns e frequentemente interpretados de formas equivocadas na literatura[11].

Veremos agora onde entram os testes de hipótese. Antes de mais nada, você viu alguns parâmetros no início deste capítulo – como média aritmética, mediana, moda, variância e desvio-padrão – todos esses termos denotam parâmetros estatísticos estimados. Da mesma forma, todo teste de estatística inferencial (e.g. teste *t*, ANOVA, regressão linear e outros) produz um parâmetro representativo de um ou mais procedimentos. Isso significa que um coeficiente de correlação *r* de Pearson produz um parâmetro capaz de assumir valores entre -1 e +1, o teste *t* de Student para amostras independentes produz o parâmetro *t* com valores ancorados em 0 (representativo da ausência de diferença entre os grupos, H0) e que tendem a valores infinitos negativos ou positivos, a ANOVA produz a razão F, entre muitos outros. Esses parâmetros são o primeiro passo para a interpretação de um determinado teste, mas alguns deles não podem ser diretamente interpretados. Logo, a interpretação da inferência tem início na estatística do *p*-valor.

Para compreender o teste de hipótese nula, em meio a tantos usos inadequados, consideramos ainda que cada um dos parâmetros estimados por testes (e.g. teste *t*, ANOVA, correlação de Pearson etc.) tem distribuições conhecidas[11] – ou seja, sabemos que para uma correlação $r = 0{,}20$, para uma amostra de $N = 50$ observações, teremos *p*-valor = 0,164. Tabelas de testes de *p*-valor estão amplamente disponíveis, mas hoje os *softwares* de estatística e planilha de dados nos livram da necessidade de consultá-las, fornecendo a informação diretamente.

Vamos aprofundar a linguagem e a concepção da distribuição de um parâmetro estatístico e a ideia do *p*-valor. Para isso, o nosso terceiro exemplo envolve a comparação entre dois grupos pelo teste *t* de amostras independentes, porém o modelo testado não é mais uma distribuição – o teste *t* fornece a comparação entre as médias de dois grupos, que resultam em um parâmetro de diferença. Um valor de *t* próximo de zero seria indicativo de um valor compatível ao que se espera em termos de frequência na distribuição do parâmetro *t* conhecida, enquanto um valor de *t* elevado seria representativo de uma diferença tão elevada entre duas médias, que incide em um *p*-valor em uma zona representativa de valores extremos para o teste de hipótese, considerando a distribuição de *t* conhecida – a exemplo de valores do *p*-valor inferiores a 0,05, que as pessoas designam como "ocorreu uma diferença significativa entre as médias". Os pesquisadores normalmente empregam o *p*-valor com um critério alfa de 0,05 como marco para rejeitar a hipótese nula, em que $p < 0{,}05$ é empregado como sinônimo de que a hipótese alternativa é verdadeira. Por outro lado, um *p*-valor próximo de zero seria na verdade representativo de que os dados apresentam uma característica incomum ou extrema, considerando o modelo – podendo esse resultado refletir diversos fenômenos, dada a possibilidade de violação dos pressupostos do *p*-valor.

Há uma ideia comum, pedagógica, de que o *p*-valor representa a probabilidade de erro do tipo I para parâmetros de um teste estatístico. Como afirmamos antes, o erro do tipo I fala sobre qual a chance de rejeitarmos a hipótese nula, quando ela é verdadeira. Por esse motivo, quando para um dado parâmetro o *p*-valor atinge valores baixos, analogamente assume-se que a chance de cometer erro do tipo I é afastada com maior segurança. Porém, vimos que o teor informativo de tal uso do *p*-valor pode ser problemático ou caricato. Há uma convenção de que *p*-valor < 0,05, ou critério alfa = 0,05, representa uma zona em que os parâmetros tendem a assumir valores críticos ou extremos para a sua distribuição, enquanto valores superiores a esse critério tendem a ser indicativos de estimativas que refletem zonas de probabilidade mais comuns ou valores esperados quando não há efeitos sistemáticos presentes. Por isso, as pessoas assumem uma heurística perigosa de que para um teste estatístico, a exemplo uma correlação $r = 0,10$ (N = 500) com *p*-valor = 0,025, seria suficiente para rejeitar a hipótese nula e reter a hipótese alternativa, o que na verdade é insuficiente do ponto de vista técnico. Isso porque o *p*-valor é formalmente considerado um teste de hipótese nula, novamente – e não implica na afirmativa oposta de que a hipótese alternativa é verdadeira; acabamos de afirmar sobre como o *p*-valor reflete na verdade que o parâmetro indica que os dados são incomuns. Além disso, há outras críticas ao teste de hipótese nula que envolvem também seus pressupostos difíceis de serem respeitados.

Dessa forma, posturas como a de Rothman (2010)[2] crescem contra a leitura binária dos testes de hipótese no formato de "rejeitar" ou "reter" a hipótese nula ou alternativa a partir de um determinado ponto de corte. Assim, entendendo um paradigma de teste de hipótese dentro do modelo ou escola frequencista, Henson e Smith (2000)[1] recomendam como uma boa prática o emprego de outras informações com o objetivo de balizar não só a recomendação de rejeição de hipótese nula, mas para dados mais informativos, como a inclusão de: (1) estatística de tamanho do efeito, (2) intervalo de confiança e (3) análises gráficas.

Apesar de vermos determinados pontos informados como $p < 0,05$, $p < 0,01$ e $p < 0,001$ nos artigos, isso fala sobre a posição do parâmetro na distribuição conhecida do modelo. O leitor é desencorajado a ler tais valores na forma de magnitude do fenômeno, pois não é uma informação possível de se extrapolar do *p*-valor. Isso seria um dado do "tamanho do efeito", que permite uma análise da magnitude do parâmetro estimado – o que nem sempre é possível de forma intuitiva, dependendo do procedimento inferencial.

O motivo de dar atenção ao tamanho do efeito refere-se ao fato de que muitas vezes o p-valor pode ser sensível a outras informações e apontar para a rejeição da hipótese nula com variações extremamente sensíveis. Isso significa que um parâmetro pode ser indicado como extremo o suficiente (estatisticamente significativo) para entrar na zona de rejeição da hipótese nula ($p < 0{,}05$), quando na realidade seu efeito - seja ele a diferença entre dois grupos de tratamento, ou força da associação entre duas variáveis - pode ser irrisório. No exemplo que demos de $r = 0{,}10$ para um p-valor $= 0{,}025$, estaríamos tratando de uma correlação estatisticamente significativa, porém um valor de 0,10 é considerado um efeito pequeno. É importante lembrar que os parâmetros estatísticos não são fixos e que resultados não são replicados com exatidão em função de flutuações. Dessa forma, seria viável fazer uma suposição convicta ou prever o comportamento a partir de um parâmetro de magnitude pequena? Por vezes, essa é uma pergunta que deve ser respondida considerando o campo de pesquisa, seus achados e expectativas conhecidas dos parâmetros. Para economistas, por exemplo, um parâmetro de 0,10 para associação pode conduzir a uma decisão excessivamente insegura.

"Intervalo de confiança", por sua vez, consiste em outra concepção sobre um parâmetro estatístico. Lembre-se de que a H0 representa ausência de um efeito sistemático. Por exemplo, uma diferença entre dois grupos teria um valor de t de Student igual ou próximo de zero, enquanto a correlação entre duas variáveis apresentaria um valor de $r = 0$ ou valores aproximados. Essa ideia da relação entre a hipótese nula e um parâmetro são essenciais para compreender a interpretação do intervalo de confiança para testes de hipótese. Outra informação essencial para compreender intervalos de confiança é que um parâmetro estimado não é estático - até mesmo se repetíssemos um mesmo desenho de pesquisa, com as mesmas pessoas, sem qualquer tipo de interferência, ainda obteríamos parâmetros diferentes em função de flutuações aleatórias nos valores que não são decorrentes de mudanças reais na manifestação dos estados e traços psicológicos. Por esse motivo, podemos empregar diferentes técnicas, a exemplo de técnicas de reamostragem (*bootstrap*), para obter uma forma de variação do parâmetro obtido. Intervalos de confiança são compostos por um limite inferior e um limite superior, que dizem do menor valor possível e do maior valor possível da estimativa de um parâmetro, sendo normalmente estabelecidos os critérios de 90% ou 95% a depender do *software* e da abrangência necessária dos intervalos. Dessa forma, quando um determinado parâmetro como a correlação apresenta um valor como 0,08 e um intervalo de confiança com limite inferior de -0,01 e um limite superior de 0,10, argumentamos que existe uma possibilidade (em função de variações pelo erro-padrão) no intervalo de confiança em que o parâmetro estimado pode chegar ao valor de zero, que pelo que vimos corresponde à ocorrência de H0. Repare que a notação do intervalo de confiança é dada por valores entre colchetes, em que o primeiro valor representa o limite inferior e o segundo valor representa o limite superior ou [-0,01; 0,10]. Como regra, qualquer intervalo de confiança com sinais aritméticos opostos para os limites, ou que incluam diretamente o valor zero, inclui a H0 como possibilidade. A Tabela 3 indica uma heurística de leitura de resultados, que deve ser utilizada com cautela. Incluímos como tamanho de efeito apenas o d de Cohen, por ser um tamanho de efeito comum na literatura em procedimentos como teste *t* e ANOVA, comumente reportados em ensaios clínicos randomizados e desenhos similares. Mesmo assim, vale abordar pontos de corte apenas como um referencial pedagógico, como apontado anteriormente. Recomendamos que os leitores assumam tais informações apenas como uma orientação até que desenvolvam sua própria sensibilidade aos valores dos testes estatísticos.

Após a exposição sobre quais são as principais pistas para tomada de decisão sobre hipótese dentro do que mais vemos utilização, valem alguns parágrafos sobre procedimentos alternativos que têm ganhado expressão na literatura. Uma das principais preocupações sobre a testagem de hipótese frequencista – ainda que balizada por *p*-valor, intervalo de confiança e tamanho do efeito – é que poucas das informações falam sobre a hipótese alternativa. Como dito, elas visam reduzir a incerteza do erro do tipo I – a probabilidade de rejeitar a hipótese nula, quando ela é verdadeira. Em termos de lógica formal, não estamos respondendo perguntas de forma direta sobre a hipótese alternativa. Assim, há uma alternativa frequencista que começa a ganhar espaço, denominada *Vovk-Sellke maximum p-ratio* (VS-MPR), baseada no fato de que, sob a hipótese nula, valores elevados de *p*-valor são mais prováveis, enquanto, sob a hipótese alternativa, valores pequenos são mais prováveis de ocorrer. Da mesma forma, pensando tamanho de efeito, tamanhos de efeito moderados resultam em *p*-valor de magnitude pequena, enquanto em efeito grande a estatística do *p*-valor tenderá a ser ainda menor. Dessa forma, para cada tamanho de efeito observamos diferentes dinâmicas para o diagnóstico de hipótese. O procedimento seria inspirado na solução bayesiana para o teste de hipótese e indica quanto a hipótese alternativa é provável, considerando a hipótese nula. Por exemplo, para $p = 0,05$, resulta em VS-MPR = 2,46 ou existe uma chance 2,46 vezes mais elevada de ocorrência sob a hipótese alternativa do que em hipótese nula. Porém, a interpretação do que seria uma

TABELA 3 Tabela de resumo de fluxo de tomada de decisão sobre testes inferenciais, considerando a escola frequencista

Indicador	Regras mais utilizadas	Significado sobre teste de hipótese
Parâmetro	Não há recomendações globais. Cada teste é informado por um parâmetro específico	Atenção: nem todos os parâmetros de testagem têm a H0 representada por um parâmetro de valor "0". A exemplo da razão F na ANOVA, que tem H0 representada por F = 1.
p-valor	$p < 0,05$	$p < 0,05$ indica que o parâmetro estatístico obtido, para um dado modelo, levando em consideração seus graus de liberdade, atingiu uma zona de probabilidade extrema ou incomum. Um parâmetro extremo tende a suportar a rejeição de H0.
Intervalo de confiança	Intervalos que incluem 0 ou passam por zero, ocorrendo inversão de sinal aritmético, ou o parâmetro transita por um valor representativo de H0	Significa que a H0 pode ocorrer dentro das possibilidades do intervalo de confiança.
Tamanho do Efeito	Podem surgir na forma do próprio parâmetro (e.g. coeficiente de correlação, coeficiente de regressão padronizado e outros) ou na forma de um indicador padronizado	Falam sobre a magnitude do efeito observado. A exemplo do d de Cohen, empregado para teste *t* de amostras independentes e para as comparações aos pares para ANOVA – valores a partir de 0,20 indicam efeitos pequenos, para efeitos a partir de 0,50 observamos uma magnitude média ou moderada, enquanto a partir de 0,80 consideramos um tamanho do efeito grande.

Fonte: elaborada pelos autores.

estatística VS-MPR satisfatória nos remete ao fato de que, apesar de a regra de *thumbs-up* para $p < 0{,}05$ ser utilizada, a força de uma evidência demanda maior probabilidade da hipótese alternativa e valores progressivamente mais elevados de VS-MPR. A exemplo, para $p = 0{,}01$, obtemos VS-MPR = 7,99 e para $p = 0{,}001$, observamos VS-MPR = 53,26, ocorrendo saltos expressivos para a probabilidade de H1. Tais saltos encorajam a adoção da VS-MPR como um indicador mais seguro para o teste de hipótese, assim como a adoção de parâmetros de *p*-valor mais severos para segurança da evidência. Maiores detalhes sobre as críticas o *p*-valor e proposta da estatística Vovk-Sellke podem ser lidas em Sellke, Bayarri e Berger (2001).[12]

Por sua vez, *softwares* como o IBM SPSS e o JASP tendem a viabilizar cada vez mais a inclusão de testes de hipótese da escola bayesiana, que permitem um teste igualmente direto da hipótese alternativa. Ao invés de utilizar a distribuição dos parâmetros como informação *a priori* sobre a hipótese nula, a estatística bayesiana permite o uso de *priores*, para definir se a nova informação que testamos seria de fato distinta (hipótese alternativa) ou não (hipótese nula). A informação dos *priores* pode ser derivada de dados anteriores de pesquisa, ou podem ser simulados a partir de qual seria o comportamento do ruído informacional. Dessa forma, a estatística bayesiana apresenta suas próprias ferramentas como o *Bayes factor* – que permite uma estimativa da probabilidade da hipótese alternativa comparada à hipótese nula, ou a inversão –, intervalos de credibilidade – que abordam não sobre outros intervalos (dado do intervalo de confiança), mas sobre a variação do parâmetro em si, entre outras ferramentas. A interpretação do *Bayes factor* (BF) pode ser feita de forma análoga ao que fizemos com a VS-MPR, considerando que um $BF_{10} = 1{,}00$ indica que a hipótese alternativa é igualmente provável de ocorrer do que a hipótese nula (multiplicador de 1) considerando os dados, enquanto um $BF_{10} = 10$ indicaria que a hipótese alternativa é 10 vezes mais provável de ocorrer do que a hipótese nula. Observe que BF_{10} indica exatamente a probabilidade de H1 sobre H0, mas também podemos obter o oposto, ou BF_{01}. Por sua vez, o intervalo de credibilidade pode ser interpretado de forma análoga ao intervalo de confiança, porém considerando que estamos abordando o parâmetro de forma mais direta. Não temos a pretensão de apresentar as ferramentas de inferência bayesiana em um espaço tão breve, sendo recomendada a leitura de obras específicas sobre o tema e a sistemática de estimativas.[13,14]

Vale frisar que uma nova onda de procedimentos em aprendizagem de máquina tem mudado o cenário dos testes de hipótese. Alguns dos principais usos envolvem atualmente modelos de covariância, a exemplo da área de redes psicológicas,[15,16] principalmente para a estimativa de sistemas complexos. A área tem sido compreendida como promissora, especialmente para a compreensão de dimensões específicas do funcionamento dos transtornos mentais.

TESTES IMPORTANTES PARA A LEITURA E COMPREENSÃO DE ARTIGOS

Como afirmado anteriormente, alguns procedimentos estatísticos são mais comuns no emprego de cenários clínicos, e as informações de testagem de hipótese tendem a ser similares para tais procedimentos. Isso porque a escola frequencista vigente compreende a distribuição de parâmetros e a representação da hipótese nula dentro do fato de um parâmetro estatístico apresentar um valor extremo ou não, permitindo deduções a partir dos resultados. Vimos que tais informações comuns são (1) o parâmetro, (2) tamanho do efeito (que, dependendo do parâmetro estatístico, se interpretável, não precisa de uma nova estimativa, tal é o fato dos coeficientes de regressão), (3) teste de hipótese nula do *p*-valor e (4) o intervalo de confiança do parâmetro estatístico ou de outras informações (podem ser estimados inclusive para tamanhos de efeito).

Os testes estatísticos podem ser divididos ainda entre testes paramétricos e testes não paramétricos (versões flexíveis sobre suposições de amostra e distribuição), mais utilizados em cenários de amostras pequenas e outras violações de pressupostos e que produzem informações similares.

Teste do χ^2 de independência

O teste do χ^2 que apresentamos aqui tem por objetivo testar a H0 de que as frequências de uma tabela cruzada entre duas variáveis se organizam de forma independente, ou que não há associação entre ambas as variáveis na distribuição de frequências. Vamos supor que uma variável categórica simples "histórico de uso abusivo de álcool", com respostas de sim/não, tenha suas frequências combinadas a uma informação de prevalência de "transtorno depressivo maior (TDM)" com respostas de "diagnosticado"/"não diagnosticado". No caso de H1 ocorrer, poderíamos afirmar que a proporção de pacientes com TDM se associa de forma significativa à ocorrência de uso abusivo de álcool, ou que as proporções de pacientes deprimidos estão associados ao histórico de abuso de álcool. Os resultados numéricos seriam reportados como: χ^2 (1, N = 90) = 27,23, p = .001, em que, para uma amostra total de 90 participantes, foi obtido um parâmetro do χ^2 e seu respectivo *p*-valor.

Correlação

Existem diferentes coeficientes de correlação que podem ser estimados de acordo com o tipo de variável, ou até mesmo para o controle do efeito condicional de uma terceira variável - como é o caso da correlação parcial. Coeficientes de correlação apresentam um parâmetro que seria ancorado em "0", apresentando para associações lineares diretas e perfeitas um valor de +1 e para associações inversas -1. Correlações não permitem inferência causal e representam bem influência mútua entre variáveis, conforme mostramos na Figura 6. Por exemplo, uma correlação entre emocionalidade negativa e suporte social. Alguns dos tipos mais comuns de correlação incluem o coeficiente de correlação de Pearson (*r*) e o de Spearman (*rho*), porém observamos um uso crescente para o coeficiente proposto por Kendall. Os testes de correlação testam a H0 de que duas variáveis não seriam associadas.

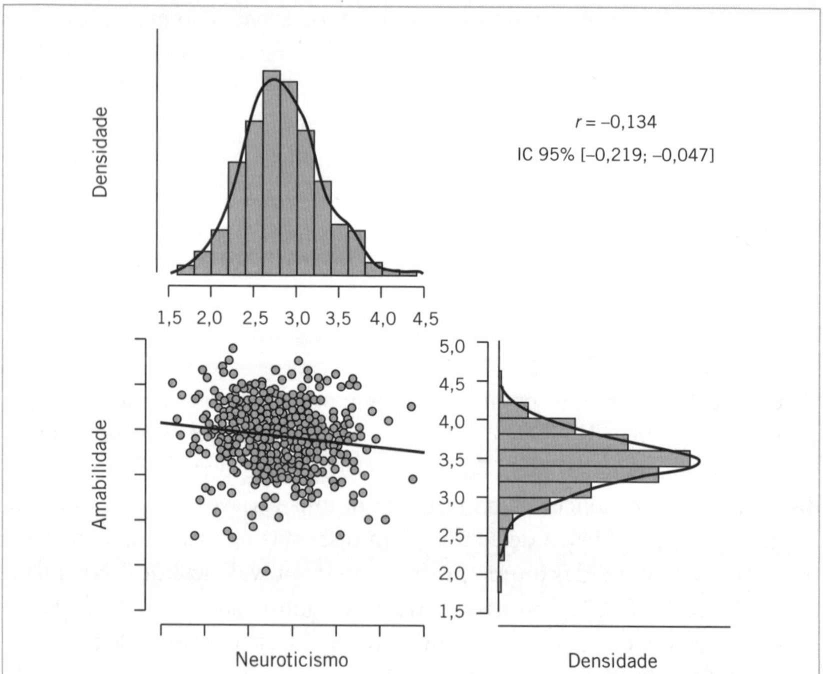

FIGURA 6 Correlação entre amabilidade (*agreeableness*) e neuroticismo (*neuroticism*). No canto esquerdo inferior, localiza-se o gráfico de dispersão para as duas variáveis correlacionadas. Nas laterais, observamos as distribuições univariadas e a linha de tendência delas.

A exemplo da correlação de Pearson, para um escore de amabilidade e neuroticismo, reportaríamos algo como $r(498) = -0{,}13$, $p = .003$, para um intervalo de confiança de 95% [-0,22; -0,05] para um caso de potencial rejeição de H0, porém com efeito pequeno. A seguir, inserimos um gráfico mostrando que o gráfico bivariado entre amabilidade (*agreeableness*) e neuroticismo (*neuroticism*) sequer apresenta uma tendência visível, salvo pela linha de tendência estimada. A estimativa foi obtida através da base de dados de Dolan et al. (2009),[17] listada na biblioteca de exemplos do JASP v. 0.16.1.[18] Distribuições nas laterais do gráfico indicam adequação das distribuições.

Teste *t* de Student

O teste *t* de Student tem por objetivo testar a H0 de que não existe diferença entre duas médias, ou que a diferença entre as médias é equivalente ao esperado da média populacional. Esse teste apresenta diferentes modalidades, sendo uma para amostras independentes – observações são únicas para os dois grupos sendo comparados, ou seja, participantes que compõem a informação da média do grupo 1 são independentes do grupo 2 – e outro teste *t* para amostras dependentes – por exemplo, quando as médias são compostas pelos mesmos respondentes, havendo um teste e reteste, por exemplo, e participantes respondem novamente ao instrumento. É normal que o teste *t* tenha seu parâmetro calibrado ainda de acordo com a significância do teste de homogeneidade da variância de Levene, sendo apresentado um *p*-valor para cada cenário – homogeneidade x violação da homogeneidade.

O teste *t* apresenta um parâmetro que, quando reflete a hipótese nula, assume valores próximos de $t = 0$, porém a unidade do parâmetro pode variar em função das medidas utilizadas, sendo difícil interpretar diretamente. Para isso empregamos o d de Cohen para investigar o tamanho do efeito da diferença. Por exemplo, ao investigar a diferença entre médias para os sexos (variável independente) em relação a um escore de afeto negativo (variável dependente), observamos $t(189) = 1{,}96$, $p = 0{,}052$, para um tamanho do efeito pequeno de d = 0,30 (IC 95% [-0,003; 0,60]) e uma estatística VS-MPR = 2,39, resultando numa diferença entre as médias de 2,39 (IC 95% [-0,003; 0,56]). Observe que o *p*-valor ficou em uma zona muito próxima ao que se convenciona por reter H0 por 0,002, e nesse momento compreendemos a proposta de Rothman (2010)[2] – o limiar do *p*-valor nos levaria a uma decisão perigosa. Isso é notável especialmente quando observamos os intervalos de confiança tanto da diferença entre as médias, quanto do tamanho do efeito, no qual ocorre a inversão do sinal aritmético entre o limite inferior e superior, indicando que há entre as possibilidades a ocorrência de H0, em que a diferença entre as médias atinge "0" ou que o efeito do d de Cohen atinge "0". A estatística VS-MPR também nos indica que existe uma força tímida para a probabilidade de H1 dada H0, de apenas 2,39×. No gráfico a seguir, também observamos um nível de sobreposição entre as distribuições dos escores de afeto negativo para ambos os sexos, indicando que há uma sobreposição ainda relevante entre os grupos. Nesse sentido, optamos por uma decisão mais conservadora. Os resultados não permitem uma afirmativa convicta para a diferença da experiência de afeto para esse conjunto de dados.

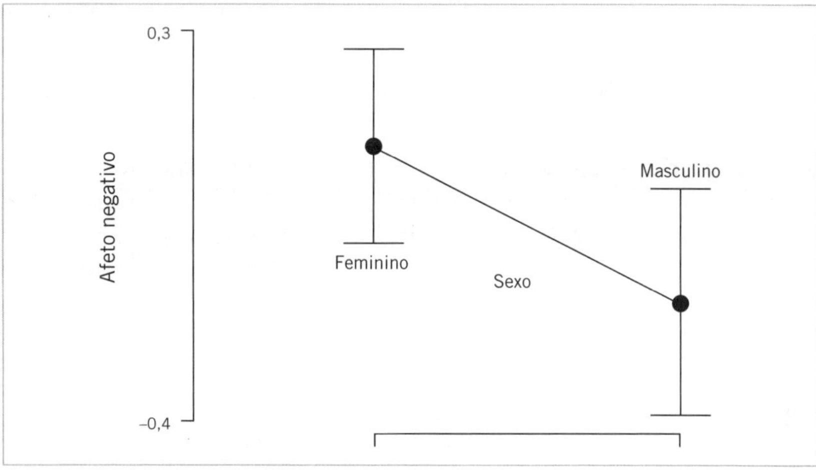

FIGURA 7 Diferenças entre os sexos (feminino × masculino) para escores de afeto negativo (NA). Observe que as hastes representando as respectivas distribuições apresentam um nível relevante de sobreposição.

Fonte: elaborada pelos autores.

Análise da variância (ANOVA)

ANOVA consiste em uma família de procedimentos de análise da variância que podem apresentar múltiplos ajustes e configurações. ANOVA pode ser conduzida considerando amostras independentes ou amostras dependentes – recebendo a alcunha de ANOVA de medidas repetidas ou de ANOVA mista. Enquanto o teste *t* permite a comparação apenas entre dois grupos por vez ou duas médias, a ANOVA permite diversos arranjos, podendo ser de uma via (*one-way* ANOVA) – uma variável independente categórica com dois ou mais grupos/níveis – ou arranjos fatoriais, quando temos duas ou mais variáveis independentes categóricas. Vale ressaltar que esse procedimento demanda que a variável dependente seja contínua. O parâmetro da ANOVA consiste na estatística F, em que o teste da H0 informa se um modelo sem qualquer nível de variável independente se ajusta aos dados, tanto quanto o seu modelo. Por exemplo, na minha comparação para um pré-experimento – comparando médias de uma escala de desregulação emocional (variável dependente) entre pré-tratamento, sessão intermediária e fim de tratamento (variável independente de três níveis) –, uma razão F = 1,00 indicaria que as médias entre os grupos diferiram tanto quanto na ausência de qualquer grupo de tratamento, ou seja, o tratamento não fez diferença para os pacientes.

Dizemos ainda que a ANOVA contém dois estágios para a interpretação dos seus resultados. No primeiro estágio, interpretamos a inferência sobre o modelo como um todo pelo parâmetro F – verificamos se o arranjo de variáveis independentes selecionadas e seus níveis compõe um modelo explicativo global. Caso seja encontrada evidência para rejeição da H0 nesse nível, seguimos para a análise no segundo estágio, em que verificamos as diferenças locais por testes *post-hoc*. Isso porque, embora um modelo possa indicar um nível de variância explicada maior do que flutuações possíveis, ainda é possível que não ocorra diferença entre determinados níveis e interações das variáveis independentes. Por isso, os testes *post-hoc* são feitos ainda com ajustes para comparações múltiplas. Isso porque as taxas de erro crescem com múltiplos testes simultâneos.[19] Correções do teste de hipótese mais empregadas, a exemplo são Bonferroni, Tukey, Games-Howell, entre outros. Os resultados de um teste *post-hoc* se assemelham amplamente a procedimentos de teste *t*, exceto pelas correções aplicadas ao teste de hipótese nula. Por esse motivo, em artigos empregando ANOVA, você notará primeiro uma afirmativa sobre o efeito geral observado baseado na estatística F, seguido por resultados *post-hoc* de testes *t* com correções indicando entre quais grupos ocorreu indicativo de rejeição da H0. Os testes *post-hoc* também são acompanhados de estatística de tamanho do efeito e intervalos de confiança para a diferença entre as médias exatamente como demonstrado para o teste *t*. Um exemplo de procedimento de ANOVA e adequação de como reportar seus dados seria extenso, dessa forma recomendamos aos leitores artigos como Ussher e Perz (2017)[20] e Goldin et al. (2013);[21] já os artigos de Linehan et al. (2006)[22] e Soler et al. (2009)[23] apresentam modelos hierárquicos, que são de uma família de procedimentos similares. O leitor encontrará ainda outra variação conhecida por modelo linear geral (GLM). A exemplo, o estudo de Goldin et al. (2013)[21] aponta para $F_{2,73} = 20.0$; $P < .001$; $\eta_p^2 = 0.21$, ou seja, observamos a razão F atingir um valor extremo, porém o estudo apresenta o η_p (lê-se eta parcial), que consiste em um tamanho de efeito também utilizado para ANOVA.

Procedimentos de regressão

Procedimentos de regressão em geral são baseados em modelos preditivos, em que uma ou mais variáveis independentes apresentam papel de influência sobre uma variável dependente. Em uma regressão, independentemente do seu modelo, é estimado um coeficiente que indica quanto a variável independente produz influência sobre a variável dependente. Isso significa que a H0 testada por uma regressão consiste em um cenário em que os coeficientes do modelo não são estatisticamente distintos de zero. Porém, os modelos de regressão consistem em uma ampla família de procedimentos que devem ser selecionados de acordo com o nível de medida da variável dependente.

A *regressão linear* consiste em um procedimento que se aplica a variáveis dependentes contínuas. Para esse caso, o parâmetro geral do modelo consiste em uma estatística F, interpretada de forma similar ao colocado sobre a ANOVA. Nas estimativas específicas, são estimados coeficientes de regressão (representados por b ou β, letra grega "beta"), que indicam a variação esperada caso a variável independente mude uma unidade – isso porque uma regressão linear pode ser expressa por $VD = \alpha + \beta * VI + e$, onde α representa uma constante de mudança e "e" representa um parâmetro de erro.

Dessa forma, um modelo de regressão linear possui como parâmetro geral a estatística F, que pode apresentar um parâmetro extremo, dadas as condições explicadas, além de outros índices de ajuste representados pelo coeficiente de determinação R^2, que indica o percentual de variância explicada pelo modelo. Por exemplo, um modelo com um $R^2 = 0,22$ indica que o modelo com todas as suas variáveis independentes explica um total de 22% da variância da variável de resultado para o modelo. Em seguida, avaliamos os parâmetros locais, ou o caráter preditivo de uma ou mais variáveis independentes inseridas no modelo, sendo estimado um coeficiente β cuja intensidade é indicativo do impacto de cada VI sobre a VD, que para valores negativos indica que a VI influencia promovendo uma redução nos valores da VD, enquanto para valores positivos se observa o oposto. O coeficiente de regressão β pode apresentar valores brutos e valores padronizados (assumindo uma métrica similar à dos coeficientes de correlação). Também é apresentado um teste de hipótese para cada coeficiente estimado, contendo o *p*-valor de um parâmetro *t*. Em alguns *softwares* é possível obter também intervalos de confiança para os coeficientes de regressão, assim como a estatística VS-MPR. Isso significa que poderíamos dizer que em um modelo em que afeto positivo e estresse (VIs) são preditores do bem-estar psicológico (VD), sendo obtido para o modelo um ajuste satisfatório e poder explicativo moderado para $F(2,188) = 157,59$

($p < 0{,}001$), VS-MPR = 6,191e+37 (e = expoente) e $R^2 = 0{,}62$. No modelo foi observado que os escores de bem-estar tendem a incrementar com o escore de afeto positivo, para um $\beta = 0{,}45$, EP = 0,05, $t = 9{,}11$ ($p < 0{,}001$), VS-MPR = 8,19e+13 e um IC 95% [0,33; 0,51]. Por outro lado, estresse produz uma redução nos escores de bem-estar para $\beta = -0{,}48$, EP = 0,05, $t = -9{,}77$ ($p < 0{,}001$), VS-MPR = 5,28e+15 e um IC 95% [-0,55; -0,36]. Das informações listadas, são mais comuns estatística F, R^2, o coeficiente β padronizado, seu *p*-valor e o intervalo de confiança do coeficiente de 95%. Também são comuns gráficos similares ao demonstrado anteriormente em correlação, porém isso pode ser inviável para modelos excessivamente complexos.

Abordamos anteriormente modelos de regressão linear, porém um modelo muito empregado em epidemiologia envolve ainda modelos de regressão logística que podem informar parâmetros na forma de *odds-ratio*, ou razão de chance. Nesse sentido, o parâmetro de influência – que seria análogo ao β de regressão – é reportado como uma estatística de chance com o valor 1,00 representativo da hipótese nula e valores superiores a 1,00 indicando uma probabilidade maior do grupo de referência para apresentar o resultado apontado. Para valores inferiores a 1,00, observamos uma redução da probabilidade de ocorrência para o grupo de referência. Vamos supor que a nossa variável independente fosse "reportar abusos físicos" categorizada como 0 = não e 1 = sim (1 = será grupo de referência do nosso parâmetro), de outro lado a nossa variável dependente seria "apresentar desregulação emocional" 0 = não e 1 = sim. Além de fazer o teste já apresentado do χ^2 de independência, seria possível obter a razão de chance que supostamente resultou em 2,5 ($p < 0{,}001$). Tal parâmetro seria lido diferente dos coeficientes de regressão linear, interpretado como "foi verificado que participantes que passaram por abusos físicos (grupo sim = 1, é o grupo de referência) apresentam 2,5 vezes mais chances de ser classificados como pacientes portadores de desregulação emocional" – atenção, o presente exemplo é apenas hipotético.

PROCEDIMENTOS NÃO PARAMÉTRICOS

Até aqui abordamos principalmente procedimentos considerados paramétricos, ou seja, procedimentos que possuem premissas de distribuição da população – exceções seriam os comentados testes do χ^2 de independência e correlação de Spearman (*rho*). Por outro lado, para cada teste aqui listado há alternativas não paramétricas. Tais alternativas são empregadas muitas vezes em estudos de amostras pequenas (baixo N) e normalmente apresentam o que chamamos de sacrifício de poder estatístico (e.g. estimativas conduzidas por uso da mediana ao invés da média) ou de outras informações. Por exemplo, o teste *t* de amostras independentes tem sua contraparte no teste Mann-Whitney, enquanto sua forma dependente seria conduzida via teste de postos de Wilcoxon. Mesmo a ANOVA, que possui pressupostos robustos, em sua versão de uma via contém o teste de Kruskal-Wallis, e a versão de medidas repetidas seria através do teste de Friedman. O formato dos testes para leitura em artigo não muda drasticamente, porém é possível que os autores passem a reportar outras informações, como dar maior ênfase à mediana nas tabelas. Uma recomendação de leitura simples e elegante pode ser encontrada pelos leitores em Pappas et al. (2004).[24] Porém, para leitura de artigos, recomendamos a mesma cartilha: (1) observar a teoria e desenho de pesquisa propostos, (2) observar a estatística descritiva relevante, (3) observar o resultado do parâmetro principal do teste (e.g. *t*, F, *r*, outros), (4) observar os testes de hipótese frequencistas ou bayesianos e seus dispositivos acessórios (tamanho de efeito e intervalos de confiança) e (5) atenção aos limites inferenciais propostos por cada teste (e.g. correlação não inclui extrapolações sobre causalidade e não elimina existência de outras variáveis que interferem com a associação).

PRINCIPAIS INDICADORES ESTATÍSTICOS PARA REVISÕES SISTEMÁTICAS E ESTUDOS DE METANÁLISE

Nos últimos anos, a divulgação da produção científica vem crescendo de uma forma sem precedentes, configurando-se em um volume constante de novos conhecimentos. Essa produção nos traz a sensação de que estamos constantemente desatualizados e obtendo apenas uma parte da informação disponível, revelando-se um problema enfrentado por profissionais de saúde para acompanhar o ritmo de informações produzidas e tomar decisões com base em conhecimentos atualizados. Esse cuidado decorre da premissa de que a elaboração de protocolos clínicos e diretrizes terapêuticas, no âmbito clínico ou institucional, exige o uso de conhecimentos baseados em evidências que apontem as ferramentas mais eficazes para certos contextos. Esses conhecimentos podem, inclusive, direcionar ações e recursos que precisam ser prioritários em termos de investimentos na saúde pública.

Como exemplo, podemos citar o estudo conduzido por Axfors et al. (2021),[25] que após mapear 28 estudos apontou para aumento de mortalidade após uso de hidroxicloroquina no tratamento da COVID-19. Esses dados foram cruciais para tomada de decisões da Organização Mundial da Saúde (OMS) na construção de estratégias de combate à pandemia em escala global.

Existem muitas formas de fazer sínteses ou *overview* do que existe sobre determinado conhecimento, como revisões narrativas, integrativas, de escopo e de mapeamento que auxiliam na compreensão do que já foi pesquisado. Entretanto, nessas formas de revisão, pouca importância é dada aos métodos utilizados nos estudos, tampouco na forma como os autores da revisão tiveram acesso a eles.

A revisão sistemática da literatura é um tipo de pesquisa secundária que utiliza procedimentos organizados de forma sequencial, transparentes e reprodutíveis para mapeamento do conhecimento sobre determinado campo. Esse tipo de pesquisa visa reunir as pesquisas já existentes, sejam elas estudos primários ou até mesmo outras revisões sistemáticas. A revisão sistemática é norteada por uma pergunta bem estruturada e a responde de forma objetiva, delimitando que tipo de evidência deve ser considerada e a qualidade dela na resposta dessa pergunta.

Segundo o PRISMA,[26] para que uma pesquisa seja considerada revisão sistemática, as seguintes etapas básicas devem ser realizadas: 1) Elaboração da pergunta de pesquisa, considerando a população, intervenção/exposição, comparador, medida de desfecho e delineamento de estudo; 2) Estratégia de busca; 3) Busca na literatura; 4) Seleção dos estudos considerando os critérios de inclusão e exclusão; 5) Extração dos dados; 6) Avaliação da qualidade metodológica dos estudos incluídos; 7) Síntese dos dados; 8) Avaliação da qualidade das evidências; 9) Redação e publicação dos resultados.

A metanálise é compreendida como parte de uma revisão sistemática, na qual se usa o método estatístico para combinar e sintetizar resultados (tamanhos de efeito) de estudos independentes sobre um mesmo tema.[27] Historicamente, o primeiro trabalho no campo da saúde que envolveu a combinação estatística de resultados de estudos foi sobre a eficácia da vacina contra febre tifoide em soldados do império britânico, publicada por Karl Pearson no *British Medical Journal*.[28] No campo da saúde mental, o pioneirismo foi feito pelos psicólogos Gene Glass e Mary Lee Smith, que reuniram 375 estudos sobre a eficácia da psicoterapia no tratamento de pacientes neuróticos. Esse trabalho foi considerado revolucionário para diretrizes no tratamento da saúde mental e um grande marco no entendimento que temos sobre a metanálise hoje.[28]

As metanálises geram estimativas de medidas-sumárias que sintetizam os efeitos de uma intervenção experimental em relação a uma intervenção comparadora. Esse processo ocorre em das fases: 1) É calculada para cada estudo a estimativa de efeito (com o erro-padrão); 2) Em um segundo momento, é calculada uma estimativa sumária de efeito por meio de uma média ponderada (cada estudo terá um peso) das estimativas de efeitos individuais dos estudos. Esse cálculo é feito com base na ponderação dos resultados de cada estudo pelo inverso da sua variância. Pesquisas com tamanho amostral pequeno costumam ter variâncias grandes e vice-versa. Dessa forma, através desses métodos, quanto maior a amostra, menor a variância e maior o peso recebido pelo estudo no cálculo da medida-sumário. Esses dados são usados para construir um gráfico chamado *forest plot*, que ilustra visualmente não só os resultados de cada estudo, como também a medida combinada (no caso, risco relativo combinado) e os respectivos intervalos de confiança (IC) de 95%.

A interpretação do gráfico deve considerar que cada estudo é representado por um quadrado (estimativa de efeito) com uma linha horizontal (intervalo de confiança). Quanto maior a área do quadrado, maior o peso do estudo na metanálise. O pequeno losango (ou diamante) na parte inferior representa a medida-sumário, sua posição representa a estimativa global do tamanho do efeito, e sua extensão representa o IC (precisão) associado a essa estimativa. A linha vertical representa o efeito-nulo (significância estatística) entre os estudos comparados. Essa linha está localizada no 1, para desfechos dicotômicos, ou no 0, para desfechos contínuos. Quando os estudos cruzam a linha vertical, compreende-se que a hipótese nula não foi rejeitada, ou seja, as diferenças entre os efeitos das intervenções não são estatisticamente significantes. O mesmo raciocínio é aplicado para a interpretação da posição do diamante.

RECOMENDAÇÕES DE DESENVOLVIMENTO E APROFUNDAMENTO EM ESTATÍSTICA

O grupo de autores do presente capítulo oferece ainda algumas recomendações. Em primeiro lugar, oferecemos uma perspectiva sobre os testes de hipótese de forma pedagógica, buscando menos contradições com a realidade e a crítica sobre os procedimentos estatísticos mais utilizados. Porém, sacrifícios conceituais são inevitáveis em tais esforços – tais como simplificações e explicações por analogia. Também não incluímos uma valiosa e necessária discussão sobre os pressupostos de cada teste estatístico, que tendem a ser sub-reportados na literatura. Tais procedimentos são essenciais e devem ser contemplados sob o risco de violações das expectativas dos testes de hipótese, que podem produzir erros graves na tomada de decisão.

Entendemos que este capítulo viabiliza a leitura de artigos científicos, revisões e metanálise por terapeutas que desejam se manter atualizados. Por outro lado, reforçamos que clínicos que desejam criar uma infraestrutura de pesquisa em suas clínicas ou aqueles que pretendem buscar os caminhos do mestrado e doutorado acadêmicos devem buscar aprofundamento. A curva de aprendizagem de tal processo é íngreme, porém extremamente gratificante. Se de um lado é possível contratar cientistas de dados para resolver tais problemas, de outro é imprescindível ao menos a compreensão sobre procedimentos estatísticos com o objetivo de viabilizar tomadas de decisão sobre desenhos de pesquisa e procedimentos a serem empregados. Além disso, um cientista de dados não tem o arcabouço teórico para tomar determinadas decisões no processo. Consideramos, então, como cenário mínimo ideal, que o profissional de psicologia tenha conhecimento para participar dos processos de tomada de decisão sempre que necessário.

Além disso, recomendamos *softwares* gratuitos com alta qualidade em suas saídas de dados, tais como o JASP e o JAMOVI, com destaque para a biblioteca de exemplos de ambos os programas, que chegamos a utilizar na graduação e nos programas de pós-graduação do Instituto de Psicologia da Universidade Federal do Rio de Janeiro. *Softwares* pagos também apresentam ferramentas valiosas, como o IBM SPSS, MPLUS, Stata, entre outros. Linguagens de programação como o R ou Python são essenciais apenas em casos nos quais se deseja maior domínio sobre os procedimentos de análise, demandando maior aprofundamento com a moeda de troca de acesso aos procedimentos mais inovadores e considerados *bleeding edge* tanto na estatística inferencial quanto na psicometria.

REFERÊNCIAS

1. Henson RK, Smith AD. State of the art in statistical significance and effect size reporting: A review of the APA Task Force report and current trends. Journal of Research & Development in Education. 2000;33(4):285-296.
2. Rothman KJ. Curbing type I and type II errors. Eur J Epidemiol. 2010;25(4):223-4.
3. Tendeiro JN, Kiers HA. A review of issues about null hypothesis Bayesian testing. Psychol Methods. 2019;24(6):774-95.
4. Farias AKCR, Fonseca FN, Nery LB. Teoria e Formulação de Casos em Análise Comportamental Clínica. Porto Alegre: Artmed; 2018.
5. Antonakis J, Bendahan S, Jacquart P, Lalive R. On making causal claims: A review and recommendations. Leadership Q. 2010;21(6):1086-120.
6. Traub RE. Classical test theory in historical perspective. Educ Meas. 1997;16(4):8-14.
7. Stevens SS, Marks LE. Psychophysics: Introduction to its perceptual, neural, and social prospects. Routledge; 2017.
8. Jobes DA. Managing suicidal risk: A collaborative approach. Guilford Publications; 2016.
9. MacKenzie SB, Podsakoff PM. Common method bias in marketing: Causes, mechanisms, and procedural remedies. J Retail. 2012;88(4):542-555.
10. Sampieri RH, Collado C F & Lucio M del PB. Metodologia de pesquisa. Penso. 2013.
11. Greenland S, Senn SJ, Rothman KJ, Carlin JB, Poole C, Goodman SN, et al. Statistical tests, P values, confidence intervals, and power: a guide to misinterpretations. Eur J Epidemiol. 2016;31(4):337-50.
12. Sellke T, Bayarri MJ, Berger JO. Calibration of p values for testing precise null hypothesis. The American Statistician. 2001;55(1):62-71.

13. Ghosh JK, Delampady M, Samanta T. An introduction to Bayesian analysis: theory and methods. Nova Iorque: Springer; 2006. v. 725.
14. Depaoli S, Rus HM, Clifton JP, van de Schoot R, Tiemensma J. An introduction to Bayesian statistics in health psychology. Health Psychol Rev. 2017;11(3):248-64.
15. Costantini G, Epskamp S, Borsboom D, Perugini M, Mõttus R, Waldorp LJ, et al. State of the aRt personality research: A tutorial on network analysis of personality data in R. J Res Pers. 2015;54:13-29.
16. Borsboom D, Deserno MK, Rhemtulla M, Epskamp S, Fried EI, McNally RJ, et al. Network analysis of multivariate data in psychological science. Nat Rev Methods Primers. 2021;1(1):1-18.
17. Dolan CV, Oort FJ, Stoel RD, Wicherts JM. Testing measurement invariance in the target rotated multigroup exploratory factor model. Struct Equ Modeling. 2009;16(2):295-314.
18. JASP Team JASP (Version 0.16.1)Computer software. 2022.
19. Lee S, Lee DK. What is the proper way to apply the multiple comparison test? Korean J Anesthesiol. 2018;71(5):353-60.
20. Ussher JM, Perz J. Evaluation of the relative efficacy of a couple cognitive-behaviour therapy (CBT) for Premenstrual Disorders (PMDs), in comparison to one-to-one CBT and a wait list control: A randomized controlled trial. PloS One. 2017;12(4):e0175068.
21. Goldin PR, Ziv M, Jazaieri H, Hahn K, Heimberg R, Gross JJ. Impact of cognitive behavioral therapy for social anxiety disorder on the neural dynamics of cognitive reappraisal of negative self-beliefs: randomized clinical trial. JAMA Psychiatry. 2013;70(10):1048-56.
22. Linehan MM, Comtois KA, Murray AM, Brown MZ, Gallop RJ, et al. Two-year randomized controlled trial and follow-up of dialectical behavior therapy vs therapy by experts for suicidal behaviors and borderline personality disorder. Arch Gen Psychiatry. 2006;63(7):757-66.
23. Soler JCP, Tiana T, Cebrià A, Barrachina J, Campins MJ, Gich I, et al. Dialectical behaviour therapy skills training compared to standard group therapy in borderline personality disorder: A 3-month randomised controlled clinical trial. Behav Res Ther. 2009;47(5):0-358.
24. Pappas PA, DePuy V. An overview of non-parametric tests in SAS: when, why, and how. Paper TU04. 2004.
25. Axfors C, Schmitt AM, Janiaud P, Van't Hooft J, Abd-Elsalam S, Abdo EF, et al. Mortality outcomes with hydroxychloroquine and chloroquine in COVID-19 from an international collaborative meta-analysis of randomized trials. Nat Commun. 2021;12(1):2349.
26. Tetzlaff J, Page M & Moher D. The PRISMA 2020 statement: an updated guideline for reporting systematic reviews. Value in Health, 2020;23(10), S312–S313.
27. Higgins JPT, Thomas J, Chandler J, Cumpston M, Li T, Page MJ, et al. Cochrane Handbook for systematic reviews of interventions. 2. ed. Chichester (UK): John Wiley & Sons; 2019. p. 261-62.
28. Coutinho ESF, Rodrigues LC. Metanálise de estudos epidemiológicos observacionais e de intervenção. In: Almeida Filho N, Barreto ML. Epidemiologia & Saúde. Fundamentos, Métodos e Aplicações. Rio de Janeiro: Guanabara Koogan; 2011. p. 307-18.

13

Estatística descomplicada para psicólogos

Thiago Mácimo Pereira
Dan Josua
Jan Luiz Leonardi

A estatística é um ramo da matemática que trata da coleta, tabulação, análise, apresentação e interpretação de informações.[1] A estatística é uma das ferramentas que torna possível chegar a conclusões que nos permitem tomar decisões mais acertadas mediante incertezas e por isso pode ser aplicada em praticamente todas as áreas do conhecimento humano. Na prática baseada em evidências (PBE), é mais comum encontrarmos o termo *bioestatística*, que nada mais é do que a aplicação de princípios estatísticos em questões da área da saúde.

Para aqueles que estão dando os primeiros passos no universo da PBE em psicologia, essa disciplina é frequentemente percebida como um dos seus temas mais desafiadores. Ao mesmo tempo ela permeia muitos de nossos estudos empíricos, de modo que discutir tratamentos, prognósticos, fatores de risco e muito mais depende de alguma compreensão deste tópico. À primeira vista, as tabelas de um artigo comparativo entre duas intervenções, por exemplo, podem parecer um emaranhado confuso de números, siglas e notações, tornando a tarefa de conciliar esses dados com as atividades cotidianas do estudante ou psicólogo um desafio custoso e aparentemente impossível.

Sabemos que a estatística não é um tema popular entre psicólogos e que os estudantes da área de humanas provavelmente têm a percepção de que se envolver com ela custa uma quantidade enorme de tempo e esforço. Ao longo deste capítulo, deixaremos de lado as fórmulas matemáticas e tentaremos tornar acessíveis os principais conceitos estatísticos para que você consiga entender a lógica por trás dos números que aparecem nas pesquisas.

Ao mesmo tempo, tentaremos combater um dos mitos mais perniciosos da psicologia: a crença de que, porque estamos interessados em indivíduos únicos, então ferramentas estatísticas não podem ser usadas para entendê-los. É verdade que cada ser humano é singular, mas pessoas diferentes guardam semelhanças entre si que nos permitem descrevê-las, entendê-las melhor e, por fim, estudá-las de forma sistemática. Uma das tarefas da *estatística descritiva*, presente em praticamente qualquer pesquisa clínica que lhe caia nas mãos, é precisamente esta: caracterizar muito bem sobre quem estamos falando e como essa pessoa se relaciona com outras da população à qual pertence.[2]

Imagine, por exemplo, um estudo com 200 participantes que se dispôs a analisar os efeitos de uma psicoterapia para adultos com transtorno depressivo maior. Ser capaz de enxergar as particularidades de duas centenas de pessoas diferentes é uma tarefa que exige um grau de sofisticação importante. Visualize uma tabela de características demográficas dos participantes do nosso estudo imaginário: ao inspecioná-la, você descobre que nossa amostra possui pacientes com diversas idades, entre 18 e 45 anos. Descobre que a média de idade dos envolvidos é de aproximadamente 37 anos, que cerca de 40% da amostra é composta por mulheres e que quase metade dessas pessoas tem ensino superior completo. Olhar para essas informações é começar a entender melhor que tipo de paciente estamos tratando, mas também já é mergulhar no racional da pesquisa que você está lendo e o quanto ela é relevante para a sua prática clínica. Se você está em busca de um tratamento baseado em evidências para depressão em adolescentes, por exemplo, provavelmente deveria abandonar a leitura desse estudo imaginário e se concentrar em outros voltados para o seu público de interesse.

Além disso, perceba que nem todas as características que distinguem esses pacientes foram descritas: dados como a altura dos envolvidos, a cor de seus olhos ou o seu peso corporal não são informações tipicamente encontradas num estudo que investiga um tratamento psicoterapêutico para depressão. Isso acontece porque nós já estamos enfatizando, nesse momento, certas características que parecem relevantes para a pesquisa e deixando de fora algumas que não são. Desde o momento da caracterização das pessoas que participam de, digamos, um ensaio clínico randomizado, existe um diálogo sendo estabelecido com aquilo que atualmente sabemos sobre o fenômeno que tentamos descrever, tratar e compreender.

A função da estatística descritiva, portanto, é precisamente a de permitir a transformação de um oceano de peculiaridades de vários indivíduos num conjunto sumarizado de dados. Para isso, é fundamental que os dados sejam organizados de uma maneira útil. Uma forma de se fazer isso é encontrando os valores que representem, de algum modo, todo o conjunto. Esses valores são chamados de *medidas de tendência central*.[3] Você certamente já está familiarizado com termos como média e talvez já tenha ouvido falar em mediana e moda.

Vamos começar falando um pouco sobre a média, porque é a medida de tendência central mais utilizada nas pesquisas. Para calculá-la, somamos os valores de todos os números de uma variável e dividimos pela quantidade de números somados.[4] A média é uma medida bastante apropriada para procedimentos estatísticos, mas, como é afetada por valores extremos, pode mais atrapalhar do que ajudar. Por exemplo, a renda *per capita* no Brasil em 2022 foi de pouco mais de R$ 2.500,00, mas há pessoas que ganham R$ 100.000,00 por mês, enquanto há pessoas que ganham R$ 600,00 por mês. Note, assim, como encontrar a média desses salários não refletiria a realidade, uma vez que há muita desigualdade na distribuição de renda. Além disso, o valor da média pode ser difícil de se interpretar em termos práticos. Por exemplo, se você comeu dois chocolates e sua mãe nenhum, na média cada pessoa comeu um chocolate. O valor da estatística, embora correto, não é muito informativo se estivermos interessados de forma muito específica em quantos chocolates cada um de vocês experimentou.

Já a mediana é a medida de tendência central que indica exatamente o valor que divide ao meio um conjunto de dados quando organizados em ordem crescente ou decrescente. Como a mediana é menos influenciada por valores muito altos ou muito baixos (como acontece com a média), a mediana costuma ser adotada quando os dados são mais heterogêneos e com alguns números que fogem demais ao padrão.[5] A mediana tem a desvantagem de não ser tão apropriada para a realização de cálculos estatísticos. Já a moda é o número que mais se repete num conjunto de dados. É daí que vem a ideia de "roupa da moda". Dizer que uma calça está na moda quer dizer o quê? Que é a calça mais usada, a que mais se repete no vestuário da população.

Embora as medidas de tendência central sejam úteis, nos limitarmos a elas faz com que a nossa compreensão dos dados fique muito rasa. Por quê? Porque não temos informações sobre quão próximos ou distantes os dados estão em relação àquela medida central. Em outras palavras, se a gente só sabe a média, mediana ou moda, não sabemos o quanto os dados variam. Por conta disso é importante aprendermos sobre as medidas de dispersão.

As *medidas de dispersão* são utilizadas para avaliar o quanto nossos dados estão espalhados no entorno da medida central, o que nos dá mais informações sobre o quanto aquela medida central é representativa ou não dos dados (resolvendo, parcialmente, o problema do exemplo anterior da quantidade de chocolates comidos por você e por sua mãe). Em outras palavras, as medidas de dispersão nos mostram quão homogêneos ou heterogêneos são os dados de uma pesquisa. Por meio de um valor único você consegue ter uma boa noção da dispersão do conjunto de valores encontrados no estudo.[4]

As medidas de dispersão são amplitude, desvio-padrão e intervalo interquartil. Vamos começar definindo amplitude. A amplitude é a diferença entre a maior e a menor observação em um conjunto de dados. Seu cálculo é bem simples: apenas pegue o maior valor e o subtraia pelo menor. Quanto menor for a amplitude, mais homogêneos serão os dados. Amplitudes muito elevadas mostram uma grande variação entre os dados, enquanto amplitudes menores indicam maior homogeneidade no conjunto de dados.[6] Imagine um ensaio clínico randomizado sobre depressão que usou os valores de uma determinada escala como desfecho primário. No grupo experimental, o participante com a maior pontuação fez 40 pontos e o com a menor pontuação fez 30 pontos. Qual é a amplitude? 10 pontos. Por quê? Porque esse é o resultado encontrado quando subtraímos a menor pontuação da maior. Note, porém, que a amplitude não nos dá uma medida aproximada de quanto cada uma das pontuações dos participantes está distante da medida central. Para isso, usamos o desvio-padrão e o intervalo interquartil. Quando usamos um ou outro? Fácil! Quando nossa medida de tendência central é média, usamos, desvio-padrão; quando é mediana, calculamos o intervalo interquartil.

Como a média é a medida central mais utilizada e queremos manter esse texto o mais didático possível, vamos nos aprofundar apenas no desvio-padrão. O desvio-padrão é uma medida que expressa o grau de dispersão médio de cada um dos dados em relação à média. Retomando nosso exemplo: se você comeu dois chocolates e sua mãe nenhum, na média, cada pessoa comeu um chocolate. Com o desvio-padrão, podemos ver que não foi exatamente isso que aconteceu. Um desvio-padrão baixo indica que os diferentes dados de cada participante da pesquisa estão próximos da média. Um desvio-padrão alto indica que os diferentes dados de cada participante da pesquisa estão espalhados e mais distantes da média. Em outras palavras, o desvio-padrão indica o quanto um conjunto de dados é uniforme ou não.[7] É importante você saber que o desvio-padrão usa as unidades de dados originais, o que simplifica a interpretação. Se o estudo estiver falando de metros, o desvio -padrão será em metros. Se o estudo estiver falando de número de cigarros fumados, o desvio-padrão será em número de cigarros fumados. Se o estudo estiver falando de pontuação numa escala de autorrelato, o desvio-padrão será expresso em pontos dessa escala.

QUEM TEM MEDO DE VARIÁVEIS?

Organizar uma grande quantidade de informações num todo coerente e inteligível se torna possível quando começamos a compreender o papel que variáveis desempenham dentro do raciocínio de qualquer pesquisa científica. Como seu nome sugere, uma variável é qualquer entidade cujo valor pode variar, é algo sobre o qual estamos interessados, que pretendemos estudar.[8] Quando elencamos informações, como o sexo ou a idade dos participantes de um estudo, sua escolaridade ou qualquer indicador de sofrimento psíquico, por exemplo, estamos definindo variáveis de interesse para o nosso estudo.

Esse processo em que decidimos destacar certos elementos do público que estamos estudando tem a ver com um tema familiar para psicólogos: a complexidade da subjetividade e da vida das pessoas. Como a realidade se apresenta com uma riqueza notável, como um entrelaçamento de processos, colocá-la sob investigação pode ser muito desafiador. Tentar enxergar a floresta inteira pode tornar muito mais difícil perceber uma única árvore. A fim de contornar esse obstáculo, pesquisadores se esforçam para destacar e mensurar ao menos alguns aspectos desse caleidoscópio de elementos que fazem parte do todo que uma pessoa é.

A ideia de fundo aqui é simples e apela para um senso de humildade que é particular do raciocínio científico: não precisamos presumir que entenderemos tudo que há para saber sobre uma pessoa, uma sociedade, uma parte do mundo, para que possamos começar a construir algum conhecimento sobre ela. Saber um pouco é sempre melhor do que não saber nada, certo? Desse modo, quando medimos traços de personalidade com um questionário, pontuações numa escala de depressão ou ansiedade, ou pedimos para uma pessoa avaliar a sua qualidade de vida, o que estamos fazendo não é reduzir a sua experiência psicológica à medida; ao contrário, estamos desenvolvendo maneiras criativas de enxergar com maior qualidade aquilo que antes parecia muito mais incerto, fugaz, difícil de capturar apenas por meio de nossas observações livres e assistemáticas. Esse processo, essencial à pesquisa científica, nos permite angariar informações que são, antes de tudo, úteis para uma compreensão organizada de questões que nos interessam.

Em qualquer pesquisa em psicologia, estamos procurando entender as relações que existem entre variáveis. Jogar *video game* aumenta o comportamento violento? Usar redes sociais aumenta as chances de desenvolver um transtorno mental? Perguntas desse tipo visam investigar essas relações. Perceba que, em todos esses casos, estamos tentando entender se uma mudança numa variável é capaz de produzir uma mudança em outra. Queremos observar se "jogar *video game*", a partir de agora chamado de *variável independente*, aumenta (ou diminui) "comportamentos violentos", a partir daqui uma *variável dependente*. Esclarecer relações entre variáveis independentes e dependentes é uma premissa universal de pesquisas empíricas.

De forma geral, classificamos variáveis em dois tipos principais: numéricas (ou quantitativas) e não numéricas (ou qualitativas). As variáveis qualitativas são aquelas que funcionam como um rótulo, um atributo ou uma categoria que não apresentam uma natureza numérica.[9] Exemplos comuns na psicologia incluem categorias de gênero (sexo, nacionalidade etc.). Um tipo de variável qualitativa frequentemente presente na pesquisa clínica é a presença de um diagnóstico. Por exemplo, ao avaliar se uma pessoa fecha critérios para um diagnóstico de depressão, separamos os indivíduos em dois grupos: aqueles que preenchem os critérios e aqueles que não preenchem. A natureza dessas categorias (depressão ou não depressão) é não numérica.

É interessante notar que algumas variáveis qualitativas podem ser hierarquizadas enquanto outras não. Mapear o estado do país em que um grupo de indivíduos nasceu produz categorias que não possuem nenhum tipo de hierarquia entre si. Nascer na Bahia não é superior ou inferior, melhor ou pior, do que nascer em São Paulo. Por outro lado, se definirmos classes sociais a partir do nível de renda das pessoas que as compõem, então pertencer à classe A significa ter renda superior a alguém que pertence à classe B. Desse modo, é possível perceber que a relação entre as variáveis de classe social que criamos pode ser hierarquizada de uma maneira que represente a relação entre os diferentes níveis de renda distribuídos entre elas.

A partir desses exemplos, podemos perceber que variáveis qualitativas podem ser subdivididas em dois tipos: nominais e ordinais.[9] As variáveis nominais são aquelas que funcionam simplesmente como rótulos ou categorias que não podem ser hierarquizados: o tipo de diagnóstico que um paciente recebe é um bom exemplo. Receber um diagnóstico de transtorno depressivo maior, transtorno de ansiedade generalizada ou transtorno obsessivo-compulsivo (TOC) é uma variável nominal, porque não existe nenhum modo de hierarquizar esses diagnósticos. Variáveis ordinais, por sua vez, são aquelas que podem ser hierarquizadas a partir da própria relação que mantêm entre si. Por exemplo: se avaliamos um grupo de vinte pacientes com depressão por meio de uma escala que classifica a severidade do seu quadro como depressão leve, moderada ou severa, podemos facilmente perceber que o modo como a medida caracteriza o quadro é hierarquizável, sendo essa, portanto, uma variável ordinal.

Além das variáveis qualitativas, discutidas até aqui, é fundamental entender o que são as variáveis quantitativas. Como seu nome sugere, essas variáveis representam por meio de valores numéricos aquilo que é do nosso interesse enxergar com maior clareza. O número de filhos de uma pessoa, a quantidade de episódios de pânico que alguém teve na última semana e o número de comportamentos autolesivos no último mês são exemplos de variáveis quantitativas de um aspecto particular, que chamamos de *discretas*. Variáveis discretas são aquelas que assumem valores inteiros (sem frações ou decimais), tipicamente representando contagens, como o número de filhos ou de episódios autolesivos. Outro tipo de variável quantitativa é a que pode ser representada por meio de frações, isto é, os valores que a variável assume podem ser "quebrados" em vírgulas: peso corporal, idade, medida de colesterol. Estas são chamadas de *variáveis quantitativas contínuas*.

Para que, afinal, interessa entender aspectos mais técnicos ligados a diferenças entre tipos de variáveis? Perceba que, quando criamos artifícios para mensurar, em algum grau, importantes aspectos da subjetividade das pessoas, ganhamos recursos de compreensão praticamente inacessíveis à observação cotidiana. Por exemplo, quando atribuímos pontos à presença de sintomas depressivos, adquirimos a capacidade de rastrear mais precisamente uma melhora, estagnação ou piora do quadro clínico. Também ganhamos a possibilidade de converter certas faixas de pontuação em categorias como leve, moderada e grave, um processo que chamamos de *transformação de variáveis*. Em outras palavras, quando tentamos capturar um fenômeno psicológico complexo por meio de pontuações em um inventário (variável quantitativa) e as transformamos em categorias (leve, moderada ou grave), de um ponto de vista procedimental estamos transformando uma variável quantitativa em uma qualitativa ordinal. O que é interessante, todavia, é perceber que usamos esses artifícios para facilitar o trabalho de enxergar nuances em processos extremamente fluidos e de difícil observação, como a vida psíquica das pessoas. Portanto, os procedimentos que apresentamos aqui funcionam como ferramentas cognitivas que sofisticam as nossas capacidades naturais de observação, descrição e classificação.

DO PARTICULAR PARA O GERAL: UM OLHAR SOBRE ESTATÍSTICA INFERENCIAL

Até aqui, você aprendeu sobre o papel da estatística descritiva em nos auxiliar a tornar elementos complexos da realidade em dados compreensíveis e mais facilmente trabalháveis. Já aprendeu, também, que estamos, o tempo todo, buscando esclarecer relações entre variáveis e delas tirar boas conclusões. Vamos olhar agora para a *estatística inferencial*, que tem por objetivo chegar a conclusões sobre o todo partindo da observação e análise de partes desse todo, ou seja, que nos permite partir de um número limitado de observações e construir raciocínios confiáveis sobre uma população inteira.[10]

Imagine, por exemplo, como seria difícil estudar o prognóstico de quadros como o TOC, caso precisássemos encontrar, entrevistar e avaliar cada um dos pacientes com esse diagnóstico no mundo inteiro. São aproximadamente 70 milhões de pessoas! Felizmente, a natureza apresenta regularidades, por isso somos capazes de estudá-la. No nosso exemplo, no lugar de entrevistarmos todos os pacientes com o diagnóstico, podemos recorrer a uma amostra deles que represente de forma geral as características dessa totalidade de pessoas. Se a nossa amostra for realmente representativa, então seremos capazes de observar dentro dela certas ocorrências e inferir, com algum grau de confiança, aquilo que provavelmente acontece com os pacientes com TOC como um todo.

É fácil capturar esse racional com um exemplo: imagine que você resolveu cozinhar feijão, mas tem dúvidas se errou a mão no sal. Intuitivamente, parece extremamente exagerado comer a panela inteira antes de responder se o feijão está salgado ou não. Por outro lado, você pensa que a panela é bem grande. Quando adicionou o sal ao feijão, não o fez de maneira uniforme. Você colocou uma colherada no centro, fechou a panela e torceu pelo melhor. Se tirar só uma pequena porção e provar, consegue perceber que é perfeitamente possível que aquela parte do feijão possa estar mais salgada do que outras? Como resolver o problema? Em busca de uma amostra representativa, você decide usar uma colher para misturar todo o feijão. Nesse momento, você está garantindo que qualquer colherada retirada da panela representa muito melhor a panela inteira, reduzindo o risco de provar apenas uma parte do feijão que está mais salgada ou uma parte do fundo em que o sal ainda não havia chegado. O modo como você selecionou a amostra contornou vieses por meio de um procedimento de aleatorização. Misturar a panela inteira garante que nem o feijão do meio, nem o do fundo da panela, nem aquele concentrado em um dos lados, será privilegiado quando experimentarmos. Quando selecionamos nossas amostras de forma aleatória, se elas tiverem um tamanho adequado, maximizamos as chances de elas serem representativas das características da população de onde vieram.

Neste ponto do raciocínio, entender a importância do tamanho da amostra também é imprescindível. Imagine que, mesmo após misturar cuidadosamente a panela de feijão para garantir uma distribuição uniforme do sal, enfrentaremos dificuldades em fazer qualquer afirmação conclusiva sobre nossas habilidades culinárias se provarmos apenas um, dois ou três grãos. Para avaliar de forma abrangente o sabor do feijão e o sucesso de todas as técnicas aplicadas durante o cozimento, é essencial retirar uma porção suficiente que nos permita uma apreciação adequada. Da mesma forma, em pesquisas envolvendo estatística, uma amostra muito pequena pode não capturar a variabilidade ou os efeitos de todas as variáveis relevantes, limitando nossa capacidade de generalizar os resultados. Portanto, selecionar um tamanho de amostra apropriado é fundamental para garantir que nossas conclusões sejam confiáveis e representem a realidade da população estudada. Até aqui ficou claro que a lógica por trás da estatística inferencial é nos auxiliar a tirar uma conclusão sobre uma população (como a nossa panela inteira), a partir de uma amostra (como a nossa colherada) de maneira confiável.

Dado que a construção desse raciocínio é baseada em probabilidades, é crucial compreender como podemos reduzir as chances de chegarmos a conclusões equivocadas. Para isso, utilizamos testes de hipóteses. Esses procedimentos são sempre baseado em duas hipóteses que se contradizem e são mutuamente exclusivas. Um exemplo de hipóteses contraditórias seria: terapia comportamental dialética **é eficaz** para tratar transtorno de personalidade borderline (TPB) e terapia comportamental dialética **não é eficaz** para tratar TPB. Em outras palavras, o teste de hipóteses é um método que nos auxilia a decidir se devemos rejeitar ou não uma hipótese com base em dados coletados de uma amostra.

Quando se pode aceitar uma ou outra hipótese? Responder essa pergunta exige que se estabeleça um ponto de corte, um valor que represente um grau aceitável de incerteza para aceitarmos uma hipótese. Nas pesquisas científicas, isso é conhecido como o nível de significância e é por conta dele que calculamos o famoso p-valor. Embora essa terminologia possa soar intimidadora, é possível entendê-la sem nos aprofundarmos na complexidade matemática por trás dos cálculos avançados usados em pesquisas. Uma forma simples de fazê-lo envolve o lançamento de uma moeda. Imagine que uma pessoa te pediu para lançar uma moeda e verificar se ela é justa. Para testar a hipótese de que não há diferença entre os lados da moeda (sua hipótese nula ou H0), você decide que vai jogá-la para cima 100 vezes e anotar os resultados. Mesmo sem saber nada de estatística, se você tirar "coroa" 87 vezes seguidas, provavelmente acharia que tem alguma coisa errada com essa moeda. E você estaria certo! Esse evento (tirarmos 87 "coroas" e 13 caras nos 100 lançamentos) é extremamente raro. Sua probabilidade de ocorrência é tão próxima de zero que seria incômodo escrevê-lo como uma porcentagem, já que estamos falando de um evento que ocorreria cerca de uma vez a cada 178 trilhões de tentativas.

Se você visse a distribuição típica de lançamentos (chamada, no caso, de distribuição binomial), veria que 95% das séries de lançamentos de moedas terminaram com algo entre 40 e 60 resultados "coroa". Qualquer coisa fora disso é muito raro e, pode-se imaginar, talvez seja produto de algo mais do que acaso, como uma moeda que foi propositalmente alterada (uma moeda "viciada"). No nosso exemplo, a nossa hipótese de que os lançamentos seriam justos (a nossa hipótese nula) foi rejeitada, porque é muito mais provável que uma moeda que cai 87 vezes em "coroa" ao longo de 100 lançamentos seja uma moeda "viciada".

Quando lemos uma pesquisa que diz que os resultados têm significância estatística (ou p-valor igual ou inferior a 0,05), estamos lendo que, se a moeda fosse justa (ou seja, se a hipótese nula fosse verdadeira), a probabilidade de tirarmos algo tão extremo como as 87 coroas seria de 5% ou menos (no caso da moeda, incrivelmente menores que isso). Em outras palavras, tal resultado seria raríssimo em condições de uma moeda justa, de modo que é razoável concluirmos que ela é viciada. O *p*-valor estima quão raro um evento tão extremo quanto o que observamos é quando a hipótese nula é verdadeira.[11] É a isso que chamamos de *significância estatística.*

Porém, essa não é nossa única preocupação quando trabalhamos com hipóteses e métodos estatísticos. Ao calcular um p-valor, nosso objetivo é diminuir as chances de acreditarmos que existe uma diferença entre dois tratamentos, por exemplo, quando ela não é real. Isso é o falso positivo, também conhecido como erro tipo I. Mas como reduzimos as chances de incorrermos no erro contrário? Como evitamos concluir que não existe diferença entre tratamentos, quando ela é real e apenas não fomos capazes de detectá-la (o falso negativo ou erro tipo II)? Tentar responder a essa pergunta é pensar sobre poder estatístico.[12] Vamos tentar visualizar isso com um exemplo simples.

Suponha que estamos testando a eficácia de uma nova dieta na perda de peso de adultos em preparação para cirurgia bariátrica. Imagine que comparamos dois grupos desses pacientes, sendo que um deles realizou a nova dieta por 30 dias. O outro grupo seguiu o tratamento usual (TAU). Agora imagine que sejamos capazes de representar visualmente quanto peso cada grupo perdeu na Figura 1.

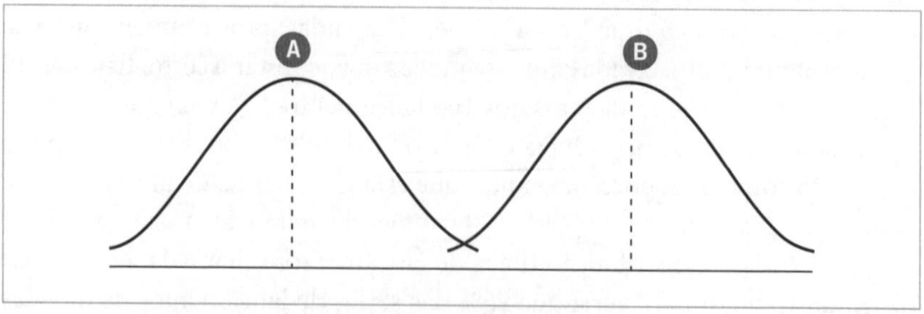

FIGURA 1 Cenário de diferença marcada entre dietas.

É fácil perceber como as médias dos grupos são distantes (as linhas pontilhadas), o que significa que a diferença de efeito entre as dietas é clara, mas também que as curvas se sobrepõem muito pouco. Isso significa que, mesmo com acesso aos dados de poucos pacientes de cada grupo, ainda seríamos capazes de rejeitar com facilidade a hipótese de que não há diferença entre os tratamentos, porque é apenas na região em que as curvas se sobrepõem que minha incerteza aumenta. Agora considere o cenário alternativo da Figura 2.

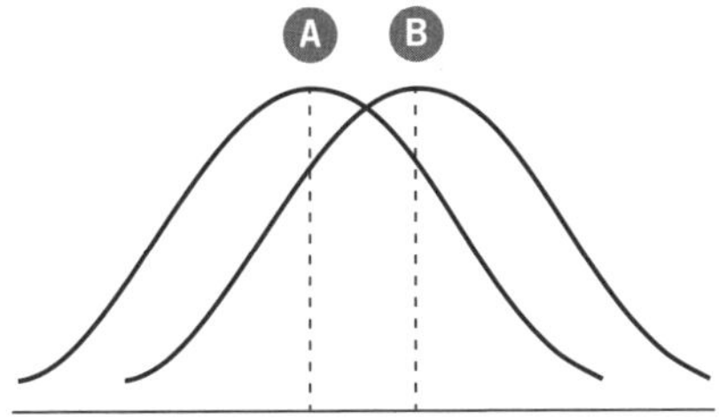

FIGURA 2 Cenário de diferença módica entre dietas.

Nesse exemplo, a diferença entre as dietas ainda é real (observe como as médias não se sobrepõem), mas estão muito mais próximas entre si. Ser capaz de detectar a diferença entre as dietas, todavia, pode ser muito mais desafiador, porque uma porção relevante das curvas está sobreposta. O que isso significa? Se nós aleatoriamente compararmos dados de pacientes de ambos os grupos, as chances de que pacientes de grupos diferentes pertençam à zona de sobreposição da figura será muito maior. Se o tamanho da amostra for pequeno, perceber a diferença entre os tratamentos se torna muito difícil. O poder estatístico de um teste é precisamente este: sua capacidade de detectar um efeito ou diferença quando ela realmente existe. Como muitas diferenças entre tratamentos no mundo real não seguem a regra do nosso primeiro caso (diferenças de efeito extraordinariamente grandes), trabalhar com p-valores baixos e aumentar o tamanho das amostras dos estudos (pense nisso como coletar dados de um número progressivamente maior de pessoas das duas dietas, porque isso aumenta as chances de incluirmos participantes de "fora" da zona de sobreposição) são práticas que deveriam ser adotadas para que possamos diminuir as chances de acreditarmos que não existe efeito de um tratamento ou intervenção, simplesmente porque não fomos capazes de desenhar um estudo apropriado para detectá-lo.

ANÁLISE DE DADOS

Agora que você aprendeu sobre algumas estratégias usadas por pesquisadores para reduzir a chance de que estudos cheguem a falsos positivos e falsos negativos, chegou a hora de entender um pouco mais sobre como eles analisam os dados que coletam dos pacientes no início e no final de um tratamento. Uma das coisas mais importantes de sabermos em uma pesquisa clínica é a magnitude do efeito. Os pacientes melhoraram? Se sim, quanto? Melhoraram no quê? No que eles não melhoraram?

Para desvendar a relação entre uma intervenção e as mudanças que ela produz (se é que as produz), é fundamental analisar a diferença encontrada entre os grupos – o experimental e o controle. A diferença entre os grupos é a pontuação média em uma medida de resultado no grupo de tratamento A menos a pontuação média no grupo B. Em outras palavras, é a diferença entre as pontuações entre os grupos. Tal diferença é o efeito do tratamento, pois, supondo que o estudo tenha sido bem desenhado e bem executado, o tamanho da diferença não está sendo afetada por confundidores, como história natural, regressão à média, placebo etc. Note, portanto, que o efeito do tratamento é sempre um efeito comparativo. É o que se pode esperar quando um paciente recebeu o tratamento A em comparação com o que pode ser esperado se esse paciente recebesse o tratamento/controle B. Assim, a eficácia do tratamento A deve ser interpretado à luz do que houve no tratamento/controle B.

Além disso, é importante observar que, num ensaio clínico randomizado, apesar de alocarmos pacientes num grupo intervenção e num controle, o modo como essas pessoas se comportam ao longo do estudo reflete uma série de fenômenos que ocorrem na vida real: algumas pessoas abandonam o tratamento, se desviam da prescrição de uma medicação, faltam a sessões de terapia, morrem etc. Essa imprevisibilidade pode mexer com o equilíbrio entre os grupos experimental e controle cuidadosamente planejado no início do estudo. O que fazer, então? Se um grupo experimental contar com uma porcentagem de pacientes que se desviaram muito do tratamento, deveríamos incluir seus dados no grupo que não recebeu intervenção? Se perdemos pacientes por morte ou abandono, podemos "transferir" pacientes de um grupo para outro para compensar a diferença? Podemos excluir seus dados da análise? Como um bom estudo lida com esse tipo de problema?

A melhor resposta para essas perguntas é recorrer à análise dos dados por intenção de tratar (ITT), na qual todos os participantes da pesquisa são incluídos na análise dos dados, mesmo que não tenham seguido todas as etapas do tratamento conforme planejado. Nesse sentido, a ITT é importante porque é uma forma conservadora e imparcial de avaliar os resultados de um estudo.[13]

Ao incluir todos os participantes, evitamos o viés de seleção, que ocorre quando os resultados podem ser distorcidos porque só analisamos aqueles que completaram o tratamento. Imagine que criamos um tratamento para anorexia nervosa. Todos os pacientes que terminam o tratamento apresentam uma melhora em 90% dos sintomas. Porém, apenas 10% de quem começa o tratamento chega até ao final. Isso diz muito sobre a qualidade da intervenção, certo? Por isso, a ITT pode nos dar uma ideia acerca da aceitabilidade do tratamento. Se muitos participantes desistirem ou não completarem o tratamento, isso pode indicar que o tratamento não é bem aceito, tem efeitos colaterais significativos ou não funciona bem para eles. Dessa forma, a ITT ajuda a garantir que os resultados do estudo sejam válidos e aplicáveis à população em geral.

Um dos principais pontos da ITT é que ela mantém o equilíbrio inicial entre os grupos de tratamento e controle, conseguido por meio da randomização (distribuição aleatória dos participantes nos grupos). Esse equilíbrio é crucial para que possamos generalizar os resultados para a população. Se analisarmos apenas os participantes que completaram o tratamento, poderemos comprometer a validade externa do estudo, ou seja, nossa capacidade de aplicar esses resultados a outras situações e pessoas. Em outras palavras, se não usarmos a ITT, a relevância da randomização será perdida.

Em suma, a ITT nos fornece uma estimativa mais realista de como o tratamento funciona na prática clínica, refletindo o que realmente acontece no dia a dia dos terapeutas. Se excluirmos os participantes que não seguiram todo o protocolo, poderemos superestimar os efeitos do tratamento, o que pode não corresponder ao que é observado na prática real. Diversos estudos analisam os desfechos por meio de outros métodos, o que enviesa significativamente as conclusões e inferências que podemos fazer na população-alvo.

ENTENDENDO MEDIDAS DE EFEITO: DIFERENÇA ENTRE MÉDIAS E O "D DE COHEN"

Agora que te ajudamos a entender como pesquisadores analisam pesquisas de estudos clínicos de maneira fidedigna, nosso próximo passo é esclarecer a maneira como os efeitos de uma intervenção são encontrados e interpretados. Essa temática revela que, para entendermos a relevância clínica de um tratamento, precisamos recorrer a outras estratégias, como avaliar o tamanho e a relevância dos efeitos do tratamento na vida dos pacientes, além de analisarmos o intervalo de confiança dos resultados.

Um exemplo pode nos ajudar a mergulhar no tema: suponha que estamos testando a eficácia de uma nova dieta na perda de peso de adultos em preparação para cirurgia bariátrica. Imagine que comparamos dois grupos desses pacientes. Um deles realizou a nova dieta por 30 dias e o outro grupo seguiu o tratamento usual (TAU). Ao final, constatamos que existe uma diferença de 550 g nas médias de peso perdido entre os participantes de ambos os grupos, favorecendo a nova dieta.

Aqui, precisamos nos perguntar: quão relevante é a perda de 550 g, em 30 dias, para um paciente em preparação para bariátrica? Não existem alternativas capazes de produzir perdas de peso maiores? Qual é o custo-benefício dessa nova dieta? Enxergar a importância dessas questões nos permite separar a relevância estatística do efeito de um tratamento, da sua relevância, acessibilidade e impacto palpável na vida de uma pessoa. Em nosso exemplo, esse tipo de análise é facilitada porque temos uma medida de mudança produzida pela dieta muito objetiva, que é peso perdido medido em quilogramas.

Entretanto, como analisar essa relevância se estivermos olhando para diversas pesquisas que investigaram, suponhamos, o efeito de uma terapia para depressão, como numa revisão sistemática com metanálise, que usaram diferentes escalas para mensurar depressão? Imagine que alguns ensaios clínicos randomizados utilizaram o Inventário de Depressão de Beck (BDI), outros a Escala de Classificação de Depressão de Hamilton (HAM-D) e outros a escala de depressão do Center for Epidemiological Studies (CES-D). A pontuação máxima no BDI é 63, e no HAM-D é 52. O que 15 pontos representam no BDI não tem qualquer relação com 15 pontos na HAM-D e na CES-D. Nesse caso, os pesquisadores precisam transformar as diferenças médias encontradas nos estudos num valor padronizado, que permita a comparação legítima entre os dados. Sem isso, só seria possível fazer metanálise de pesquisas que usaram a mesma escala, o que limitaria demais o acúmulo de conhecimento. Essa transformação das diferenças entre as médias encontradas nos estudos individuais resulta num valor de "d de Cohen", o que expressa o tamanho de efeito.

O tamanho de efeito é uma medida geral da magnitude da diferença entre os grupos de tratamento e controle, o que ajuda a entender se essa diferença é grande o suficiente para ser considerada clinicamente relevante.[14] *Grosso modo*, a interpretação do tamanho de efeito é a seguinte: $d \approx 0,2$ indica que a diferença entre os grupos é pequena e pode não ser perceptível em um contexto clínico; $d \approx 0,5$ representa uma diferença moderada que pode ser significativa e perceptível em um contexto clínico; $d \approx 0,8$ reflete uma diferença considerável entre os grupos, sendo provavelmente clinicamente relevante.

Por fim, é importante observar que há vários outros tipos de medidas de efeito, como risco relativo, risco absoluto, razão de risco e razão de chances, mas explicá-los aqui está além do escopo do capítulo.

INTERVALO DE CONFIANÇA

Como explicamos anteriormente, a estatística inferencial tem por objetivo chegar a conclusões sobre o todo partindo da observação e análise de partes desse todo. Então, o que queremos saber é se as descobertas encontradas em alguns participantes de pesquisa podem ser transpostas ou não para uma população com características semelhantes. Contudo, uma estimativa obtida a partir da amostra pode não ser exatamente igual ao valor que encontraríamos caso realizássemos nosso estudo com toda a população. O intervalo de confiança é uma maneira de quantificar essa incerteza, fornecendo um intervalo dentro do qual o valor real da população provavelmente se encontra.[15]

Uma maneira simples de visualizar essa ideia é imaginar que coletamos 30 medidas de escores de ansiedade de pacientes. Se calcularmos a média que obtivemos e representarmos todos os dados graficamente, teremos algo parecido com a Figura 3.

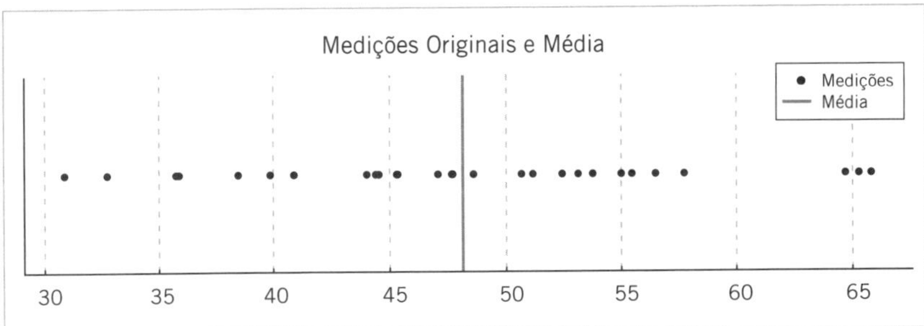

FIGURA 3 Scores e média de ansiedade de 30 pacientes.

Agora, como podemos ter certeza de que a média extraída dessas 30 pessoas se aproxima da média populacional, isto é, a que seria obtida se medíssemos todos os pacientes com um diagnóstico de transtorno de ansiedade, que são nosso interesse? Uma forma de resolver isso é imaginar que repetimos aleatória e sucessivamente essas 30 medidas centenas ou milhares de vezes (chamamos esse procedimento de bootstrapping) e representamos graficamente cada uma das médias que obtivemos. Se você observar a Figura 4, verá que essas médias se acumulam em uma região e se tornam mais "rarefeitas" em outras.

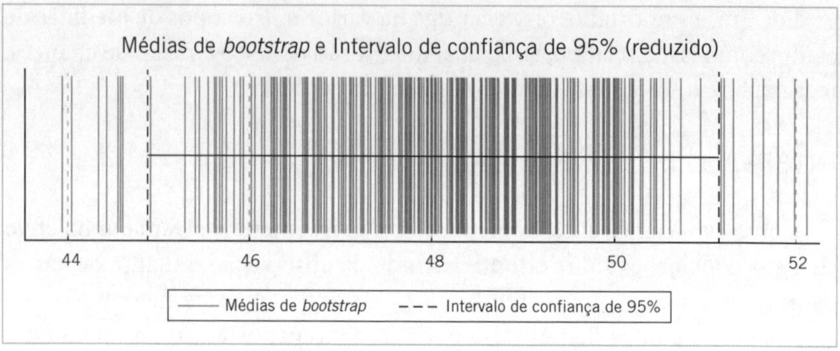

FIGURA 4 Intervalo de confiança englobando 95% das médias.

Um intervalo de confiança de 95% nada mais é do que a linha preta horizonta que corta 95% das médias que representamos na Figura 4. Um intervalo de 90% engloba a mesma porcentagem dessas médias e assim sucessivamente. Visualmente, podemos perceber que é bastante provável que a média populacional real se encontre dentro dessa região, e não nas extremidades da nossa reta. Pronto, agora você entende o que um intervalo de confiança é e por que ele é importante para nós.

O intervalo de confiança informa a faixa de valores prováveis para o tamanho do efeito. Assim, a largura do intervalo de confiança reflete a incerteza em torno dessa estimativa para toda a população.[15] Quando combinamos essas duas medidas – tamanho de efeito e intervalo de confiança –, podemos inferir a eficácia de um tratamento para a população geral. Se o tamanho do efeito é grande e o intervalo de confiança é estreito, podemos ter mais confiança de que o tratamento é realmente eficaz e que a diferença entre os grupos não foi devida ao acaso ou à variabilidade natural dos dados. Por outro lado, se o tamanho do efeito é pequeno e o intervalo de confiança é amplo, podemos ter menos confiança de que o tratamento é eficaz e levantar a suspeita de que a diferença observada pode ter sido influenciada pelo acaso ou pela variabilidade natural dos dados. Por isso o tamanho da amostra de uma pesquisa é de extrema relevância. Quanto maior a amostra, mais representativa será da população total. Dito de outra forma, quanto maior a amostra, mais preciso será o intervalo de confiança e menor a incerteza em torno da estimativa do parâmetro populacional.

CONSIDERAÇÕES FINAIS

Neste capítulo, buscamos tornar acessível e compreensível uma série de conceitos estatísticos frequentemente encontrados na literatura de pesquisa clínica. Nosso objetivo não é oferecer um estudo exaustivo, mas sim motivar você, nosso leitor, a se aproximar desse tema com a mesma curiosidade e dedicação de quem aprende uma nova língua. Compreender cada novo termo, seus usos e contextos, é como abrir novas portas para o conhecimento e a compreensão, enriquecendo sua capacidade de interpretar e aplicar informações de maneira eficaz.

Escolhemos uma abordagem que visa explicitar o raciocínio por trás dos gráficos e das tabelas, pois acreditamos que isso é essencial para desmistificar a análise estatística. Ao revelar a lógica subjacente aos dados apresentados, esperamos que você perceba que entender a literatura clínica de forma relevante não é uma tarefa exclusiva dos pesquisadores, mas uma habilidade acessível também a você.

A importância de dominar esses conceitos vai além da simples interpretação de resultados; ela permite que você se torne um consumidor crítico de informações, capaz de avaliar a qualidade dos estudos e a aplicabilidade de suas conclusões no contexto clínico. Isso é fundamental para a prática baseada em evidências, onde a integração da melhor evidência disponível com a *expertise* clínica e os valores do paciente é a chave para a tomada de decisões informadas.

Neste capítulo, lançamos os primeiros tijolos na construção da sua jornada pessoal no mundo da estatística aplicada à clínica. Abordamos conceitos fundamentais, como medidas de tendência central, dispersão, inferência estatística e a interpretação de gráficos e tabelas. Cada seção foi elaborada com o intuito de fornecer uma base sólida, permitindo que você desenvolva um entendimento crítico e avance em estudos mais complexos com confiança.

Encorajamos você a continuar explorando esses temas, utilizando os recursos disponíveis, participando de cursos e discutindo com colegas e mentores. A aprendizagem contínua é crucial em uma área tão dinâmica quanto a clínica, e o domínio da estatística é uma ferramenta poderosa que irá enriquecer sua prática profissional e melhorar os cuidados oferecidos aos seus pacientes.

Assim, esperamos que este capítulo seja um ponto de partida inspirador, que desperte sua curiosidade e determinação para aprofundar-se na estatística clínica. Ao embarcar nessa jornada, você estará não apenas ampliando seu conhecimento, mas também contribuindo para a evolução da prática clínica baseada em evidências, beneficiando a si mesmo e à comunidade de saúde como um todo.

REFERÊNCIAS

1. Brown RB, Saunders M. Dealing with statistics: What you need to know. Open University Press; 2007.
2. Vetter TR. Descriptive statistics: Reporting the answers to the 5 basic questions of who, what, why, when, where, and a sixth, so what? Anesth Analg. 2017;125(5):1797-802.
3. Rodrigues CFS, Lima FJC, Barbosa FT. Importance of using basic statistics adequately in clinical research. Rev Bras Anestesiol. 2017;67(6):619-25.
4. Rayat CS. Measures of central tendency. In: Rayat CS, organizador. Statistical methods in medical research. Springer; 2018. p. 77-94.
5. McGreevy KM, Lipsitz SR, Linder JA, Rimm E. Using median regression to obtain adjusted estimates of central tendency for skewed laboratory and epidemiologic data. Clin Chem. 2009;55(1):165-9.
6. Gaddis GM, Gaddis ML .Introduction to biostatistics: Part 2, Descriptive statistics. Ann Emerg Med. 1990;19(3):309-15.
7. El Omda S, Sergent SR. Standard deviation. 2023 Aug 14. In: StatPearls [Internet]. Treasure Island (FL): StatPearls Publishing; 2024 Jan–.
8. Andrade C. A student's guide to the classification and operationalization of variables in the conceptualization and design of a clinical study: Part 1. Indian J Psychol Med. 2021;43(2):177-9.
9. Shreffler J, Huecker MR. Types of variables and commonly used statistical designs. 2023 Mar 6. In: StatPearls [Internet]. Treasure Island (FL): StatPearls Publishing; 2024 Jan–.
10. Guetterman TC. Basics of statistics for primary care research. Fam Med Community Health. 2019;7(2):e000067.
11. Ferreira JC, Patino CM. What does the p value really mean? J Bras Pneumol. 2015;41(5):485.
12. Torgerson DJ, Miles JNV. Simple sample size calculation. J Eval Clin Pract. 2007;13(6):952-3.
13. McCoy E. Understanding the intention-to-treat principle in randomized controlled trials. West J Emerg Med. 2017;18(6):1075-8.
14. Lakens D. Calculating and reporting effect sizes to facilitate cumulative science: A practical primer for t-tests and ANOVAs. Front Psychol. 2013:4:863.
15. Curran-Everett D. Explorations in statistics: Confidence intervals. Adv Physiol Educ. 2009;33(2):87-90.

SEÇÃO 3

A IMPLEMENTAÇÃO DA PRÁTICA BASEADA EM EVIDÊNCIAS EM PSICOLOGIA CLÍNICA

14

A pirâmide de Haynes e a busca por evidências nas bases de dados

Igor da Conceição Eckert

Para lidar com a quantidade crescente de informações, o profissional da saúde precisa desenvolver habilidades e competências no uso de sistemas eletrônicos de informações em saúde.

Estratégias de busca podem ser utilizadas como um mecanismo para identificar estudos relevantes que respondam a determinada pergunta em saúde.

Desde os anos 1980, o número de novas publicações científicas tem crescido exponencialmente. A título de exemplo, apenas na base de dados MEDLINE, uma busca pelo termo "depression" identificou 4.115 publicações em 1980, número que apresentou aumento cumulativo em mais de 126 vezes até 2022, ano em que 42.885 novos artigos foram indexados.

Para lidar com a quantidade crescente de informações, o profissional da saúde, seja envolvido com assistência, seja com pesquisa, precisa desenvolver habilidades e competências no uso de sistemas eletrônicos de informação em saúde para realizar buscas e identificar evidências científicas que apoiem a prática, o ensino e o planejamento de novas pesquisas.[1]

Com esse objetivo, uma estratégia de busca pode ser utilizada como um mecanismo planejado para identificar os estudos relevantes a fim de responder a uma determinada pergunta em saúde. As bases de dados na área da saúde são mais estruturadas e variadas do que em todas as demais áreas do conhecimento, sendo possível elaborar estratégias de busca de todos os tipos, das mais simples às mais elaboradas.[1]

Para uma estratégia de busca bem elaborada, antes de escolher a base de dados, é preciso estruturar a pergunta seccionada com certos componentes do acrônimo PICO, e definir o tipo de estudo a ser pesquisado.[2]

PERGUNTAS CLÍNICAS COM EXEMPLOS APLICADOS

A implementação do melhor cuidado psicoterapêutico depende do conhecimento da melhor evidência atualmente disponível que possa diretamente auxiliar em determinada conduta clínica.[3] Na prática clínica, existem diversos questionamentos com os quais o profissional pode se deparar, conforme exemplificado no Quadro 1.

- Qual é o método *diagnóstico* mais acurado para determinar a presença ou ausência de uma psicopatologia suspeita?
- Quais são as estratégias de *prevenção* mais eficazes para determinado contexto clínico e tipo de paciente?
- Qual é a alternativa *terapêutica* mais eficaz para a condição do paciente?
- Qual é o *prognóstico* da condição clínica do paciente?
- Quais são os malefícios potenciais de determinada terapia ou exposição?

Perceba que cada uma das cinco questões apresenta um termo diferente destacado, em *itálico* – não por acaso, cada um desses termos se refere a um tipo de questão clínica diferente: *diagnóstico*, *terapia* (prevenção ou tratamento), *prognóstico*, *dano/etiologia* (malefício) e *significado* (Quadro 1).[4]

QUADRO 1 Diferentes questionamentos clínicos

Questões básicas	Questões clínicas
São perguntas gerais, por natureza, e fornecem informações de base sobre conceitos únicos. Podem incluir: • Terminologias • Informações gerais sobre psicopatologia • Fontes de psicoeducação • Informações gerais sobre medicamentos • Procedimentos de avaliação, testes, questionários e exames.	São perguntas que combinam múltiplos conceitos relacionados a uma situação clínica específica. Geralmente são divididas em duas categorias: • **Qualitativas:** o objetivo é descobrir o significado ou ampliar o entendimento de um fenômeno. Podem perguntar sobre a experiência individual ou populacional em certas situações ou circunstâncias. • **Quantitativas:** o objetivo é descobrir a relação causal (terapêutica ou preventiva), prognóstica ou diagnóstica de determinada exposição, intervenção, fator de risco ou teste diagnóstico.

Fonte: elaborado pelo autor.

Questões clínicas são o ponto de partida da psicoterapia baseada em evidências: a partir delas, o profissional é capaz de pesquisar pela literatura científica a fim de obter respostas satisfatórias para nortear sua tomada de decisão. A principal particularidade que as torna tão importantes na PBE é o fato de serem específicas, direcionadas e contextualizadas.[4]

À medida que o profissional ganha experiência, questões básicas de conhecimentos gerais (por exemplo, como uma intervenção psicoterapêutica funciona na prática, ou quais são as características principais de uma psicopatologia) passam a perder importância diante das questões clínicas, que tendem a ser mais complexas, específicas e contexto-dependentes. Tipicamente, as questões clínicas são complexas e específicas, pois tipicamente envolvem quatro componentes principais: população, intervenção, comparação e desfecho. Esses quatro componentes constituem o acrônimo PICO (do inglês *population, intervention, comparator and outcomes*), a partir do qual podemos organizar uma dúvida clínica contextualizada de maneira que seja possível pesquisar posteriormente por estudos que, direta ou indiretamente, respondam à pergunta.

- **População:** também pode ser chamado de paciente, problema, doença ou condição clínica de interesse. Esse é o componente que diz respeito à(s) característica(s) mais importante(s) do paciente, podendo ser o diagnóstico primário, alguma comorbidade ou características clínicas particulares (por exemplo, faixa etária do paciente).
- **Intervenção:** esse componente diz respeito ao tratamento, especificamente, sobre o qual você tem interesse em saber. Em alguns contextos, em vez de uma intervenção (por exemplo, terapia cognitivo-comportamental), o interesse será em uma exposição ou fator de risco (por exemplo, história de abuso de substâncias ilícitas).
- **Comparação:** qual seria a alternativa à sua intervenção de interesse, ou você gostaria de saber o efeito da intervenção/exposição comparado a quê, especificamente? Na maioria das vezes, quando desejamos entender o efeito isolado de uma intervenção terapêutica, o comparador é um grupo placebo (embora uma psicoterapia similar ao placebo seja impossível de implementar na prática, o que abre intenso debate em relação a quais seriam os comparadores "padrão-ouro" na psicologia). É importante notar que nem toda questão clínica deve especificar um comparador, necessariamente – você pode não ter interesse em comparar com nada, ou ainda o comparador pode ser qualquer um.

- **Desfecho:** podemos estar interessados em avaliar a efetividade da intervenção no controle da dor. Sendo assim, o desfecho desse caso seria o "alívio da dor". Temos ainda outros desfechos clinicamente relevantes aqui: resolução da infecção e redução do risco de desenvolver resistência. O desfecho da sua questão clínica deve ser facilmente quantificável, suficientemente específico, válido, reprodutível e apropriado para o caso clínico.

ELABORANDO QUESTÕES CLÍNICAS FOCADAS

Formular uma questão clínica é uma habilidade essencial para o profissional da saúde que deseja se basear em evidências. Como leitor da literatura científica com desejo de tomar decisões baseadas na melhor evidência disponível, é importante que você saiba escolher por qual evidência buscar. Para isso, o primeiro passo é conseguir definir uma questão clínica de interesse e, em seguida, identificar os estudos que buscaram responder a essa questão. Sem uma questão clínica focada, pode ser bem difícil e demorado identificar as evidências relevantes. Em relação à questão clínica, devemos nos fazer *três perguntas fundamentais* ao buscar pela melhor evidência disponível:

1. *Qual é a minha questão clínica de interesse?* (identificação clara da sua necessidade).
2. *Quais são os estudos que estão respondendo exatamente à minha questão clínica de interesse?* (identificação clara dos estudos que potencialmente podem atender às suas necessidades).
3. *Na ausência destes estudos, quais são os estudos que respondem a questões clínicas que mais se aproximam da minha questão de interesse?* (identificação das melhores alternativas quando a literatura disponível não atende perfeitamente às suas necessidades).

Questões de interesse podem ser classificadas como *background questions* e *foreground questions*.[4] Como já visto, *background questions* são questões relacionadas a conhecimentos gerais, comumente com respostas já bem consolidadas. Geralmente esse tipo de questão é facilmente respondida por livros-texto e revisões de especialistas, que servem bem ao propósito de dar fundamentação sobre um conceito único. São questões que falam sobre terminologia, fisiopatologia de doenças, recursos de educação aos pacientes, informações gerais sobre fármacos, epidemiologia, procedimentos de avaliação/

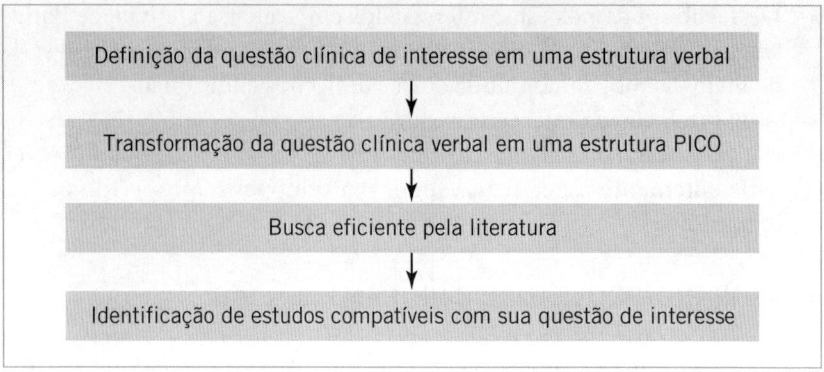

FIGURA 1 Passo-a-passo conceitual do processo de busca e seleção de evidências.
Fonte: elaborada pelo autor.

exames, entre outros. Esse tipo de questão geralmente pergunta *o quê*, *como*, *quando*, *onde*, *quem* e *por que* sobre doenças, testes, tratamentos ou outros aspectos do cuidado em saúde. Exemplos de *background questions* incluem:

- Quais são as manifestações clínicas da depressão?
- O que é transtorno bipolar?
- Quais são as consequências do abuso de substâncias?
- O que são inibidores de recaptação da serotonina?
- Como é manejado o transtorno de ansiedade generalizada?
- Como deve ser feita uma formulação de caso?

Por sua vez, *foreground questions* são questões com o objetivo de informar decisões clínicas diretamente (Quadros 2 e 3). Essas questões geralmente dizem respeito a uma população específica de pacientes e tendem a ser mais específicas e complexas do que as *background questions* anteriormente descritas. Ainda, *foreground questions* tipicamente estão interessadas em saber qual é a diferença entre duas alternativas (por exemplo, o *uso de medicamento A comparado a medicamento B* ou o *uso de uma terapia C comparada a placebo*) para um determinado desfecho. Exemplos de *foreground questions* incluem:

- Em indivíduos com transtornos psicóticos (incluindo esquizofrenia) que necessitam de tratamento antipsicótico em longo prazo, os medicamentos anticolinérgicos são mais eficazes na prevenção ou redução dos efeitos secundários extrapiramidais e/ou na melhoria da adesão ao tratamento do que o placebo/tratamento habitual?

- Em crianças e adolescentes com transtornos de ansiedade, qual é a eficácia e a segurança, considerando questões sistêmicas em países de baixa e média renda, do uso de intervenções farmacológicas em ambientes não especializados?
- Será que remover os meios de automutilação é melhor do que nenhuma intervenção para pessoas com pensamentos ou planos de automutilação no último mês ou atos de automutilação no último ano?
- A hospitalização é melhor do que nenhuma hospitalização para pessoas com automutilação?
- Em indivíduos com um primeiro episódio psicótico com remissão completa, por quanto tempo o tratamento medicamentoso antipsicótico deve ser continuado após a remissão, a fim de permitir os melhores resultados?
- Quais são as intervenções eficazes de saúde mental materna para prevenir problemas de desenvolvimento na primeira infância?
- Para pessoas com demência, quais intervenções cognitivas/psicossociais (como estimulação cognitiva, reabilitação cognitiva, orientação para a realidade, terapia de reminiscência) produzem benefícios/danos nos desfechos clínicos de interesse?
- Em pessoas com sintomas depressivos (na ausência de episódio/transtorno depressivo) – que estão em sofrimento ou têm algum grau de funcionamento prejudicado – uma abordagem de resolução de problemas é melhor (mais eficaz na redução dos sintomas) do que o tratamento habitual?
- Em indivíduos com transtornos psicóticos (incluindo esquizofrenia), o uso de dois ou mais medicamentos antipsicóticos concomitantemente é mais eficaz e seguro do que o uso de apenas um antipsicótico?

QUADRO 2 Ponto de atenção: os cinco tipos de perguntas clínicas

Terapia: perguntas relacionadas à eficácia ou efetividade de um tratamento, que pode ter duas finalidades diferentes: prevenção ou tratamento.
Dano/etiologia: perguntas relacionadas à probabilidade de que uma intervenção (ou exposição) de interesse cause malefício.
Diagnóstico: perguntas relacionadas à capacidade de um teste de identificar a presença ou ausência de qualquer condição clínica.
Prognóstico: perguntas relacionadas ao futuro do curso clínico de um paciente com determinadas condições clínicas e/ou características.
Significado: perguntas relacionadas às experiências, preocupações, desejos e perspectivas dos pacientes.

Fonte: elaborado pelo autor.

QUADRO 3 Ponto de atenção: por que fazer boas perguntas?

Ajudam a focar na evidência diretamente relevante às necessidades clínicas do paciente.
Ajudam a focar na evidência que diretamente fornece informações pertinentes às suas necessidades, dúvidas ou curiosidades.
Ajudam a formular estratégias de busca frutíferas.
Ajudam a entender o padrão esperado das boas respostas.
Ajudam a comunicar com mais clareza com colegas de profissão e pacientes.

Fonte: elaborado pelo autor.

- Em indivíduos com transtornos psicóticos (incluindo esquizofrenia) e transtornos bipolares, a psicoeducação, as intervenções familiares e a terapia cognitivo-comportamental são viáveis e eficazes?
- Em crianças e adolescentes com transtornos de ansiedade no contexto de países de baixa e média renda, qual é a eficácia e a segurança do uso de intervenções farmacológicas em ambientes não especializados?

Geralmente, perguntas clínicas são estruturadas em quatro componentes principais (Quadro 4):

- **Pacientes ou população:** exemplos: pacientes com transtorno do déficit de atenção com hiperatividade, pacientes com depressão refratária, pacientes hospitalizados.
- **Intervenção ou exposição:** exemplos: testes diagnósticos, alimentos, medicamentos, procedimentos cirúrgicos, psicoterapia, fatores de risco ou simplesmente o passar do tempo.
- **Comparação:** exemplos: ausência de tratamento, grupo placebo, tratamento alternativo, ausência de exposição, cuidado usual etc.
- **Desfecho:** exemplos: mortalidade, episódios de alimentação compulsiva, automutilação, grau de impulsividade etc.

Uma extensão do acrônimo PICO conta com outros dois parâmetros que podem ser úteis para a estruturação de uma boa pergunta clínica, formando o acrônimo PICOTS, incluindo:

- Tempo (**T**): refere-se ao tempo de acompanhamento que será necessário para demonstrar o desfecho ou o período em que os participantes foram observados.
- Tipo de estudo (**S**, de *study design*): refere-se ao tipo de estudo de interesse, como ensaios clínicos randomizados.

QUADRO 4 Principais componentes de uma questão clínica (*foreground question*)

P	I	C	O
Problema Paciente População	Intervenção ou Exposição	Comparação ou Controle	Desfecho
Quem são os pacientes? Qual é o problema?	O que fizemos com os pacientes? A que os pacientes foram expostos?	A intervenção é comparada ao quê?	O que aconteceu/ acontecerá? Qual é o desfecho?

Fonte: elaborado pelo autor.

QUADRO 5 Principais tipos de questões e suas respectivas evidências

Tipo de questão	Explicação	Tipo de evidência ideal para responder a essa questão
Tratamento	Questões sobre eficácia ou efetividade de uma intervenção para tratar desfechos em pacientes com alguma condição clínica.	Ensaios clínicos randomizados (ECRs), estudos experimentais prospectivos não randomizados
Prevenção	Questões sobre eficácia ou efetividade de uma intervenção ou exposição que previne doenças ou eventos indesejáveis. É similar às questões de tratamento.	ECRs, estudos experimentais prospectivos não randomizados, estudos de coorte prospectiva
Diagnóstico	Questões sobre a capacidade de um teste diferenciar as pessoas com e as pessoas sem uma condição clínica ou doença.	Estudos transversais, estudos de coorte e, menos frequentemente, ECRs
Prognóstico	Perguntas relacionadas ao futuro do curso clínico de um paciente com determinadas condições clínicas e/ou características	Estudos de coorte e estudos de caso-controle
Dano/etiologia	Perguntas relacionadas à probabilidade de que uma intervenção (ou exposição) de interesse cause malefício	Estudos de coorte, estudos de caso-controle e, em menor grau, ensaios clínicos randomizados
Significado	Questões relacionadas às experiências, preocupações, desejos e perspectivas dos pacientes.	Estudos qualitativos

Fonte: elaborado pelo autor.

É importante notar que nem todos os componentes PICO precisam estar presentes em determinada pergunta clínica. Por exemplo, estudos de prognóstico geralmente não têm um comparador – é de interesse apenas entender o efeito do tempo (exposição) em relação à condição clínica de interesse (paciente/população).

Confira o Quadro 5 para entender qual evidência fornece a resposta mais adequada para perguntas sobre diagnóstico, prevenção, tratamento etc.

Sabendo qual evidência provavelmente fornecerá a resposta mais adequada para a sua pergunta, o próximo passo é entender como as evidências são organizadas em relação a categorias de fontes de evidência. O modelo 6S de Haynes funciona como um norteador útil nesse processo, subagrupando as fontes de evidências científicas em seis níveis de processamento, descritos em detalhe na próxima seção.[5]

FONTES DE EVIDÊNCIA (MODELO 6S DE HAYNES)

A literatura científica pode ser organizada em um esquema gráfico de nível de processamento, também conhecido como o modelo 6S de Haynes, uma pirâmide com níveis de organização da evidência que podem ajudar a pesquisa da evidência no ambiente clínico, tendo sido desenhado como um método eficiente para encontrar informação num curto espaço de tempo Figura 2).[5] O modelo é representado por uma pirâmide com os seis níveis da organização da evidência para realizar uma boa pesquisa, composto por:

- **Estudos:** artigos científicos originais, indexados.
- **Sinopses de estudos:** são resumos de artigos científicos publicados.
- **Sínteses:** são sínteses de evidências, como revisões sistemáticas, que reúnem o corpo de evidência sobre determinado assunto, hipótese ou pergunta clínica.
- **Sinopses de sínteses:** são resumos de sínteses de evidências, que trazem os principais achados e implicações de revisões sistemáticas de alta qualidade.
- **Sumários:** são diretrizes clínicas ou textos atualizados regularmente que integram informações baseadas em evidências sobre problemas clínicos específicos.
- **Sistemas:** são serviços de suporte à decisão clínica, que combinam informações dos pacientes e fazem uma ligação direta com uma grande base de dados que fornece evidências relevantes para cada caso imediatamente.

A base da pirâmide é constituída por estudos primários, ou seja, investigações originais que incluem relatos de caso, estudos de caso-controle, coortes e

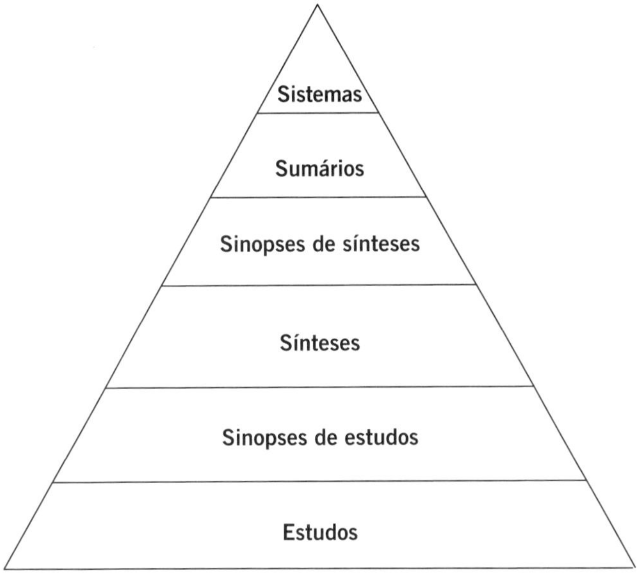

FIGURA 2 Pirâmide 6S de Haynes.
Fonte: adaptada de Dicenso et al., 2009.[5]

ensaios clínicos randomizados. *Esse é o nível menos processado da evidência.* À medida que a pirâmide se afunila em direção ao topo, aumenta o nível de processamento. Logo acima dos estudos primários estão as sínteses de evidência, compostas principalmente por revisões sistemáticas. Esse tipo de artigo é reconhecido como uma das melhores fontes de conhecimento, por apresentar um sumário de toda a evidência disponível sobre determinada questão de pesquisa. Uma *revisão sistemática de alta qualidade* é uma ótima fonte de evidência processada por diversas razões: ela define uma questão clínica focada; conduz uma busca sistemática, transparente e completa, incluindo todos os artigos relevantes para a sua questão clínica; julga o risco de viés dos estudos primários; avalia a qualidade do corpo de evidência de acordo com uma abordagem padronizada (por exemplo, o sistema GRADE); e sintetiza os achados.[6] Por sua vez, essa síntese pode ser apenas qualitativo-descritiva ou acompanhada de uma análise quantitativa, que lança mão de um procedimento estatístico denominado metanálise.

Em um nível ainda superior encontram-se os *sumários de evidência*, que resumem e avaliam o agregado da literatura (com base em revisões sistemáticas e estudos primários), com direcionamento e recomendações clínicas. Esses sumários podem ser 1) diretrizes de prática clínica (em inglês, *clinical practice guidelines*) e 2) textos baseados em evidências. Boas diretrizes clínicas incorporam todos os aspectos de uma revisão sistemática (isto é, a busca pela totalidade da evidência, bem como uma avaliação crítica completa) e ainda produzem *recomendações* baseadas na evidência disponível e na racionalização dos riscos e benefícios, uso de recursos e valores e preferências das partes interessadas, através de métodos transparentes.[6] Além de diretrizes clínicas, textos baseados em evidências podem ser encontrados em alguns dos sumários mais populares, como o DynaMed, o UpToDate e o BMJ Best Practice.

Embora não seja a forma mais eficiente de identificar informações clínicas ou simplesmente estudar determinado assunto, *a maioria dos consumidores da literatura científica tende a optar pelas buscas básicas no PubMed* antes mesmo de consultar fontes pré-avaliadas, sintetizadas e sumarizadas de evidência.[7,8] Além do PubMed, diversos outros buscadores de bases bibliográficas podem ser consultados para identificar artigos científicos, dentre eles: Embase, PASCAL, Cochrane Library, CINAHL, Web of Science, Scopus, SciELO e Google Acadêmico. Cada base bibliográfica contém milhares de artigos indexados, e, apesar de haver grande sobreposição entre diferentes bases, é possível que uma parcela de artigos relevantes para sua busca não esteja indexada em algumas bases. De um ponto de vista prático, as fontes de evidência podem ser classificadas em três grandes categorias: sumários e diretrizes; evidências pré-avaliadas; evidências brutas não avaliadas (Quadro 6).

BASES DE DADOS ELETRÔNICAS NA ÁREA DA SAÚDE

Bases eletrônicas são grandes coleções de publicações especializadas e disponibilizadas no ambiente virtual, que podem ser artigos científicos, livros, resumos de congressos, publicações governamentais, posicionamentos oficiais etc. Cada registro bibliográfico contém descrições ricas em forma de palavras-chave (*keywords*), termos de classificação de assunto (termos MeSH ou descritores) e seus resumos (*abstracts*). Existem bases de acesso gratuito, em que é possível montar a estratégia de busca e ter acesso a títulos e resumos disponíveis e bases pagas, nas quais, para realizar uma busca, é preciso fazer a assinatura. Instituições de ensino e pesquisa têm assinaturas de algumas bases pagas através da CAPES, geralmente. Ao final deste capítulo, você pode encontrar diversas bases de dados e buscadores que as acessam direta ou indiretamente.

QUADRO 6 Categorias principais e exemplos de fontes de evidências

Categoria	Descrição	Onde encontrar?
Sumários e diretrizes de prática clínica	Sumários fornecem informações sobre o corpo de evidência em um tópico, para inúmeras questões clínicas de interesse. Podem ser textos baseados em evidências ou diretrizes clínicas com recomendações para a prática.	**Sumários baseados em evidências:** • ACP Smart Medicine & AHFS DI® Essentials™ BMJ Best Practice DynaMed Plus UpToDate **Diretrizes de prática clínica:** • American Psychiatric Association (APA) • The Royal Australian and New Zealand College of Psychiatrists (RANZCP) • National Institute for Health and Care Excellence (NICE), elaborados pelo NCCMH • Canadian Network for Mood and Anxiety Treatments (CANMAT) • American Academy of Pediatrics (AAP), Guidelines for Adolescent Depression in Primary Care (GLAD-PC) • British Association for Psychopharmacology (BAP) • Canadian Network for Mood and Anxiety Treatments (CANMAT) e International Society for Bipolar Disorders (ISBD) • Scottish Intercollegiate Guidelines Network (SIGN)

continua

QUADRO 6 Categorias principais e exemplos de fontes de evidências (*continuação*)

Categoria	Descrição	Onde encontrar?
Evidências pré-avaliadas	Sinopses de revisões sistemáticas Revisões sistemáticas Sinopses de estudos Fornecem um resumo crítico com implicações práticas de determinado estudo (ou síntese de vários estudos).	• Cochrane Clinical Questions • ACP Journal Club (agora no *site* da revista *Annals of Internal Medicine*) • BMJ EvidenceAlerts • McMaster PLUS • MentalHealth Plus
Evidências brutas não avaliadas	Estudos primários, publicados em revistas revisadas por pares ou em formato de pré-*print*.	• PubMed (MEDLINE) • CINAHL • Embase • APA PsycInfo® • Google Acadêmico

Fonte: elaborado pelo autor.

Antes de tudo, devemos escolher qual base de dados utilizar, já que existem várias atualmente à disposição. A National Library of Medicine (NLM) dos Estados Unidos criou, inicialmente, a MEDLARS (MEDical Literature Analysis and Retrieval System), na década de 1960. Em 1971, a base foi transformada no MEDLINE (MEDlars onLINE), composto atualmente por mais de 28 milhões de referências a artigos em mais de 5.200 periódicos, em 40 linguagens diferentes, publicados desde 1966. A maior parte das publicações está em inglês. A base do MEDLINE pode ser acessada através de serviços gratuitos de busca (como o PubMed) ou pagos (como o Ovid). A base do Embase seria o equivalente europeu da MEDLINE, desenvolvido pela Excerpta Medica Foundation. Possui referências de 8.500 periódicos e mais de 32 milhões de publicações. Para identificar publicações especificamente de revistas da América Latina e do Caribe, recomenda-se o uso da base de dados LILACS, organizada pelo Centro Latino-Americano e do Caribe de Informações em Ciências da Saúde – BIREME. Todas essas bases de dados lidam preferencialmente com literatura médica e biomédica. Caso o interesse seja por nichos mais específicos, é recomendável buscar por bases de dados que também sejam específicas. Por exemplo, ao buscar por artigos de revisão sobre psicoterapia, se restringir apenas ao MEDLINE provavelmente não será uma boa ideia. Nesse caso, é importante buscar por bases relevantes para a área da Psicologia como o PsycInfo, mantido pela APA (American Psychological Association).

Bases bibliográficas podem ser divididas em *duas categorias*: as bases que guardam *um tipo de publicação* (por exemplo, apenas artigos científicos) sobre diversos assuntos/áreas; ou as bases que guardam *todos os tipos de publicação* sobre uma área específica do conhecimento (por exemplo, o CINAHL – Cumulative Index to Nursing and Allied Health Literature é uma base que cobre a literatura sobre enfermagem e outras áreas adjacentes da saúde em diversos formatos: livros, artigos, relatos, dissertações etc.).

Algumas bases bibliográficas oferecem apenas citações ou resumos, enquanto outras disponibilizam textos completos de artigos ou documentos. Ainda, podemos ter bases bibliográficas de *livre acesso* (por exemplo, a base MEDLINE é acessada gratuitamente através do PubMed), enquanto outras bases são restritas apenas a assinantes (como o Embase). É importante notar que o fato de os buscadores serem de livre acesso, como no caso do PubMed, *não significa* que os artigos estarão disponíveis para *download* a partir deles. A maioria das revistas científicas disponibiliza seus artigos científicos apenas para assinantes ou vende o acesso a artigos individuais separadamente: são os "*subscription-based journals*". Ao abrir um artigo na revista em que foi publicado, o texto completo pode estar disponível gratuitamente para acesso (*open access*) ou apenas para pagantes. Algumas revistas científicas trabalham de forma híbrida – publicando artigos *open access* e artigos apenas para pagantes. Algumas revistas trabalham em uma espécie de "*delayed open access*": todos os artigos, assim que publicados, são disponibilizados apenas para pagantes e, após seis meses de publicação, os artigos são liberados para todo o público, em acesso livre. Existem muitos artigos disponibilizados gratuitamente ao leitor pelo PubMed Central. Quando esse for o caso, o artigo (na página do PubMed) será assinalado como "Free PMC article", em laranja.

TRANSFORMANDO SUA PERGUNTA EM ESTRATÉGIA DE BUSCA

O próximo passo após escolher uma base de dados é elaborar uma estratégia de busca avançada e estruturada. O objetivo de toda busca é identificar a evidência relevante para determinada questão clínica. Dessa forma, é importante definir de antemão *qual é a questão* a ser respondida. Por exemplo, podemos estar interessados no efeito de *uma intervenção* específica, para um desfecho específico, em uma população específica: "Qual é o efeito de psicoterapia cognitivo-comportamental na redução de sintomas depressivos de pacientes com depressão refratária à farmacoterapia?". É possível, ainda, definir o tipo de delineamento. Nesse caso, podemos estar interessados apenas em ensaios clínicos randomizados. Seguindo o *método PICOS*, definimos os seguintes componentes:

- População: indivíduos com depressão refratária à farmacoterapia.
- Intervenção: terapia cognitivo-comportamental.
- Controle: tratamento usual ou atenção mínima.
- *Outcomes* (desfechos): sintomas depressivos e qualidade de vida.
- *Study design* (delineamento): ensaios clínicos randomizados.

Em uma busca avançada e estruturada no PubMed, cada componente do acrônimo PICOS é separado do outro pelo operador booleano **AND**, como no modelo a seguir:

(população) **AND** (intervenção) **AND** (controle)
AND (desfechos) **AND** (delineamento)

Dentro de cada conceito, é importante que sejam utilizadas variações dos termos componentes. Por exemplo, estudando uma população de indivíduos com depressão, é importante pensar em todas as formas como os artigos podem se referir a essa condição. Normalmente são diversos os termos utilizados para se referir ao mesmo conceito nos artigos científicos, o que pode tornar a elaboração de uma estratégia de busca mais trabalhosa. É importante destacar que nem toda estratégia de busca precisa, necessariamente, contar com todos os componentes PICO simultaneamente. Por exemplo, o componente "controle" pode não ser particularmente necessário para nossa questão, caso não haja interesse em um comparador específico em estudos que avaliam sua efetividade. Nesse caso, estudos que comparam TCC *versus* todo e qualquer possível comparador serão potencialmente relevantes.

Neste momento, você já está apto a seccionar e estruturar uma dúvida clínica em componentes da PICO. A próxima etapa é a transformação dessa estrutura em uma estratégia de busca utilizável em buscadores como o PubMed. A primeira etapa da transformação é identificar os principais termos correspondentes a cada conceito que compõe sua pergunta clínica. Para isso, fontes de informação úteis incluem livros técnicos, diretrizes de prática clínica, posicionamentos e consensos de instituições da área, textos livres e *blogs*, artigos científicos e artigos da Wikipedia.

Assim que os principais termos são identificados, eles devem ser combinados entre si com os operadores booleanos adequados. Diferentes termos que se referem aos mesmos conceitos são chamados de "sinônimos" e devem ser combinados entre si com o operador 'OR'. Por exemplo: *brain OR cerebral OR encephalic OR neurological*. Conceitos diferentes, por sua vez, serão combinados entre si através do operador "AND". Por exemplo: (*brain OR cerebral OR encephalic OR neurological*) *AND* (*psychotherapy OR behavioral therapy*).

Buscas como essas também podem ser conduzidas em fontes de evidência pré-avaliada, como DynaMed e UpToDate. Nesses casos, por se tratar de ambientes mais específicos e seletivos, as estratégias de busca podem ser mais simples: um ou dois termos para a população (ou problema) de interesse e para a intervenção (ou exposição) de interesse será normalmente suficiente para encontrar a grande maioria das informações relevantes. Por exemplo, para encontrar informações sobre diagnóstico de esquizofrenia, uma simples busca pelo termo "schizophrenia" no UpToDate já bastará. No entanto, vale a ressalva de que fontes pré-avaliadas nem sempre contemplam todas as evidências relevantes sobre determinado assunto, nem sempre estão atualizadas, e são desenvolvidas por especialistas de forma não sistemática.

QUADRO 7 Elaboração de estratégia de busca a partir de uma PICO

Componentes PICO		Termos de busca	Exemplos de estratégias de busca (PubMed)
P	Pacientes com suspeita de esquizofrenia	Schizophrenia	Schizophrenia *OR* Schizophrenic
I	Ressonância magnética	Magnetic resonance imaging	"Magnetic Resonance Imaging" *OR* MRI *OR* NMR
C	Tomografia computadorizada	Computed tomography	"Tomography, X-Ray Computed" [Mesh] *OR* "computed tomography" *OR* CT *OR* CT-scan
O	Acurácia diagnóstica	Diagnostic accuracy	Diagnosis *OR* diagnostic *OR* Accuracy *OR* "diagnostic performance" *OR* "diagnostic value" *OR* "diagnostic ability" *OR* "diagnostic accuracy"

Fonte: elaborado pelo autor.

EXEMPLO DE DÚVIDA CLÍNICA ESTRUTURADA: EM PACIENTES COM SUSPEITA DE ESQUIZOFRENIA, QUAL É A ACURÁCIA DIAGNÓSTICA DA RESSONÂNCIA MAGNÉTICA COMPARADA À TOMOGRAFIA COMPUTADORIZADA?

Os operadores booleanos **AND** e **OR** são utilizados para combinar termos de busca. Na maioria das plataformas de busca, eles serão reconhecidos e desempenharão suas respectivas funções: a combinação de dois termos entre si com o operador **OR** sinalizará ao buscador que você deseja encontrar artigos que mencionam qualquer um dos dois termos combinados. Ele será utilizado para combinar sinônimos de cada conceito da sua dúvida clínica entre si. Em contrapartida, o operador **AND** sinalizará ao buscador que você deseja encontrar artigos que mencionam obrigatoriamente ambos os termos combinados. Ele será utilizado para combinar diferentes conceitos da sua dúvida clínica.[3]

No buscador avançado do PubMed, uma busca estruturada incluindo termos relacionados a pacientes com suspeita de esquizofrenia (população), ressonância magnética (teste-índice), tomografia computadorizada (comparador) e acurácia diagnóstica (desfecho) resultará no painel mostrado na Figura 4.

No primeiro bloco (de baixo para cima), foram pesquisados termos relacionados à população de interesse, que retornou mais de 171 mil resultados. No segundo bloco (teste-índice), mais de 985 mil. No terceiro (comparador), mais de 1 milhão. No quarto (desfecho), mais de 12 milhões. Ao combinar todos os blocos (população + teste-índice + comparador + desfecho) entre

Query	Results	Time
Search: **#7 AND #8 AND #9 AND #10** Sort by: **Most Recent**	577	17:10:08
Search: **Diagnosis OR diagnostic OR Accuracy OR "diagnostic performance" OR "diagnostic value" OR "diagnostic ability" OR "diagnostic accuracy"** Sort by: **Most Recent**	12,362,797	17:09:39
Search: **"Tomography, X-Ray Computed"[Mesh] OR "computed tomography" OR CT OR CT-scan** Sort by: **Most Recent**	1,002,611	17:09:06
Search: **"Magnetic Resonance Imaging" OR MRI OR NMR** Sort by: **Most Recent**	985,884	17:09:01
Search: **Schizophrenia OR Schizophrenic** Sort by: **Most Recent**	171,874	17:08:40

FIGURA 3 Buscas executadas em blocos na interface do Pubmed.
Fonte: adaptada de https://pubmed.ncbi.nlm.nih.gov

si, através do operador booleano AND, foram obtidos 577 resultados. Um número manejável de referências, que pode ser ainda mais reduzido com técnicas para buscas fechadas, será descrito na próxima seção.

ATIVIDADE PRÁTICA

Identifique palavras-chave e sinônimos no DeCS em português, espanhol e inglês para o termo "transtorno por uso de substâncias" (disponível em: https://decs.bvs.br) e no MeSH em inglês (disponível em: https://www.ncbi.nlm.nih.gov/mesh/).

AMPLITUDE DE ESCOPO: BUSCA ABERTA E BUSCA FECHADA

São estratégias de busca com alta sensibilidade e baixa especificidade. Na prática, a busca é análoga a uma pesca em que você está lançando uma rede maior, com pouca abertura (malha fina). Quanto maior a sensibilidade, maior a capacidade de uma busca capturar todos os artigos relevantes – mas isso é acompanhado de um custo: normalmente, esse tipo de busca também retorna uma quantidade excessiva de artigos irrelevantes. Caso o excesso de "lixo" seja um empecilho, a solução é tornar essa busca mais fechada: o número de artigos retornados será menor quanto maior for a especificidade da estratégia, o que virá às custas de uma redução na sensibilidade – aumentando o risco de que algum artigo relevante seja perdido (não identificado pelo buscador).[7,8]

Em qualquer pesquisa que você faça, caso sejam retornados poucos artigos, é possível ampliar o escopo da sua estratégia de busca (ou seja, aumentar a sensibilidade). Uma maneira eficaz de aumentar a sensibilidade é acrescentando sinônimos, combinados com o operador booleano *OR*, para cada conceito que compõe sua pergunta de pesquisa. Por exemplo, note a seguinte busca por estudos sobre depressão:

depression OR depressive OR depressed

A princípio, a busca é específica e razoavelmente adequada para encontrar artigos que especificamente abordam o assunto "depressão". No entanto, outros termos podem ser utilizados em artigos científicos que se referem de forma mais geral ao conceito de transtornos de humor. Caso o número de artigos retornados seja insatisfatório, é possível adicionar termos inespecíficos, correlacionados à depressão, em uma tentativa de encontrar artigos potencialmente relevantes que não mencionam exatamente os termos relacionados à depressão, mas podem fornecer informações relevantes sobre o tema. Um desses termos é justamente "transtornos de humor". Adicionando à construção da busca, em inglês, temos o seguinte:

depression OR depressive OR depressed OR "mood disorders" OR "mood disorder"

Em contrapartida, caso sua busca tenha retornado referências em quantidade excessiva, é possível torná-la mais específica. Existem diversas formas de aumentar a especificidade de uma estratégia de busca:

- Incluindo outros conceitos (componentes da PICO), combinados com o operador booleano "AND" ao restante da busca.
- Utilizando filtros (por exemplo, estudos conduzidos em humanos; revisões sistemáticas; faixas etárias específicas).
- Utilizando delimitações temporais para retornar artigos publicados dentro de determinada faixa de tempo.
- Utilizando delimitações de campo de busca, para que o buscador procure por termos apenas no título e/ou no resumo dos artigos.

A sensibilidade e especificidade de uma busca sempre serão contrabalanceadas, sendo impossível formular uma estratégia perfeita, ou seja, 100% específica e 100% sensível. Sempre há risco de uma busca não retornar alguma quantidade de artigos realmente relevantes (erro tipo II) ou retornar alguma quantidade de artigos irrelevantes (erro tipo I). O equilíbrio desejável fornecerá uma quantia realisticamente manejável de resultados a serem triados através de uma sondagem dos títulos e resumos, para que posteriormente só os artigos com alta probabilidade de relevância e utilidade sejam eventualmente lidos na íntegra.[9]

É de recomendação do autor que a construção da busca seja inicialmente mais específica, e que, dependendo do número de resultados, o leitor esteja pronto para remover certos termos não essenciais que podem estar tornando a busca excessivamente específica. Por exemplo, em uma busca por estudos sobre o efeito da suplementação de ômega-3 na redução de sintomas depressivos em pessoas com diagnóstico de depressão maior, especificações não essenciais como sexo, gênero e faixa etária podem reduzir substancialmente o número de artigos retornados. Caso essas especificações sejam consideradas não essenciais de acordo com sua pergunta clínica, será preferível a remoção dos termos para que seja identificada a maior quantidade de estudos possível.

Buscas específicas aumentam o risco de que artigos relevantes sejam perdidos; no entanto, as consequências reais disso não são tão graves quanto podem parecer. Existem técnicas pós-busca que permitem a identificação desses artigos não identificados, a saber:

- Construção de redes de citações com recursos de inteligência artificial (sugestão do autor: www.insightful.xyz).
- Identificação de artigos relacionados (função *Similar articles*) na página do PubMed.
- Identificação de artigos que citam os estudos identificados (função *Cited by*) na página do PubMed.
- Listas de referência dos artigos selecionados como potencialmente relevantes.

ATIVIDADE PRÁTICA

Elabore uma estratégia para recuperar publicações sobre intervenções não medicamentosas e risco de transtornos alimentares, considerando os termos a seguir e o uso adequado dos operadores booleanos: terapia cognitivo-comportamental, terapia familiar sistêmica e transtornos alimentares.

Uma ficha de busca prática e útil para a rotina clínica pode ser encontrada no Quadro 8.

QUADRO 8 Ficha de busca prática

Parte 1. Questão clínica estruturada			
Questão por extenso:			
Paciente ou população:			
Intervenção/exposição:			
Comparador/controle:			
Desfecho:			
Parte 2. Estratégia de busca (simplificada)			
	Descritor básico	**Sinônimo 1**	**Sinônimo 2**
P	OR		OR
I	OR		OR
C	OR		OR
O	OR		OR

Fontes de evidência pré-avaliadas na psicologia

Evidências científicas previamente avaliadas são entendidas como qualquer estudo que tenha passado pelo processo de leitura, síntese, avaliação crítica e/ou interpretação pós-publicação. Uma fonte de evidência pré-avaliada não apenas fornece dados dos estudos, mas também pode apresentar uma resenha crítica (que pode ser breve ou extensa), com informações resumidas sobre o que foi feito nos estudos, quais são suas limitações e pontos positivos, e com qual grau de certeza podemos confiar nos resultados apresentados.

Existem vários formatos de fontes pré-avaliadas de evidência: elas podem ser simplesmente uma pessoa (ou grupo de pessoas) que decidiu ler e interpretar criticamente um estudo. É possível que uma instituição faça esse tipo de trabalho e disponibilize a resenha da evidência. Outra fonte de evidência pré-avaliada são as revisões sistemáticas, uma vez que faz parte desse tipo de estudo reunir os estudos primários, avaliar criticamente o risco de viés e fornecer uma interpretação dos resultados sintetizados.

Existem diversas vantagens em iniciar sua busca por fontes sintetizadas e pré-avaliadas de evidência:

- Tomar conhecimento da totalidade do corpo de evidência de forma mais rápida, economizando o tempo que seria desperdiçado buscando pelos artigos primários manualmente.
- Minimizar o risco de perder evidências relevantes caso fosse buscar por artigos individuais através de buscas excessivamente específicas em buscadores de bases bibliográficas.
- Ter uma visão crítica da evidência disponível, uma vez que boas revisões sistemáticas e/ou diretrizes têm a obrigação de avaliar o risco de viés e qualidade da evidência dos artigos primários.
- Obter uma evidência com maior probabilidade de estar "pronta para uso" na tomada de decisão, com respostas mais definitivas do que se você fosse considerar cada estudo primário individualmente.

No nível mais alto da pirâmide das fontes de evidências encontramos os sumários, que incluem plataformas eletrônicas como *DynaMed*, *UpToDate* e *BMJ Best Practice*. Diretrizes baseadas em evidência, quando bem conduzidas, também são exemplos de sumários que fornecem uma revisão sistemática da literatura sobre questões clínicas em conjunto com recomendações para prática clínica. As diretrizes podem ser produzidas por diversas sociedades, nacionais ou internacionais e/ou instituições de saúde. A busca por diretrizes clínicas pode partir do conhecimento prévio de organizações reconhecidas por produzir esse tipo de material, mas nem sempre isso será o caso. Quando não conhecemos organizações desse tipo em nossa área de interesse, podemos utilizar duas estratégias distintas:

- Buscadores específicos para identificar diretrizes clínicas.
- Buscar por diretrizes clínicas (publicadas em revistas indexadas) diretamente nas bases bibliográficas.

Existem alguns buscadores otimizados para encontrar diretrizes clínicas, sejam elas publicadas em revistas indexadas ou não. O principal buscador dessa natureza é o *TRIP Database*, que permite identificar evidência de alto grau de processamento com facilidade e rapidez. O buscador funciona com um algoritmo que pontua os resultados de acordo com três critérios para estabelecer a ordem dos resultados: a *frequência de aparecimento* dos termos que você utilizou nos resultados obtidos (por exemplo, *guidelines* que citam a palavra "*depression*" apenas duas vezes no texto terão menos prioridade do que *guidelines* que citam essa palavra mais de 50 vezes); *escore de publicação* com base em qualidade; por último, *data de publicação* (os mais recentes tendem a ser priorizados). Outras fontes de *guidelines* são o *SIGN*, *NICE* e o *website* do *National Institutes of Health*.

A segunda estratégia para identificação de sumários da evidência é através das próprias *bases bibliográficas*, lançando mão de uma *estratégia de busca* que faça referência aos conceitos que lhe interessam e, ao mesmo tempo, restrinja os achados apenas a *guidelines* e afins. Felizmente, a grande maioria das diretrizes clínicas relevantes estão publicadas em periódicos indexados.

Além de limitações metodológicas, muitas diretrizes podem estar desatualizadas ou incompletas, podendo haver discordância entre as diretrizes disponíveis ou simplesmente não haver uma diretriz que responda à sua questão clínica de interesse.[5,10] Nesses casos, seguimos em direção à base da pirâmide de processamento, agora buscando por *sínteses de evidência*, priorizando revisões sistemáticas de alta qualidade. Na maioria das vezes, isso será feito através de uma busca avançada e bem estruturada no PubMed, restringindo os resultados a revisões sistemáticas – os métodos para realizar essa busca serão elaborados em capítulos posteriores.

Felizmente, existem outras formas de identificar revisões sistemáticas além de buscas manuais pelas bases bibliográficas. A *Colaboração Cochrane* mantém uma base de revisões sistemáticas de alta qualidade que pode ser acessada pela *Cochrane Library*. Apesar de não cobrir todas as questões clínicas possíveis em saúde, a base da Cochrane é um bom ponto de partida para identificar revisões sistemáticas de alta qualidade. Outro buscador muito valioso é o *Epistemonikos*, especificamente desenvolvido para auxiliar na busca por revisões sistemáticas, entre outros tipos de evidência científica. Um dos pontos mais interessantes do Epistemonikos é o fato de conectar revisões sistemáticas com os estudos que foram incluídos nelas. Isso permite facilmente identificar múltiplas revisões baseadas nos estudos em comum, o que por sua vez fornece uma visão mais completa da literatura publicada. Além disso, a base conta com algumas ferramentas para comparar revisões sistemáticas entre si.[11]

BUSCAR PELA LITERATURA CIENTÍFICA PODE SER FÚTIL

É provável que o leitor se depare com a frustração de não identificar evidências relevantes para sanar suas dúvidas clínicas. A literatura científica não será particularmente útil quando a ciência carece de instrumentos de aferição ou desenhos de estudo viáveis para testar determinada hipótese. É possível que existam métodos capazes de responder sua dúvida clínica, mas nenhum estudo tenha sido conduzido (ou publicado em revistas indexadas às maiores bases bibliográficas) até então. Nesses casos, independentemente dos seus melhores esforços, infelizmente não haverá evidência disponível. O conhecimento prévio do estado da arte da literatura em relação a um tema específico (informado por revisões abrangentes, de amplo escopo) poupará tempo e esforço evitando pesquisas que serão provavelmente pouco frutíferas.

CONSIDERAÇÕES FINAIS

Identificar a totalidade da evidência é imprescindível para encontrar respostas convincentes sobre determinada questão clínica, o que pode se tornar uma tarefa desafiadora para o consumidor da literatura científica. Felizmente, diretrizes clínicas, sumários baseados em evidências e revisões sistemáticas de alta qualidade tendem a tornar o processo de identificação e interpretação da evidência mais prático e eficiente. Na ausência dessas fontes de evidência pré-avaliadas e sintetizadas, entretanto, precisamos lançar mão de habilidades de busca diretamente nas bases bibliográficas. Nesses casos, o leitor deve elaborar estratégias de busca que retornem resultados manejáveis, isto é, a busca deve ser específica o suficiente a ponto de não retornarem mais artigos do que se pode ler e adequadamente sensível para que não sejam perdidos excessivos artigos relevantes para o entendimento do assunto de interesse. Ao estruturar uma estratégia de busca, lembre-se de:

- Identificar palavras-chave e sinônimos relevantes para cada componente de interesse.
- Usar adequadamente os operadores booleanos para conectar os termos.
- Definir o desenho de estudo de interesse, se aplicável.
- Definir se a estratégia de busca será aberta ou fechada.
- Definir se será necessário utilizar filtros e outros limites para restringir o número de resultados obtidos.

QUADRO 9 Fontes de busca

Fontes de sumários
• British Medical Journal Clinical Evidence (BMJ Best Practice)
• DynaMed
• UpToDate
• Social Care Institute for Excellence – Social Care Online
• Center for Reviews and Dissemination (CRD)
Fontes de diretrizes de prática clínica
• Australian Government Clinical Best Practice
• Australian Psychological Society – Evidence-based and Quality Information for Psychologists (EQIP)
• American Academy of Pediatrics (AAP) Guidelines for Adolescent Depression in Primary Care (GLAD-PC)
• American Group Psychotherapy Association – Practice Guidelines for Group Psychotherapy
• American Psychiatric Association (APA)
• British Psychological Society
• British Association for Psychopharmacology (BAP)
• Canadian Network for Mood and Anxiety Treatments (CANMAT)
• Centre of Effective Practice – Guidelines Advisory Committee (GAC)
• CP Clinical Practice Guidelines (Australian Psychological Society)
• German Guidelines Clearinghouse
• Guidelines International Network
• Institute for Clinical Systems Improvement
• McGill, CA / Best Practices in Psychology Portal / Guidelines

continua

QUADRO 9 Fontes de busca (*continuação*)

Fontes de diretrizes de prática clínica (*continuação*)
• National Health and Medical Research Council
• National Institute for Clinical Excellence (NICE)
• Scottish Intercollegiate Guidelines Network (SIGN)
• Substance Abuse and Mental Health Services Administration (SAMHSA): National Registry of Evidence-Based Programs and Practices (NREPP)
• Society of Clinical Psychology (DIV12)
• The Royal Australian and New Zealand College of Psychiatrists (RANZCP)
• University of Ottawa's Psychotherapy and Practice Research Network
Fontes de evidências pré-avaliadas
• ACP Journal Club
• Cochrane Library
• EvidenceAlerts
• McMaster PLUS
• NEJM Journal Watch
• MentalHealth Plus
• Rapid Recommendations (BMJ)
Fontes de pesquisas federadas
• ACCESSSS
• Epistemonikos
• SUMSearch 2
• TRIP (Turning Research into Practice)
Fontes de literatura cinza (estudos não publicados)
• New York Academy of Medicine Grey Literature Report
• GreySource Index
• Global Index Medicus
• WorldCat OAIster
• Center for Research Libraries
• National Technical Information Service
• CADTH Grey Matters
• FDA Drug Information

continua

QUADRO 9 Fontes de busca (*continuação*)

Registros de protocolos de estudos
• CenterWatch
• ClinicalTrials.gov
• EU Clinical Trials Register
• Pan African Clinical Trail Registry
• PROSPERO (international prospective register of systematic reviews)
• UK Clinical Research Collaboration (UKCRC) Clinical Trials Units
• WHO International Clinical Trials Registry

Fonte: elaborado pelo autor.

QUADRO 10 Principais buscadores e bases bibliográficas

Buscadores	Descrição
PubMed	PubMed é o buscador gratuito, mantido pelo National Center for Biotechnology Information (NCBI) da Biblioteca Nacional de Medicina (NLM).
Embase	Buscador de uma base europeia, criada em 1947, que contém mais de 32 milhões de publicações (dados de março de 2019). A interface de acesso à Embase está na língua inglesa, de modo que os termos para as buscas também devem estar em inglês.
Cochrane Library	Base de dados com revisões sistemáticas extensas que frequentemente incluem metanálises. Mantida pela Colaboração Cochrane, uma organização internacional sem fins lucrativos, e publicada pela Wiley InterScience. Excelente fonte de evidência para direcionar tomada de decisão na área da saúde sobre efetividade de tratamentos.
SciELO	A Scientific Electronic Library Online é uma biblioteca eletrônica que abrange uma coleção selecionada de periódicos científicos brasileiros.
Web of Science	É uma base multidisciplinar que abrange mais de 170 milhões de referências indexadas entre mais de 34 mil periódicos.

continua

QUADRO 10 Principais buscadores e bases bibliográficas (*continuação*)

Bases de dados	Descrição
MEDLINE	É uma base norte-americana, mantida pela U.S. National Library of Medicine (NLM), que dá acesso a mais de 25 milhões de referências de periódicos de Biomedicina e Saúde (dados de março de 2019). Apesar de ter sido criada em 1966, contém publicações anteriores a essa data. A interface de acesso ao MEDLINE está em língua inglesa, de modo que os termos das buscas também devem estar em inglês.
LILACS	É uma base latino-americana, criada em 1982, que conta atualmente com cerca de 851.697 publicações (dados de março de 2019). Há opção de manter sua interface de acesso em inglês, português ou espanhol, de modo que as buscas podem ser feitas em qualquer um dos três idiomas. A LILACS conta com seu próprio buscador.
Embase	É uma base bastante completa da área biomédica e farmacológica, mantida pela Elsevier, de acesso limitado apenas a usuários pagantes. O Embase conta com seu próprio buscador.
Cochrane Database of Systematic Reviews	Base de dados de revisões sistemáticas produzidas e publicadas pela Colaboração Cochrane. Conta com revisões sistemáticas sobre questões de terapia, prognóstico, diagnóstico, entre outras. A Cochrane conta com seu próprio buscador.
Cochrane Central Register of Controlled Trials	É a base bibliográfica da Cochrane, que indexa apenas ensaios clínicos controlados – ou seja, estudos prospectivos, conduzidos em humanos, que realizam uma comparação entre pelo menos dois grupos. A Cochrane conta com seu próprio buscador.
PsycInfo	PsycInfo é um banco de dados de literatura no campo da psicologia. É produzido pela American Psychological Association e distribuído na APA PsycNET da associação e por meio de fornecedores terceirizados. É a versão eletrônica do já extinto Psychological Abstracts. O acesso não é gratuito. O PsycInfo conta com seu próprio buscador.

continua

QUADRO 10 Principais buscadores e bases bibliográficas (*continuação*)

Bases de dados	Descrição
Scopus	Base da Elsevier, conta com mais de 82,4 milhões de registros indexados nas áreas de ciências da vida, ciências sociais e ciências da saúde. Disponível apenas para pagantes. O Scopus conta com seu próprio buscador.

Fonte: elaborado pelo autor.

REFERÊNCIAS

1. Latorraca C, Rodrigues M, Pacheco RL , Luiza A & Riera R. Busca em bases de dados eletrônicas da área da saúde: por onde começar. Diagn. Tratamento. 2019.
2. Brown D. A Review of the PubMed PICO Tool: Using Evidence-Based Practice in Health Education. Health promotion practice, 2020;21(4), 496-498.
3. Facchiano L, Snyder CH. Evidence-based practice for the busy nurse practitioner: part two: searching for the best evidence to clinical inquiries. J Am Acad Nurse Pract. 2012;24(11):640-8.
4. Guyatt G, Meade M, Agoritsas T, Richardson WS, Jeaschke R. What is the question? In: Guyatt G, Rennie D, Meade M, Cook D, editors. Users' Guides to the Medical Literature: A Manual for Evidence-Based Clinical Practice. 3rd edition. New York, NY: McGraw-Hill Education; 2014. pp. 19-28.
5. Dicenso A, Bayley L, Haynes RB. Accessing pre-appraised evidence: fine-tuning the 5S model into a 6S model. Evid Based Nurs. 2009;12(4):99-101.
6. Murad MH, Montori VM, Loannidis JP, Jaeschke R, Devereaux PJ, Prasad K, Neumann I, Carrasco-Labra A, Agoritsas T, Hatala R, Meade MO, Wyer P, Cook DJ & Guyatt G. How to read a systematic review and meta-analysis and apply the results to patient care: users' guides to the medical literature. JAMA, 2014;312(2), 171-179.
7. Castillo DL, Abraham NS. Knowledge management: how to keep up with the literature. Clin Gastroenterol Hepatol. 2008;6(12):1294-300.
8. Forrest JL, Overman P. Keeping current: a commitment to patient care excellence through evidence based practice. J Dent Hyg. 2013:87 Suppl 1:33-40.
9. Bramer WM, de Jonge GB, Rethlefsen ML, Mast F & Kleijnen J. A systematic approach to searching: an efficient and complete method to develop literature searches. Journal of the Medical Library Association: JMLA, 2018);106(4), 531-541.
10. Woolf SH, Grol R, Hutchinson A, Eccles M & Grimshaw J. Clinical guidelines: potential benefits, limitations, and harms of clinical guidelines. BMJ (Clinical research ed.), 1999;318(7182), 527-530.
11. Slawson DC, Shaughnessy AF, Bennett JH. Becoming a medical information master: feeling good about not knowing everything. J Fam Pract. 1994;38(5):505-13.

15

Sensibilidade cultural na prática baseada em evidências em psicologia

Ramiro Figueiredo Catelan
Thiago Mácimo Pereira
Bernardo Paim de Mattos

O objetivo deste capítulo é apresentar os fundamentos da sensibilidade cultural na prática baseada em evidências em psicologia (PBEP) no contexto clínico. A discussão estrutura-se da seguinte forma: num primeiro momento, discutimos a definição de cultura e seu papel na PBEP. Na sequência, descrevemos os principais modelos teóricos envolvendo o papel da cultura no contexto clínico: competências culturais (ou multiculturais) e humildade cultural, apresentando as diferenças entre eles. A seguir, conceitualizamos e destacamos a relevância da sensibilidade cultural, para então apresentarmos sugestões de como incorporá-la no contexto da psicoterapia.

CULTURA, MARCADORES SOCIAIS DA DIFERENÇA E A PRÁTICA BASEADA EM EVIDÊNCIAS EM PSICOLOGIA

Um princípio fundamental da PBEP é a compreensão de que cada indivíduo é um produto único de uma multiplicidade de influências culturais. A cultura "pode ser definida como um conjunto de elementos que mediam e qualificam qualquer atividade física ou mental, que não seja determinada pela biologia, e que seja compartilhada por diferentes membros de um grupo social".[1] Ela, portanto, desempenha um papel fundamental na formação da identidade, visão de mundo e modo de compreensão da saúde mental.

A cultura é frequentemente entendida como o conjunto de conhecimentos, crenças, artes, leis, costumes e todos os outros hábitos e capacidades adquiridos pelos seres humanos como membros de uma sociedade. Esse conceito, no entanto, vai além das manifestações tangíveis; ele engloba também dimensões intangíveis, como os valores e normas que moldam a percepção e o comportamento dos indivíduos. A cultura dá forma à nossa existência, influenciando desde as expressões mais universais da humanidade até as particularidades mais singulares de cada grupo social.[2]

A compreensão dessas influências culturais é primordial para a psicologia clínica. Afinal, como poderíamos construir um tratamento pautado na PBE se ignorarmos o tecido cultural que envolve nosso paciente? A literatura tem ressaltado a importância de considerar as dimensões culturais nas ciências da saúde e, por extensão, na prática psicológica, enfatizando como a cultura permeia todos os aspectos da experiência humana, incluindo valores e princípios, normas e prescrições, linguagem, símbolos e construtos cognitivos, padrões comportamentais e interacionais e experiências internalizadas e incorporadas.[2-4] A eficácia dos tratamentos em saúde – principalmente os psicoterápicos – é profundamente afetada pela maneira como cultura e prática se entrelaçam.[5]

Marcadores sociais da diferença é um conceito associado à cultura, com consequências significativas para a PBEP, e dizem respeito às características ou atributos que são usados socialmente para distinguir e categorizar indivíduos ou grupos de pessoas. Esses marcadores são frequentemente baseados em aspectos visíveis ou identificáveis que são associados a diversas identidades sociais e culturais. Eles podem incluir raça/etnia, gênero e identidade de gênero, orientação sexual, classe social, religião, idade, capacidade física e mental, nacionalidade e *status* migratório, entre outros.[6]

A maneira como os indivíduos percebem, interpretam e reagem aos tratamentos psicológicos é profundamente influenciada por suas referências culturais e marcadores sociais da diferença. Assim, a eficácia de uma intervenção em um contexto cultural específico pode não ser replicável em outro, o que demanda dos profissionais flexibilidade e disposição para ajustar suas práticas às características culturais, valores, linguagem, vulnerabilidades e necessidades específicas de seus pacientes.[7]

A prática clínica do terapeuta que adota a PBEP como modelo ético e técnico requer mais do que simplesmente aplicar as melhores evidências disponíveis: depende da incorporação da sensibilidade cultural, um processo fundamentalmente enriquecido pela admissão do não conhecimento. A habilidade de manter uma postura voltada ao outro, aberta aos aspectos culturais significativos para a pessoa em questão, é essencial.[8] Nesse contexto, a ênfase na autorreflexão e introspecção genuína, associada ao conhecimento sobre aspectos culturais de grupos específicos, mostra-se crucial. Tal foco promove o aprendizado por meio da escuta ativa, normalizando a aceitação do não saber enquanto se esforça para compreender e crescer junto com cada paciente a partir de suas experiências.

A formação de psicólogos culturalmente sensíveis envolve uma variedade de procedimentos de treinamento, incluindo aulas, discussões, uso de cenários de caso específicos, imersão cultural, *role-playing*, contato com indivíduos neurodivergentes e afirmativamente diversos e autorreflexão sobre interações com pacientes. Em uma revisão sistemática especificamente focada em estudos primários de treinamento em competências culturais, evidências apontam para o aumento do conhecimento nessa área nos últimos anos, embora os resultados para mudanças em atitudes, consciência e habilidades dos terapeutas tenham sido mistos. Dada a complexidade associada à cultura e o amplo número de variáveis que podem ser classificadas como culturais, junto do fato de que não há informações suficientes para sugerir que métodos curriculares específicos ou conteúdo produzam resultados confiáveis, o campo deve reconsiderar a base do treinamento em competência cultural em psicologia clínica.[9]

O MODELO DAS COMPETÊNCIAS CULTURAIS OU MULTICULTURAIS

O conceito de competências culturais ou multiculturais emergiu da necessidade de entender e valorizar a diversidade cultural dentro das práticas de saúde, incluindo a psicologia clínica. Surgido nas décadas de 1970 e 1980, esse modelo foi inicialmente desenvolvido para responder a desafios específicos enfrentados por populações culturalmente diversificadas, como as latino-americanas nos Estados Unidos, especialmente no tratamento de ansiedade[10] e depressão[11] por meio da terapia cognitivo-comportamental (TCC).

As origens e as primeiras publicações sobre a adequação e adaptação cultural de tratamentos psicológicos conhecidos apontam para a importância de reformular intervenções para que sejam culturalmente relevantes para grupos específicos, fugindo do pressuposto questionável do paciente universal e aceitando que populações divergentes do parâmetro de normalidade arbitrariamente estabelecido precisam de cuidado apropriado.[12,13] A competência cultural, pilar crucial para uma prática psicológica eficaz, desdobra-se em três componentes essenciais, conforme a proposta de D. W. Sue e D. Sue (2008):[14]

1. **Consciência do terapeuta sobre seus próprios pressupostos, valores, vieses e preconceitos.** É preciso que terapeutas estejam atentos às suas

avaliações cognitivas e crenças sobre a diversidade humana e diferentes grupos culturais, pois isso pode impactar no atendimento clínico. Visões específicas sobre o comportamento humano e critérios de julgamento do que é normal ou anormal informam as condutas psicoterápicas, o que requer que terapeutas desenvolvam conscientização acerca de seus vieses durante todo o processo de psicoterapia com indivíduos-membros de minorias sociais. Por exemplo, qual a responsabilidade que um terapeuta branco, cisgênero (cuja identidade de gênero é compatível com seus marcadores biológicos inatos) e heterossexual terá diante do encontro com uma paciente negra, trans e bissexual? O terapeuta é capaz de avaliar e reconhecer como a intersecção entre as identidades racial, de gênero e sexual impacta a vida dessa paciente?

2. **Compreensão da visão de mundo e da diversidade cultural de pacientes e suas comunidades.** A realidade cultural e variáveis relacionadas aos marcadores sociais da diferença ajudam a formatar o modo como cada pessoa pensa, toma decisões e se comporta. Considerando que muitas das teorias e intervenções psicológicas são produzidas a partir de uma matriz normativa ocidental, com amostras de pacientes majoritariamente brancos, heterossexuais, cisgênero e de classe média residentes nos Estados Unidos ou em países da Europa, os pressupostos de realidade contidos nessas perspectivas podem não ser compatíveis com a visão de pacientes pertencentes a determinados grupos sociais. Sendo assim, é crucial que terapeutas conheçam os hábitos, valores e crenças dos indivíduos e suas respectivas comunidades, não para adotá-las como sua própria cosmovisão, mas para observar, acolher e aceitar a diferença de uma maneira não julgadora. Por exemplo, nas comunidades *gays* dos grandes centros urbanos, é comum o uso de aplicativos de celular para encontrar sexo de modo fácil e rápido, o que estabelece uma série de dinâmicas sexuais bastante distintas daquelas encontradas nas comunidades heterossexuais. Ainda, pessoas negras vivendo em países emergentes como o Brasil frequentemente sofrem com repressão policial inapropriada e comportamento discriminatório em ambientes comerciais. Um terapeuta que atue com essas populações precisa ter uma compreensão adequada sobre a realidade (incluindo fatos, dados e perspectivas) nas quais esses pacientes estão inseridos. Conhecer previamente particularidades culturais e contextuais, incluindo gírias, rituais e comportamentos típicos (evitando pressuposições e generalizações) pode ajudar terapeutas a ter um contato mais sensível e acessar melhor seus pacientes.

3. **Desenvolvimento de estratégias e técnicas de intervenção adequadas.** As chances de efetividade aumentam quando terapeutas conseguem avaliar e formular adequadamente cada caso, para, a partir daí, selecionar alvos específicos e aplicar as melhores intervenções. Entretanto, nem todas as estratégias de psicoterapia são elegíveis para todas as pessoas. No que tange a certos pacientes bissexuais, por exemplo, intervenções que busquem questionar o conteúdo cognitivo podem ser interpretadas como invalidantes, devido à alta exposição a experiências de preconceito e hostilidade no âmbito familiar e comunitário à qual essa população recorrentemente é exposta. Uma abordagem multicultural poderia questionar a funcionalidade/utilidade do pensamento, em vez do conteúdo. Da mesma maneira, certos comentários ou autorrevelações feitas por um terapeuta católico a um paciente também católico podem não fazer sentido ou não ser adequados com uma paciente adepta a religiões de matriz africana, por exemplo. O Quadro 1 apresenta uma síntese dos principais elementos do modelo das competências multiculturais.

Na prática clínica, o desenvolvimento permanente de competências é essencial. Os psicólogos devem ser encorajados a se engajar em formação contínua para aprofundar sua compreensão sobre as interseções entre cultura, raça, identidade e experiência – desde o contato inicial até a formulação de caso.[15] Esse processo de aprendizado contínuo visa aprimorar a capacidade do profissional de oferecer um atendimento eficaz e culturalmente sensível. A comunicação eficaz, utilizando estilos e padrões linguísticos que respeitem a cultura do paciente, é outro aspecto vital. Isso promove uma interação mais eficaz, ao mesmo tempo que reduz as barreiras comunicativas que podem surgir devido a diferenças culturais ou linguísticas.

A necessidade de utilizar e adaptar tratamentos empiricamente sustentados (TESs) reconhecidos para demandas e queixas clínicas específicas é crucial para oferecer o melhor atendimento aos pacientes. Esses tratamentos são validados por revisões sistemáticas de ensaios clínicos randomizados (ECRs). O risco de viés desses estudos deve ser avaliado por meio do instrumento ROB-2,[16] enquanto a qualidade da evidência pode ser mensurada pelo sistema GRADE.[17] Adaptar esses TESs já disponíveis na literatura às especificidades culturais, valores e preferências dos pacientes não apenas garante a conformidade do trabalho clínico com a PBEP, mas também aumenta a competência e a eficácia do terapeuta.

QUADRO 1 Competências multiculturais em psicoterapia

I. Consciência
1. Sair de um estado de inconsciência cultural para a conscientização; desenvolver sensibilidade à própria bagagem cultural/identitária; valorizar e respeitar as diferenças.
2. Estar ciente dos próprios valores e vieses e de como eles podem afetar os pacientes com referências culturais diversas.
3. Estar confortável com as diferenças existentes entre terapeutas e pacientes em termos de raça, gênero, orientação sexual e outros marcadores sociais da diferença. As diferenças não são vistas como desviantes, e sim como parte da diversidade humana.
4. Estar sensível às circunstâncias (preconceitos pessoais, influências sociopolíticas etc.) que podem sugerir o encaminhamento de pacientes de grupos minoritários a terapeutas-membros de seu próprio grupo social.
5. Estar consciente de suas próprias atitudes, crenças e emoções racistas, sexistas, heterossexistas ou outros vieses iatrogênicos.
II. Conhecimento
1. Conhecer e buscar informações relevantes sobre grupos culturalmente diversos, especialmente aqueles com os quais trabalha na prática clínica.
2. Reconhecer a influência do sistema sociopolítico vigente e o tratamento dispensado a grupos marginalizados na sociedade.
3. Compreender aspectos técnicos generalistas de processos de avaliação clínica e psicoterapia.
4. Compreender as diferentes nuances (e.g., hábitos, valores e crenças) dos grupos sociais aos quais pertencem seus pacientes.
5. Conhecer as barreiras institucionais que impedem que diversos pacientes usem serviços de saúde mental.
III. Habilidades
1. Desenvolver capacidade de gerar uma ampla variedade de respostas verbais e não verbais de ajuda.
2. Desenvolver capacidade de se comunicar (enviar e receber mensagens verbais e não verbais) com precisão e de forma adequada.
3. Desenvolver capacidade de intervir em esferas institucionais em nome dos pacientes, quando apropriado.
4. Desenvolver capacidade de antecipar o impacto de seus estilos terapêuticos e as limitações que suas intervenções podem ter em relação a pacientes com referenciais culturais diversos.
5. Desenvolver capacidade de desempenhar papeis de ajuda caracterizados por um foco sistêmico ativo, o que leva a intervenções ambientais. Não se restringir ao modo convencional "neutro" de ser terapeuta.

Fonte: traduzido e adaptado de Sue e Sue, 2008.[14]

O MODELO DA HUMILDADE CULTURAL

Um caminho alternativo para a construção de uma atenção à saúde mental que seja, ao mesmo tempo, efetiva e sensível a populações diversas se delineia a partir do conceito de humildade cultural, que pode ser compreendido enquanto um processo contínuo de autorreflexão com o qual profissionais de saúde devem se engajar a fim de reconhecerem suas próprias limitações e preconceitos culturais, bem como para desenvolver uma apreciação mais profunda e respeitosa pelas diferentes culturas que podem encontrar em sua atuação.[8] Embora o termo tenha sido cunhado no contexto da prática médica, seu uso rapidamente migrou para a pesquisa e atuação em saúde mental, graças ao destaque que confere ao cultivo de uma abertura permanente ao aprendizado a partir da interação com indivíduos de diferentes origens, reconhecendo que ninguém possui um conhecimento completo ou uma compreensão perfeita de todas as culturas. Em vez disso, um profissional culturalmente humilde adota uma postura de abertura, respeito e curiosidade ao se envolver com pessoas cujas experiências culturais podem ser diferentes das suas próprias.

É exatamente nessa direção que Zhu et al. (2021)[18] sumarizam as nuances contidas na definição de humildade cultural, ao considerá-la uma atitude de aprendizagem contínua e um compromisso em desenvolver consciência cultural, questionando pressuposições e adotando uma postura de abertura para suas experiências culturais da outra pessoa. Isso significa que terapeutas culturalmente humildes estão sensíveis para as diferentes identidades trazidas por seus pacientes para a clínica, sendo capazes de transformar o capital cultural de seus pacientes em recursos para o tratamento. Ao acolher os pacientes, os terapeutas guiados por essa perspectiva reconhecem as experiências de violência, opressão e desbalanceamento de poder que muitas vezes estão presentes nas histórias relatadas, sem ceder à tentação de reduzi-los a constrrutos ou explicações teóricas alheias à sua perspectiva cultural. Todos esses elementos devem estar refletidos na maneira como os problemas dos pacientes são conceitualizados, em como seus objetivos terapêuticos são definidos, no modo como tratamentos empiricamente sustentados serão individualizados e no rastreio das barreiras e recursos distribuídos em seu entorno.

É fácil perceber que o modelo da humildade cultural se diferencia da proposta centrada em competências culturais a partir de seu aspecto mais central: enquanto esta última está focada no desenvolvimento de conhecimentos, habilidades e atitudes, o que pressupõe a possibilidade de algum grau de maestria adquirida por meio de estudo, treino e prática, a primeira sugere que a necessidade de maior sensibilidade cultural num campo como o da saúde é uma tarefa que só pode ser apropriadamente atingida fora desses parâmetros. Precisamente por isso, Tervalon e Murray-García defendem que a humildade cultural só pode ser bem compreendida quando a tomamos "não como um ponto final a ser atingido, mas como um compromisso e envolvimento ativo em um processo que ocorre ao longo da vida, no qual os indivíduos se envolvem de forma contínua com pacientes, comunidades, colegas e consigo mesmos" (1998, p. 118).[8] Essa ideia assume que o primeiro passo para o exercício da humildade cultural é uma inquirição honesta, da parte do profissional, de sua própria "localização" cultural, das suas identidades, referenciais e perspectivas, e como elas afetam suas perspectivas a respeito de indivíduos diferentes de si. O processo de aprender sobre a cultura de um outro ocorre de forma flexível porque se inicia com um questionamento franco acerca de seus próprios sistemas de crenças e valores, sem presumir a existência de um limiar no qual a experiência cultural de outra pessoa é dada como compreendida.

HUMILDADE CULTURAL *VERSUS* COMPETÊNCIAS CULTURAIS

A comparação entre os modelos de humildade cultural e competência cultural revela abordagens distintas no manejo da diversidade cultural. A competência cultural, tradicionalmente, é vista como um conjunto de habilidades e conhecimentos específicos que um profissional deve adquirir para atender adequadamente pacientes de diversas origens culturais. Esse modelo pressupõe que a competência pode ser adquirida por meio de treinamentos e do acúmulo de informações sobre diferentes culturas, levando a uma prática baseada em uma "competência" mensurável e demonstrável.[19]

Por outro lado, a humildade cultural é uma abordagem que enfatiza a importância do aprendizado contínuo e da autorreflexão. Em vez de considerar a competência como um objetivo final a ser alcançado, a humildade cultural vê a prática culturalmente sensível como um processo contínuo. Esse conceito envolve o reconhecimento das próprias limitações e preconceitos, o compromisso com a autocrítica e a disposição para aprender com cada interação com o paciente. Além disso, a humildade cultural promove o equilíbrio de poder na relação clínico-paciente, incentivando uma perspectiva colaborativa e não paternalista.[8]

Uma revisão sistemática conduzida por Kumas-Tan et al. (2007)[20] sobre os principais instrumentos utilizados na literatura em saúde com o fito de estimar a aquisição de competência cultural oferece uma perspectiva que esclarece divergências entre esses modelos. No estudo, os autores identificaram uma série de pressupostos embutidos nas medidas, entre eles: o entendimento de cultura como equivalente à raça/etnia, com pouca presença explícita de dimensões como classe, gênero, orientação sexual etc.; a ausência de localização cultural das crenças e valores dos próprios profissionais de saúde, o que parece implicar que a cultura é uma variável relevante apenas para as atitudes e comportamentos do paciente ou de um "outro"; uma representação exagerada de elementos culturais da branquitude como norma; a tendência de assumir a incompetência cultural como um produto da falta de conhecimento da cultura de um outro, processo que poderia ser rompido com uma intervenção eminentemente educacional. Todos esses elementos, argumentam os autores, abrem margem para a crítica de que a competência cultural não incorpora apropriadamente elementos de autoconsciência e reflexão sobre o *background* do prestador de serviços de saúde porque está demasiadamente focada em aprender sobre a cultura de uma outra pessoa. Desse modo, parece possível concluir que, tomados em conjunto, esses pressupostos podem produzir uma visão de mundo em que a cultura é uma variável confundidora que os profissionais da saúde brancos devem controlar quando cuidam de pessoas de raças/etnias diferentes das suas.[20]

Defensores do modelo da humildade cultural afirmam que, enquanto a competência cultural pode levar à falsa sensação de domínio completo de outra cultura, a humildade cultural reconhece a complexidade e a individualidade de cada paciente. Nessa perspectiva, a competência cultural poderia, inadvertidamente, encorajar estereótipos ao tentar categorizar comportamentos culturais. Em contraste, a humildade cultural encorajaria os profissionais a perguntarem e aprenderem diretamente com os pacientes sobre suas experiências e necessidades culturais específicas, evitando suposições preconcebidas e promovendo uma compreensão mais profunda e personalizada. Críticas à competência cultural também ressaltam que essa abordagem pode ser vista como um esforço unilateral para "educar" os profissionais sobre as culturas alheias, sem promover um diálogo verdadeiro e equitativo.[21]

Essas críticas geralmente desconsideram alguns dos principais pontos deficitários do modelo da humildade cultural. Em primeiro lugar, esse conceito pode ser vago, inespecífico e difícil de operacionalizar, o que leva a percalços na implementação de ações guiadas por essa pressuposição teórica. A aplicação prática da humildade cultural pode ser desafiadora, pois depende de uma disposição individual para se envolver em uma reflexão contínua e pouco estruturada, sem que haja uma referência ou diretriz clara e organizada para guiar esse processo.[22] A falta de métricas claras para avaliar a eficácia de ações baseadas em humildade cultural pode tornar difícil medir seu impacto real nas práticas profissionais e na interação intercultural, uma limitação que não costuma ser encontrada em intervenções que promovem competência cultural, a despeito da necessidade de melhora na qualidade metodológica dos estudos que mensuram resultados de intervenções de promoção de competências culturais.[23,24] O Quadro 2 apresenta um comparativo entre esses dois modelos de trabalho clínico com a diversidade cultural.

QUADRO 2 Comparação entre competência cultural e humildade cultural

	Competência cultural	Humildade cultural
Perspectivas sobre cultura	• Reconhecimento das camadas da identidade cultural • Desafio aos estereótipos • Diferença vista a partir da ótica da discriminação sistêmica	• Reconhecimento das camadas de identidade cultural • Reconhecimento de que trabalhar com diferenças culturais é um processo permanente e que dura toda a vida • Ênfase não apenas à compreensão do "outro", mas também à nossa própria compreensão
Pressupostos	• O problema é a falta de conhecimento, consciência e habilidades para trabalhar com a diferença • Indivíduos e organizações precisam desenvolver os valores, conhecimentos e habilidades para trabalhar com a diferença	• Para entender pacientes, devemos também entender nossas comunidades, colegas e a nós próprios • Requer humildade e reconhecimento dos desequilíbrios de poder que existem nas relações paciente-terapeuta e na sociedade
Componentes	• Conhecimento • Habilidades • Comportamentos	• Desafio aos desequilíbrios de poder e aprendizado conjunto • Responsabilidade institucional/profissional • Autorreflexão crítica contínua e introspecção

continua

QUADRO 2 Comparação entre competência cultural e humildade cultural (*continuação*)

	Competência cultural	Humildade cultural
Partes interessadas	• Terapeuta	• Terapeuta • Paciente • Comunidade • Instituições/organizações
Críticas	• Reforço da ideia de oposição *outsiders* vs. *insiders* • Pressuposto de que é possível "adquirir" competência numa certa cultura • Pode acabar em "receita de bolo" • Pode produzir estereotipia • Há resultados específicos	• Falta de modelo para sistematização operacional • Escassez de evidências • Não há resultados específicos

Fonte: traduzido e adaptado de Fisher-Borne et al., 2015.[21]

Em suma, enquanto o modelo de competência cultural oferece um conjunto mais concreto e mensurável de habilidades e conhecimentos específicos, ele pode ser criticado por sua abordagem mais "estática" e pela possibilidade de reforçar estereótipos culturais. Por outro lado, o modelo de humildade cultural busca promover uma abordagem contínua e reflexiva, mas pode ser visto como vago e difícil de medir e aplicar na prática. Ambos os modelos têm seus méritos e limitações. A integração de elementos de ambos pode ser uma abordagem equilibrada para promover intervenções culturalmente responsivas, eficazes e respeitosas, o que leva ao conceito de sensibilidade cultural, discutido na próxima seção.

SENSIBILIDADE CULTURAL

Sensibilidade cultural pode ser definida como a interação de um profissional com seu paciente guiada pela conscientização dos aspectos e marcadores culturais de si (profissional) e do outro (paciente) associada ao emprego de cinco atributos: 1) conhecimento, 2) consideração, 3) compreensão, 4) respeito e 5) adaptação.[25] Ela pode ser considerada uma síntese de elementos dos modelos de competência cultural e humildade cultural.

Para alcançar a sensibilidade cultural, é essencial ter conhecimento sobre as diferenças e valores culturais. Esse conhecimento pode ser incorporado a partir de treinamento, educação ou experiências com contextos culturais diversos. No contexto de tratamentos de saúde mental, é importante que o clínico conheça as normas, valores e atitudes dos pacientes minoritários para fornecer um atendimento adequado e respeitoso.[26]

A consideração envolve um pensamento cuidadoso, deliberação e preocupação com as outras pessoas. Isso significa levar em conta os antecedentes, a linguagem e as crenças do paciente para que uma intervenção culturalmente sensível possa tomar forma. Evitar estereótipos culturais e ser autêntico, sensível, compassivo e cuidadoso ao abordar os pacientes são práticas fundamentais para mostrar consideração.[27]

Compreensão é definida como a percepção e compreensão da natureza e significado dos valores e experiências de outra pessoa. Para fornecer sensibilidade cultural, é necessário entender os efeitos e a importância desses valores ou experiências. Clinicamente, isso significa que os profissionais devem tentar entender seus pacientes e transmitir essa compreensão de maneira clara e empática.[28]

O respeito é um componente fundamental das intervenções culturalmente sensíveis e envolve a disposição de mostrar apreço ou consideração pelos outros. Demonstrar respeito pelos valores e crenças culturais de uma pessoa é indispensável no *setting* clínico, garantindo que os profissionais integrem essas diferenças em suas práticas e promovam um ambiente inclusivo e acolhedor.[29]

A adaptação se refere a fazer, alterar ou adaptar comportamentos e procedimentos para atender às necessidades de indivíduos ou grupos específicos. Isso pode ocorrer em diversos níveis, desde a mudança de perspectiva do próprio profissional até a adaptação de intervenções específicas para os pacientes. A adaptação é crucial para garantir que as intervenções sejam culturalmente sensíveis e eficazes em diferentes contextos.[30]

Os antecedentes da sensibilidade cultural incluem diversidade, conscientização e contato. Diversidade refere-se às diferenças individuais em termos de sistemas de crenças, cultura, língua, religiões, valores, atitudes, normas, tradições e barreiras. Conscientização envolve o reconhecimento tanto da própria cultura quanto das perspectivas culturais alheias. Contato diz respeito à experiência direta ou interação com indivíduos de diferentes culturas, o que facilita a prática da sensibilidade cultural ao expor os profissionais a diversas tradições e modos de vida. Já as consequências almejadas são comunicação efetiva, intervenção efetiva e satisfação. A comunicação efetiva resulta de interações sensíveis às diferenças culturais, melhorando a compreensão mútua. Uma intervenção efetiva ocorre quando as abordagens técnicas são adaptadas às necessidades culturais dos indivíduos, levando a resultados mais favoráveis. Espera-se que a satisfação com o processo seja experimentada por todas as partes envolvidas no tratamento, incluindo paciente e profissional.[25] A Figura 1 é uma ilustração gráfica dos elementos da sensibilidade cultural.

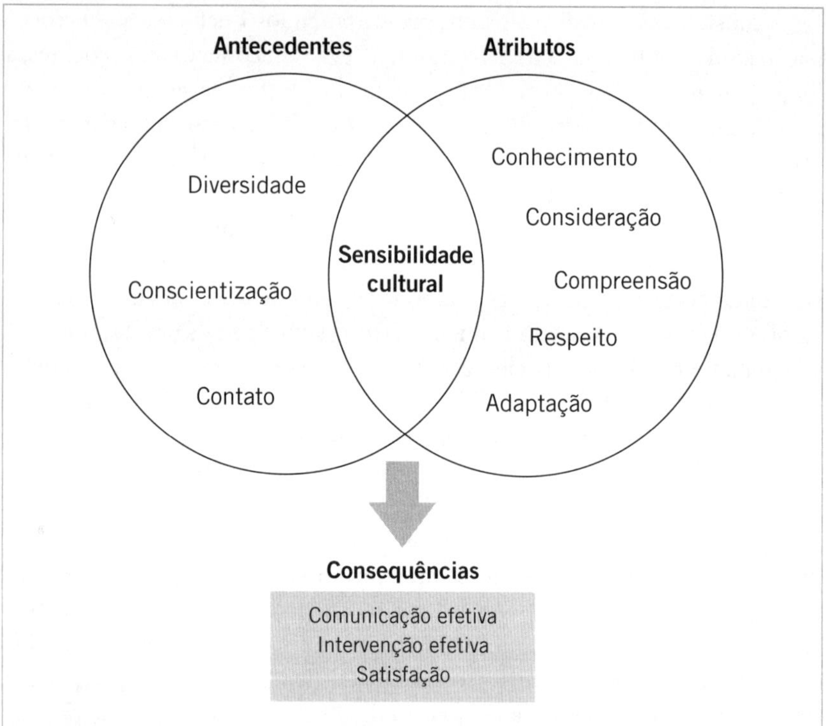

FIGURA 1 Elementos da sensibilidade cultural.
Fonte: adaptada de Foronda, 2008.[25]

INCORPORANDO SENSIBILIDADE CULTURAL À PRÁTICA CLÍNICA

Como já foi extensivamente discutido ao longo deste livro, a PBEP se caracteriza pelo processo de tomada de decisão clínica que envolve o emprego da melhor evidência científica disponível associado à perícia clínica do terapeuta à luz do contexto, cultura, características, preferências e autonomia do paciente. Esses três elementos são indissociáveis, o que significa que um terapeuta que minimize ou desconsidere o papel dos aspectos culturais na psicoterapia não está atuando conforme o modelo da PBEP. O Quadro 3 apresenta uma síntese de boas condutas para incorporar sensibilidade cultural à prática clínica.

QUADRO 3 Boas condutas para incorporar sensibilidade cultural à prática clínica

1. Entender a normalidade da diversidade cultural.
2. Não fazer pressuposições e generalizações.
3. Aceitar as identidades culturais dos pacientes.
4. Disponibilizar-se para explorar e facilitar o desenvolvimento das identidades culturais.
5. Solicitar as percepções e experiências de vida específicas dos pacientes.
6. Acolher as relações comunitárias dos pacientes.
7. Flexibilizar-se em relação aos seus conhecimentos prévios e se abrir para novas perspectivas apresentadas pelos pacientes.
8. Acolher e validar relatos e vivências de discriminação e preconceito.

Fonte: traduzido e adaptado de Milton, 1998.[31]

AVALIAÇÃO CLÍNICA

Aplicar a sensibilidade cultural na PBEP é crucial para fornecer intervenções eficazes e éticas. Para conduzir uma avaliação clínica culturalmente sensível em psicoterapia, o terapeuta deve iniciar com a construção de um ambiente de confiança e respeito mútuo. Isso envolve a prática da escuta ativa e a demonstração de genuíno interesse pelas experiências culturais e identitárias do paciente. O terapeuta deve se familiarizar com os marcadores sociais da diferença que podem influenciar a vida do paciente, como raça, etnia, gênero, orientação sexual, *status* socioeconômico e religião. Além disso, é essencial que o terapeuta pergunte diretamente ao paciente sobre como esses fatores afetam sua vida cotidiana e saúde mental, permitindo uma compreensão mais profunda e personalizada das suas necessidades e desafios.[32]

A coleta de informações deve incluir perguntas sobre a história cultural e familiar do paciente, bem como possíveis experiências com discriminação ou marginalização. Por exemplo, o terapeuta pode perguntar ao paciente sobre sua percepção de identidade cultural e como ele acredita que essa identidade molda suas interações sociais e emocionais. Também é importante explorar quaisquer práticas culturais específicas que o paciente possa seguir, como rituais religiosos ou tradições familiares, que possam influenciar sua visão sobre saúde mental e tratamento. Essa abordagem permite que o terapeuta obtenha uma visão holística do paciente e adapte as estratégias de intervenção de acordo.[33] Solicitar ao paciente que preencha previamente à primeira sessão uma ficha de atendimento que contenha tanto informações básicas (cidade de residência, CPF, data de nascimento etc.) como dados específicos (raça/etnia autodeclarada, orientação sexual, identidade de gênero, *status* religioso etc.) pode facilitar o processo inicial de avaliação clínica.

O uso de ferramentas de avaliação validadas culturalmente é crucial para garantir que os dados coletados sejam precisos e relevantes. Infelizmente, pouca atenção tem sido dada a esse elemento, pois ferramentas úteis como a Multigroup Ethnic Identity Measure-Revised (MEIM-R),[34] que pode ser utilizada para mensurar aspectos específicos da identidade cultural do paciente, ainda não dispõem de validação psicométrica para o contexto brasileiro. Diante da escassez de instrumentos psicométricos com fins específicos para avaliação clínica culturalmente sensível, um terapeuta deve estar preparado para adaptar ou complementar ferramentas psicométricas tradicionais (que medem, por exemplo, desfechos psicológicos como depressão, desregulação emocional etc.) com métodos qualitativos, como entrevistas semiestruturadas, que permitam ao paciente expressar suas experiências de maneira mais detalhada e pessoal. Essa combinação de abordagens quantitativas e qualitativas ajuda a capturar a complexidade da experiência cultural do paciente.[35]

Por exemplo, ao avaliar um paciente de uma comunidade indígena, um psicólogo pode usar entrevistas semiestruturadas que permitam a exploração de conceitos culturais específicos de saúde mental, como o impacto das tradições espirituais e dos valores comunitários na saúde do indivíduo. Além disso, deve ser considerado o uso de ferramentas de avaliação que tenham sido validadas para esse contexto cultural, como questionários traduzidos e adaptados linguisticamente para essa população, de modo a assegurar mais precisão e equidade nas avaliações.[36]

Durante a avaliação, o terapeuta deve estar ciente de seus próprios preconceitos e como eles podem afetar a interpretação das informações fornecidas pelo paciente. Isso requer uma prática contínua de autorreflexão e o compromisso com o desenvolvimento profissional em sensibilidade cultural. Participar de treinamentos e *workshops* sobre diversidade cultural e consultar a literatura acadêmica sobre condutas culturalmente sensíveis são maneiras eficazes de aprimorar essa competência. Além disso, o terapeuta pode buscar supervisão ou consultoria de colegas com mais experiência em trabalhar com populações culturalmente diversas para obter *insights* e orientações adicionais que auxiliem na avaliação do caso.[37]

Finalmente, o terapeuta deve garantir que a comunicação com o paciente seja clara e compreensível, ajustando seu uso de linguagem técnica e jargão psicológico conforme necessário. Além disso, o terapeuta deve validar as preocupações e sentimentos do paciente em relação à sua identidade cultural e aos desafios que enfrenta, criando um espaço seguro para que o paciente possa explorar essas questões sem medo de julgamento ou incompreensão. Esse nível de sensibilidade e cuidado é essencial para estabelecer uma aliança terapêutica forte e eficaz.[38]

FORMULAÇÃO DE CASO

Para um terapeuta incorporar aspectos culturais e marcadores sociais da diferença na formulação e conceitualização de caso, é fundamental iniciar com uma compreensão aprofundada do contexto cultural do paciente. Isso envolve explorar as normas, valores e crenças culturais que moldam a identidade e o comportamento desse paciente. O terapeuta deve considerar a maneira como fatores socioculturais (e.g., raça, etnia, religião, gênero, orientação sexual e *status* socioeconômico) influenciam as experiências de vida e a percepção de saúde mental do paciente. Por exemplo, um paciente que cresceu em uma comunidade em que a interdependência familiar é valorizada pode ter diferentes expectativas sobre apoio social e resolução de conflitos em comparação com alguém proveniente de uma cultura mais individualista.[33]

Na formulação de caso, o terapeuta deve integrar esses aspectos culturais com os dados clínicos obtidos durante a avaliação. Isso pode incluir a identificação de fatores de risco e de proteção culturalmente específicos que podem afetar o bem-estar mental do paciente. A título de ilustração, enquanto o estresse financeiro pode ser um fator de risco universal, a forma como ele é experienciado e gerenciado pode variar significativamente entre diferentes culturas. Da mesma forma, práticas culturais específicas, como a participação em rituais religiosos ou tradições comunitárias, podem servir como importantes fatores de proteção, oferecendo suporte emocional e senso de pertencimento.[38]

A conceitualização de caso também deve levar em conta as experiências de discriminação, racismo e marginalização que o paciente possa ter enfrentado. Essas experiências podem ter um impacto deletério na saúde mental, contribuindo para problemas como depressão, ansiedade e transtorno de estresse pós-traumático. O terapeuta deve estar preparado para discutir essas questões abertamente com o paciente, validando suas experiências e explorando como elas influenciam seus pensamentos, emoções e comportamentos. Isso pode incluir a análise de microagressões diárias e seu impacto cumulativo sobre a saúde mental do paciente.[32]

Além disso, é importante que o terapeuta considere as barreiras sistêmicas e estruturais que podem afetar o acesso do paciente aos recursos e apoio necessários. Por exemplo, pacientes de minorias étnicas e raciais podem enfrentar dificuldades adicionais no acesso a serviços de saúde mental de qualidade devido a fatores como localização geográfica, barreiras linguísticas, pobreza e preconceitos institucionais. Ao formular o caso, o terapeuta deve identificar essas barreiras e trabalhar com o paciente para desenvolver estratégias para superá-las, como encaminhamentos para serviços comunitários culturalmente sensíveis ou apoio para facilitar o acesso e a adesão ao sistema de saúde.[35]

A história migratória e os processos de aculturação podem influenciar a saúde mental e devem ser incorporados à conceitualização quando pertinentes. Pacientes que migraram recentemente podem estar enfrentando desafios significativos relacionados ao ajustamento cultural, como barreiras linguísticas, perda de *status* social e mudanças nos papéis familiares. O terapeuta deve explorar essas questões e entender como elas afetam a identidade e o bem-estar do paciente. Por exemplo, um imigrante que abandonou uma carreira bem-sucedida pode estar lidando com sentimentos de frustração e inadequação em seu novo país. Ao reconhecer esses desafios, o terapeuta pode ajudar o paciente a desenvolver estratégias para manejar esses estressores e construir uma nova identidade que incorpore tanto elementos da cultura de origem quanto da nova cultura.[39]

Outro aspecto possivelmente relevante para a compreensão do caso são as narrativas culturais que contribuem para moldar a percepção do paciente sobre transtornos mentais e tratamentos de saúde mental. Diferentes culturas têm maneiras variadas de entender e explicar a saúde mental, o que pode influenciar a aceitação e a adesão ao tratamento. Por exemplo, em algumas culturas, a depressão pode ser vista não como uma condição médica, mas como um desequilíbrio espiritual ou social. O terapeuta deve perguntar ao paciente sobre suas próprias explicações e crenças em relação aos seus sintomas e trabalhar para integrar essas narrativas na intervenção terapêutica. Isso pode incluir o uso de metáforas culturais que façam sentido para o paciente ou a adaptação de intervenções para serem mais congruentes com essas perspectivas culturais.[40]

O impacto intergeracional de traumas culturais e históricos também deve ser considerado durante o processo de formulação, a depender do contexto.

Populações que passaram por eventos traumáticos coletivos, como guerras, genocídios ou deslocamentos forçados, podem carregar sequelas psicológicas que são transmitidas de geração em geração e podem impactar seus descendentes. O terapeuta deve explorar se o paciente ou sua família têm experiências históricas de trauma e como isso pode estar afetando sua saúde mental atualmente. Por exemplo, descendentes de sobreviventes de genocídios, como as populações de judeus e ciganos, podem apresentar sintomas de ansiedade ou depressão associados a um legado de medo e perda. Compreender esses impactos intergeracionais permite ao terapeuta abordar questões profundas de identidade e resiliência, ajudando o paciente a encontrar caminhos de cura que honrem sua história cultural e familiar.[41]

Ainda, aspectos de gênero e sexualidade podem ser fundamentais para uma compreensão completa e sensível das experiências do paciente. Gênero e sexualidade não são apenas características pessoais, mas também marcadores sociais que influenciam profundamente a identidade, o comportamento e as interações sociais do indivíduo. Para começar, o terapeuta deve explorar como o paciente se identifica em termos de gênero e orientação sexual, respeitando e utilizando os pronomes e termos preferidos pelo paciente. Essa prática não apenas valida a identidade do paciente, mas também estabelece um ambiente de respeito e aceitação, essencial para uma aliança terapêutica eficaz.[42]

Além da identidade de gênero e orientação sexual, é importante considerar as experiências de discriminação e estigmatização que o paciente pode ter enfrentado devido a essas identidades. Indivíduos que se identificam como LGBTQIA+ frequentemente enfrentam preconceitos e opressões que podem levar a problemas de saúde mental, como desregulação emocional, transtorno por uso de substâncias e transtorno de estresse pós-traumático. O terapeuta deve perguntar ao paciente sobre suas experiências de aceitação e rejeição em diferentes contextos, como família, escola, trabalho e comunidade, e explorar como essas experiências impactaram seu bem-estar emocional e psicológico. Compreender essas dinâmicas permite que o terapeuta ofereça suporte mais direcionado e estratégias de enfrentamento para lidar com os efeitos da discriminação.[43]

A interseccionalidade é outro conceito crucial na formulação de caso que aborda gênero e sexualidade. As identidades de gênero e sexualidade não existem isoladamente, mas interagem com outras dimensões da identidade, como raça, etnia, classe social e habilidades físicas. Por exemplo, uma mulher negra lésbica pode enfrentar uma combinação única de opressões que difere significativamente das experiências de uma mulher branca lésbica ou de um homem negro *gay*. O terapeuta deve adotar uma abordagem interseccional para entender como essas múltiplas identidades e experiências de opressão se entrelaçam e afetam a vida do paciente. Isso pode envolver a utilização de ferramentas de avaliação interseccional e a adaptação de intervenções para abordar as necessidades específicas decorrentes dessa complexa teia de identidades.[44]

Além das questões de discriminação e interseccionalidade, é importante considerar como as normas culturais de gênero e sexualidade influenciam a saúde mental do paciente. Em muitas culturas, existem expectativas rígidas sobre o comportamento adequado para diferentes gêneros, e desvios dessas normas podem resultar em conflitos internos e estresse significativo. Por exemplo, um homem que sente pressão para cumprir normas tradicionais de masculinidade pode ter dificuldades em expressar emoções vulneráveis ou buscar ajuda para problemas de saúde mental, enquanto uma mulher que desafia normas de feminilidade pode enfrentar críticas e isolamento. O terapeuta deve explorar essas normas culturais com o paciente e trabalhar para desafiar e reformular crenças internalizadas que possam estar contribuindo para sofrimento emocional.[45]

Finalmente, na formulação de caso, o terapeuta deve reconhecer e abordar os recursos e fortalezas relacionados à identidade de gênero e sexualidade do paciente. Muitos indivíduos LGBTQIA+ desenvolvem resiliência significativa e habilidades de enfrentamento ao transitar por ambientes sociais desafiadores. Pode ser útil auxiliar o paciente a identificar essas fortalezas para promover um senso de empoderamento e autoeficácia. Isso pode incluir a conexão com comunidades de apoio LGBTQIA+, a participação em grupos de apoio e a valorização das contribuições únicas que suas identidades de gênero e sexualidade trazem para suas vidas e relacionamentos.[46]

INTERVENÇÃO

O terapeuta pode tanto utilizar tratamentos específicos direcionados às especificidades culturais e sociais dos pacientes quanto adaptar estratégias e técnicas terapêuticas tradicionais que apresentem respaldo empírico para que se tornem culturalmente congruentes com as necessidades e preferências do paciente. Um exemplo de um tratamento específico que demonstrou bons resultados em pesquisas clínicas é o protocolo ESTEEM (*Effective Skills to Empower Effective Men*), uma intervenção voltada para homens jovens *gays* e bissexuais que frequentemente enfrentam problemas de saúde mental, uso de substâncias e alto risco de infecção pelo HIV. Desenvolvido por John Pachankis, o protocolo busca reduzir o estresse associado ao *status* minoritário (respaldado pelo modelo teórico conhecido como *estresse de minoria*) e suas consequências negativas na saúde mental e comportamental. O ESTEEM foi baseado no *Protocolo Unificado para o Tratamento Transdiagnóstico do Transtornos Emocionais de Barlow* e consiste em 10 sessões focadas no desenvolvimento de habilidades para lidar com o estresse de minoria e inclui técnicas para melhorar a autoeficácia, reduzir o estigma internalizado, regular as emoções e desenvolver estratégias de enfrentamento adaptativas.[47]

Como tratamentos que incorporem componentes culturais específicos são escassos, o caminho a ser seguido por terapeutas envolve, geralmente, a modificação de abordagens tradicionais, como a TCC, para incorporar valores, práticas e perspectivas culturais de seus pacientes. Ao auxiliar uma paciente lésbica que está enfrentando problemas com ansiedade social, por exemplo, uma possibilidade terapêutica é explorar como experiências de homofobia internalizada e discriminação impactam seus pensamentos e comportamentos. Técnicas de reestruturação cognitiva podem ser empregadas para desafiar crenças negativas sobre si mesmo, promovendo uma visão mais positiva e afirmativa de sua identidade sexual.[48]

No tratamento com pacientes pretos, os terapeutas podem adaptar técnicas para abordar experiências específicas de racismo e discriminação. Exemplificando: um homem negro pode relatar sintomas de ansiedade e depressão relacionados a experiências frequentes de microagressões raciais no local de trabalho. O terapeuta pode usar a reestruturação cognitiva para ajudar o paciente a identificar e desafiar pensamentos automáticos negativos que surgem dessas experiências, como "Eu nunca serei valorizado aqui" ou "Eles estão sempre me julgando". Além disso, pode ser útil incorporar discussões sobre a resistência e resiliência cultural, ajudando o paciente a valorizar suas próprias estratégias de enfrentamento e a fortalecer sua identidade cultural. Isso pode envolver explorar histórias de resistência e sucesso dentro da comunidade negra, aumentando o senso de orgulho e empoderamento do paciente.[49]

Ao trabalhar com pacientes de origem asiática, podem-se ajustar as intervenções para respeitar e integrar valores culturais como a harmonia familiar e o respeito à autoridade. Por exemplo, ao trabalhar com um jovem de origem japonesa que está lutando contra a depressão devido a pressões acadêmicas e expectativas familiares elevadas, técnicas de resolução de problemas podem ser empregadas para ajudar o paciente a desenvolver estratégias para manejar o estresse acadêmico. Ao mesmo tempo, pode ser útil, nessa circunstância, envolver a família no processo terapêutico, o que inclui sessões de orientação familiar em que os pais recebem informações baseadas em evidências sobre saúde mental e orientações sobre estratégias de apoio que respeitem a hierarquia familiar. Dessa forma, a intervenção terapêutica se torna um esforço colaborativo que honra os valores culturais do paciente e promove um ambiente de apoio mútuo.[38]

A psicoterapia com imigrantes de outros países da América Latina pode ser adaptada para abordar questões de aculturação e estresse de imigração. Um exemplo clínico pode envolver um adulto imigrante que experimenta ansiedade e sintomas de depressão devido ao choque cultural e às dificuldades de adaptação ao contexto brasileiro. O terapeuta pode usar técnicas de exposição para ajudar o paciente a enfrentar situações estressantes, como interações em um novo idioma ou lidar com sistemas burocráticos desconhecidos. Além disso, a integração de intervenções culturalmente sensíveis, como discussões sobre a importância do familismo e a manutenção de conexões com a cultura de origem, pode ajudar o paciente a encontrar um equilíbrio entre as novas exigências culturais e a preservação de sua identidade cultural. Essa abordagem pode melhorar o ajuste cultural e a saúde mental do paciente.[50]

Integrar aspectos religiosos na psicoterapia pode melhorar significativamente a saúde mental dos pacientes que considerem religiosidade e espiritualidade elementos relevantes de suas vidas, desde que isso seja feito de maneira competente e adequada. É crucial que os terapeutas recebam treinamento adequado para lidar com questões religiosas de forma ética, pois aqueles com menor envolvimento religioso pessoal tendem a se sentir menos confortáveis ao abordar essas questões, ao passo que terapeutas religiosos podem confundir suas próprias questões com as do paciente.[51] Pode ser útil incorporar a importância da fé na vida do paciente, incentivando-o, quando for o caso, a frequentar comunidades religiosas e incorporar, em seu cotidiano, práticas como a oração ou leitura de textos sagrados. Deve-se evitar afrontar valores religiosos dos pacientes. Por exemplo, não é adequado confrontar crenças sobre masturbação ser um pecado durante um processo terapêutico para uma queixa sexual de uma mulher cristã. Em vez disso, o terapeuta pode buscar explorar outras possibilidades que levem à melhoria da saúde sexual, sem que isso entre em choque com os valores da paciente.

Para mulheres muçulmanas, por exemplo, a psicoterapia pode ser adaptada para incorporar elementos de fé e espiritualidade, frequentemente centrais na vida dessas pacientes. Uma mulher muçulmana que sofre de transtorno de ansiedade pode encontrar conforto e significado em suas práticas religiosas. O terapeuta pode integrar essas práticas no tratamento, como encorajar o uso de orações ou recitações do Alcorão como parte das estratégias de manejo de ansiedade. Além disso, o terapeuta pode respeitar e incorporar discussões sobre o papel do *hijab* ou outras vestimentas religiosas, ajudando a paciente a navegar quaisquer conflitos internos ou externos relacionados à sua identidade religiosa. Ao validar e apoiar a importância da fé na vida da paciente, o terapeuta pode aumentar a relevância e a eficácia da TCC.[52]

No trabalho com refugiados e sobreviventes de tortura, o processo deve ser ajustado para abordar os traumas extremos e as complexas necessidades de saúde mental desses pacientes. Um refugiado que sobreviveu a tortura pode experimentar sintomas severos de transtorno de estresse pós-traumático (TEPT). O terapeuta pode usar técnicas de exposição gradativa, começando com memórias menos perturbadoras e progressivamente avançando para lembranças mais traumáticas, sempre garantindo que o paciente se sinta seguro e controlando a intensidade da exposição. Além disso, é crucial incluir intervenções que abordem o contexto cultural do trauma, como a utilização de narrativas culturais e rituais de cura tradicionais que podem ser reconfortantes e restauradores para o paciente. A colaboração com líderes comunitários ou religiosos e outras figuras de referência também pode fortalecer o suporte terapêutico.[53]

Terapeutas podem incluir práticas e crenças tradicionais de cura ao trabalharem com pacientes indígenas. Ao tratar um jovem indígena com depressão, o terapeuta pode colaborar com curandeiros tradicionais e integrar cerimônias de purificação e práticas espirituais no plano de tratamento. Além disso, o terapeuta pode adaptar técnicas tradicionais da TCC para serem mais narrativas, permitindo que o paciente explore suas histórias de vida e conexões com a terra e a comunidade como parte do processo terapêutico. Essa abordagem holística respeita a visão de mundo do paciente e pode aumentar a eficácia do tratamento.[54]

O uso de tecnologias e recursos digitais oferece novas oportunidades para a prática baseada em evidências culturalmente sensível. Por exemplo, aplicativos de saúde mental podem ser desenvolvidos com opções de personalização que permitem aos usuários selecionar o idioma de preferência e adaptar o conteúdo às suas crenças culturais. Plataformas de terapia *online* podem oferecer acesso a terapeutas que compartilham a mesma língua e contexto cultural dos pacientes, aumentando a acessibilidade e a eficácia dos serviços.[55]

Ressalta-se que a ética é um aspecto central que deve ser considerado para uma intervenção culturalmente sensível em PBEP. Por exemplo, ao trabalhar com refugiados, os psicólogos devem garantir que o consentimento informado seja obtido de maneira culturalmente apropriada, explicando os procedimentos e direitos dos pacientes em um idioma, linguagem e contexto que eles compreendam. Além disso, é crucial respeitar as práticas culturais, como as vestimentas tradicionais do paciente durante as sessões, e garantir a confidencialidade em comunidades pequenas em que os membros podem se conhecer bem.[37]

CASO CLÍNICO FICTÍCIO: MARIA, UMA PACIENTE COM DIVERSAS IDENTIDADES CULTURAIS

- **Histórico da paciente.** Maria é uma mulher de 30 anos, nascida e criada no Brasil, de origem afro-brasileira. Ela imigrou para os Estados Unidos aos 25 anos em busca de melhores oportunidades de trabalho e educação. Desde sua chegada, Maria tem enfrentado diversos desafios relacionados à aculturação e adaptação ao novo ambiente cultural. Ela se identifica como bissexual, uma identidade que não foi bem-aceita pela sua família no Brasil, que mantém valores tradicionais e expectativas rígidas sobre papéis de gênero e orientação sexual. Maria tem se envolvido em um relacionamento sério com uma mulher, o que adiciona uma camada de complexidade às suas interações familiares e sociais. No trabalho, Maria enfrentou um incidente significativo de discriminação racial que intensificou seus sintomas de ansiedade e depressão. Ela relata sentir-se constantemente estressada, com dificuldades para dormir e uma sensação persistente de não pertencimento. Além disso, Maria lida com a pressão cultural de sua família para se conformar a certas expectativas, como casar-se com um homem e ter filhos, enquanto tenta viver autenticamente de acordo com sua orientação sexual e novas experiências nos Estados Unidos. As tensões geradas por essas diversas identidades culturais e as experiências de discriminação têm impactado significativamente sua saúde mental, levando-a a procurar terapia para encontrar estratégias eficazes de enfrentamento e promover sua resiliência emocional.

- **Motivo de procura.** Maria buscou terapia devido a sintomas de ansiedade e depressão, intensificados após um incidente de discriminação racial no trabalho. Ela relata sentir-se constantemente estressada, com dificuldade para dormir e uma sensação persistente de não pertencimento. Além disso, Maria tem dificuldades em equilibrar as expectativas culturais de sua família brasileira com sua identidade bissexual e suas novas experiências nos Estados Unidos.

- **Objetivos da terapia.** 1) Reduzir os sintomas de ansiedade e depressão. 2) Ajudar Maria a desenvolver estratégias de enfrentamento para lidar com discriminação racial e homofobia. 3) Apoiar Maria no processo de aculturação, preservando sua identidade cultural. 4) Fortalecer a autoaceitação e resiliência emocional de Maria.

Terapeuta: Maria, eu gostaria de começar explorando um pouco mais sobre o que você mencionou na última sessão sobre o incidente no trabalho. Como você tem se sentido desde então?

Maria: Tem sido muito difícil. Eu me sinto constantemente observada e julgada. Sinto que qualquer erro que eu cometa será amplificado por causa da minha cor de pele e da minha orientação sexual.

Terapeuta: Isso deve ser extremamente estressante. Quando esses pensamentos surgem, o que passa pela sua mente?

Maria: Eu penso que nunca serei aceita aqui, que sempre serei vista como uma estrangeira que não pertence.

Terapeuta: Vamos trabalhar juntos para desafiar esses pensamentos. Vamos começar identificando algumas evidências que apoiam e contradizem esse pensamento. Você consegue pensar em algum momento em que se sentiu aceita ou valorizada?

Maria: Bem, meus colegas de departamento têm sido bastante acolhedores, e eu recebi um prêmio de melhor funcionária do mês no ano passado.

Terapeuta: Isso é ótimo, Maria. Vamos focar nesses momentos e usar essas evidências para desafiar a crença de que você nunca será aceita. Podemos formular um pensamento alternativo, algo como: "Embora haja desafios, eu sou valorizada e reconhecida pelo meu trabalho?".

Maria: Sim, isso faz sentido. Eu posso tentar me lembrar disso quando me sentir desencorajada.

Terapeuta: Ótimo. Vamos também explorar algumas técnicas de enfrentamento para esses momentos de estresse. Você mencionou que sente muita pressão cultural. Pode me falar um pouco mais sobre isso?

Maria: Minha família no Brasil tem expectativas muito tradicionais. Eles não sabem que eu sou bissexual e estão sempre perguntando quando eu vou casar e ter filhos. É difícil equilibrar isso com minha vida aqui.

Terapeuta: Entendo. Vamos trabalhar para encontrar um equilíbrio em que você possa honrar suas raízes culturais e, ao mesmo tempo, ser fiel à sua identidade. Uma técnica que pode ajudar é a assertividade cultural. Podemos praticar formas de comunicar suas necessidades e limites com sua família de uma maneira respeitosa.

Maria: Isso seria realmente útil. Eu sempre sinto que preciso escolher entre quem eu sou e o que minha família espera de mim.

Terapeuta: Vamos também incluir algumas práticas de autocompaixão. Quando você se sente dividida entre essas expectativas, é importante tratar a si mesma com gentileza. Pode me dizer como você geralmente lida com esses sentimentos de conflito?

Maria: Normalmente, eu me critico muito por não conseguir atender às expectativas deles.

Terapeuta: Vamos tentar uma abordagem diferente. Quando esses sentimentos surgirem, tente se lembrar de que é normal sentir-se dividida e que você está fazendo o seu melhor. Podemos praticar algumas frases de autocompaixão, como "É difícil equilibrar todas essas expectativas, mas estou fazendo o melhor que posso". O que você acha?

Maria: Eu nunca pensei nisso dessa maneira. Vou tentar ser mais gentil comigo mesma. Não vai ser fácil...

Terapeuta: De fato, acho que não será fácil, Maria. Ao mesmo tempo, sua disposição para adotar um jeito mais compassivo com você mesma já é algo muito valioso. Também podemos incorporar algumas práticas culturais que são importantes para você em seu cotidiano aqui. Isso pode incluir a culinária brasileira, a música ou participar de eventos culturais locais. Manter essas conexões pode ajudar você a se sentir mais enraizada e conectada à sua identidade.

Maria: Eu gosto dessa ideia. Às vezes me sinto tão desconectada das minhas raízes que isso só aumenta minha ansiedade.

Terapeuta: Vamos então estabelecer alguns passos práticos para integrar essas práticas em sua rotina. Além disso, buscaremos fortalecer suas redes de apoio, tanto na comunidade LGBTQIA+ quanto entre imigrantes brasileiros aqui. Isso pode fornecer um senso de pertencimento e suporte que é fundamental para sua resiliência.

Maria: Parece um bom plano. Sinto que estou começando a ver uma luz no fim do túnel.

Terapeuta: Fico feliz em ouvir isso, Maria. Vamos continuar trabalhando juntos para que você se sinta mais forte e segura em sua identidade. Você tem todas as ferramentas dentro de si, e estamos aqui para ajudá-la a acessá-las e utilizá-las da melhor forma possível.

CONSIDERAÇÕES FINAIS

Como discutido ao longo deste capítulo, a integração da sensibilidade cultural na PBEP é fundamental para promover eficácia, respeito e segurança no tratamento psicológico. Reconhecer e valorizar a diversidade cultural permite que os terapeutas ofereçam intervenções mais apropriadas e responsivas, ajustadas às necessidades específicas de cada paciente. A adoção de aspectos dos modelos da competência cultural e humildade cultural proporciona uma base sólida para entender e respeitar as diferenças culturais, promovendo uma abordagem terapêutica mais inclusiva e eficaz.

A prática clínica deve ir além da simples aplicação de técnicas e protocolos, incorporando uma postura de abertura e aprendizado contínuo. Isso implica que terapeutas reconheçam as próprias limitações e preconceitos, bem como valorizem a importância do contexto cultural na formação da identidade do paciente, com consequências para a resposta ao tratamento. A flexibilidade e a adaptação das intervenções são essenciais para garantir que sejam culturalmente congruentes e efetivas, atendendo às expectativas e valores dos pacientes.

Por fim, a sensibilidade cultural na PBEP não é apenas uma questão de técnica, mas uma postura ética e compromisso profissional que não contradiz ou rivaliza com o respaldo científico; ao contrário, incorporar aspectos culturais e marcadores sociais da diferença faz parte da atitude de um psicólogo que busca respaldar seu trabalho na ciência. Terapeutas devem continuamente buscar aprimorar suas habilidades e conhecimentos sobre diferentes culturas, garantindo um atendimento mais humanizado e eficaz. A integração de competências multiculturais e a prática de humildade cultural fortalecem a aliança terapêutica e promovem resultados clínicos mais satisfatórios, contribuindo para uma psicoterapia ética, efetiva, inclusiva e respeitosa.

REFERÊNCIAS

1. Langdon EJ, Wiik FB. Antropologia, saúde e doença: uma introdução ao conceito de cultura aplicado às ciências da saúde. Rev Lat-Am Enfermagem. 2010;18(3):459-66.
2. Redding RE, Cobb C. Sociopolitical values as the deep culture in culturally-competent psychotherapy. Clin Psychol Sci. 2023;11(4):666-82.
3. Atzor MC, Andersson G, von Lersner U, Weise C. Effectiveness of Internet-Based Training on Psychotherapists' Transcultural Competence: A Randomized Controlled Trial. J Cross-Cult Psychol. 2024;55(3):260 -277.
4. Joiner TE, Robison M, Robertson L, Keel P, Daurio AM, Mehra LM, et al. Ethnoracial status intersectionality with gender and psychotherapy utilization, retention, and outcomes. J Consult Clin Psychol. 2022;90(10):837.

5. Lekas HM, Pahl K, Fuller Lewis C. Rethinking cultural competence: Shifting to cultural humility. Health Serv Insights. 2020;13:1178632920970580.
6. Giddens A. Sociologia. 6. ed. Fundação Calouste Gulbenkian; 2008.
7. Sue DW. Whiteness and ethnocentric monoculturalism: Making the "Invisible" visible. Am Psychol. 2004;59(8):761-9.
8. Tervalon M, Murray-García J. Cultural humility versus cultural competence: A critical distinction in defining physician training outcomes in multicultural education. J Health Care Poor Underserved. 1998;9(2):117-25.
9. Benuto LT, Casas J, O'Donohue WT. Training culturally competent psychologists: A systematic review of the training outcome literature. Train Educ Prof Psychol. 2018;12(3):125-34.
10. Miranda J, Cooper LA. Disparities in care for depression among primary care patients. J Gen Intern Med. 2004;19(2):120-6.
11. Chavira DA, Golinelli D, Sherbourne C, Stein MB, Sullivan G, Bystritsky A, et al. Treatment engagement and response to CBT among Latinos with anxiety disorders in primary care. J Consult Clin Psychol. 2014;82(3):392-403.
12. Comas-Díaz L. Multicultural approaches to psychotherapy. In: Norcross JC, VandenBos GR, Freedheim DK, editores. History of psychotherapy: Continuity and change. 2. ed. American Psychological Association; 2011. p. 243-67.
13. Malgady RG, Colon-Malgady G. Building community test norms: Considerations for ethnic minority populations. In: Suzuki LA, Ponterotto JG, editores. Handbook of multicultural assessment: Clinical, psychological, and educational applications. 3. ed. Jossey-Bass; 2008. p. 34-51.
14. Sue DW, Sue D. Counseling the culturally diverse: Theory and practice. John Wiley and Sons; 2008.
15. Williams AM, Baier AL, Woolley MG. Integrating social determinants of health within cognitive therapy. Current Treatment Options in Psychiatry. 2022;9(2):215-28.
16. Sterne JAC, Savović J, Page MJ, Elbers RG, Blencowe NS, Boutron I, et al. RoB 2: A revised tool for assessing risk of bias in randomised trials. BMJ. 2019:366:l4898.
17. Guyatt GH, Oxman AD, Vist G, Kunz R, Brozek J, Alonso-Coello P, et al. GRADE guidelines: 4. Rating the quality of evidence – study limitations (risk of bias). J Clin Epidemiol. 2011;64(4):407-15.
18. Zhu P, Luke M, Bellini J. A grounded theory analysis of cultural humility in counseling and counselor education. Counselor Education and Supervision. 2021;60(1):73-89.
19. Flaskerud JH. Cultural competence: what is it? Issues Ment Health Nurs. 2007; 28(1):121-3.
20. Kumaş-Tan Z, Beagan B, Loppie C, MacLeod A, Frank B. Measures of cultural competence: examining hidden assumptions. Acad Med. 2007;82(6):548-57.
21. Fisher-Borne M, Cain JM, Martin SL. From mastery to accountability: Cultural humility as an alternative to cultural competence. J Soc Work Educ. 2015;34(2):165-81.
22. Zhang H, Watkins Jr CE, Hook JN, Hodge AS, Davis CW, Norton J, et al. Cultural humility in psychotherapy and clinical supervision: A research review. Counsel Psychother Res. 2022;22(3):548-57.

23. Jernigan VBB, Hearod JB, Tran K, Norris KC, Buchwald D. An examination of cultural competence training in US medical education guided by the tool for assessing cultural competence training. J Health Dispar Res Pract. 2016;9(3):150-67.
24. Price EG, Beach MC, Gary TL, Robinson KA, Gozu A, Palacio A, Cooper LA. A systematic review of the methodological rigor of studies evaluating cultural competence training of health professionals. Acad Med. 2005;80(6):578-86.
25. Foronda CL. A concept analysis of cultural sensitivity. J Transcult Nurs. 2008;19(3): 207-12.
26. Chu J, Leino A, Pflum S, Sue S. A model for the theoretical basis of cultural competency to guide psychotherapy. Prof Psychol Res Pract. 2016;47(1):18.
27. Armstrong F. Compassion and cultural sensitivity. Australian Nursing Journal. 2003;11(2):28-30.
28. Ganzer C, Ornstein ED. A sea of trouble; a relational approach to the culturally sensitive treatment of a severely disturbed client. Clin Soc Work J. 2022;30(2):127-44.
29. Ruddock HC, Turner DS. Developing cultural sensitivity: Nursing students' experiences of a study abroad programme. J Adv Nurs. 2007;59(4):361-9.
30. Scorzelli JF, Reinke-Scorzelli M. Cultural sensitivity and cognitive therapy in Thailand. J Ment Health Couns. 2001;23(1):85-92.
31. Milton M. Issues in psychotherapy with lesbian and gay men. The British Psychological Society. Division of Counselling Psychology Occasional Papers. Vol. 4, 61 p.; 1998.
32. Comas-Díaz L. Cultural variation in the therapeutic relationship. In: Norcross JC, Goldfried MR, editores. Handbook of psychotherapy integration. Oxford University Press; 2006. p. 455-72.
33. Sue S. Cultural competency: From philosophy to research and practice. J Community Psychol. 2011;29(4):411-20.
34. Ashdown B, Homa N, Brown C. Measuring gender identity and religious identity with adapted versions of the multigroup ethnic identity measure-revised. Journal of Educational and Developmental Psychology. 2014;4(1):226-37.
35. Kirmayer LJ, Gomez-Carrillo A, Veissière S. Culture and depression in global mental health: An ecosystemic approach to the phenomenology of psychiatric disorders. In: Kirmayer LJ, Pedersen D, editores. Medical Anthropology and Global Mental Health. Springer; 2012. p. 229-46.
36. Sue DW. Creating conditions for a more humane society. Am Psychol. 1999;54(6):442-50.
37. Fisher CB. Decoding the ethics code: A practical guide for psychologists. 2. ed. SAGE Publications; 2009.
38. Hwang WC. The psychotherapy adaptation and modification framework: Application to Asian Americans. Am Psychol. 2006;61(7):702-15.
39. Yakushko O, Watson M, Thompson S. Stress and coping in the lives of recent immigrants and refugees: Considerations for counseling. Int J Adv Couns. 2008;30(3):167-78.
40. Kleinman A. Patients and healers in the context of culture: An exploration of the borderland between anthropology, medicine, and psychiatry. University of California Press; 1980.

41. Danieli Y. International handbook of multigenerational legacies of trauma. Springer; 1998.
42. American Psychological Association. Guidelines for psychological practice with transgender and gender nonconforming people. Am Psychol. 2015;70(9):832-64.
43. Meyer IH. Prejudice, social stress, and mental health in lesbian, gay, and bisexual populations: Conceptual issues and research evidence. Psychol Bull. 2003;129(5):674-97.
44. Crenshaw K. Mapping the margins: Intersectionality, identity politics, and violence against women of color. Stan L Rev. 1991;43(6):1241-99.
45. Mahalik JR, Burns SM, Syzdek M. Masculinity and perceived normative health behaviors as predictors of men's health behaviors. Soc Sci Med. 2007;64(11):2201-9.
46. Riggle EDB, Whitman JS, Olson A, Rostosky SS, Strong S. The positive aspects of being a lesbian or gay man. Prof Psychol Res Pract. 2008;39(2):210-7.
47. Pachankis J, McConocha EM, Reynolds JS, Winston R, Adeyinka O, Harkness A, et al. Project ESTEEM protocol: a randomized controlled trial of an LGBTQ-affirmative treatment for young adult sexual minority men's mental and sexual health. BMC Public Health. 2019 ;19(1):1086.
48. Carter RT. Racism and psychological and emotional injury: Recognizing and assessing race-based traumatic stress. The Counseling Psychologist. 2007;35(1):13-105.
49. Balsam KF, Martell CR, Safren SA. Affirmative cognitive-behavioral therapy with lesbian, gay, and bisexual people. In: Hays PA, Iwamasa GY, editores, Culturally responsive cognitive-behavioral therapy: Assessment, practice, and supervision. American Psychological Association; 2006. p. 223-43.
50. Griner D, Smith TB. Culturally adapted mental health intervention: A meta-analytic review. Psychotherapy. 2006;43(4):531-48.
51. Johnson W. Confrontation of clinically salient religion in psychotherapy: Ethical considerations. J Psychol Christ. 2016;35(4):343-54.
52. Rippy AE, Newman E. Adaptation of a scale of race-related stress for use with Muslim Americans. J Muslim Ment Health. 2006;1(1):53-67.
53. Nickerson A, Bryant RA, Silove D, Steel Z. A critical review of psychological treatments of posttraumatic stress disorder in refugees. Clin Psychol Rev. 2011;31(3):399-417.
54. Gone JP. Psychotherapy and traditional healing for American Indians: Exploring the prospects for therapeutic integration. The Counseling Psychologist. 2010;38(2):166-235.
55. Ben-Zeev D. Technology-based interventions for psychiatric illnesses: Improving care one patient at a time. Psychiatr Serv. 2016;67(8):850-2.
56. American Psychological Association. Division 12: Society of Clinical Psychology. Guidelines for clinical practice; 2023.
57. American Psychological Association. Multicultural guidelines: An ecological approach to context, identity, and intersectionality; 2017.
58. Bernal G, Sáez-Santiago E. Culturally centered psychosocial interventions. J Community Psychol. 2006;34(2):121-32.
59. Captari LE, Hook J, Hoyt W, Davis DE, McElroy-Heltzel SE, Worthington E. Integrating clients' religion and spirituality within psychotherapy: A comprehensive meta-analysis. J Clin Psychol. 2018;74(11):1931-53.

60. Castro FG, Barrera M, Holleran Steiker LK. Issues and challenges in the design of culturally adapted evidence-based interventions. Annu Rev Clin Psychol. 2010;6:213-39.
61. Craig SL, Austin A. The AFFIRM open pilot feasibility study: A brief affirmative cognitive behavioral coping skills group intervention for sexual and gender minority youth. Child Youth Serv Rev. 2016;64:36-144.
62. Koenig H. Evidence-based religious interventions. Psychotherapy. 2018;55(3):230-41.
63. Pachankis JE, Safren SA, editores. Handbook of evidence-based mental health practice with sexual and gender minorities. Oxford University Press; 2019.
64. Tolin DF, McKay D, Forman EM, Klonsky ED, Thombs BD. Empirically supported treatment: Recommendations for a new model. Clin Psychol. 2015;22(4):317-38.

16

Supervisão clínica baseada em evidências

Janaína Bianca Barletta
Carmem Beatriz Neufeld

A importância da supervisão clínica para a formação do terapeuta é um consenso no cenário mundial,[1-6] reconhecida como intensamente impactante e influente no treinamento.[7] Por outro lado, a maneira como a supervisão é apresentada está diretamente associada aos valores culturais da comunidade onde é aplicada e ao regimento profissional do país em questão.[8] Por exemplo, West apontou que, conforme valores britânicos, a supervisão clínica é uma atividade preconizada durante toda a carreira profissional. Nos Estados Unidos, parte-se da proposta de que os estudantes de doutorado e pós-doutorado em psicologia clínica recebam supervisão.[9] Na América Latina, a supervisão clínica e o treinamento em psicoterapia são aspectos considerados desafiadores, já que há poucos profissionais treinados para ofertar supervisão e treinamento clínico, supervisão é financeiramente cara, bem como a disseminação de terapias com base em evidências, como as terapias cognitivo-comportamentais (TCC), não tão amplamente divulgadas na região.[10] Especificamente no Brasil, a necessidade da supervisão clínica é fortemente associada à educação formal, isto é, atividade obrigatória durante o curso de graduação em psicologia,[11] com menor ênfase na pós-graduação *lato sensu*[12] e ainda pouco disseminada como uma necessidade contínua e basilar ao longo da profissão.[1]

Pela grande variedade de práticas supervisionadas e baixa precisão nas diversas definições de supervisão clínica, não há, historicamente, um consenso sobre o processo supervisionado, somado a pouca estruturação ou diretrizes.[3,13] A conceituação mais clara sobre a supervisão clínica se faz necessária para que se possa ter maior compreensão do campo, bem como estabelecer modelos teóricos adequados e estudos empíricos mais robustos.[14] Nessa mesma linha de pensamento, mais recentemente, baseado nos achados de uma revisão sistemática de literatura com a inclusão de 24 estudos, Milne (2018)[5] propôs algumas características da supervisão em uma definição que tem sido respaldada empiricamente por especialistas e teóricos da área, que integra e abrange diversos formatos e modelos de supervisões para diferentes níveis de formação profissional, bem como se diferencia de outras atividades, como psicoterapia pessoal, *coaching*, mentoring e gestão de desempenho.

Entre tais características da supervisão,[5] estão: a) trata-se de uma oferta formal e obrigatória de educação e formação em psicoterapia; b) tem por base o relacionamento interpessoal; c) é focada no trabalho clínico; d) promove, apoia e avalia a intervenção psicoterápica e o desenvolvimento do supervisionando; e) é realizada por supervisores treinados e aprovados para exercer essa atividade. Ou seja, de uma forma geral, entende-se que a supervisão é o principal momento de capacitação profissional por sua proposta pedagógica,[2] na qual o psicoterapeuta pode lapidar competências clínicas,[1] como, por exemplo, conhecimentos sobre saúde mental, estratégias de intervenção e atitudes éticas, a fim de fornecer atendimentos seguros e eficazes para os pacientes.[14] Com essa perspectiva, a literatura aponta três importantes objetivos característicos da supervisão clínica a serem alcançados:

1. Proporcionar o desenvolvimento do repertório clínico do psicoterapeuta, denominado como *função formativa*.[15-19] Para tanto, o processo supervisionado deve ser intencionalmente educativo e planejado a partir do nível de conhecimento, habilidades e atitudes do terapeuta em treinamento e de suas características, das principais evidências educacionais e clínicas, das metas de desenvolvimento estabelecidas previamente nesse processo e do contexto e ambiente no qual a supervisão ocorre.[1,13]
2. Garantir uma intervenção clínica de qualidade baseada nos preceitos éticos e normativos da profissão. Portanto, a chamada *função normativa* caracteriza a supervisão como um espaço em que se monitora e avalia a psicoterapia, com o intuito de aumentar a entrega de uma intervenção adequada e diminuir a possiblidade de consequências indesejadas à pessoa em tratamento psicoterápico.[1,17-20]
3. Resguardar o bem-estar do terapeuta em treinamento, proporcionado pela relação interpessoal saudável em supervisão, encorajando a experiência e o manejo emocional, conhecida como a função restauradora ou restaurativa,[1,5,16,17] a qual permite o acolhimento necessário do terapeuta, o foco nas dificuldades a serem revistas e o fortalecimento das qualidades

apresentadas. Portanto, além do cuidado com a relação de poder[15] para não causar danos ao terapeuta,[21] é esperado que a aliança estabelecida em uma relação colaborativa no processo supervisionado promova a aprendizagem mais significativa.[2]

Para que seja possível colocar em prática as três funções citadas, a supervisão clínica em psicologia tem sido apontada, cada vez mais, como uma atividade baseada em evidências, o que, por si só, não deixa totalmente claras as suas descrição e operacionalização. Uma das dificuldades diz respeito às evidências que sustentam as melhores práticas de supervisão. Já há pesquisas importantes na área, mas ainda há poucos dados e faltam estudos com métodos mais robustos.[5]

Outra dificuldade está na inconsistência do treinamento de supervisores ao redor do mundo, considerando as diferentes intensidades em que isso acontece, mas que incorporam desde países que já têm a cultura estabelecida de formar o profissional para essa atuação[9,22] até países sem esse pressuposto.[10] A esse exemplo, no Brasil identifica-se que há uma disseminação da ideia de que para ser supervisor clínico basta ser terapeuta, como se tais atividades fossem totalmente interseccionadas.[1] Sabe-se que, para ofertar uma supervisão de qualidade, o profissional deve ter treinamento clínico (como terapeuta), mas também deve desenvolver competências próprias da atividade de supervisão, a partir de práticas e treinamentos para esse fim.[23] Milne (2018),[5] em sua definição sobre supervisão clínica, reforça que o profissional deve ser um supervisor credenciado para essa atividade.

Ao somar a falta de disseminação sobre a necessidade de treinar supervisores para fornecer uma prática supervisionada adequada e pouca pesquisa na área, entendem-se alguns dados de levantamento que chamam a atenção. Por exemplo, Ellis et al. (2014)[21] realizaram uma pesquisa com 363 psicoterapeutas que recebiam supervisão clínica. Os participantes responderam um questionário, o qual apresentou um resultado alarmante. Do total, 93% dos respondentes afirmaram ter recebido supervisões inadequadas e 35% supervisões prejudiciais. Nesse sentido, a prática baseada em evidência (PBE) aplicada ao processo supervisionado pode ser um excelente suporte para aumento da qualidade, uma vez que se parte do princípio de que todos os supervisores e psicoterapeutas são potencialmente danosos. Além disso, sem conhecimento sobre as melhores evidências para a atividade laboral clínica, baseando-se apenas na própria vivência, os profissionais podem equivocar-se acreditando na qualidade e no alcance de intervenções que são, na verdade, ineficazes ou mesmo prejudiciais.[24,25]

Logo, algumas perguntas surgem ao se fazer a referência à supervisão baseada em evidências (SBE), como: do que estamos falando exatamente? O que implica uma supervisão baseada em evidências? Como colocá-la em prática? Qual impacto pode ter no ensino da prática profissional? Dessa forma, com a proposta de, ao menos, iniciar a trilha para responder tais perguntas, o presente capítulo tem por objetivo contextualizar a SBE na prática clínica em psicoterapia, a partir de um *overview* da área. Para tanto, inicialmente, será feito um breve resgate da PBE (o que poderá ser visto com mais detalhes na Seção 1 - Fundamentos teóricos da prática baseada em evidências deste livro) apenas para contextualizar a supervisão clínica, para então apresentar conceitos, modelos e pesquisas sobre essa prática, bem como reforçar a importância da formação para exercer a função de supervisor. Não se pretende esgotar a temática, mas sim ampliar a reflexão sobre a SBE e sua importância para nosso cotidiano clínico.

PRÁTICA BASEADA EM EVIDÊNCIAS

A PBE pode ser considerada um movimento iniciado na medicina que está diretamente relacionado com a implementação da melhor forma possível do cuidado.[26] Esses autores, ao contextualizarem a história da PBE, resgataram três momentos que a fomentaram:

A. **O Relatório de Flexner:** elaborado por Abraham Flexner, que, em 1910, avaliou 155 escolas de medicina dos Estados Unidos e Canadá e concluiu que a educação médica não qualificava os alunos para exercerem a medicina, assim como a maior parte das instituições tinham fins lucrativos sem vínculo com a academia ou com uma formação adequada. Como resultado desse documento, apenas 31 escolas médicas se mantiveram funcionando. Portanto, o Relatório de Flexner é apontado como o principal marco de mudança da educação médica, influenciando o cenário mundial na formação profissional.[26] Mais recentemente, considerando as mudanças contemporâneas no processo de ensino e aprendizagem, a proposta flexneriana tem sido alvo de discussão, especialmente com as novas possibilidades e estratégias didático-pedagógicas,[27] mas não se questiona a importância que teve na reformulação educacional.
B. **A Colaboração Cochrane:** o epidemiologista escocês Archibald Cochrane (1909-1988), ao longo de sua formação médica, com atendimentos à população de baixa renda em Londres e em campos de prisioneiros de guerra alemães, identificou dois fatores que impactavam o cuidado à saúde: as condições socioeconômicas que a comprometiam e a relação te-

rapêutica como fator protetor. Somado a isso, reconheceu que o pouco conhecimento, à época, da classe médica sobre os medicamentos e tratamentos mais eficazes, bem como a demanda sempre maior que a disponibilidade de recursos, também eram fatores que negativamente interferiam na tomada de decisão em saúde. Em sua experiência nos campos de prisioneiros, Cochrane teve a oportunidade em conduzir diversos ensaios clínicos randomizados (ECR), o que o levou ao entendimento desse método como importante para produzir conhecimento com menor nível de viés. Tomando por base todos esses aspectos, em 1993 ele fundou a *Cochrane Collaboration*, com o intuito de disponibilizar aos médicos ECR constantemente atualizados, que pudessem ajudar na tomada de decisão no cuidado de saúde e favorecer a escolha de melhores intervenções médicas.[26]

c. **O grupo da Universidade McMaster:** esse grupo de profissionais apontou a raridade com que a equipe médica se utilizava das melhores evidências de pesquisa para a tomada de decisões clínica em seus atendimentos, tendo como base principalmente as experiências pessoais ou conselho de colegas. A partir disso, esse grupo endossou a medicina científica, que, inicialmente, enfatizava apenas dados de pesquisa e foi bastante criticada. Porém, mais adiante, em 1992, esse grupo propôs um modelo mais complexo, conhecido como Modelo de Três Círculos, que incluía a experiência clínica, os dados de pesquisa e as preferências do paciente. Nesse modelo, preconiza-se que os três pilares tenham a mesma influência, porém a *expertise* profissional era sempre alocada no círculo de cima, com o intuito de rebater as críticas iniciais.[26]

Dessa forma, deu-se vazão ao novo paradigma intitulado de medicina baseada em evidências (MBE), o qual foi ampliado para diferentes profissões da saúde e suas distintas práticas ao longo dos anos, refinando-se também o modelo inicialmente proposto e sua descrição de como cada componente está relacionado e como devem ser integrados.[26] Esse entendimento é fundamental, uma vez que a MBE e, consequentemente, a PBE não dizem respeito apenas à evidência, ou que sustentam o dado de pesquisa como o fator mais importante na tomada de decisão em detrimento dos outros. De acordo com Satterfield et al. (2009),[28] a depender das conjunturas, tanto a *expertise* profissional quanto as preferências do paciente podem ter mais impacto na tomada de decisão clínica que os dados de pesquisa, ainda que, em momento algum, a evidência deva ser ignorada por completo. Esses autores também reiteram que a hierarquia de evidências pode ser uma forma de ajudar a integrar os vários tipos de dados, bem como facilitar sua avaliação para intervenção clínica.

Curiosamente, Spring et al. (2019)[26] apontam que a psicologia clínica reconheceu e contemplou a PBE desde o início, mesmo antes de se tornar um pilar na medicina, mas só a adotou como conduta tardiamente. A esse exemplo, já em 1995 a American Psychological Association (APA) instituiu uma força-tarefa para identificar, promover e divulgar tratamentos com suporte empírico, mas com muitos questionamentos e controvérsias de psicólogos nos critérios utilizados e nos resultados considerados. As publicações dos primeiros relatórios desse grupo da APA aconteceram contiguamente às publicações do grupo da Universidade McMaster sobre a MBE. A principal diferença estava no foco: enquanto a MBE focava os três círculos para tomada de decisão clínica, a psicologia focava apenas na evidência, isto é, no tratamento empiricamente sustentado. Por outro lado, esse processo proporcionou à psicologia alguns padrões de evidência como critério para a escolha de intervenções psicoterápicas e melhores práticas clínicas a serem incluídas nos programas de treinamento profissional, antecipando-se ao que, mais tarde, foi proferido em diretrizes da MBE.[28]

Com o movimento da MBE se expandindo e a proposta de abarcar as diferentes perspectivas, entende-se que houve uma evolução do modelo da PBE em uma proposta transdisciplinar, o Transdisciplinary Model of Evidence-Based Behavioral Practice.[28] Dessa forma, de acordo com esses autores, partindo das críticas iniciais ao modelo da MBE como a definição restrita de evidências, a falta de clareza em relação à experiência profissional, a pouca atenção dada às preferências dos pacientes e a não inclusão do contexto e recursos disponíveis, foi preciso ampliar e definir os pilares da PBE. Assim, ao se falar da melhor evidência disponível, foi importante reconhecer que métodos específicos não respondem a toda e qualquer pergunta, como o ECR, por mais que esteja no alto da pirâmide hierárquica para robustez metodológica. Uma vez que cada área tem perguntas diversificadas a serem respondidas prioritariamente sobre sua prática, o modelo deveria adaptar-se a diferentes metodologias e evidências, ampliando sua definição, desde que fossem adequadas. Por exemplo, a PBE na enfermagem prioriza a integração das preferências do paciente para a tomada de decisão e, para tanto, enfatizam-se pesquisas que possam operacionalizar tal aspecto decorrentes de estudos qualitativos,[26] o que não implica que outros métodos de pesquisa fiquem de fora a depender da pergunta.

O mesmo entendimento foi proposto para os outros dois círculos do modelo. O círculo das preferências dos pacientes foi ampliado para abarcar características, valores e contextos. Para a psicologia, por exemplo, a inclusão de fatores socioculturais, prontidão para mudança, nível de apoio social, entre outros, é imprescindível, já que podem ser potenciais moderadores de resultados. A *expertise* profissional inclui não apenas a experiência, mas também treinamento profissional e recursos. A esse exemplo, uma contribuição do serviço social para a PBE foi o foco dado nos contextos institucionais e ambientais, enquanto a saúde pública tem como relevantes o estudo e o impacto dos recursos disponíveis.[28]

SUPERVISÃO BASEADA EM EVIDÊNCIAS

Com a busca de melhores intervenções psicoterápicas e de uma entrega mais eficaz no cuidado em saúde mental, no início dos anos 2000 a importância da PBE na psicologia ganhou força. Tanto a APA quanto o National Institute of Health and Clinical Excellence (NICE), do Reino Unido, organizaram seus grupos de trabalho e atividades de pesquisas que geraram diversos nortes e orientações sobre a necessidade da PBE na psicologia.[1,29,30] Nessa mesma direção, Ludgate (2016)[4] ressalta que a partir de 2007, na Inglaterra, houve maior incentivo e financiamento sobre a PBE na psicologia por dois principais motivos: o alto gasto com saúde mental e o pouco acesso da população a psicoterapias eficazes e eficientes. Essa preocupação culminou na criação de um programa estratégico governamental, intitulado Improving Access to Psychological Therapies (IAPT), cujo principal foco era disponibilizar maior acesso às práticas psicoterápicas comprovadamente eficazes para aumentar a qualidade de atendimento e, por sua vez, diminuir os gastos públicos em saúde mental. Esse é apenas um dos exemplos que compõem um empenho internacional de aumentar a qualidade dos cuidados disponíveis em psicoterapia.[5]

Foi nesse contexto que as pesquisas começaram a identificar as competências clínicas para melhores práticas de intervenção, logo a busca por delineamentos de treinamento de profissionais em psicoterapia e supervisão passou a também ser alvo do movimento da PBE.[1,30] Desde então, diversas diretrizes, *frameworks* e *benchmarks* de competências têm sido constantemente refinadas[31] com as da APA (2014),[32] a fim de nortear o treinamento, e estão baseadas em intervenções clínicas empiricamente sustentadas, competências essenciais de terapeutas, metodologias de ensino para o desenvolvimento de habilidades complexas e abertas, monitoramento das práticas supervisionadas e psicoterápicas, isto é, dados de pesquisas de resultado e processo de intervenção educativa e clínica.[17] Ainda assim, Milne (2018)[5] destaca que, apesar do aumento no interesse em pesquisas e treinamentos clínicos, a formação de supervisores ainda conta com a menor parcela de estudos e investimentos. Alfonsson et al. (2017)[14] ratificam essa ideia ao fazerem a ressalva de que a

PBE é bastante defendida em ambientes clínicos, mas que, de forma contrária, não foi implementada em contextos educativos e de treinamento, levando a uma baixa disseminação com a SBE.

De forma geral, de acordo com Watkins (2020),[33] a SBE pode ser entendida como uma proposta com base em pesquisas, experiência profissional e consenso de especialistas. Além disso, essa prática envolve métodos e técnicas específicos de ensino e supervisão, apoiados por dados empíricos disponíveis, bem como visa ao ensino de intervenções psicoterápicas validadas empiricamente. Portanto, esse é um foco de desenvolvimento, que inclui proporcionar que o terapeuta em supervisão possa buscar essa informação, avaliar sua qualidade, adequar a sua aplicabilidade ao contexto e demanda e desempenhar a intervenção com competência, isto é, favorecer a aquisição da PBE e as competências "cientista e prático/intervencionista".[5,7]

Seguindo a mesma lógica da PBE, a SBE não se propõe apresentar técnicas de supervisão estabelecidas e protocolos estáticos, mas um processo em que as melhores evidências podem ser aplicadas à proposta de supervisão clínica de acordo com as características e necessidades de todas as pessoas envolvidas. Lilienfeld et al. (2019)[25] relembram que alguns aspectos são erroneamente atribuídos à PBE, causando resistências a esse paradigma, e as autoras do presente capítulo reforçam que tais asserções também devem ser revistas na SBE. Portanto, aplica-se à SBE o entendimento de que:

A. Intervenções empiricamente sustentadas, por si sós, não são sinônimos da SBE,[25] ou seja, ainda que sejam fundamentais, sua aplicação *ipsis litteris* sem levar em consideração os demais pilares está fadada a não ter os resultados esperados.
B. Portanto, a flexibilidade e a customização das estratégias supervisionadas são bem-vindas, já que a lógica do "um único formato serve para todos" potencializa o efeito indesejado tanto para o terapeuta em treinamento quanto para o paciente que recebe a intervenção psicoterápica.[34] Por sua vez, não implica em dizer que se pode fazer qualquer atividade descontextualizada ou apenas baseada no *background* profissional. Entende-se que o desafio é flexibilizar sem perder a fidelidade na administração da intervenção supervisionada, exigindo do supervisor conhecer os mediadores e moderadores da prática aplicada.[1,25]
C. Logo, a SBE permite a possiblidade de desenvolvimento de estratégias educativas de forma criativa, porém, de maneira mais sistemática, segura, efetiva e com a menor chance de efeitos indesejados, seja pela supervisão inadequada ou prejudicial.[1,3] Lilienfeld et al. (2019)[25] rebatem a

crítica, ressaltando que a PBE (e, no caso, a SBE) amplia as possibilidades de intervenção, desde as já conhecidas às novas e criativas (que devem ser adequadamente testadas e validadas), e não o contrário, isto é, que reduz as possiblidades de intervenção.

D. Conhecer os dados de pesquisa considerados na PBE/SBE, mesmo quando não se tem uma população-alvo igual à do estudo.[25] Isso implica dizer que, por exemplo, em um ECR de supervisão clínica, mesmo que não tenha as características exatamente iguais ao processo de supervisão cotidiano, é um excelente ponto de partida, especialmente quando há alguma similaridade entre as práticas. Entende-se que é melhor se basear nas evidências apresentadas do que partir de uma intervenção supervisionada sem nenhuma sustentabilidade científica.

E. Se uma intervenção (clínica e/ou educativa) ainda não foi devidamente testada, significa dizer que tem ausência de evidências, o que, por sua vez, é diferente de uma intervenção que não teve efeitos que indicassem eficácia e/ou efetividade após a condução de uma pesquisa.[25]

Partindo desse entendimento e com base no Transdisciplinary Model of Evidence-Based Behavioral Practice,[28] as autoras deste capítulo adaptaram o modelo para SBE, apenas para oportunizar sua visualização (Figura 1). O modelo transdisciplinar citado foi proposto para facilitar a interlocução entre a pesquisa translacional e prática eficaz interprofissional e tem sido uma referência na tomada de decisão clínica.[26]

A Figura 1, compreendendo os pilares da PBE,[26,28] apresenta os três círculos direcionados para o processo supervisionado: a) o primeiro círculo incorpora os *frameworks* e diretrizes sobre supervisão e treinamento, que, por sua vez, resultam de dados de pesquisa tanto relacionados à educação quanto à clínica psicológica; b) o segundo círculo visa à perícia do supervisor e está relacionado à sua *expertise* na área, baseada na formação específica na prática supervisionada (desde processos educativos pontuais como eventos científicos e *workshops*, passando pelos de média duração, como cursos e aprimoramentos, até a formação continuada como receber metassupervisão), formação em prática psicoterápica, experiência clínica (de supervisão e de terapia); c) o terceiro círculo traz à tona as idiossincrasias dos terapeutas em supervisão, bem como do caso clínico. Ou seja, incluir as preferências, características, valores, necessidades, as diferenças socioculturais, estilos de aprendizagem do aprendiz e características da demanda clínica.

Na Figura 1, é possível verificar que as intersecções entre os círculos são permeadas de elementos que sustentam os pilares. Por exemplo, tanto para

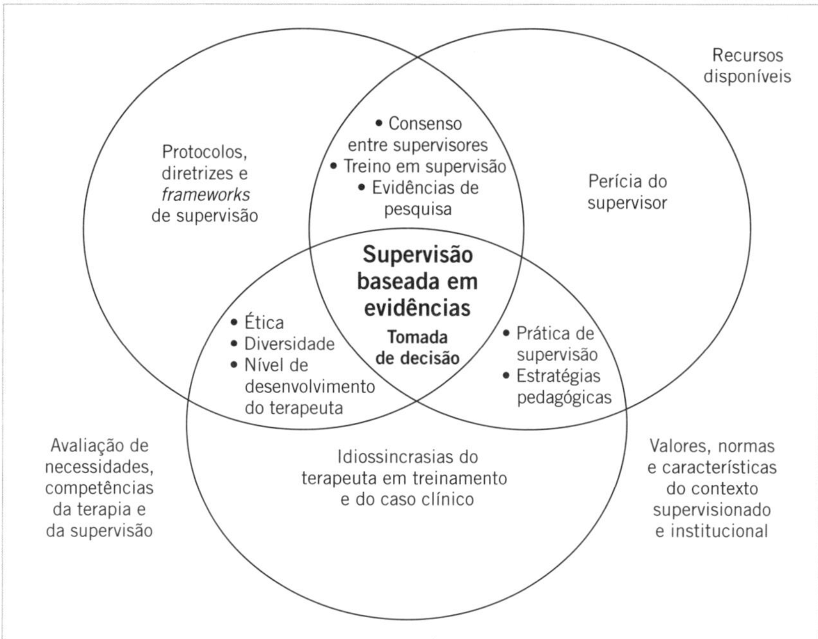

FIGURA 1 Pilares da supervisão baseada em evidências.
Fonte: elaborada pelas autoras.

o círculo dos *frameworks* quanto para a perícia profissional, é fundamental identificar, buscar, ler, interpretar e alocar na prática supervisionada as melhores evidências disponíveis, aspectos que precisam ser incluídos no treinamento desse profissional. Além disso, o modelo de SBE seguiu o refinamento proposto no modelo transdisciplinar,[28] em que também se deve considerar para a tomada de decisão os aspectos relacionados ao contexto institucional em que, nesse caso, a supervisão ocorre, os recursos disponíveis e o processo avaliativo. Esse mesmo autor ressalta que a tomada de decisão não deve ser intuitiva ou baseada exclusivamente na vivência profissional, e sim em um processo sistemático que leva em consideração todos os elementos destacados na Figura 1, de forma a relacioná-los para a escolha da melhor intervenção supervisionada.

Assim, entende-se que SBE é um processo educacional planejado, proposital, colaborativo, orientado por metas desenvolvimentais, oportunizado em um ambiente de aprendizagem apropriado e com base em pesquisas e conhecimento relevantes.[35] Logo, para exercer a função de supervisor, é necessário treinamento específico que contemple os princípios que apoiem as "melhores práticas supervisionadas".[1] Espera-se que os supervisores sejam flexíveis, com habilidade de identificar e empregar uma diversidade de metodologias de ensino clínico com foco em diferentes competências psicoterapêuticas, com base no conhecimento científico. Nesse sentido, as melhores práticas supervisionadas e as competências de supervisão promovem tanto o conhecimento declarativo quanto procedural do processo supervisionado e estão mais amplamente descritas na literatura da área. Por outro lado, tem-se apontado que o conhecimento reflexivo é necessário para o desenvolvimento da perícia do supervisor.[15,35] Ressalta-se que o modelo declarativo-procedural-reflexivo (DPR) de desenvolvimento e aquisição de competências clínicas[36] tem sido amplamente utilizado no contexto de supervisão para o desenvolvimento de competências complexas, no qual o sistema reflexivo é central para dar valência aos sistemas declarativos e procedimentais. O modelo, a partir da taxonomia de competências, explica como e qual a razão de diferentes habilidades, conhecimentos e atitudes serem aprendidos e lapidados de maneira diversificada em tempo diferenciado.[37]

A esse exemplo, Holt et al. (2015)[3] apresentam uma relação importante entre a escolha de princípios moderadores de mudança com relação às características individuais de pacientes em tratamento psicoterápico, considerando-as aspectos promissores da PBE. Por exemplo, esses autores apontam o maior ou menor nível de diretividade do terapeuta, que deveria ser mediado pelo menor ou maior nível de resistência e aderência ao processo terapêutico da pessoa em terapia. Beutler et al. (2011),[38] em sua metanálise, reforçam a correlação inversa dessas variáveis no sucesso terapêutico, o que, por sua vez, impacta na qualidade da relação terapêutica como um elemento necessário nas intervenções clínicas. Apesar de a relação terapêutica ser um fator comum, é preciso identificar elementos que a compõem. Nesse mesmo raciocínio, Kazantzis et al. (2017)[39] apontam a aliança terapêutica como aspecto fundamental da relação estabelecida que possibilita mudanças necessárias em TCC, alicerçada em três fatores: a) a colaboração e participação ativa de todas as pessoas do processo; b) o empirismo que implica na avaliação da experiência; c) o diálogo socrático que oportuniza a tomada de perspectiva e descoberta guiada.

Para tanto, a escolha da dosagem fornecida e das estratégias escolhidas, seja em terapia, seja em supervisão, deve ser equilibrada com base nas características, necessidades, recursos e possiblidades do paciente (e/ou terapeuta supervisionado), nos objetivos da intervenção, na competência do profissional (do terapeuta no caso do atendimento clínico ou do supervisor no caso da supervisão) e no contexto aplicado. Alfonsson et al. (2017)[14] reiteram que uma supervisão altamente eficaz em um certo contexto pode ser menos ou nada relevante em outros contextos. Portanto, entende-se que esse é um processo complexo e multifacetado, não apenas pela quantidade de variáveis que devem interagir, mas também porque alguns elementos podem estar contraditórios a outros.[28] Uma situação que pode exemplificar esse cenário é quando o melhor método de ensino para o desenvolvimento de um determinado repertório clínico é a observação direta, mas o terapeuta fica extremamente ansioso só de falar sobre a possibilidade de gravar a sessão, inviabilizando seu uso como ferramenta educativa.

Partindo dessa lógica, entende-se fortemente que se reproduz a assertiva de que a SBE,[17] juntamente com a perspectiva da supervisão baseada em competências,[9] são benéficas e cruciais para as boas práticas supervisionadas. De maneira contrária a esse entendimento, a supervisão clínica ainda carece de evidências mais robustas, permanecendo escassos os estudos nessa área, embora, especialmente nos últimos anos, se tenham dado pequenos passos nessa direção.[1,5,7,33]

E O QUE DIZEM AS EVIDÊNCIAS DISPONÍVEIS EM SUPERVISÃO CLÍNICA?

Ainda que de forma lenta, a pesquisa de supervisão tem recebido mais reconhecimento e tem proporcionado o aumento de conhecimento empírico sobre a área.[33] Pesquisas e publicações têm apontado tanto competências do supervisor e do terapeuta quanto para as melhores práticas em supervisão (descritos em *frameworks*) como focos importantes. Além disso, estudos de áreas correlatas e literaturas tangenciais também têm sido utilizados para a SBE, como pesquisas de métodos educacionais, ciência aplicada ao treinamento e aos aspectos grupais, incluindo *feedback*, liderança e coesão.[5,40] Identificar os efeitos da supervisão clínica no desenvolvimento do terapeuta, seja em seus conhecimentos, habilidades e atitudes, e os efeitos no paciente têm sido duas questões a serem respondidas pela SBE.[14] Alguns relatos publicados dos potenciais efeitos nocivos da supervisão clínica, seja para o terapeuta, seja para o paciente,[21] têm alertado para a urgência desse conhecimento.

Estudos de revisões sistemáticas sobre supervisão clínica têm sido importantes para aumentar a perspectiva crítica sobre as pesquisas disponíveis, orientando a prática clínica e identificando os focos prioritários a serem investigados. Ainda assim, há muitos limites e obstáculos nas evidências dessa área a serem perpassadas.[33] A esse exemplo, três revisões sistemáticas de literatura, realizadas em diferentes momentos,[41-43] apontaram alguns resultados semelhantes quanto às pesquisas sobre supervisão clínica: o uso de metodologias qualitativas na maior parte das pesquisas, poucos estudos robustos de maior qualidade metodológica e a lacuna de resultados sobre os efeitos das supervisões em pacientes. Por outro lado, ainda que limitados, as três revisões também descreveram resultados promissores que apontam para efeitos positivos das supervisões no desenvolvimento de competências do terapeuta.

A revisão supracitada mais antiga[42] teve como objetivo identificar o impacto da supervisão clínica e os métodos de ensino e incluiu 28 estudos. Os autores apontaram que os métodos educativos mais usados e associados com os benefícios para os aprendizes foram o acompanhamento direto (em campo) da prática do supervisionando, a modelagem de competências, as instruções e orientações específicas, o estabelecimento de metas e o fornecimento de *feedback* sobre o desempenho. Wheeler e Richards (2007)[43] incluíram 18 artigos em sua revisão, que também teve como objetivo identificar a repercussão dessa prática. Entre os principais resultados e conclusões, esses autores apontaram o desenvolvimento de habilidades, autoconsciência e senso de autoeficácia dos supervisionandos em curto prazo, mas ressaltam que não se têm dados sobre os efeitos em longo prazo. A revisão de Alfonsson et al. (2018)[41] incluiu cinco estudos dos 4.103 artigos inicialmente identificados, dos quais apenas um foi considerado robusto metodologicamente, com evidências mais sólidas e consistentes para o desenvolvimento de competências do terapeuta. Os resultados sugeriram que o modelo de supervisão utilizado – *Bug-in-the-eye* (BITE) – é mais eficaz que os modelos de supervisão tradicionais, no qual o terapeuta relata o caso e o supervisor orienta a próxima intervenção.

O modelo de supervisão citado pressupõe a observação ao vivo da sessão clínica com *feedback* simultâneo por um *software* denominado BITE, através de um *tablet* que fica com o terapeuta.[44] Dessa forma, pretende-se que o *feedback* recebido durante o atendimento não perturbe o terapeuta ou minimamente atrapalhe a intervenção se comparados a outras estratégias, como o ponto eletrônico, o interfone na sala ou mesmo a interrupção do supervisor durante o atendimento.[45] Com intuito de ter mais indicativos sobre a aplicabilidade e eficácia do BITE, Vezer (2021)[44] realizou uma revisão sistemática de literatura com sete artigos que o utilizaram em contexto psicoterápico supervisionado. Os principais resultados indicaram que o BITE pode estar associado ao impacto positivo no desenvolvimento de competências clínicas e no fortalecimento da aliança entre supervisor e terapeuta, uma vez que não há interrupção da intervenção ou desconforto do terapeuta em ser exposto ao paciente. Essa autora ressalta a necessidade de novas pesquisas com métodos mais rigorosos para precisar os efeitos indicados.

Com a intensa disseminação de intervenções *online*, a tecnologia na supervisão também tem sido altamente utilizada. Barletta et al. (2022),[31] ao descreverem as tecnologias de informação e comunicação (TIC) apropriadas para a supervisão clínica, como o TheraPlatform, apresentam alternativas para adaptações do modelo BITE para o contexto de supervisão virtual, porém ainda com necessidade de mais pesquisas de eficácia e efetividade. Sudak e Trend Codd III (2019)[46] reforçam que esforços recentes no desenvolvimento de medidas de competências clínicas baseadas na internet têm sido considerados promissores.

A observação direta é reconhecida na literatura científica como um dos métodos mais eficazes para o desenvolvimento de competências clínicas. Por ser um dos pilares educativos e avaliativos da MBE, mas também uma proposta desafiadora aos participantes, Kogan et al. (2017)[47] fizeram uma revisão das evidências que sustentam a observação direta no ensino médico e as compilaram em uma diretriz, com o intuito de melhorar sua aplicabilidade e condução nos programas de treinamentos. Para tanto, um grupo de especialistas construiu, individualmente, uma lista do que fazer e do que não fazer nas atividades de observação direta, reorganizadas em uma única lista. A segunda etapa foi reunir as evidências científicas disponíveis que apoiavam cada diretriz e revisar (a partir da evidência) a força de cada uma delas como critério para inclusão no *guideline*. As que tiveram corpo consistente de evidências foram fortemente recomendadas, as que apresentaram evidências empíricas sólidas em poucos trabalhos somadas ao consenso dos especialistas foram moderadamente recomendadas, e as que tiveram evidências limitadas somada ao consenso dos especialistas foram recomendadas de forma provisória. Aquelas que não tiveram evidências foram descartadas. As recomendações forneceram nortes para os supervisores e gestores educacionais (e instituições) sobre como: a) estabelecer o foco e objetivo da estratégia, b) selecionar a ferramenta adequada de avaliação, c) fornecer *feedbacks* de qualidade e promotores de aprendizagem, d) conduzir o treino dos avaliadores (que podem ser supervisores, pares e autoavaliações) e) criar a cultura do uso da observação direta no treinamento.

Em supervisão de psicoterapia também se reconhece que o *feedback* e a avaliação competência clínica são atividades interligadas e, portanto, utilizam-se dos termos *avaliação formativa* e *somativa*.[17] A avaliação formativa é pautada no *feedback* corretivo contínuo, para gerar reflexão guiada e autorreflexão sobre aspectos de competência e permitir o *debrifieng* aprofundado. A avaliação somativa é o *feedback* de qualificação da competência, portanto pautada em métodos e instrumentos validados e confiáveis psicometricamente.[48]

Essas autoras ressaltam que diferentes métodos de avaliação podem ser mais adequados para distintas finalidades, mas devem-se levar em consideração as potencialidades e limitações de cada escolha.

Partindo desse entendimento, Milne e Reiser (2017)[13] sumarizaram dados de pesquisa sobre *feedback* e avaliação no treinamento e supervisão em TCC e identificam que retornos dados sobre os resultados da intervenção, o desempenho e a *performance* e o monitoramento do progresso do terapeuta apresentaram evidências para seu uso em supervisão, somado ao consenso de *experts*. Por outro lado, *feedback* com adjetivos e foco na pessoa foi considerado inadequado. Uma vez que se entende que fornecer *feedback* é uma habilidade complexa e precisa ser desenvolvida pelos supervisores, entende-se que sempre é possível rever e treinar a prática. Portanto, algumas recomendações são consideradas: a) deixar claro o objetivo do *feedback*, b) descrever a *performance* considerada proficiente e a executada, c) utilizar com frequência o *feedback* para monitoramento de desenvolvimento, d) lançar mão de diferentes instrumentos e métodos de fornecer *feedback*, e) ser preciso na descrição do comportamento e f) fornecer modelos, demonstrações e treinos de habilidades.[2,49-51] Holt et al. (2015)[3] ressaltam que um dos elementos mais estruturados e com maiores níveis de evidência em supervisão é o *feedback* como ferramenta de mudança, refinamento de competência clínica e aumento da qualidade da implementação da intervenção.

Por outro lado, um dos entraves elencados por Barletta et al. (2021)[40] é a dificuldade que supervisores apresentam em fornecer *feedbacks*, seja pela postura autoritária, promovendo rupturas na relação interpessoal em supervisão, seja pela qualidade inadequada do *feedback*, como apenas desqualificar o que foi realizado, seja por fazê-lo com foco na pessoa do terapeuta e não no desempenho. Portanto, o *feedback* é uma das competências a serem treinadas e desenvolvidas pelo supervisor, em especial por ser uma estratégia de avaliação continuada na supervisão, uma vez que descreve o repertório clínico, tanto adequado quanto o que precisa ser lapidado, possibilita busca de planejamento para desenvolver habilidades (solução de problemas), bem como promove a autorreflexão. Nesse sentido, aguça o terapeuta a refinar a sua própria atuação, uma vez que o redirecionamento da seleção, detalhamento da execução e redefinição da própria implementação promovem a maior adequabilidade e eficácia da intervenção.[3,5,16,51]

De acordo com Alfonsson et al. (2017),[14] entre as barreiras apresentadas para a realização de estudos empíricos de alta qualidade, estão a lacuna de diretrizes sobre a avaliação em supervisão e os poucos instrumentos de qualidade e efetivamente testados para as medidas dos efeitos da supervisão.

Sabe-se que, para se ter conclusões válidas sobre eficácia e direcionamentos efetivos de supervisão, é preciso que os métodos utilizados para avaliar competência sejam confiáveis. Muse e McManus (2013),[48] ao se depararem com a falta de consenso sobre como medir competência e/ou com métodos amplamente criticados, realizaram uma revisão com o objetivo de avaliar as diversas aferições de competências em TCC. Foram inclusos 64 artigos, os quais utilizaram 10 diferentes métodos de avalição do terapeuta, desde questionários de múltipla escolha, uso de questões abertas, de vinhetas clínicas de respostas curtas, de relatos de casos, de *role-play* padronizado com uso de escala com observador treinado, da observação direta das sessões de psicoterapia com escalas transdiagnósticas e/ou escalas de problemas específicos, das avaliações de supervisão, de autoavaliações, de *surveys* com pacientes e dos desfechos resultantes da psicoterapia. Como resultado da revisão, as autoras encontraram um progresso no desenvolvimento de métodos e instrumentos para a avaliação de competências, porém ainda com muitas lacunas em termos de confiabilidade, validade e utilidade, já que foi verificada a pouca padronização nos métodos e escassos instrumentos com propriedades psicométricas estabelecidos.

Logo, vários métodos utilizados foram considerados medidas questionáveis pelas autoras da revisão, com limitações significativas e, em sua totalidade, necessitando de análises mais sistemáticas. Positivamente, alguns métodos, como os *role-plays* padronizados, sugeriram potencial por serem sensíveis à experienciação e às nuances do contexto, podendo ser considerados prioridade em pesquisas de supervisão e treinamento. Os métodos de observação direta foram considerados os mais robustos sobre competências e desenvolvimento de terapeutas, ainda que sejam necessárias avaliações psicométricas adicionais dos instrumentos. Além disso, treinar supervisores para o uso dos instrumentos é fundamental para aumentar a confiabilidade em fornecer avaliações e *feedbacks* precisos e imparciais. Concluiu-se que, apesar da dificuldade em operacionalizar e avaliar competências clínicas, se faz fundamental o desenvolvimento de métodos viáveis (em sua utilização e financeiramente), precisos e com alicerce psicométrico para uso avaliação do desenvolvimento de terapeutas, tanto em supervisões quanto na prática clínica cotidiana.[48]

O uso de pacientes simulados em *role-plays* padronizados pode ser uma excelente alternativa de treinamento de competências, minimizando o risco de danos a quem recebe a terapia. Essa estratégia de ensino está estabelecida internacionalmente, com muitos estudos e dados de eficácia na MBE, mas tem sido pouco avaliada em supervisão clínica e no treinamento de psicoterapia, com interesse crescente nos anos recentes. Atualmente, tem-se visto maior movimentação nessa direção, com protocolos e projetos de pesquisa no cenário internacional e nacional. A esse exemplo, Kühne, Heinze e Weck (2020)[52] publicaram um protocolo de dois ECR com alunos de pós-graduação em psicologia distribuídos aleatoriamente entre os grupos experimental e controle. Nos dois ECR, os participantes realizarão três *role-plays*, sendo a linha de base, o pós-teste e o *follow up* de três meses, os quais serão todos gravados. No primeiro ECR o objetivo é comparar o modelo tradicional passivo com o método ativo de aprendizagem. Como exemplo de aprendizagem passiva tem-se a leitura de manuais, enquanto a aprendizagem ativa utilizaria modelagem. No segundo ECR, a comparação dar-se-á sobre a observação direta por gravação e análise de vídeo com relato verbal em sessão supervisionada. Dois avaliadores, independentemente, avaliarão as competências dos terapeutas nos *role-plays*, utilizando diversos instrumentos, como a Cognitive Therapy Scale e a Helping Alliance Questionnaire, questões de múltipla escolha e vinhetas. De forma semelhante, no Brasil, foi iniciado um projeto de pesquisa piloto em telessimulação, utilizando paciente padronizado, com o objetivo de avaliar a viabilidade dessa estratégia de ensino para o desenvolvimento de competências socráticas.[53] O experimento de sessão única de duração de oito horas, sistematizado no modelo de cinco partes de treinamento,[54] contará com linha de base e o pós-teste, com a possibilidade de inclusão da medida de *follow up* de um mês. Todas as simulações serão gravadas e será utilizada uma medida de múltipla escolha que abarca os quatro movimentos do diálogo socrático[55] e que será submetida a avaliação por juízes *experts*.

Watkins (2020),[33] com o intuito de organizar o que foi encontrado nas pesquisas de revisão sobre supervisão clínica dos últimos 25, avaliou 20 artigos publicados entre 1995 e 2019. De forma geral, o autor ressaltou que as dificuldades dos estudos e o alcance do conhecimento empírico em supervisão clínica no momento atual se mantêm semelhantes às décadas anteriores, especialmente em relação aos aspectos de medição e de métodos de pesquisa. Ainda que, nos últimos 20 anos, tenha havido um aumento no interesse sobre as pesquisas de supervisão clínica, diversificando os delineamentos dos estudos e a qualidade tanto das análises estatísticas quanto dos métodos qualitativos, com melhor rigor científico, foi identificado que as metodologias mais utilizadas em pesquisas de supervisão foram *ex-post-facto*, correlacional e transversal. Somado a isso, o autor ainda destaca que as amostras são geralmente pequenas, sendo utilizadas medidas de autorrelato em sua maioria e com poucos instrumentos psicometricamente validados. Uma das lacunas mais claras está relacionada à falta de dados longitudinais.

Como resultante de sua busca, Watkins (2020)[33] encontrou que os focos das pesquisas em supervisão passaram por cinco temas principais, sendo três sobre os efeitos dessa prática (nos pacientes, na interação em supervisão, no desenvolvimento de competências), nos fatores mediadores e moderadores do processo supervisionado e sobre as características do supervisor e do terapeuta. A relação interpessoal em supervisão foi considerada um importante fator mediador para a promoção de mudança, corroborando outras pesquisas. Por exemplo, Forshaw et al. (2019)[24] realizaram uma revisão sistemática qualitativa de literatura, com a inclusão de seis artigos, cuja qualidade foi avaliada através da ferramenta Critical Appraisal Skills Program, e foi realizada uma síntese dos dados por meio de metaetnografia. Com o objetivo de explorar a experiência do supervisor, os resultados delimitaram quatro diferentes classes: dificuldades, responsabilidade, semelhanças com a terapia e capacidades como supervisor. Como principal conclusão, ficou caracterizado o potencial benéfico e maléfico que o supervisor pode ter para o desenvolvimento do terapeuta. Em outro trabalho Wilson et al. (2016)[56] também realizaram uma revisão sistemática qualitativa de literatura a fim de explorar a experiência dos terapeutas em supervisão. Uma metassíntese foi conduzida com 15 artigos, que resultou em quatro classes de conceitos: supervisão como oportunidade de aprendizagem, relação de supervisão, poder na supervisão e impacto da supervisão. Como considerações mais relevantes dos achados, foi destacado que o processo supervisionado pode servir positivamente para a formação do terapeuta, mas também pode potencializar sentimentos desagradáveis de forma intensa.

Em ambas as pesquisas,[24,56] os resultados apontaram para a mesma direção, qual seja, o impacto da supervisão no terapeuta, potencializando ou prejudicando seu desenvolvimento pessoal e profissional. Entre as variáveis associadas estão a relação de poder e a aliança em supervisão, estabelecidas entre supervisor e terapeuta, fortalecendo a importância da relação interpessoal nesse contexto.[1,5,15] Corroborando esse entendimento, Watkins (2020)[33] ressalta que com o desequilíbrio de poder nas relações interpessoais em supervisão, pelas características multifacetadas do processo supervisionado e pelas demandas concorrentes e desafiadoras que podem surgir, o impacto sobre os participantes (supervisor e terapeuta) pode ser tanto positivo quanto negativo.

Reforçando os achados da revisão de Wheeler e Richards (2007),[43] Watkins (2020)[33] apontou que os dados sugerem desenvolvimento em autoconsciência, autoeficácia e habilidades clínicas dos supervisionandos, mas faltam evidências sobre os efeitos da supervisão nos pacientes. O autor ainda fez uma ressalva para novos estudos de revisão, sugerindo cautela ao selecionar os critérios de inclusão da amostra, isto é, prezando pela qualidade das pesquisas a serem inclusas, mas para que não seja tão restrito a ponto de não se ter ou ter pouquíssimos estudos para análise, como ocorreu em outros trabalhos recentes.[7,24,41] Essa preocupação perpassa pela grande variedade das supervisões em relação a contextos, atividade, metas educativas somada à diversidade da pesquisa na área em relação ao histórico, à qualidade e ao escopo, dificultando as comparações e as sínteses dos dados.[33] Por fim, chegou-se ao entendimento de que ainda não se têm evidências contundentes para concluir o impacto da supervisão clínica, mas já se têm dados que sugerem possíveis caminhos, indicam as falhas a serem revistas e alicerçam o atual conhecimento em SBE.

E O QUE DIZEM AS DIRETRIZES E *FRAMEWORKS* EM SUPERVISÃO CLÍNICA?

Os resultados das pesquisas até o momento permitem a apresentação de algumas diretrizes e *frameworks* para o fornecimento da supervisão e para o treinamento de supervisores. Assim, pode-se dizer que "as melhores práticas" têm sido aceitas como a melhor trilha rumo ao processo supervisionado bem-sucedido,[20] uma vez que não há um padrão para treinamento de profissionais na PBE, ocorrendo de maneira variável e escassa.[46] Esses autores apontaram que os poucos treinamentos e supervisões clínicas em saúde mental com base em evidências não descrevem precisamente o que deve ser ensinado e, muitas vezes, não incluem a avaliação de competências. Nesses casos, parte-se do pressuposto equivocado de que o terapeuta terá desenvolvido as competências esperadas apenas por completar o programa de treinamento e/ou supervisionado. Destaca-se ainda que, no momento, tem-se o maior número de tratamentos eficazes para cuidados em saúde mental, mas são pouco usados por terapeutas e/ou implementados de forma inadequada.

Entre as recomendações para a SBE, Sudak e Trend Codd III (2019)[46] sugerem cinco grandes tópicos a serem contemplados no processo supervisionado e no treinamento clínico: a) identificar e direcionar os vieses das tomadas de decisões clínicas, para que os terapeutas possam reavaliar o procedimento; b) refletir e treinar o pensamento crítico, buscando evidências científicas disponíveis e sua aplicabilidade, incluindo a eficácia, efetividade e eficiência da intervenção; c) refletir e treinar a flexibilidade com precisão, a fim de aumentar ganhos pela adequabilidade a problemática, demanda e necessidade, bem como minimizar possíveis prejuízos; d) alavancar a supervisão, baseando-se em práticas seguras que fomentem desenvolvimento de competências "cientista-prático/intervencionista", que diminuam a probabilidade de erros de aplicação e favoreçam a disseminação de PBE; e) desenvolver sistemas, *guidelines*, *frameworks* que fomentem o treinamento de terapeutas e de supervisores.

Entende-se que a supervisão pode se basear nessas diretrizes, a fim de disseminar melhores intervenções e lapidar sua aplicação. Por exemplo, a British Association for Counselling and Psychotherapy (BACP – www.bacp.co.uk), em 2021, publicou três *frameworks* de competências em supervisão, sendo um mapa de competências, uma diretriz para supervisores e instituições e um currículo para programas de treinamento de supervisores. A APA (2014) também apresentou diretrizes para o processo supervisionado em psicologia, com sete domínios e *benchmarks* de competências, e Roth e Pilling (2008)[57] apresentaram um mapa de competências do supervisor em TCC com quatro grandes classes contendo várias habilidades, conhecimentos e atitudes necessárias.

Nesse sentido, aprimora-se a prática da supervisão ética, responsável, baseada em evidências empíricas e em literatura conceitual, diminuindo a prática baseada exclusivamente no *background* do profissional.[35] Essa autora ressalta que as diretrizes de melhores práticas supervisionadas são ateóricas, ainda que reflitam semelhanças nas diretrizes baseadas em evidências da supervisão em TCC:

A. O contrato inicial do processo supervisionado, que inclui as relações operacionais e financeiras, de confiabilidade e responsabilidade, de papéis dos praticantes, de alcances e limites, de monitoramento e éticas, bem como o consentimento informado de todos os participantes.[20,31,40,58] Inclui ainda o combinado em cada sessão supervisionada, com a definição da agenda colaborativa para melhor aproveitamento do tempo e organização das atividades.[5] Borders (2014)[35] ressalta que o contrato inicial e o registro de cada encontro supervisionado são parte da documentação de responsabilidade dos supervisores, assim como outros os arquivos relacionados ao processo, e que devem ser cuidadosamente resguardados.
B. Métodos didático-pedagógicos que facilitam o desenvolvimento de competências clínicas, em especial os métodos ativos de aprendizagem, com estratégias experienciais e de ação, de revisão de gravação de sessão e uso de modelação e modelagem.[1,5,40,51] Ressalta-se que a variabilidade e combinação de estratégias resultam em maior possiblidade de desenvolvimento de competências. Além disso, a escolha dos métodos educativos deve atender às necessidades de aprendizagem daquele grupo supervisionado,[17] incluindo a diversidade de recursos, aplicativos e plataformas tecnológicas.[31,58]

C. A avaliação e o monitoramento em supervisão, que passa pela função normativa, formativa e restauradora, isto é, estão diretamente associados à proteção e cuidado do bem-estar do paciente e do terapeuta. Logo, o *feedback* em supervisão, o uso da observação direta e de instrumentos avaliativos e de mensuração são essenciais no processo supervisionado. Com isso, pode-se identificar o quanto já foi possível estabelecer o caminho em direção às metas educativas estabelecidas (e, se preciso, rever o processo supervisionado) ou mesmo a (re)alocação de terapeutas com nível de desenvolvimento adequados para atender pacientes com dificuldades específicas (cuidando do bem-estar e minimizando o efeito prejudicial), por exemplo.[1,5] A esse exemplo tem-se o uso da observação direta do atendimento do terapeuta,[35] seja por gravação de sessão, por observação na sala de espelho, por coterapia ou por observação direta em sessão.[31,40,45]

D. A relação interpessoal em supervisão, elemento essencial para que um processo supervisionado seja colaborativo, com um ambiente seguro e confiável que possibilite a exposição sem receio da punição, retalhamento ou zombaria, que apoie e promova a reflexão sobre as qualidades, limites e consequências da ação interventiva, bem como acolha as emoções e ajude a gerenciá-las.[5,15,20,35,40,58]

E. Existem diversos modelos e formatos de supervisão que devem ser escolhidos para melhor acomodar-se ao processo supervisionado, isto é, ao paciente e sua demanda, ao terapeuta e suas necessidades, ao contexto institucional e às diretrizes da profissão.[1,35,58]

CONSIDERAÇÕES FINAIS

Com o objetivo de contextualizar a SBE na prática clínica em psicoterapia, para introduzir a reflexão da temática e sua importância no cotidiano do leitor, as autoras do capítulo propuseram resgatar e organizar informações pertinentes, a fim de delinear uma visão geral da área. Assim, foi visto que a SBE é uma proposta de sistematização do processo de ensino da prática clínica para maior qualidade da intervenção psicoterápica. Pela inconsistência entre o fornecimento tradicional do processo supervisionado, geralmente baseado no *background* do supervisor, e a proposta da PBE, ressalta-se que ainda há uma longa trilha a ser caminhada em busca de mais pesquisas, disseminação da SBE, da formação de superiores e do cuidado ético de que essa prática deve estar imbuída.

Os esforços para uma definição mais precisa e para a operacionalização da supervisão, a busca pela identificação de competências essenciais para a prática clínica e para a prática supervisionada, assim como o desenvolvimento de estratégias pedagógicas adequadas, baseados em evidências, estão entre os princípios transversais para o processo da formação de qualidade e efetiva de psicoterapeutas. Até o presente momento, ainda se carece de pesquisas mais robustas e dados mais confiáveis; por outro lado, percebe-se que nos últimos anos o interesse e a qualidade dos estudos nessa área têm aumentado. Por exemplo, verifica-se o esforço das revisões sistemáticas de literatura publicadas dos últimos anos em seguirem mais rigorosamente as diretrizes da Cochrane Collaboration.

Na mesma direção, a formação e o treinamento de supervisores merecem ter mais atenção da SBE, já que profissionais que se disponibilizam a colocar em ação as "melhores práticas" gastam mais tempo em planejamento da supervisão. Ou seja, dedicam-se a revisar material clínico, a buscar evidências sobre a prática clínica e supervisionada, a se manterem sensíveis às demandas e idiossincrasias dos terapeutas, a manejar a autoprática e autorreflexão de suas atividades, a formular os problemas de supervisão e suas possíveis soluções, a avaliar e monitorar o desenvolvimento de terapeutas (e dos pacientes) e a se permitirem ser avaliados, bem como a gerenciar a atividade supervisionada e suas questões burocráticas.

Com base no que foi descrito neste capítulo, as autoras entendem que o refinamento do supervisor é uma necessidade constante e totalmente compatível com a lógica da SBE. Para seu desenvolvimento, deve-se levar em consideração: competências de supervisão, estratégias educativas, recursos virtuais e tecnologia da informação, gestão e gerenciamento educacional, busca e leitura de produções científicas de qualidade e aprimoramento de habilidades interpessoais e da sensibilidade às demandas contextuais e/ou culturais. Por fim, mas não menos importante, como foco do treinamento de supervisores, está a pertinência do fornecimento de supervisão de maneira ética e respeitosa. Logo, ressalta-se a importância de o supervisor despir-se de sua autoridade e sapiência absoluta e juntar-se ao terapeuta em formação na proposta de desenvolvimento e construção conjunta.

Ainda que se tenha um longo caminho a ser percorrido, as autoras do capítulo mantêm-se otimistas, uma vez que os primeiros passos já foram dados. Acredita-se que há um movimento convergente e preocupado com uma prática mais consistente, consciente e cuidadosa. Portanto, entende-se que a SBE está engatinhando, já em construção e em busca da disseminação de melhores intervenções supervisionadas e da lapidação da qualidade da prática clínica.

REFERÊNCIAS

1. Barletta JB, Neufeld CB. Novos rumos na supervisão clínica em TCC: conceitos, modelos e estratégias baseadas em evidências. In: Neufeld CB, Falcone EMO, Rangé B, organizadores. Procognitiva – Programa de Atualização em Terapia Cognitivo-Comportamental: ciclo 7. Porto Alegre: Artmed Panamericana; 2020. p. 119-58.
2. Goodyear RK. Supervision as pedagogy: attending to its essential instructional and learning process. The Clinical Supervisor. 2014;33(1):82-9.
3. Holt H, Beutler LE, Kimpara S, Macias S, Haug NA, Shiloff N, et al. Evidence-based supervision: Tracking outcome and teaching principles of change in clinical supervision to bring science to integrative practice. Psychotherapy. 2015;52(2):185-9.
4. Ludgate J. CBT training and supervision: an overview. In: Sudak DM, Codd III RT, Ludgate J, Sokol L, Fox MG, Reiser R, Milne DL, organizadores. Teaching and Supervising Cognitive Behavioral Therapy. Nova Jérsei: Wiley; 2016. p. 1-24.
5. Milne DL. Evidence-based CBT supervision: principles and practice. Hoboken: Wiley; 2018.
6. Newman CF, Kaplan DA. Supervision Essentials for Cognitive-Behavioral Therapy. Washington, DC: American Psychological Association; 2016.
7. Barrett J, Gonsalvez CJ, Shires A. Evidence-based practice within supervision during psychology practitioner training: A systematic review. Clin Psychol. 2020;24(1):3-17.
8. West W. The culture of psychotherapy supervision. Couns Psychother Res. 2003;3(2):123-7.
9. Falender CA. Clinical supervision – the missing ingredient. Am Psychol. 2018; 73(9):1240-50.
10. Neufeld CB, Szupszynski KP, Barletta JB, Romero FA, Rutsztein G, Airaldi MC, et al. The Development of Cognitive Behavioral Therapy: Practice, Research, and Future Directions in Latin America. Int J Cogn Ther. 2021;14(1):235-46.
11. Barletta JB, Fonseca ALB, Delabrida ZNC. A importância da supervisão de estágio clínico para o desenvolvimento de competências em terapia cognitivo-comportamental. Psicol Teor Prat. 2012;14(3):153-67.
12. Velasquez ML, Thomé CR, Oliveira IR. Reflexões sobre a prática clínica supervisionada em cursos de especialização em terapia cognitivo-comportamental no Brasil. Revista de Ciências Médicas e Biológicas. 2015;14(3):331-7.
13. Milne DL, Reiser RP. A Manual for Evidence-Based CBT Supervision. Hoboken: John Wiley & Sons; 2017.
14. Alfonsson S, Spännargård Å, Parling T, Andersson G, Lundgren T. The effects of clinical supervision on supervisees and patients in cognitive-behavioral therapy: a study protocol for a systematic review. System Rev. 2016;7(1):94.
15. Corrie S, Lane DA. CBT supervision. Londres: SAGE; 2015.
16. Falender CA. Clinical supervision in a competency-based era. South Afr J Psychol. 2014;44(1):6-17.
17. McLachlan N, Miles L. Using cognitive therapy supervision to address supervisee and patient avoidance: parallel and interpersonal process. Contemp Behav Health Care. 2017;3(1):1-6.

18. Milne DL, Watkins CE. Defining and Understanding Clinical Supervision: A Functional Approach. In: Watkins CE, Milne DL, editores. The Wiley International Handbook of Clinical Supervision. Wiley Blackwell; 2014. p. 3-19.
19. Silvares EFM, Gauy FV, Peixoto ACA. Supervisão: questões conceituais, metodológicas e práticas. In: Silvares EFM, Melo MHS, Löhr SS, organizadores. Supervisão e Formação em Psicologia. Curitiba: Juruá; 2016. p. 13-32.
20. Falender CA, Shafranske EP. Clinical Supervision: a competency-based approach. Washington, DC: American Psychological Association; 2004.
21. Ellis MV, Berger L, Hanus AE, Ayala EE, Swords BA, Siembor M. Inadequate and Harmful Clinical Supervision: Testing a Revised Framework and Assessing Occurrence. The Counseling Psychologist. 2014;42(4):434-72.
22. Bearman SK, Bailin A, Sale R. Graduate school training in CBT supervision to develop knowledge and competencies. The Clinical Supervisor. 2020;39(1):66-84.
23. Ferreira IMF, Almeida NO, Barletta JB, Versuti FM, Neufeld CB. Critérios para acreditação/certificação e formação do supervisor de TCC ao redor do mundo e as implicações para o contexto brasileiro. Rev Bras Ter Cogn. 2021;17(1):48-57.
24. Forshaw G, Sabin-Farrell R, Schröder T. Supervisors' experience of delivering individual clinical supervision to qualified therapists: A meta-ethnographic synthesis. Mental Health Review Journal. 2019;24(1):51-68.
25. Lilienfeld SO, Ritschel LA, Lynn SJ, Latzman RD. The Insufficiently Appreciated Raison d'être of Evidence-Based Practice. In: Dimidjian S, editor. Evidence-Based Practice in Action: bridging clinical science and intervention. Nova Iorque: The Guilford Press; 2019. p. 43-63.
26. Spring B, Marchese SH, Steglitz J. History and process of evidence-based practice in mental health. In: Dimidjian S, editor. Evidence-Based Practice in Action: bridging clinical science and intervention. Nova Iorque: The Guilford Press; 2019. p. 9-27.
27. Pagliosa FL, Da Ros MA. O relatório de Flexner: para o bem e para o mal. Rev Bras Educ Med. 2008;32(4):492-9.
28. Satterfield JM, Spring B, Brownson RC, Mullen EJ, Newhouse RP, Walker BB, et al. Toward a transdisciplinary model of evidence-based practice. Milbank Q. 2009;87(2): 368-90.
29. APA Presidential Task Force on Evidence-Based Practice. Evidence-Based Practice in Psychology. Am Psychol. 2006;61(4):271-85.
30. Clark DM. Implementing NICE guidelines for the psychological treatment of depression and anxiety disorders: The IAPT experience. Int Rev Psychiatry. 2011;23(4): 318-27.
31. Barletta JB, Szupszynski KP, Neufeld CB. Formação, treinamento e supervisão clínica remotos. In: Neufeld CB, Szupszynski KP, organizadores. Intervenções on-line e terapias cognitivo-comportamentais. Porto Alegre: Artmed; 2022. p. 62-84.
32. American Psychological Association. Guidelines for clinical supervision in health service psychology. 2014. [acesso em agosto de 2024]. Disponível em: http://apa.org/about/policy/guidelines-supervision.pdf

33. Watkins CE. What do clinical supervision research reviews tell us? Surveying the last 25 years. Couns Psychother Res. 2020;20(2):190-208.
34. Hardy KV. Toward the development of a multicultural relational perspective in training and supervision. In: Hardy KV, Bobes T, editores. Culturally Sensitive Supervision and training: diverse perspectives and practical applications. Routledge; 2016. p. 3-10.
35. Borders D. Best Practices in Clinical Supervision: Another Step in Delineating Effective Supervision Practice. Am J Psychother. 2014;68(2):121-62.
36. Bennett-Levy J. Therapist skills: a cognitive model of their acquisition and refinement. Behav Cogn Psychother. 2006;34(1):57-78.
37. Bennett-Levy J, McManus F, Westling BE, Fennell M. Acquiring and refining CBT skills and competencies: Which training methods are perceived to be most effective? Behav Cogn Psychother. 2009;37(5):571-84.
38. Beutler LE, Harwood TM, Michelson A, Song S, Holman J. Resistance Level. In: Norcross JC, editor. Relationships that work: Therapist contributions and responsiveness to client needs. 2. ed. Nova Iorque: Oxford University Press; 2011. p. 261-78.
39. Kazantzis N, Dattilio FM, Dobson KS. The Therapeutic Relationship in Cognitive-Behavioral Therapy A Clinician's Guide. Nova Iorque: The Guilford Press; 2017.
40. Barletta JB, Gauy FV, Velasquez ML, Neufeld CB. Estratégias pedagógicas para fomentar o desenvolvimento de competências do terapeuta cognitivo-comportamental. In: Neufeld CB, Falcone EMO, Rangé BP, organizadores. Procognitiva – Programa de Atualização em Terapia Cognitivo-Comportamental: ciclo 8, v. 2. Secad/Artmed Panamericana; 2021. p. 115-68.
41. Alfonsson S, Parling T, Spännargård Å, Andersson G, Lundgren T. The effects of clinical supervision on supervisees and patients in cognitive-behavioral therapy: a systematic review. Cogn Behav Ther. 2018;47(3):206-28.
42. Milne D, James I. A systematic review of effective cognitive-behavioural supervision. Br J Clin Psychol. 2000;39(2):111-27.
43. Wheeler S, Richards K. The impact of clinical supervision on counsellors and therapists, their practice and their clients. A systematic review of the literature. Couns Psychother Res. 2007;7(1):54-65.
44. Vezer E. Bug-in-the-eye supervision: A critical review. Train Educ Prof Psychol. 2021;15(3):250-7.
45. Boyle R, McDowell-Burns M. Modalities of marriage and family therapy supervision. In Jordan K, organizador. Couple, marriage, and family therapy supervision. Nova Iorque: Springer Publishing Company; 2016. p. 51-70.
46. Sudak DM, Trend Codd III R. Training evidence-based practioners: recommendations for the improvement of instructional design and deliverty. In: Dimidjian S, editor. Evidence-Based Practice in Action: bridging clinical science and intervention. Nova Iorque: The Guilford Press; 2019. p. 409-24.
47. Kogan JR, Hatala R, Hauer KE, Holmboe E. Guidelines: The do's, don'ts and don't knows of direct observation of clinical skills in medical education. Perspect Med Educ. 2017;6(5):286-305.

48. Muse K, McManus F. A systematic review of methods for assessing competence in cognitive-behavioural therapy. Clin Psychol Rev. 2013;33(3):484-99.
49. Hoffman MA, Hill CE, Holmes SE, Freitas GF. Supervisor perspective on the process and outcome of giving easy, difficult, or no feedback to supervisees. J Couns Psychol. 2005;52(1):3-13.
50. Milne DL, Reiser RP, Cliffe T, Raine R. SAGE: Preliminary evaluation of an instrument for observing competence in CBT supervision. Cogn Behav Ther. 2011;4(4):123-38.
51. Pugh M, Margetts A. Are you sitting (un)comfortably? Action based supervision and supervisory drift. Cogn Behav Ther. 2020;13:e17.
52. Kühne F, Heinze PE, Weck F. Standardized patients in psychotherapy training and clinical supervision: study protocol for a randomized controlled trial. Trials. 2020;21(276):2-7.
53. Joaquim RG, Barletta JB, Franco FAL. Telessimulação para o desenvolvimento do diálogo socrático com terapeutas cognitivo-comportamentais: estudo piloto de uma proposta de treinamento. Projeto de pesquisa apresentado ao Curso de Mestrado Profissional de Ensino em Saúde Faculdade de Ciências da Saúde Albert Einstein (FICSAE). São Paulo; 2022.
54. Stolovitch HD, Keeps EJ. Telling ain't training: updated, expanded, enhanced. 2. ed. Virginia: ASTD Press – American Society for Training & Development; 2011.
55. Waltman SH, Trend Codd III R. A framework for socratic questioning: beckian socratic dialogue. In: Waltman SH, Trend Codd III R, McFarr LM, Moore BA, editores. Socratic Questioning for Therapists and Counselors: learn how to think and intervene like a cognitive behavior therapist. Nova York: Routledge; 2020.
56. Wilson HMN, Davies JS, Weatherhead S. Trainee Therapists' Experiences of Supervision During Training: A Meta-synthesis. Clin Psychol Psychother. 2016;23(4):340-51.
57. Roth AD, Pilling S. A competence framework for the supervision of psychological therapies. Londres: University College London; 2008.
58. Martin P, Lizarondo L, Kumar S. A systematic review of the factors that influence the quality and effectiveness of telesupervision for health professionals. J Telemed Telecare. 2018;24(4):271-81.

17

Ciência da implementação e a prática clínica

Danila Cristina Paquier Sala
Gabriela dos Santos Buccini
Jane S. Hankins
Ana A. Baumann

COMO A CIÊNCIA DA IMPLEMENTAÇÃO PODE AJUDAR NA INCORPORAÇÃO DE INTERVENÇÕES EMPIRICAMENTE SUSTENTADAS NA PRÁTICA CLÍNICA?

Durante a formação acadêmica, futuros profissionais de saúde são continuamente treinados e estimulados a apreender conhecimentos científicos e a aplicar práticas efetivas de cuidado clínico, a fim de promover a melhoria da saúde de pessoas, famílias e comunidades. Contudo, isso não tem sido suficiente para que as melhores evidências alcancem os cenários de prática de saúde mental ou de outras áreas da saúde.[1] Estudos apontam que o tempo entre a produção de evidências e a aplicação desse conhecimento na prática pode levar de 15 a 17 anos, e, ainda assim, apenas a metade das intervenções empiricamente sustentadas alcança o público-alvo.[2,3]

É inquietante refletir sobre as implicações desse cenário. Esses dados indicam que muito provavelmente a maioria da população não está recebendo as intervenções que merece para melhorar sua qualidade de vida. Isso é ainda mais preocupante se considerarmos as pessoas que vivem em situações vulnerabilizantes e em contextos que produzem iniquidades sociais. Por exemplo, crianças e adolescentes, de países de baixa e média renda, que sofrem ansiedade, depressão[4,5] e violência,[6,7] muito provavelmente não receberão a melhor assistência,[8,9] no momento em que mais precisam, devido à baixa utilização de intervenções empiricamente sustentadas.

O atraso entre produção de conhecimento e incorporação na prática clínica gera, além da diminuição da efetividade do cuidado prestado, a produção de cuidado de baixo valor. Ou seja, além de colaborar para um impacto aquém do esperado na saúde da população e dificultar o acesso à saúde de boa qualidade, não utiliza com racionalidade técnica os recursos disponíveis, podendo expor a população aos potenciais riscos e malefícios de condutas prejudiciais à saúde.[10]

Algumas explicações para o fracasso da implementação de intervenções empiricamente sustentadas são comuns e incluem desde falta de recursos financeiros, dificuldade em reter profissionais bem qualificados, falta de suporte e treinamento, até a percepção da dificuldade de implementar boas práticas. Há também pouco conhecimento sobre a necessidade de ajuste das intervenções aos valores da organização e aos diferentes contextos, bem como estudos de eficácia e efetividade das intervenções adaptadas a esses diferentes contextos. Tais características afetam a qualidade dos serviços prestados e revelam uma lacuna em vários cenários de assistência à saúde, quer sejam aqueles oferecidos por clínicas particulares, quer sejam aqueles oferecidos por serviços públicos (ex.: atenção primária e especializada).[11,12] Em resumo, o estudo da eficácia de intervenções (ou inovações) e como essas inovações são utilizadas (ou implementadas) pelas populações-alvo são duas missões diferentes.

CIÊNCIA DA IMPLEMENTAÇÃO: DEFINIÇÃO

A ciência da implementação é um campo que se formou com a finalidade de acelerar o processo de integração da pesquisa na prática.[10] O campo pode ser compreendido como o "estudo de métodos para promover a adoção de resultados dos estudos científicos na prática rotineira dos serviços de saúde com objetivos claros de melhorar a saúde da comunidade".[13] É um campo emergente e em evolução com significante progresso na definição de termos, desenvolvimento de estruturas, teorias e metodologias, e o surgimento de associações internacionais e jornais científicos de representação da área de conhecimento, como o Implementation Science (http://implementationscience.biomedcentral.com), o Implementation Science Communications (https://implementationsciencecomms.biomedcentral.com), o Implementation Research and Practice (https://journals.sagepub.com/home/irp), entre outros.

O objetivo da ciência da implementação é desenvolver estratégias eficazes para implementar intervenções empiricamente sustentadas, melhorando os resultados relacionados à saúde e outros aspectos da saúde pública. Para isso, pesquisadores destacam a necessidade de produzir conhecimento para compreender barreiras e dificultadores que influenciam o sucesso ou fracasso da implementação e desenvolver, testar e refinar teorias, estruturas conceituais e medidas para avançar a ciência da implementação.[14]

Para atingir esse objetivo, a ciência da implementação busca compreender o comportamento de profissionais e outras partes interessadas para entender os mecanismos de adoção, implementação, sustentação e disseminação da utilização de uma intervenção empiricamente sustentada. Para realizar a pesquisa de implementação, são considerados elementos constitutivos: (1) a intervenção empiricamente sustentada, (2) as estratégias de implementação, (3) os desfechos, (4) o contexto e (5) os métodos de pesquisa de implementação (Figura 1).[10] A seguir conceituaremos cada um desses elementos.

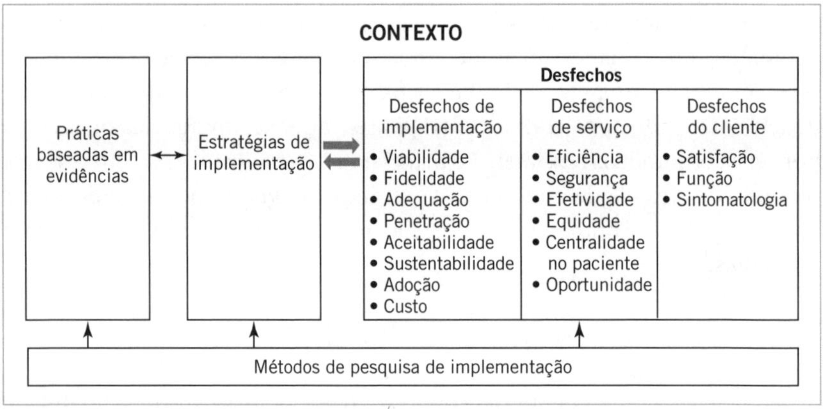

FIGURA 1 Modelo conceitual para a pesquisa de implementação.
Fonte: adaptada de Proctor et al., 2009.[10]

INTERVENÇÕES EMPIRICAMENTE SUSTENTADAS

As intervenções empiricamente sustentadas na atenção à saúde mental podem ser incluídas em práticas, programas e políticas psicossociais e podem ser compreendidas como o "processo individualizado de tomada de decisão clínica que ocorre por meio da integração da melhor evidência disponível com a perícia clínica no contexto das características, cultura e preferências do paciente".[15]

Podemos encontrar uma coleção de documentos sintetizados com informações para subsidiar a tomada de decisões de gestores, profissionais e população, provenientes de estudos baseados em evidências. A rede EVIPNET, por exemplo, é uma produção em parceria com a Organização Pan-Americana da Saúde (OPAS) e o Centro Latino-Americano e do Caribe de Informação em Ciências da Saúde, que está disponível no https://sites.bvsalud.org/pie/en/biblio [acesso em 8 de abril de 2024].

Destacamos que, no caso da implementação de intervenções empiricamente sustentadas em países de baixa e média renda, pesquisadores vêm construindo caminhos para a superação de potenciais desafios. Baumann et al. (2019)[16] apontam a necessidade em compreender se uma intervenção é baseada em evidências e identificar quem e onde foi o alvo da intervenção. Nesse sentido, os autores salientam a importância de examinar e considerar os efeitos da implementação de intervenções empiricamente sustentadas aplicadas a diferentes contextos, como os sociais, políticos, culturais e ambientais. Dessa maneira, o implementador deverá analisar e comparar os efeitos desejados da intervenção no contexto em que atua. Compreender e analisar os efeitos das intervenções empiricamente sustentadas obtidas em cada contexto pode demonstrar o que poderá não ser tão viável e aceitável em cenários com recursos escassos ou em contextos muito específicos. Então, os pesquisadores argumentam que é fundamental compreender claramente "quem se beneficia do que, quando e como?", e, por meio do desenvolvimento de projetos com o engajamento das partes interessadas (isto é, mantendo pessoas interessadas envolvidas: profissionais, gestores, formuladores de políticas, usuários, pacientes etc.), é possível verificar efeitos positivos da eficácia clínica de uma intervenção empiricamente sustentada.[16,17]

A ciência da implementação contribui na compreensão de fatores que influenciam a incorporação de intervenção empiricamente sustentada na prática clínica em múltiplos indivíduos e níveis do sistema, auxilia a escolha de estratégias de implementação que favorecem a incorporação da intervenção empiricamente sustentada e avalia os ajustes necessários em configurações e contextos diversos.[18]

ESTRATÉGIAS DE IMPLEMENTAÇÃO

Da mesma forma que existe um campo de conhecimento que visa desenvolver e testar intervenções empiricamente sustentadas, gerando assim evidência sobre sua eficácia, a ciência da implementação busca desenvolver e testar estratégias de implementação, que são meios ou técnicas de melhorar a adoção, implementação, sustentação e disseminação de uma intervenção empiricamente sustentada.[14]

Uma estratégia de implementação pode ser entendida como um processo sistemático de intervenção (ou de intervenções) que auxilia a adoção e integração de inovações em saúde baseadas em evidências nos cuidados rotineiros de saúde, ou seja, otimizam a incorporação de intervenções, programas e políticas baseadas em evidências. As estratégias de implementação podem ser desenvolvidas para promover mudanças nos sistemas, nas organizações, em grupos, com os provedores e pacientes/usuários de serviços de saúde. Um exemplo de aplicação de estratégias de implementação foi descrito no estudo conduzido por Kirchner et al. (2020).[14] Os autores utilizaram estratégias combinadas na atenção primária, o treinamento de profissionais de saúde e a utilização de lembretes em situações clínicas específicas, para incentivar a adoção de terapias farmacológicas às pessoas com dependência de opioides e álcool.[14]

Para caracterizar as variáveis das estratégias de implementação e desenvolver uma nomenclatura padronizada, uma vez que a inconsistência em nomear as estratégias de implementação é uma das principais barreiras para aqueles que buscam orientação na literatura ao desenvolver e planejar estratégias de implementação, o estudo ERIC (*Expert Recommendations for Implementing Change*) identificou 73 estratégias de implementação e as agrupou em nove categorias por similaridade.[19] Apresentamos dois exemplos de estratégias de implementação para cada uma das nove categorias no Quadro 1.

QUADRO 1 Categorias e exemplos de estratégias de implementação, segundo o estudo ERIC

Categorias	Exemplos de estratégias
1. Estratégias avaliativas e iterativas	a. Avaliar a prontidão e identificar barreiras e facilitadores b. Auditar e fornecer *feedback*
2. Oferta de assistência interativa	a. Fornecer supervisão clínica b. Facilitar/mediar
3. Adaptação e ajuste para o contexto	a. Promover a adaptabilidade b. Desenvolver estratégias sob medida
4. Desenvolvimento de relações entre as partes interessadas	a. Identificar e preparar agentes de mudança (campeões) b. Identificar as primeiras pessoas que se tornam adeptas
5. Treinamento e capacitação das partes interessadas	a. Realizar reuniões educativas b. Criar um ambiente de aprendizado colaborativo
6. Apoio aos profissionais de saúde	a. Criar novas equipes clínicas b. Revisar funções profissionais

continua

QUADRO 1 Categorias e exemplos de estratégias de implementação, segundo o estudo ERIC (*continuação*)

Categorias	Exemplos de estratégias
7. Engajamento dos usuários	a. Preparar os usuários para serem participantes ativos b. Intervir com os usuários para aumentar a aceitação e a adesão
8. Uso de estratégias financeiras	a. Obter formas de financiamento b. Desenvolver desincentivos para a falha em implementar
9. Mudança de infraestrutura	a. Alterar sistemas de registro b. Mudança de governo/mandato (alterações de pessoas na liderança e/ou governantes)

Fonte: adaptado de Waltz TJ et al., 2015.[19]

Esse quadro é uma pequena amostra das estratégias de implementação que podem ser utilizadas. Pode não ser uma tarefa fácil a escolha de qual estratégia de intervenção é a mais adequada para o seu contexto. Para nortear esse processo, pesquisadores utilizam métodos baseados na ciência da implementação para (1) avaliar determinantes (dificultadores ou facilitadores) que influenciam a implementação da intervenção empiricamente sustentada; (2) identificar estratégias de implementação com potencial para superar barreiras e/ou otimizar os facilitadores da implementação de uma intervenção empiricamente sustentada; (3) identificar ou desenvolver ferramentas de melhoria; (4) aumentar a probabilidade de sucesso na implementação da intervenção empiricamente sustentada; (5) confirmar ou propor refinamentos à estrutura/teoria com base em resultados.[14,20]

É importante, ao selecionar e implementar as estratégias da implementação, delineá-las para que possam ser analisadas, avaliadas e replicadas, sendo recomendado a especificação das seguintes características: pessoa(s) envolvida(s) com a implementação da(s) estratégia(s), estratégia(s) implementada(s), alvo(s) da(s) estratégia(s), tempo e cronograma com as etapas sequenciais da(s) estratégia(s), dose, intensidade e frequência da estratégia(s) que será(ão) aplicada(s), resultados de implementação que se espera que sejam modificados e justificativa da implementação (teórica, empírica ou pragmática).[21]

Outros exemplos, não categorizados na ERIC, podem ser encontrados na literatura para superar os inúmeros desafios para o avanço na adoção de intervenções empiricamente sustentadas[22] e no contexto de países de baixa renda.[23] O campo da ciência da implementação vem se dedicando a reconhecer e adaptar seus métodos e conhecimentos produzidos de modo a corresponder às necessidades de contextos com poucos recursos, com o objetivo final de reduzir iniquidades em saúde.[24]

MEDIDAS E DESFECHOS DE IMPLEMENTAÇÃO

Medidas e desfechos de implementação são propriamente os resultados que são observados, medidos, comparados e, por fim, avaliados, de maneira a mostrar claramente, por meio de dados, o quão bem práticas, programas e políticas implementadas alcançam o resultado esperado.

O modelo conceitual proposto por Proctor et al. (2009)[10] distingue três tipos de desfechos: (1) desfechos proximais de implementação - aceitabilidade, adequação, adoção, custos, viabilidade, fidelidade, penetração e sustentabilidade; 2) desfechos intermediários da prestação de serviços - eficiência, segurança, efetividade, equidade, oportunidade e centralização no paciente; 3) desfechos distais de saúde do cliente/população - satisfação, função e sintomatologia.

Para a investigação dos resultados, o modelo conceitual de Proctor et al. (2009)[10] realça que os desfechos da implementação precedem os desfechos do serviço e os do cliente (Figura 1). Isso porque os desfechos da implementação fornecem informações sobre elementos que interferem positiva ou negativamente no processo de implementação e, ao identificar esses elementos, podemos utilizar estratégias direcionadas para assegurar o sucesso da implementação e, portanto, os resultados desejados no serviço e ao cliente. Esses elementos são compreendidos como mecanismos do processo de implementação, visto que afetam um ou mais resultados de implementação.[25,26]

Portanto, identificar esses mecanismos e medir os resultados da implementação, além dos resultados do cliente ou do sistema de serviço, é crucial para distinguir programas eficazes ou ineficazes que estão bem ou mal implementados. Em outras palavras, um programa (ou nova intervenção, ou tratamento) pode falhar, não porque não tem efetividade, mas simplesmente por não ter identificados mecanismos de mudança que inviabilizam ou dificultam a implementação correta e, por consequência, não utilizam estratégias projetadas para atingir diretamente os determinantes (ou moderadores e mediadores) da implementação.

O modelo de Proctor e colaboradores menciona os seguintes desfechos como de implementação: aceitabilidade, adoção, adequação, custos, viabilidade, fidelidade, penetração e sustentabilidade. O Quadro 2 oferece a definição desses desfechos. Mais de 400 medidas de resultados de implementação já foram mapeadas na literatura científica.[27] No Quadro 2 apresentamos oito desfechos do modelo de Proctor et al. (2011)[28] e suas definições, além de exemplos de medidas quantitativas de implementação para cada desfecho.

De maneira a complementar e especificar a análise, os desfechos podem ser avaliados em níveis socioecológicos, quais sejam: sistema, comunidade, organização e indivíduo. Vale acrescentar que vários pesquisadores do campo da ciência da implementação valorizam a pesquisa de método misto, com medidas quantitativas sendo complementares a pesquisas qualitativas (e.g., entrevistas, grupos focais).[29]

QUADRO 2 Desfechos do modelo de Proctor et al. (2011),[28] suas definições, e exemplos de medidas quantitativas de implementação para cada desfecho

Desfecho de implementação	Definição	Exemplos de medidas quantitativas de implementação
Aceitabilidade	Percepção de que a intervenção é agradável ou satisfatória	Children's Usage Rating Profile;[30] Evidence-Based Practice Attitude Scale;[31] The Acceptability of Intervention Measure[32]
Adoção	Intenção ou decisão em utilizar uma intervenção	BBI Intent Measure;[33] adoption na estrutura do RE-AIM[34]
Adequação	Percepção sobre a adequação da intervenção para uma questão específica	The Pre-Referral Intervention Team Inventory;[35] Intervention Appropriateness Measure[32]
Custos	Impacto do custo no esforço da implementação da intervenção (exemplos: custo marginal, custo-efetividade)	Exemplos de estudos que avaliam os custos[36]
Viabilidade	Medida em que a intervenção pode ser utilizada com sucesso em um determinado ambiente	Children's Usage Rating Profile;[30] Feasibility of Intervention Measure[32]

continua

QUADRO 2 Desfechos do modelo de Proctor et al. (2011)[28], suas definições, e exemplos de medidas quantitativas de implementação para cada desfecho (*continuação*)

Desfecho de implementação	Definição	Exemplos de medidas quantitativas de implementação
Fidelidade	Grau em que a intervenção foi implementada conforme pretendido	A medida de fidelidade é dependente da intervenção
Penetração	Nível de proporção e representatividade de participantes que a intervenção alcançou	Reach na estrutura do RE-AIM[34]
Sustentabilidade	Manutenção, incorporação ou uso sustentado da intervenção recém implementada	Change Process Capability Questionnaire[37]

Nota: as medidas anteriores não necessariamente estão traduzidas ou validadas em português.
Fonte: adaptado de Proctor et al., 2011.[28]

CONTEXTO

Evidências estabelecidas para uma prática "comprovada" não garantem uma implementação bem-sucedida. Na maioria das iniciativas atuais para incorporar intervenções empiricamente sustentadas em ambientes de cuidados, o sucesso da implementação é presumido e avaliado a partir de dados sobre resultados clínicos. Contudo, o foco exclusivo nos resultados clínicos impede a compreensão do processo de implementação, bem como os efeitos de fatores contextuais que devem ser abordados e que são capturados nos resultados da implementação. Então, é muito comum antes, durante ou após a implementação da intervenção empiricamente sustentada na rotina dos serviços a avaliação de fatores intervenientes ao processo.

Em um esforço para compreender a utilização da categoria contexto na ciência da implementação, Nilsen e Bernhardsson (2019)[38] conduziram uma revisão de escopo, em que sistematizam 12 dimensões. No nível dos indivíduos/pacientes, apontam que preferências, expectativas, atitudes, conhecimentos, necessidades e recursos dos pacientes podem influenciar a implementação. No nível de profissionais, de equipe e configuração da organização, destacam que cultura e clima organizacional, prontidão organizacional para mudar, suporte e estrutura organizacional são importantes características de contexto que influenciam o processo de implementação. No nível macro (sistema), apontam que são influências externas na implementação nas organizações de saúde: políticas, resultados de pesquisas, regulamentações, legislação, mandatos, diretrizes, estabilidade política, relatórios públicos, *benchmarking* e redes organizacionais. Outras características contextuais podem ser transversais aos diversos níveis, como processos interpessoais, incluindo comunicação e colaboração, financiamento, reembolso, incentivos, recompensas ou, ainda, atuação/presença de líderes formais e informais, restrições de tempo e *feedback*.

Um exemplo de como a implementação a partir do contexto acontece foi relatado por estudo conduzido em cenários voltados à recuperação de saúde de pessoas com transtornos mentais. Os pesquisadores identificaram características conceituais que se tornaram decisivas para a implementação: clima de implementação, prioridade relativa, recursos disponíveis e pandemia da COVID-19. A partir dessa análise prévia à implementação, apenas um de sete locais de estudo realizou a implementação sem necessidades de ajustes. Nos demais, ou houve necessidade de adaptação, por vezes levando ao atraso o início da implementação, ou houve o adiamento indefinido, por identificação de características contextuais que inviabilizam a implementação das inovações propostas.[39]

PESQUISA DE IMPLEMENTAÇÃO

A pesquisa de implementação pressupõe uma abordagem sistemática e científica para responder a perguntas sobre como levamos "o que funciona" às pessoas que precisam, pelo tempo que precisam, com maior rapidez, fidelidade, eficiência, qualidade e cobertura relevante. Por isso, ela pode ser definida como o estudo científico do uso de estratégias para adoção e integração das intervenções em saúde baseadas em evidências, nos cenários de prática e nas comunidades, orientado para melhorar os resultados de saúde às pessoas e beneficiar a saúde da população.[40]

A operacionalização da pesquisa de implementação deve ser baseada em teorias, modelos ou estruturas seguidas da escolha de métodos de pesquisa que permitam compreender e melhorar os determinantes, processos e resultados da implementação e, em última instância, a disseminação e sustentabilidade para alcançar benefícios de saúde em nível populacional.

Teoria pode ser definida como um *corpus* de conhecimento sistematizado que fornece elementos para compreender conceitos e proposições interrelacionadas que ajudam a explicar ou predizer causalidade ou correlações. Então, teorias são mais generalizáveis e explicativas e são utilizadas para testar hipóteses, pois podem orientar o que pode ou não funcionar.[41,42] As teorias são bem abrangentes e multidisciplinares; por exemplo: teoria de difusão, teoria do processo de normalização, teoria de implementação de inovação, teorias comportamentais e teorias de ciência política.[42]

Modelos possuem arcabouço conceitual mais específico e são descritivos, podem descrever passos/etapas e podem ser descritos como teorias, mas em geral são utilizados para guiar o processo de tradução da pesquisa para prática.[41,43] Dentre os modelos conceituais, enfatizamos neste capítulo o modelo proposto por Proctor et al. (2009).[10] Apresentado inicialmente (Figura 1), o modelo descreve os elementos conceituais e metodológicos da pesquisa de implementação.

Já estruturas (*frameworks*) são compreendidas como marcos estruturais ou modelos estratégicos que agregam conceitos e/ou teorias e que, a depender do seu objetivo, podem auxiliar a: organizar, explicar, descrever e delinear processos; desenvolver, gerenciar e avaliar intervenções; compreender relações entre conceitos que supostamente explicam fenômenos da ciência da implementação.[41-43] Estruturas são representadas de forma ilustrativa ou narrativa, com conceitos e variáveis intervenientes à implementação, que podem (1) descrever e/ou guiar o processo de traduzir a pesquisa em prática, (2) analisar os determinantes (barreiras e facilitadores) da implementação e (3) avaliar a implementação.

Existem dezenas de teorias, modelos e estruturas usados na ciência da implementação, o que pode tornar difícil a tarefa de determinar qual é a mais apropriada para abordar uma questão de pesquisa.[42,43] Por exemplo, Tabak et al. (2012)[42] analisaram 61 teorias, modelos e estruturas utilizados na ciência da implementação e classificaram segundo o potencial de pesquisa para analisar o processo de implementação e/ou para a disseminação, bem como flexibilidade no uso das abordagens e o nível socioecológico em que é possível ser aplicado (isto é, níveis individual, organizacional, comunitário, sistema). Por outro lado, Nilsen (2015)[43] classifica as teorias, modelos e estruturas utilizadas na ciência da implementação em três grandes categorias, de acordo com seus objetivos gerais: (i) descrever e/ou orientar o processo de tradução da pesquisa em prática; (ii) compreender e/ou explicar o que influencia os resultados da implementação; (iii) avaliar a implementação.

Baseando-se nessas abordagens, pesquisadores e implementadores podem analisar e escolher as lentes mais apropriadas para orientar, explicar, interpretar e avaliar o fenômeno estudado. Pode-se também verificar que as abordagens se relacionam a um amplo espectro de áreas de conhecimentos, como saúde pública, psicologia, sociologia e gestão de conhecimento organizacional.

Para a utilização cautelosa e efetiva das estruturas da ciência da implementação, na prática e na pesquisa, Moullin et al. (2020)[41] apontam 10 recomendações para selecionar a(s) estrutura(s) da pesquisa. Primeiro, é preciso selecionar uma estrutura adequada para seu problema ou hipótese, pensando, por exemplo, na intervenção, quão inclusiva é a estrutura e o foco dela. Lembramos que podemos selecionar mais de uma estrutura dependendo das metas da pesquisa (p. ex.: COM-B para medir variáveis a nível de comportamento e CFIR para avaliar contexto). Segundo, para estabelecer e manter engajamento de partes interessadas. Existem estruturas que podem ajudar no engajamento de vozes de diferentes membros da comunidade para aumentar a probabilidade de sucesso no processo de implementação. Terceiro, ela pode ajudar no desenvolvimento da pergunta de pesquisa, e suas hipóteses, por exemplo, qual é o problema clínico ou de implementação que precisa ser abordado? Quarto, a estrutura também auxilia a identificar a seleção das estratégias, bem como a identificar os mecanismos das ações. Os mecanismos explicam como ou por que os processos subjacentes criam mudanças. As recomendações quinta e sexta, englobam a preocupação com a seleção dos métodos de pesquisa e na expansão da análise dos determinantes que influenciam os resultados da implementação. Sétimo, as estruturas podem ajudar na seleção, adaptação ou desenvolvimento das estratégias de implementação. Oitavo e nono, referem-se às estruturas que auxiliam no desenvolvimento do plano de avaliação do processo de implementação. Por exemplo, pode-se avaliar segundo estágios de implementação ou a nível micro(individual), meso (equipe ou organização) ou macro(sistema), para informar como conduzir a implementação e sua adaptação. Em conjunto, essas nove recomendações demonstram a importância de escolher estruturas que ajudam em identificar o problema (e.g., o que precisa ser feito?), o processo (e.g., como faremos?), os mecanismos de ação e suas medidas (e.g., como sabemos que isso funciona?), os resultados e suas medidas (e.g., como o processo de implementação dessa intervenção aumentará os números de pessoas que receberão a intervenção?). Finalmente, a décima recomendação refere-se a escrever a proposta de pesquisa para descrever o processo de desenvolvimento, avaliação e implementação, explicitamente, aumentando não somente a transparência na pesquisa, mas também a probabilidade de replicabilidade do estudo e desenvolvimento de teoria. Porém, os pesquisadores concordam que isso pode ser impraticável, então as orientações são realizadas de maneira a esclarecer os objetivos das estruturas, de modo a reduzir o uso errado, bem como promover a otimização da sua utilização na prática e na pesquisa.

No Quadro 3 apresentamos algumas estruturas segundo os objetivos da ciência da implementação sistematizados por Nilsen (2015).[43]

QUADRO 3 Exemplos de estruturas segundo objetivos da ciência da implementação

Objetivo	Estrutura
Descrever e/ou orientar o processo de implementação da pesquisa em prática	Knowledge to Action[44] Getting to Outcomes (GTO)[45] https://www.rand.org/health-care/projects/getting-to-outcomes.html
Compreender e/ou explicar o que influencia os resultados da implementação	Estrutura Consolidada para Pesquisa de Implementação (Consolidated Framework for Implementation Research – CFIR)[46] https://cfirguide.org/constructs-portuguese/ Exploration, Preparation, Implementation, and Sustainment (EPIS)[47] https://episframework.com/
Avaliar a implementação	Implementation Outcomes[28] RE-AIM: Alcance (Reach), Efetividade (Effectiveness), Adoção (Adoption), Implementação (Implementation), Manutenção/Sustentação (Maintenance)[48] https://re-aim.org/

Fonte: adaptado de Nilsen, 2015.[43]

MÉTODOS DE PESQUISA

Quanto aos métodos de pesquisa, a ciência da implementação recorre a diferentes disciplinas e abordagens que incluem desde análise de políticas, sistemas e organizações, avaliações econômicas, até métodos de avaliação mais clássicos, como avaliação de impacto.[49,50] Além dos métodos de pesquisa, Curran e pesquisadores oferecem uma alternativa de conceitualização para as perguntas de pesquisa. Partindo da ideia de que o campo da implementação pode acelerar a implementação de práticas e intervenções no momento do desenvolvimento dessas intervenções, eles propõem três tipos de delineamentos híbridos que têm sido utilizados nos estudos de implementação. A diferença entre eles varia com base no foco do resultado que se pretende alcançar com estudo.[51] O híbrido do tipo 1 tem como foco principal testar uma intervenção empiricamente sustentada, ao mesmo tempo que explorar condições ideais para implementá-la. Nesse tipo de estudo é comum estabelecer métodos, como o ensaio clínico, para identificar tanto a efetividade da intervenção empiricamente sustentada como barreiras e facilitadores para implementar no mundo real. O híbrido tipo 2 tem em vista determinar a efetividade da intervenção empiricamente sustentada, tanto quanto determinar a viabilidade e o impacto da utilização de uma outra estratégia para otimizar a implementação da intervenção empiricamente sustentada. O híbrido do tipo 3 se concentra principalmente nos resultados da implementação e, secundariamente, avalia alguns desfechos clínicos da intervenção empiricamente sustentada.[52]

QUAIS AS CONTRIBUIÇÕES DA CIÊNCIA DA IMPLEMENTAÇÃO PARA O CAMPO DA PSICOLOGIA?

Pela sua natureza, o campo de conhecimento da ciência da implementação caminha lado a lado com várias disciplinas, mas um destaque tem sido referenciado ao campo da psicologia.[53]

Do ponto de vista das estratégias de intervenção, as psicossociais colaboram na produção de efeito substancial na equidade, ao analisar que, melhorando o acesso de populações marginalizadas e vulnerabilizadas às práticas, programas e políticas de atenção à saúde, combatemos iniquidades sociais.[54]

Stirman e Beidas (2020)[53] destacam que a psicologia fornece subsídios teóricos e metodológicos para a disseminação de evidências científicas, aumento da conscientização sobre o uso de intervenções empiricamente sustentadas, melhoria dos processos comunicacionais, bem como no *design* de abordagens centradas nos usuários. Há também relatos sobre contribuições à compreensão das relações entre clima de implementação, liderança e fidelidade, por exemplo, ao demonstrar o papel central da psicologia organizacional para subsidiar o processo de implementação.

CONSIDERAÇÕES FINAIS

Vivemos em constantes situações-limite, acentuadas durante a pandemia de COVID-19, que evidenciaram o papel de profissionais da área de saúde mental no enfrentamento de problemas psicossociais que afetam milhares de pessoas, famílias, comunidades e populações.

Neste capítulo, buscamos apresentar elementos fundamentais para a compreensão da interseção da ciência da implementação com a implementação de intervenções empiricamente sustentadas, de maneira a promover maior efetividade de práticas implementadas na rotina da prática clínica e, com isso, favorecer a melhoria da saúde mental das pessoas.

Ao mesmo tempo, buscamos encorajar psicólogos e cientistas da implementação para se unirem na busca do desenvolvimento de inovações em saúde, principalmente considerando necessidades globais em saúde mental e emergenciais, em contextos pandêmicos, pós-pandêmicos, de exclusão e guerras.

Esse é o objetivo da ciência da implementação. Por meio da aplicação de abordagens referenciadas e do engajamento das partes interessadas, é possível diminuir o tempo entre a produção de conhecimento e sua aplicação na prática clínica, com o potencial de melhorar efetivamente a saúde da população, sobretudo por considerar a diversidade contextual e iniquidades em saúde.

REFERÊNCIAS

1. Valenstein-Mah H, Greer N, McKenzie L, Hansen L, Strom TQ, Wiltsey Stirman S, et al. Effectiveness of training methods for delivery of evidence-based psychotherapies: A systematic review. Implement Sci. 2020;15(1):40.
2. Khan S, Chambers D, Neta G. Revisiting time to translation: Implementation of evidence-based practices (EBPs) in cancer control. Cancer Causes Control. 2021;32(3): 221-30.
3. Morris ZS, Wooding S, Grant J. The answer is 17 years, what is the question: Understanding time lags in translational research. J R Soc Med. 2011;104(12):510-20.
4. Fatori D, Brentani A, Grisi SJFE, Miguel EC, Graeff-Martins AS. Prevalência de problemas de saúde mental na infância na atenção primária. Cienc Saude Colet. 2018;23(9):3013-20.
5. Racine N, McArthur BA, Cooke JE, Eirich R, Zhu J, Madigan S. Global Prevalence of Depressive and Anxiety Symptoms in Children and Adolescents During COVID-19: A Meta-analysis. JAMA Pediatr. 2021;175(11):1142-50.
6. Cappa C, Jijon I. COVID-19 and violence against children: A review of early studies. Child Abuse Negl. 2021;116(Pt 2):105053.

7. Pereda N, Díaz-Faes DA. Family violence against children in the wake of COVID-19 pandemic: A review of current perspectives and risk factors. Child Adolesc Psychiatry Ment Health. 2020;14(1):40.
8. McCoy A, Melendez-Torres GJ, Gardner F. Parenting interventions to prevent violence against children in low- and middle-income countries in East and Southeast Asia: A systematic review and multi-level meta-analysis. Child Abuse Negl. 2020:103:104444.
9. Ralston AL, Andrews III AR, Hope DA. Fulfilling the promise of mental health technology to reduce public health disparities: Review and research agenda. Clin Psychol-Sci Pr. 2019;26(1):e12277.
10. Proctor EK, Landsverk J, Aarons G, Chambers D, Glisson C, Mittman B. Implementation research in mental health services: An emerging science with conceptual, methodological, and training challenges. Adm Policy Ment Health. 2009;36(1):24-34.
11. Baumann AA, Vázquez AL, Macchione AC, Lima A, Coelho AF, Juras M, et al. Translation and validation of the evidence-based practice attitude scale (EBPAS-15) to Brazilian Portuguese: Examining providers' perspective about evidence-based parent intervention. Child Youth Serv Rev. 2022:136:106421.
12. Lyon AR, Dopp AR, Brewer SK, Kientz JA, Munson SA. Designing the Future of Children's Mental Health Services. Adm Policy Ment Health. 2020;47(5):735-71.
13. Bomfim RA, De-Carli AD, Cascaes AM, Buccini G, Probst LF, Frazão P. Introdução à ciência de implementação para profissionais da saúde. Campo Grande: Editora UFMS; 2021.
14. Kirchner JE, Smith JL, Powell BJ, Waltz TJ, Proctor EK. Getting a clinical innovation into practice: An introduction to implementation strategies. Psychiatry Res. 2020:283:112467.
15. APA Presidential Task Force on Evidence-Based Practice. Evidence-based practice in psychology. Am Psychol. 2006;61(4):271-85.
16. Baumann AA, Mejia A, Lachman JM, Parra Cardona JR, López-Zerón G, Amador Buenabad NG, et al. Parenting Programs for Underserved Populations in Low- and Middle-Income Countries: Issues of Scientific Integrity and Social Justice. Glob Soc Welf. 2019;6(3):199-207.
17. Brownson RC, Shelton RC, Geng EH, Glasgow RE. Revisiting concepts of evidence in implementation science. Implement Sci. 2022;17(1):26.
18. Tyler A, Glasgow RE. Implementing Improvements: Opportunities to Integrate Quality Improvement and Implementation Science. Hosp Pediatr. 2021;11(5):536-45.
19. Waltz TJ, Powell BJ, Matthieu MM, Damschroder LJ, Chinman MJ, Smith JL, et al. Use of concept mapping to characterize relationships among implementation strategies and assess their feasibility and importance: Results from the Expert Recommendations for Implementing Change (ERIC) study. Implement Sci. 2015:10:109.
20. Powell BJ, Beidas RS, Lewis CC, Aarons GA, McMillen JC, Proctor EK, et al. Methods to Improve the Selection and Tailoring of Implementation Strategies. J Behav Health Serv Res. 2017;44(2):177-194.

21. Proctor EK, Powell BJ, McMillen JC. Implementation strategies: Recommendations for specifying and reporting. Implement Sci. 2013;8:139.
22. Altman M, Huang TTK, Breland JY. Design Thinking in Health Care. Prev Chronic Dis. 2018:15:E117.
23. Lovero KL, Kemp CG, Wagenaar BH, Giusto A, Greene MC, Powell BJ, et al. Application of the Expert Recommendations for Implementing Change (ERIC) compilation of strategies to health intervention implementation in low-and middle-income countries: a systematic review. Implementation Sci. 2023;18(1):56.
24. Baumann AA, Cabassa LJ. Reframing implementation science to address inequities in healthcare delivery. BMC Health Serv Res. 2020;20(1):190.
25. Lewis CC, Klasnja P, Powell BJ, Lyon AR, Tuzzio L, Jones S, et al. From Classification to Causality: Advancing Understanding of Mechanisms of Change in Implementation Science. Front Public Health. 2018:6:136.
26. Lewis CC, Boyd MR, Walsh-Bailey C, Lyon AR, Beidas R, Mittman B, et al. A systematic review of empirical studies examining mechanisms of implementation in health. Implementation Sci. 2020;15(1):21.
27. Lewis CC, Mettert KD, Dorsey CN, Martinez RG, Weiner BJ, Nolen E, et al. An updated protocol for a systematic review of implementation-related measures. Syst Rev. 2018;7(1):66.
28. Proctor E, Silmere H, Raghavan R, Hovmand P, Aarons G, Bunger A, et al. Outcomes for implementation research: Conceptual distinctions, measurement challenges, and research agenda. Adm Policy Ment Health. 2011;38(2):65-76.
29. Palinkas LA, Rhoades Cooper B. Mixed methods evaluation in dissemination and implementation science. In: Brownson RC, Colditz GA, Proctor EK, editores. Dissemination and implementation research in health: Translating science to practice. 2. ed. Nova Iorque: Oxford University Press; 2017. p. 381-99.
30. Briesch AM, Chafouleas SM. Exploring Student Buy-In: Initial Development of an Instrument to Measure Likelihood of Children's Intervention Usage. J Educ Psychol Cons. 2009;19(4):321-36.
31. Aarons GA. Mental health provider attitudes toward adoption of evidence-based practice: The Evidence-Based Practice Attitude Scale (EBPAS). Ment Health Serv Res. 2004;6(2):61-74.
32. Weiner BJ, Lewis CC, Stanick C, Powell BJ, Dorsey CN, Clary AS, et al. Psychometric assessment of three newly developed implementation outcome measures. Implement Sci. 2017;12(1):108.
33. Brothers BM, Carpenter KM, Shelby RA, Thornton LM, Frierson GM, Patterson KL, et al. Dissemination of an evidence-based treatment for cancer patients: Training is the necessary first step. Transl Behav Med. 2015;5(1):103-12.
34. Glasgow RE, Battaglia C, McCreight M, Ayele R, Maw AM, Fort MP, et al. Use of the reach, effectiveness, adoption, implementation, and maintenance (RE-AIM) framework to guide iterative adaptations: Applications, lessons learned, and future directions. Front Health Serv. 2022;2:959565.

35. Yetter G. Assessing the Acceptability of Problem-Solving Procedures by School Teams: Preliminary Development of the Pre-Referral Intervention Team Inventory. J Educ Psychol Cons. 2010;20(2):139-68.
36. Eisman AB, Kilbourne AM, Dopp AR, Saldana L, Eisenberg D. Economic evaluation in implementation science: Making the business case for implementation strategies. Psychiatry Res. 2020;283:112433.
37. Solberg LI, Asche SE, Margolis KL, Whitebird RR. Measuring an Organization's Ability to Manage Change: The Change Process Capability Questionnaire and Its Use for Improving Depression Care. Am J Med Qual. 2008;23(3):193-200.
38. Nilsen P, Bernhardsson S. Context matters in implementation science: A scoping review of determinant frameworks that describe contextual determinants for implementation outcomes. BMC Health Serv Res. 2019;19(1):189.
39. Piat M, Wainwright M, Cherkas D, Leblanc S, Sofouli E, Rivest M-P, et al. Identifying and understanding the contextual factors that shaped mid-implementation outcomes during the COVID-19 pandemic in organizations implementing mental health recovery innovations into services. Implement Sci Commun. 2021;2(1):101.
40. Bauer MS, Kirchner J. Implementation science: What is it and why should I care? Psychiatry Res 2020:283:112376.
41. Moullin JC, Dickson KS, Stadnick NA, Albers B, Nilsen P, Broder-Fingert S, et al. Ten recommendations for using implementation frameworks in research and practice. Implement Sci Commun. 2020:1:42.
42. Tabak RG, Khoong EC, Chambers DA, Brownson RC. Bridging research and practice: Models for dissemination and implementation research. Am J Prev Med. 2012;43(3):337-50.
43. Nilsen P. Making sense of implementation theories, models and frameworks. Implementation Sci. 2015:10:53.
44. Graham ID, Logan J, Harrison MB, Straus SE, Tetroe J, Caswell W, et al. Lost in knowledge translation: Time for a map? J Contin Educ Health Prof. 2006;26(1):13-24.
45. Wandersman A, Imm P, Chinman M, Kaftarian S. Getting to outcomes: A results-based approach to accountability. Eval Program Plann. 2000;23(3):389-95.
46. Damschroder LJ, Reardon CM. Opra Widerquist MA, Lowery J. Conceptualizing outcomes for use with the Consolidated Framework for Implementation Research (CFIR): The CFIR Outcomes Addendum. Implementation Sci. 2022;17(1):7.
47. Moullin JC, Dickson KS, Stadnick NA, Rabin B, Aarons GA. Systematic review of the Exploration, Preparation, Implementation, Sustainment (EPIS) framework. Implementation Sci. 2019;14(1):1.
48. Glasgow RE, Vogt TM, Boles SM. Evaluating the public health impact of health promotion interventions: The RE-AIM framework. Am J Public Health. 1999;89(9):1322-7.
49. Mazzucca S, Tabak RG, Pilar M, Ramsey AT, Baumann AA, Kryzer E, et al. Variation in Research Designs Used to Test the Effectiveness of Dissemination and Implementation Strategies: A Review. Front Public Health. 2018:6:32.

50. Brownson RC, Colditz GA, Proctor EK, organizadores. Dissemination and Implementation Research in Health: Translating Science to Practice. 3. ed. Oxford University Press; 2023.
51. Curran GM, Bauer M, Mittman B, Pyne JM, Stetler C. Effectiveness-implementation hybrid designs: combining elements of clinical effectiveness and implementation research to enhance public health impact. Med Care. 2012;50(3):217-26.
52. Landes SJ, McBain SA, Curran GM. Reprint of: An introduction to effectiveness-implementation hybrid designs. Psychiatry Res. 2020;283:112630.
53. Stirman SW, Beidas RS. Expanding the reach of psychological science through implementation science: Introduction to the special issue. Am Psychol. 2020;75(8):1033-7.

18

Como implementar a prática baseada em evidências em psicologia clínica: um guia passo a passo

Jan Luiz Leonardi

Em minha trajetória como docente e propagador da prática baseada em evidências (PBE), constato que muitos psicólogos e estudantes de psicologia, após assistirem a aulas sobre o tema, expressam um sentimento de desamparo. A quantidade de informações novas parece ser esmagadora, e a discrepância entre elas e o que é aprendido nos currículos típicos das graduações brasileiras é abissal. Assim, é comum que os novatos em PBE se sintam desesperados. Por quê? Temos algumas hipóteses.

Uma delas envolve a grande responsabilidade que é cuidar da saúde mental de alguém. Um(a) psicólogo(a) consciente sabe que deve oferecer uma psicoterapia eficaz, segura, com bom custo-benefício e sem perda de oportunidade. Efetividade significa fornecer um tratamento que realmente funcione, que promova mudanças com impacto genuíno, prático e palpável na vida do paciente. Segurança implica que a intervenção não cause danos a seus pacientes. Há um mito na psicologia de que terapia não pode fazer mal, mas muitas terapias trazem mais problemas do que soluções,[1] fenômeno conhecido como *iatrogenia*. A iatrogenia ocorre quando um tratamento aumenta o problema que pretende resolver. O custo-benefício refere-se ao dinheiro investido na terapia em relação à eficácia proporcionada, que pode vir do próprio bolso do paciente, de um plano privado ou do sistema público de saúde. A perda de oportunidade acontece quando um paciente está em um tratamento ineficaz, enquanto poderia estar recebendo um tratamento eficaz. Isso resulta em prolongamento do problema, sofrimento contínuo e desperdício de tempo e esforço em uma intervenção irrelevante.

Outra hipótese está relacionada às implicações éticas de atuar na área da saúde.[2] Um questionamento comum é: "Considerando que oferecer o melhor atendimento possível é um princípio ético, como posso atuar eticamente sendo ainda um iniciante na área?". Tendo em vista tal preocupação, é fundamental que o terapeuta conheça os quatro princípios da bioética, essenciais para a tomada de decisão clínica em psicologia clínica: autonomia, não maleficência, beneficência e justiça.

Leonardi e Emerich-Geraldo (2024)[3] explicam que o princípio da autonomia significa que todo indivíduo adulto, com capacidades cognitivas intactas, possui o direito de decidir sobre o que considera ser o melhor para si. Dessa forma, é um dever moral do terapeuta respeitar o direito do paciente de agir conforme seus valores e convicções, com base em seu projeto de vida. Ignorar a autonomia de um paciente equivale a desconsiderar suas convicções e preferências, além de negar-lhe a liberdade de participar da tomada de decisões clínicas em relação à sua própria saúde. Além disso, omitir informações importantes para que o paciente possa decidir se aceita ou rejeita a intervenção proposta também constitui uma desconsideração da autonomia. Portanto, se um psicólogo deseja realizar uma intervenção psicoterapêutica com base exclusivamente em sua experiência profissional e/ou em sua preferência por determinadas estratégias clínicas, é eticamente imprescindível que o paciente seja informado e consinta em se submeter a essa terapêutica, compreendendo claramente que os possíveis benefícios e riscos são desconhecidos. Nesse contexto, a ausência de tal esclarecimento por parte do terapeuta e do consentimento claro por parte do paciente configura uma violação do princípio da autonomia.

O princípio da não maleficência estabelece que os profissionais de saúde, em primeiro lugar, não devem causar danos aos seus pacientes, por meio de ações ou omissões. Um pressuposto fundamental da saúde baseada em evidências é que é necessário demonstrar a eficácia de uma intervenção antes de sua adoção – e não o contrário. Assim, independentemente de suas boas intenções, um terapeuta que utiliza um tratamento sem respaldo de evidências pode expor seu paciente a uma intervenção inócua ou potencialmente prejudicial, incorrendo em maleficência. Dado que a probabilidade de causar prejuízo pode ser maior do que a de obter benefício, além do esforço, desconforto, tempo e recursos financeiros despendidos pelo paciente, é eticamente condenável realizar uma intervenção com evidências fracas ou pouco pesquisadas, especialmente na presença de terapêuticas apoiadas por evidências mais robustas, a menos que haja o consentimento explícito do paciente.[3]

O terceiro princípio da bioética, o da beneficência, estabelece que os profissionais de saúde têm a obrigação moral de proporcionar benefícios aos pacientes. Esse princípio abrange tanto as intervenções direcionadas a pacientes individuais quanto o desenvolvimento de políticas públicas para a prevenção de problemas de saúde mental na população em geral. A relevância desse princípio para a prática dos psicólogos é (ou deveria ser) evidente. Afinal, o dever do terapeuta de se empenhar em uma prática clínica que promova a melhoria do sofrimento psicológico dos outros (ou seja, ações que fazem o bem) parece ser um pressuposto inquestionável e amplamente aceito na psicoterapia. Assim, cabe ao terapeuta dominar as competências clínicas e as estratégias de intervenção sustentadas empiricamente que maximizam a probabilidade de benefícios ao paciente, como melhora de sinais e sintomas de um determinado diagnóstico, qualidade de vida, funcionamento familiar, desempenho ocupacional etc.[3]

O último princípio, o da justiça, estabelece que o paciente deve receber exatamente o que necessita, nem mais nem menos. Além disso, esse princípio requer que o terapeuta aja com imparcialidade, evitando ao máximo que fatores sociais, culturais, religiosos, financeiros ou outros interfiram na relação terapêutica. Na PBE, o princípio da justiça se concretiza quando o terapeuta utiliza intervenções empiricamente sustentadas, adequadas ao quadro clínico específico de um paciente, avaliando cuidadosamente suas particularidades, como valores e contexto sociocultural.[3]

Enfim, a responsabilidade de cuidar da saúde mental de alguém e as implicações éticas de oferecer um tratamento inadequado, somada à vasta quantidade de temas abordados neste livro (delineamentos de pesquisa, estatística, sistema GRADE, protocolos, pirâmide de Haynes etc.), pode ser paralisante. Todavia, embora a quantidade de informações pareça gigantesca no início, é fundamental adotar uma abordagem gradual e sistemática. Comece com o básico, entendendo os princípios fundamentais da PBE, e gradualmente expanda seu conhecimento. Para te ajudar nessa trajetória, o objetivo deste capítulo é oferecer um guia passo a passo de como implementar a PBE na sua prática clínica.

Lembre-se de que, conforme ilustra a Figura 1, PBE é o processo individualizado de tomada de decisão clínica que ocorre por meio da integração da melhor evidência disponível à perícia clínica no contexto das particularidades do paciente.[4]

"Melhor evidência disponível" deixa claro que nem toda informação científica tem o mesmo grau de confiabilidade. Algumas pesquisas são mais precisas do que outras. O profissional que atua com PBE separa o joio do trigo e fundamenta sua atuação apenas em ciência de verdade. A "perícia clínica" refere-se ao conjunto de habilidades que um profissional de saúde desenvolve durante sua formação e prática. Engloba o aprendizado na universidade, pós-graduação, treinamentos, congressos e experiência prática, além do estudo de publicações científicas. As particularidades do paciente abarcam os objetivos, crenças, condição socioeconômica e apresentação clínica, entre

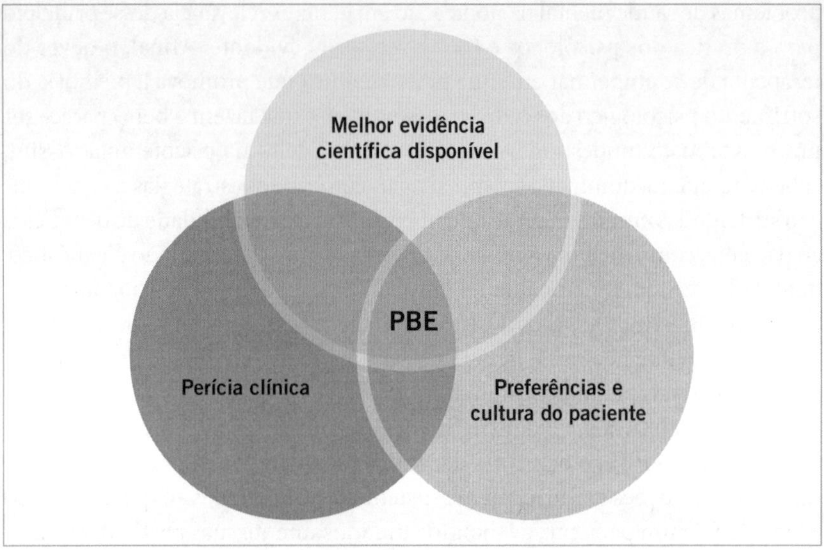

FIGURA 1 Representação da prática baseada em evidências.

Fonte adaptada de Leonardi JL, Mácimo T, Bacchi AD & Josua D. Ciência, Análise do Comportamento e a Prática Baseada em Evidências em Psicologia. Perspectivas Em Análise Do Comportamento. 2023. https://doi.org/10.18761/paccha0a1.

outros. Note, portanto, que o paradigma da PBE enfatiza que a tomada de decisão de um psicólogo clínico não deve ocorrer de forma isolada, isto é, não deve dar primazia somente às evidências, à experiência clínica ou aos desejos do paciente. Sob a ótica da PBE, a prestação de serviços em saúde, como a psicoterapia, é a integração indissociável da melhor ciência com a perícia clínica e as necessidades de cada paciente, o que depende de um vasto e complexo repertório terapêutico. Que repertório é esse? Para responder a essa pergunta, é essencial familiarizar-se com os "cinco As" da PBE e entender como é o processo psicoterapêutico na PBE.

A OPERACIONALIZAÇÃO DA PBE EM "CINCO AS"

A PBE costuma ser operacionalizada em cinco passos, verbos que começam com a letra A em inglês, a saber: perguntar (*ask*), adquirir (*acquire*), analisar (*appraise*), aplicar (*apply*) e avaliar (*assess*).[5] A seguir, vou detalhar cada um desses termos.

O primeiro passo é o **perguntar**, isto é, formular perguntas para a literatura científica orientadas pelas características do paciente que são passíveis de serem respondidas. Quem é o paciente (idade, sexo, cultura etc.)? Qual é sua queixa? Qual é seu estado clínico? Tem diagnóstico? Quais intervenções estão sendo consideradas? Quais alternativas existem? Quais resultados o terapeuta pretende obter? Um exemplo ajuda a ilustrar o que isso significaria na prática. Imagine que você recebe o encaminhamento de uma paciente com anorexia nervosa. Algumas perguntas relevantes são:

1. Quais fatores levam ao desenvolvimento da anorexia nervosa?
2. Como costuma ser o curso do tratamento de pacientes com anorexia nervosa?
3. Qual é o tratamento mais eficaz para anorexia nervosa?
4. Qual tratamento tem melhor custo-benefício para anorexia nervosa?
5. Existem contraindicações para esse tratamento? Algum risco em iniciar o tratamento?
6. Qual a melhor maneira de avaliar se o tratamento está sendo eficaz?

A não ser que já seja um especialista em transtornos alimentares, é pouco provável que um terapeuta já saiba responder a todas essas perguntas de antemão. Portanto, o próximo passo é o segundo "A" do processo da PBE – **adquirir**. Aqui, é crucial destacar a importância de formular perguntas no formato PICO – **P**opulação, **I**ntervenção, **C**omparação e **R**esultado (do inglês ***o****utcome*).[6] Uma pergunta PICO relevante poderia ser formulada da seguinte maneira: "Em adolescentes do sexo feminino com anorexia nervosa (P), a terapia cognitivo-comportamental (I) resulta em maior ganho de peso e diminui comportamentos compensatórios, como uso de laxantes, vômito autoinduzido e atividade física em excesso (O) do que medicação e/ou acompanhamento de nutricionista (C)?". Nesse contexto, **adquirir** significa encontrar as melhores evidências, como as diretrizes clínicas, que são recomendações desenvolvidas por especialistas que visam auxiliar o profissional a oferecer a melhor intervenção disponível com base nas evidências de pesquisa, bem como revisões sistemáticas, que sumarizam diversas pesquisas para prover uma conclusão sobre os efeitos de uma intervenção para algum problema clínico. Para um aprofundamento sobre a busca por evidências, veja o Capítulo 14 – A pirâmide de Haynes e a busca por evidências nas bases de dados.

Uma vez que o terapeuta encontrou as evidências, o próximo passo é o **analisar** (*appraise*). Isso significa avaliar criticamente dois aspectos dessas evidências: sua confiabilidade e a aplicabilidade para aquele paciente em particular. Evidências científicas podem ter maior ou menor grau de confiabilidade, a depender dos riscos de viés, a validade e confiabilidade das medidas escolhidas para avaliar o paciente, a precisão da descrição dos procedimentos, como as condições experimental e controle foram arranjadas para permitir comparações entre elas, o método de análise dos dados, a consistência dos resultados entre diferentes pesquisas, a magnitude do benefício encontrado, se os resultados têm significância clínica etc. Já a avaliação da aplicabilidade das evidências envolve a análise de quão bem os resultados da pesquisa podem ser aplicados ao paciente específico. Isso inclui, por exemplo, comparar as características do paciente e seu contexto sociocultural com os dos participantes dos estudos. Alguns dos capítulos do presente livro oferecem ferramentas para avaliar a qualidade da evidência e sua aplicabilidade.

O próximo passo é o **aplicar**, ou seja, agora é o momento de implementar a intervenção identificada como relevante seguindo os passos anteriores. Note que é fundamental dividir com o paciente a tomada de decisão. Por exemplo, a melhor intervenção (terapia cognitivo-comportamental para transtornos alimentares[7]), o tempo esperado do tratamento (entre 20 e 40 sessões, dependendo da gravidade e da resposta ao tratamento) e a modalidade de atendimento (terapia individual). É vital explicar para o paciente como essa modalidade de intervenção opera, deixando claros os papéis de terapeuta e paciente.

Nesse contexto, é importante lembrar que o terapeuta tem a tarefa de avaliar a própria competência de executar a intervenção e adaptá-la às particularidades do paciente. Caso não tenha o repertório adequado, é importante avaliar a possibilidade de encaminhamento para quem tem *expertise* nessa modalidade de intervenção. Por outro lado, é possível que a urgência do caso leve à decisão de que é melhor começar o tratamento com um terapeuta especializado em uma abordagem com evidências menos robustas do que esperar mais algumas semanas até começar a terapia com outro profissional. Ou, então, iniciar a terapia com um terapeuta comprometido a melhorar sua competência na intervenção com mais evidências. Essas decisões, claro, vão depender de uma série de questões, como a disponibilidade de profissionais mais qualificados, a relação terapêutica já estabelecida, o desejo e/ou interesse do paciente em procurar outros profissionais. Perceba como uma intervenção pautada em PBE não envolve simplesmente selecionar a intervenção com melhores evidências de eficácia, mas, garantir, em primeiro lugar, que o paciente possa tomar uma decisão informada acerca de seu tratamento.

O último passo da operacionalização da PBE – **avaliar** – é a mensuração do estado clínico do paciente antes, durante e depois do processo terapêutico, o que pode ser feito por meio de instrumentos padronizados, observação comportamental direta, entre outros.[8,9] Das primeiras sessões à alta, é essencial realizar o monitoramento semanal do progresso do paciente. Esses dados são extremamente valiosos para identificar com precisão a melhora, a estagnação ou uma eventual piora do quadro clínico. Considere o exemplo de uma paciente que iniciou o tratamento para anorexia nervosa. Após cinco sessões, ela demonstra uma piora em seu estado e nenhum sinal de melhora. Além disso, ela relata dificuldade em realizar as lições de casa propostas e expressa que examinar seus pensamentos automáticos de forma sistemática não tem sido útil. Juntos, vocês avaliam que a paciente enfrenta uma fragilidade ambiental significativa e concluem que uma internação pode ser mais apropriada nesse momento. Essa avaliação contínua é fundamental para manter o tratamento sensível à evidência mais relevante: a própria melhora do paciente.

A operacionalização da PBE em cinco passos – perguntar (*ask*), adquirir (*acquire*), analisar (*appraise*), aplicar (*apply*) e avaliar (*assess*) – é utilizada em várias profissões da saúde, como psicologia, medicina, fisioterapia e nutrição, e cada uma delas tem suas particularidades.[5] É possível que o leitor, neste momento, ainda não consiga visualizar esses passos na prática da psicoterapia. Por isso, apresento a seguir a descrição de um processo de psicoterapia baseada em evidências.

O PROCESSO PSICOTERAPÊUTICO NA PBE

A Figura 2 é uma adaptação que eu fiz da representação do modelo de formulação de caso baseada em evidências proposto por Eells.[10,11] Esse modelo possibilita que a intervenção não dependa ou seja baseada num eventual diagnóstico que o paciente apresenta, mas considere todos os problemas e dificuldades trazidas por ele. Dessa forma, o terapeuta tem acesso a um número maior de achados empíricos da literatura, incluindo aqueles provenientes da psicologia social, do desenvolvimento, das neurociências etc. Ao ler o texto a seguir, volte e consulte a Figura 2 sempre que achar necessário para visualizar o processo terapêutico na PBE.

O primeiro passo é o levantamento de informações, ou seja, a coleta de dados sobre o paciente. Sem isso, não é possível sequer chegar ao primeiro "A" da operacionalização da PBE apresentada anteriormente, o **perguntar** (*ask*). Essa avaliação inicial é realizada principalmente por meio de uma entrevista abrangente, que inclui anamnese, uso de instrumentos padronizados e exame psíquico. A anamnese é um processo meticuloso que envolve a investigação detalhada da queixa do paciente, seus comportamentos, pensamentos, emoções, histórico de sinais e sintomas ao longo da vida, contexto sociocultural, hábitos e vida cotidiana. Esse processo permite ao terapeuta obter uma visão detalhada do funcionamento do paciente. Às vezes, pode

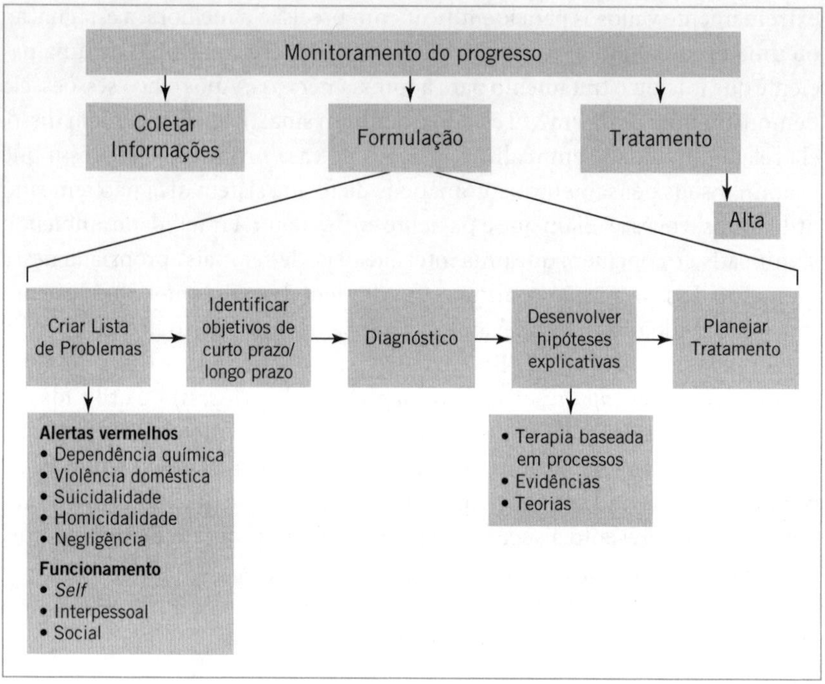

FIGURA 2 Representação visual de um processo psicoterapêutico na prática baseada em evidências.

Fonte: adaptada de Eells TD, 2013.[10,11]

ser útil incluir informações de terceiros, como membros da família, acessar o histórico médico do paciente e utilizar testes neuropsicológicos.

A anamnese pode ser complementada e refinada com o uso de instrumentos padronizados, que possuem boas propriedades psicométricas. Esses instrumentos são utilizados para avaliar uma variedade de características, incluindo personalidade, transtornos mentais, mecanismos transdiagnósticos etc. Alguns exemplos, todos adaptados e validados para a população brasileira, incluem o Outcome Questionnaire (OQ-45.2), a Escala de Ansiedade Social de Liebowitz, o Teste de Atitudes Alimentares (EAT-26), a Escala de Avaliação de Sintomas de Jogo Patológico (G-SAS), a Escala de Impulsividade de Barratt (BIS-11), o Instrumento de Qualidade de Vida da Organização Mundial da Saúde (WHOQOL-100), o Inventário de Depressão de Beck (BDI-II) e o Inventário de Ansiedade de Beck (BAI).

Além da anamnese e do uso de instrumentos padronizados, a coleta de dados sobre o paciente inclui o exame psíquico. Esse exame envolve a observação de várias funções psíquicas, como consciência, atenção, orientação, memória, pensamento, linguagem, percepção da realidade, afeto, volição, pragmatismo, consciência de morbidade etc.[12] A avaliação dessas funções fornece informações essenciais para a avaliação do caso clínico e o planejamento do tratamento.

Durante o processo de coleta de dados, que inclui a entrevista clínica, aplicação de escalas padronizadas, exame psíquico, entre outros, o terapeuta começa a organizar uma lista de problemas. Essa lista deve incluir comportamentos, pensamentos e emoções que requerem atenção e provavelmente necessitarão de intervenção. Note, na Figura 2, que o terapeuta precisa ficar alerta para a identificação de elementos críticos que exigem intervenção imediata ou um cuidado especial, como comportamento suicida, violência doméstica e dependência química. Além disso, é crucial avaliar o funcionamento global do paciente, sua personalidade, o modo como se relaciona com outras pessoas e como se vê.

Com base na lista de problemas identificados, o próximo passo é estabelecer, em conjunto com o paciente, objetivos terapêuticos de maneira precisa e detalhada. Uma forma de fazer isso é seguindo o modelo SMART, de forma que cada objetivo seja: **Específico** (*specific*), ou seja, precisos e detalhados, focando em aspectos concretos; **Mensurável** (*measurable*), de forma que seja possível avaliar se foi ou não alcançado; **Alcançável** (*achievable*), isto é, deve ser realista e possível de ser atingidos com os recursos e habilidades disponíveis; **Relevante** (*relevant*), ou seja, pertinentes aos valores e necessidades do paciente; **Tempo** (*time-bound*), o que significa que deve haver um prazo estabelecido para serem atingidos. Veja, a seguir, um exemplo de SMART para o objetivo de "comer de forma mais saudável".

- **S:** limitar o consumo de alimentos processados a duas vezes por semana e incluir pelo menos três porções de frutas e vegetais em cada refeição diária.
- **M:** registrar na agenda a quantidade de frutas e de processados ingeridos todos os dias.
- **A:** fazer substituições graduais, sem mudanças abruptas, para não estranhar.
- **R:** importante para melhorar a saúde geral, aumentar a energia e prevenir doenças crônicas.
- **T:** três meses para incorporar completamente essas mudanças nos hábitos alimentares e avaliar o progresso semanalmente por meio de registros do que comeu em cada refeição.

Objetivos bem definidos são fundamentais para o sucesso da terapia. Eles fornecem uma direção clara, facilitam a avaliação do progresso e mantêm tanto o terapeuta quanto o paciente focados e motivados. Além disso, tais objetivos orientam o segundo "A" do processo da PBE – a busca pelas melhores intervenções disponíveis. Ademais, a clareza nos objetivos permite ajustar as intervenções de forma contínua, garantindo que a terapia esteja sempre alinhada às necessidades específicas do paciente.

Além de ser pré-requisito para o estabelecimento de objetivos terapêuticos, a lista de problemas é fundamental para avaliar se o paciente tem algum diagnóstico listado no *Manual Diagnóstico e Estatístico de Transtornos Mentais* (como transtorno depressivo maior, transtorno de personalidade *borderline*, anorexia nervosa, transtorno do pânico) ou na Classificação Internacional de Doenças (como dor crônica, enxaqueca, síndrome do cólon irritável). Por quê? Em primeiro lugar, um diagnóstico específico proporciona um ponto de partida claro para uma pergunta PICO no segundo "A" da PBE, orientando o terapeuta na escolha das intervenções mais apropriadas, como um determinado protocolo. Em segundo lugar, o diagnóstico fornece pistas valiosas para o desenvolvimento de hipóteses explicativas sobre os problemas do paciente.

O próximo passo é elencar hipóteses explicativas para os problemas do paciente, ou seja, deduzir os processos e mecanismos envolvidos na manutenção do sofrimento do paciente. É saber os porquês de o paciente fazer o que faz, pensar o que pensa e sentir o que sente. Essas hipóteses ajudam a compreender os fatores que contribuem para a manutenção dos sinais e sintomas, o que também é relevante para a construção de um plano de tratamento eficiente. A meu ver, a terapia baseada em processos[13] oferece, atualmente, a melhor estrutura analítica para o terapeuta compreender como comportamento, emoção, cognição, atenção, motivação, *self*, contexto ambiental atual e contexto sociocultural se conectam e se influenciam mutuamente dentro de um sistema interconectado. Em outras palavras, esse modelo permite o levantamento de hipóteses sobre como o comportamento X afeta a emoção Y, como o fator ambiental Z influencia o comportamento X, como o pensamento impacta Z a emoção Y e assim por diante (Figura 3).

Entretanto, para desenvolver hipóteses explicativas robustas, não é recomendável limitar-se apenas à terapia baseada em processos. É fundamental, também, consultar a literatura científica sobre fatores de risco, padrões de comportamento, distorções cognitivas e funcionamento emocional, entre outros aspectos. Por exemplo, ao consultar a literatura sobre anorexia nervosa, o terapeuta pode descobrir que a hipervalorização de corpos magros na mídia, sofrer *bullying* por estar acima do peso e ter pais excessivamente preocupados com dieta podem contribuir para o surgimento desse transtorno.[14,15] Tais informações certamente são úteis no planejamento do tratamento.

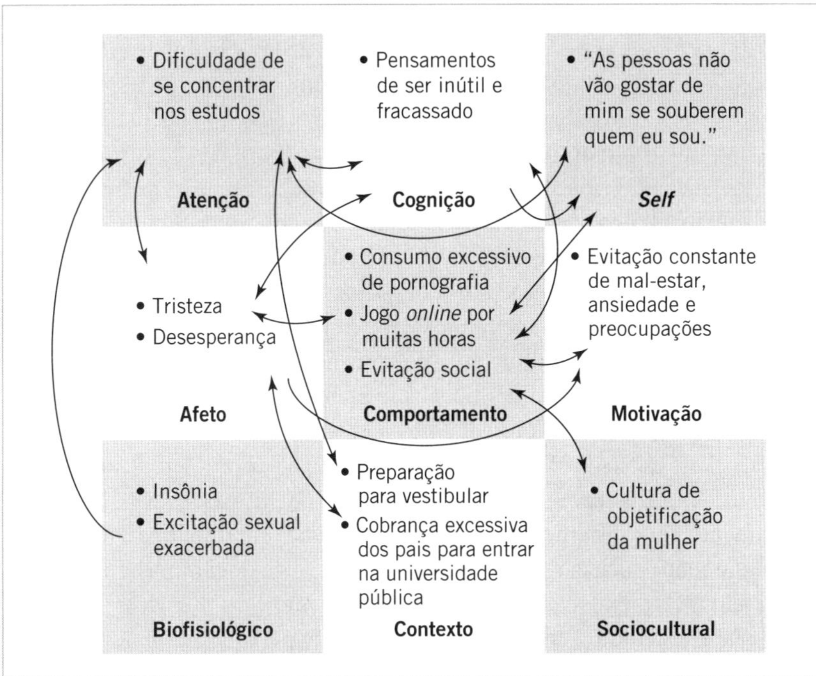

FIGURA 3 Um exemplo hipotético de uma rede de relações de acordo com o modelo da terapia baseada em processos.
Fonte: elaborada pelo autor.

Com base nos passos anteriores, o terapeuta possui uma formulação de caso completa. Esse processo incluiu a coleta de informações, a criação de uma lista de problemas organizada em uma hierarquia de importância, a definição de objetivos terapêuticos, o desenvolvimento de hipóteses explicativas e a identificação dos processos envolvidos na manutenção dos problemas e do sofrimento do paciente. O próximo passo é começar a planejar a intervenção. Para tal, o terapeuta deve passar por dois "As" – o **adquirir** (buscar as melhores evidências) e o **analisar** (avaliar criticamente a qualidade da evidência e sua aplicabilidade para aquele paciente em particular).

Antigamente, uma psicoterapia baseada em evidência envolvia, quase necessariamente, seguir um protocolo de intervenção. Porém, com o tempo, foi ficando claro para pesquisadores e terapeutas que a prática clínica puramente fundamentada em manuais trazia vários problemas. Primeiro, porque a quantidade de manuais disponíveis é avassaladora e continua a crescer rapidamente, tornando difícil manter-se atualizado. Segundo, porque muitos manuais compartilham procedimentos comuns, o que sugere que é mais produtivo dominar os componentes de intervenção do que decorar manuais. Além disso, como a maioria dos manuais é voltada para um único transtorno mental, o trabalho com pacientes que apresentam comorbidades ou que não têm diagnóstico ficava bastante limitado e, muitas vezes, confuso (para um aprofundamento nessa temática, ver Capítulo 2 – Alternativas ao uso de manuais de intervenção na psicoterapia baseada em evidências). Então, como proceder?

As hipóteses explicativas desenvolvidas no sistema de rede da terapia baseada em processos e os mecanismos descritos na literatura científica sugerem para o terapeuta em quais elementos deve intervir para produzir mudanças clinicamente relevantes, o que, por sua vez, indica quais técnicas podem ser úteis. Quais são elas? Os componentes de intervenção oriundos de manuais/protocolos que já se mostraram eficazes na literatura científica, como psicoeducação, clarificação de valores, validação, resolução de problemas, autogerenciamento, exposição prolongada, reestruturação cognitiva, desfusão cognitiva, experimento comportamental, aceitação, entrevista motivacional, manejo de comportamento suicida, regulação emocional, manejo de comportamentos que interferem na terapia, técnicas de tolerância ao mal-estar etc. Note, portanto, que o planejamento do tratamento é totalmente personalizado, levando em consideração os objetivos terapêuticos, a interrelação entre comportamentos, cognições, emoções, *self*, contexto etc., bem como o conhecimento acumulado sobre os mecanismos tipicamente envolvidos nessas dimensões.

Deve ter ficado claro para o leitor no parágrafo anterior que o processo terapêutico na PBE faz uso de ecletismo técnico. Ao contrário do ecletismo teórico, no qual se misturaram uma ou mais abordagens, o ecletismo técnico prioriza a escolha das técnicas de intervenção que se mostraram eficazes, independentemente das teorias subjacentes que as originaram (para aprofundamento, veja o Capítulo 5 – O papel da teoria e a integração em psicoterapia na prática baseada em evidências em psicologia). O ecletismo técnico é fundamental na PBE, oferecendo ao terapeuta as ferramentas necessárias (como já disse, geralmente oriundas de protocolos com forte sustentação empírica) para manejar as diversas demandas de cada paciente.

Planejado o tratamento, o que faz o terapeuta? É o **aplicar** da operacionalização da PBE em "cinco As", ou seja, implementar a intervenção identificada como relevante seguindo os passos anteriores. *Grosso modo*, executar as técnicas. Nesse sentido, é importante observar que, embora identificar e selecionar as intervenções apropriadas seja crucial, a aplicação correta dessas técnicas é o que realmente faz a diferença na terapia. Para isso, o terapeuta deve ser treinado para aplicá-las corretamente e adaptá-las a cada caso.

Por fim, o último "A" da PBE – o **avaliar**. Note, na Figura 2, que o monitoramento do progresso do paciente ocorre ao longo de todo o processo terapêutico, desde a coleta de informações até a alta. Esse monitoramento contínuo não só permite identificar se o paciente está melhorando ou piorando, mas também oferece outros benefícios. Primeiramente, o monitoramento regular fornece dados objetivos que podem indicar a necessidade de ajustes no plano terapêutico. Por exemplo, se um paciente não mostra sinais de progresso após várias sessões, isso pode sinalizar ao terapeuta que uma mudança na abordagem terapêutica é necessária. Talvez seja preciso intensificar a intervenção, modificar as técnicas utilizadas, até mesmo considerar outros tipos de terapia ou suporte adicional. Além disso, o monitoramento contínuo serve como uma ferramenta valiosa de *feedback* para o próprio paciente. Ao compartilhar esses dados com o paciente, o terapeuta pode ajudar a aumentar a conscientização do paciente sobre sua própria evolução, destacando áreas de melhora e identificando aspectos que ainda precisam de trabalho. Ademais, o monitoramento detalhado permite ao terapeuta documentar o progresso de maneira sistemática e rigorosa, o que é essencial para garantir que o tratamento oferecido esteja alinhado com os melhores padrões de cuidado.[8]

Caso os objetivos definidos no início da terapia forem atingidos, e caso o paciente se sinta preparado para encerrar o processo terapêutico, o psicólogo formaliza a alta. É importante lembrar que a alta na terapia não significa que problemas nunca mais surgirão, mas sim que o paciente adquiriu as habilidades necessárias para resolver problemas e manejar sofrimento. Em outras palavras, a alta indica que o paciente desenvolveu autonomia suficiente para prescindir de sua psicóloga. No entanto, isso não implica que o paciente nunca mais precisará de terapia. Em alguns momentos de dificuldade, pode ser necessário retornar à terapia para relembrar técnicas, aprimorar habilidades existentes ou aprender novas estratégias.

A PBE NA VIDA REAL

Neste capítulo descrevi o passo a passo do que seria o processo ideal de psicoterapia. Porém, não seria totalmente honesto sugerir que a tomada de decisão de um psicólogo ligado à PBE aconteça sempre dessa maneira tão organizada. No dia a dia, algumas vezes, atendemos um paciente sem ter ideia prévia de sua queixa. Em outros momentos, o diagnóstico inicial e, portanto, a intervenção selecionada, tem pouca relação com as prioridades do paciente. Não é incomum um paciente procurar psicoterapia para ansiedade apenas para, algumas sessões depois, o terapeuta descobrir que aquela ansiedade é apenas parte de um quadro de transtorno de personalidade *borderline* e que o paciente se engaja em comportamentos autolesivos. De repente, o terapeuta se vê precisando modificar sua modalidade de atendimento, iniciando, provavelmente, uma terapia comportamental dialética.

Na vida real, as coisas não são tão lineares quanto gostaríamos. A implementação da PBE exige flexibilidade, adaptação e um compromisso contínuo com a melhoria da qualidade do cuidado. Oferecer a melhor intervenção possível é um objetivo digno e alcançável, refletindo a verdadeira essência da PBE.

REFERÊNCIAS

1. Lilienfeld SO. Psychological treatments that cause harm. Perspect Psychol Sci. 2007;2(1):53-70.
2. Beauchamp TL, Childress JF. Principles of biomedical ethics. 8. ed. Oxford University Press; 2019. (original publicado em 1979).
3. Leonardi JL, Emerich-Geraldo D. Prática baseada em evidências como comportamento ético. In: Dittrich A, Leonardi JL, Silveira JM, organizadores. Valores nas terapias comportamentais: relação terapêutica, ética e política. Sinopsys Editora; 2024.
4. APA Presidential Task Force on Evidence-Based Practice. Evidence-based practice in psychology. Am Psychol. 2006;61(4):271-85.
5. Guyatt G, Rennie D, Meade MO, Cook DJ. Users' guides to the medical literature: A manual for evidence-based clinical practice. 3. ed. McGraw-Hill Education; 2015.
6. Ford LG, Melnyk BM. The underappreciated and misunderstood PICOT question: a critical step in the EBP process. Worldviews Evid Based Nurs. 2019;16(6):422-3.
7. Fairburn CG. Cognitive behavior therapy and eating disorders. Guilford Press; 2008.
8. Lambert MJ. Prevention of treatment failure: The use of measuring, monitoring, and feedback in clinical practice. American Psychological Association; 2010.
9. Ogles BM, Lambert MJ, Fields SA. Essentials of outcome assessment. John Wiley & Sons Inc.; 2002.
10. Eells TD. The case formulation approach to psychotherapy research revisited. Pragmat Case Stud Psychother. 2013;9(4):426-47.
11. Eells TD. What is an evidence-based case formulation? Revista de Psicoterapia. 2016;27(104):139-48.
12. Dalgalarrondo P. Psicopatologia e semiologia dos transtornos mentais. Porto Alegre: Artmed; 2018.
13. Hofmann SG, Hayes SC, Lorscheid DN. Learning process-based therapy: A skills training manual for targeting the core processes of psychological change in clinical practice. New Harbinger Publications; 2021.
14. Rymarczyk K. The role of personality traits, sociocultural factors, and body dissatisfaction in anorexia readiness syndrome in women. J Eat Disord. 2021;9(1):51.
15. Del Casale A, Adriani B, Modesti MN, Virzì S, Parmigiani G, Vento AE, et al. Anorexia nervosa and familial risk factors: A systematic review of the literature. Curr Psychol. 2023;42:25476-84.

Índice remissivo

V